DER NEUE TREK-EPISODENFÜHRER

DER NEUE TREK EPISODEN-FÜHRER

Paul Cornell, Martin Day und Keith Topping

Aus dem Englischen
von Dirk Bartholomä

Erstveröffentlichung bei Virgin Books
an imprint of Virgin Publishing Ltd., London
Titel der englischen Originalausgabe:
The New Trek Programme Guide
© 1995 by Paul Cornell, Martin Day und Keith Topping
All rights reserved
Titelbild: Mark Stammers Design, London

Die Deutsche Bibliothek – CIP-Einheitsaufnahme
Cornell, Paul:
Der neue Trek-Episodenführer / Paul Cornell, Martin Day und
Keith Topping. Aus dem Engl. von Dirk Bartholomä. –
1. Aufl. – Köln: vgs, 1996
(Star Trek)
ISBN 3-8025-2400-4

1. Auflage 1996
© der deutschen Ausgabe
vgs verlagsgesellschaft, Köln
Lektorat: Frank Rehfeld
Umschlaggestaltung: Kombo Kommunikationsdesign, Köln
Satz: Kalle Giese Grafik, Overath
Druck: Clausen & Bosse, Leck
Printed in Germany
ISBN 3-8025-2400-4

INHALT

Danksagungen

Einführung

THE NEXT GENERATION Erste Staffel 12

THE NEXT GENERATION Zweite Staffel 50

THE NEXT GENERATION Dritte Staffel 85

THE NEXT GENERATION Vierte Staffel 123

THE NEXT GENERATION Fünfte Staffel 164

THE NEXT GENERATION Sechste Staffel 206

THE NEXT GENERATION Siebte Staffel 246

DEEP SPACE NINE Erste Staffel 288

DEEP SPACE NINE Zweite Staffel 324

Anhang: DEEP SPACE NINE Dritte Staffel 365

VOYAGER Erste Staffel 380

Danksagungen

Wir möchten uns bei den folgenden Personen für ihre Hilfe bei diesem Buch bedanken: Ian Abrahams, Ian Atkins, Bernard Atkins, Pete Barras, Anthony Brown, Nick Cooper, Mark Cullen, Keith und Karen Dunn, Ken Ford-Powell, Dave Hughes, David Owen, Graeme Topping, Steve Walker und den Mitarbeitern der New-Castle-Uupon-Tyne Central Library und den Mitarbeitern von Forbidden Planet, Newcastle, für ihre nette Unterstützung bei der Besorgung diverser Artikel, die sonst in England nicht erhältlich sind.

Gewürdigt werden sollen auch folgende Bücher und Zeitschriften: *DWB / Dream Watch*; Clive James, *Clive James on Television*; Stephen Fry, *Paperweight*; Thomas Maxwell, *The Trek Universal Index*; Larry Nemecek, *The Star Trek: The Next Generation Companion*; Michael Okuda, Denise Okuda und Debbie Mirek, *The Star Trek Encyclopedia*; die *Radio Times*; *Star Begotten*; *TV Zone*.

John McLaughlin gewidmet

Einführung

Kurz nachdem er die Rolle des Captain Jean-Luc Picard in *Star Trek: The Next Generation* bekommen hatte, wurde Patrick Stewart gefragt, was er dabei empfände, Teil eines »amerikanischen Heiligtums« zu sein. Diese Frage war berechtigt, und ihm wurde klar, daß *Star Trek* mehr als nur irgendeine Fernsehserie ist.

Wie auch immer der einzelne Zuschauer die *Star Trek*-Serie der 60er Jahre beurteilen mag, es gibt keinen Zweifel daran, daß sie einen Platz in der Kulturgeschichte eingenommen hat. Trotz gelegentlicher Tendenzen, schulmeisterisch zu moralisieren, präsentierte die Serie viele wichtige und dramatische Themen innerhalb eines optimistischen Rahmens, der Millionen von Amerikanern sofort ansprach.

Star Trek eroberte sehr schnell auch die britischen Zuschauer. 1973 bekannte Clive James in seiner Kolumne für TV-Besprechungen im *Observer* seine Liebe für diese Serie und meinte, ihre Beliebtheit liege »in der klassischen Unvermeidlichkeit dessen, was passiert. So sicher wie Brünhilds große Momente durch einige Takte des Walkürenrittes begleitet werden, wird Spock dem Captain sagen, daß die Schlußfolgerung logisch erscheine. Uhura wird sich auf ihren langen Beinen von ihrer Konsole wegdrehen, um mitzuteilen, daß (a) jeglicher Kontakt zur Sternenflotte abgebrochen ist oder (b) endlich wiederhergestellt wurde. Chekov wird schlecht schauspielern, und Pille (»Jim, es mag unglaublich erscheinen, aber die Werte zeigen, daß dieser Mann...zwei Herzen hat.«) wird sogar ganz miserabel schauspielern.« Vor allem aber habe *Star Trek* die »Unschuld des Glaubens«. Stephen Fry schrieb in *The Literary Review*, *Star Trek* zeige »den Kampf zwischen dem Apollinischen und dem Dionysischen, den Nietzsche als Mittelpunkt der griechischen Tragödie betrachtete«. Einfacher gesagt, die Serie besaß eine bemerkenswerte Qualität.

In den späten Achtzigern war aus Star Trek als episodische Fernsehserie eine Filmsaga mit großem Budget und einem Merchandising-Imperium, ein Phänomen entstanden.

Star Trek: The Next Generation war der nächste logische Schritt dieses Phänomens. 1977 versuchte Gene Roddenberry, sein Konzept mit *Star Trek II* wiederzubeleben, aber der große Kinoerfolg von *Star Wars* führte dazu, daß ein Teil seines Konzeptes auf der großen Leinwand landete. Mitte der achtziger Jahre kam die Geschäftsleitung von Paramount zu dem Schluß, daß die Fans, die so lauthals gegen die Einstellung der Originalserie protestiert hatten, auch dazu zu bewegen seien, eine neue anzuschauen. Obwohl es nie zur Debatte stand, die Originalcharaktere zu verwenden, mußte die neue Serie eine klare Weiterentwicklung aus dem Vorangegangenen darstellen und durfte auf keinen Fall die wesentlichen, von Gene Roddenberry kreierten Regeln mißachten. Nach monatelanger harter Arbeit feierte »Encounter at Farpoint« im Herbst 1987 in den USA Premiere.

Nach einer schwächeren ersten Staffel entwickelte sich *Star Trek: The Next Generation* zu einer befriedigenden Erweiterung des Ethos der Originalserie. Noch wichtiger als die Spezialeffekte und die moralischen Fragestellungen waren die neuen Charaktere: Für viele konnten Kirk, Spock und Co. niemals ersetzt werden, aber den Charakteren der *Next Generation* gelang es, ganz als sie selbst akzeptiert zu werden. 1990 überholte *The Next Generation* die 79 Folgen der Originalserie. Angus Batey, der für die *NME* schreibt, beschrieb die »exzellente labyrinthartige Struktur der Handlung«, als hätte »Kurt Vonnegut das Drehbuch zum Film *Back to the Future* [*Zurück in die Zukunft*] geschrieben«, und erwähnte bei *The Next Generation* die Rückkehr der »guten alten Transporterstrahlen und Photonentorpedos und all der anderen Sachen – so kommen auch die Fans des Originals bestens auf ihre Kosten«.

The Next Generation war so erfolgreich, daß 1993 eine neue Serie, *Star Trek: Deep Space Nine*, geschaffen wurde, die einen wesentlich dunkleren Teil des *Star Trek*-Universums zeigte. Dreißig Jahre, nachdem alles begann, trägt *Deep Space Nine* die Ideen von Gene Roddenberry und seinen Nachfolgern erneut weiter in Richtung des nächsten Jahrhunderts. Als dieses Buch fertiggestellt wurde, entstand bereits der erste einer möglichen ganzen Reihe von *Next Generation*-Kinofilmen. Zusätzlich dazu führt der neue TV-Ableger *Star Trek: Voyager* die Handlung wieder zurück zum Thema Weltraumerforschung, den ursprünglichen Wurzeln von *Star Trek* überhaupt.

»Der neue Trek-Episodenführer« ist ein Buch, das sowohl den Gelegenheitszuschauer wie auch den begeisterten Fan ansprechen

Einführung

möchte, es soll als ein Leitfaden durch die Folgen von *The Next Generation* und *Deep Space Nine* und gleichzeitig als kompaktes Nachschlagewerk gute Dienste leisten. Unser Ziel ist es, die Elemente hervorzuheben, die die beiden Serien so beliebt machen, und gleichzeitig die Qualität der einzelnen Folgen allgemein darzustellen.

Die vorhandenen amerikanischen Daten zeigen, wann Paramount die Folgen via Satellit an die verschiedenen US-Sendeanstalten zur Ausstrahlung in der nächsten Woche übermittelte. Obwohl die eigentliche Ausstrahlung erst am folgenden Samstag erfolgte, wurden diese Daten als die eigentlichen Ausstrahlungsdaten der Serien akzeptiert.

Unsere Produktionsangaben, Auflistung der Rollen sowie alle anderen Informationen wurden bis auf ein oder zwei Ausnahmen so übernommen, wie sie in den Folgen angegeben wurden. Gelegentlich haben wir die Pseudonyme der Drehbuchautoren erwähnt, wie sie im Buch von Larry Nemecek angegeben werden (siehe Danksagungen). *The Star Trek Encyclopedia* war unsere »Bibel« für die Schreibweise. Wir möchten jedoch anmerken, daß die Essenz und der Großteil des Inhalts dieses Buches *durch das Anschauen der Folgen* entstand: Unser Hauptinteresse galt dem, was tatsächlich auf dem Bildschirm zu sehen war.

Obwohl das Ende der letzten Staffel von *The Next Generation* und der zweiten Staffel von *Deep Space Nine* unseren theoretischen redaktionellen Schlußpunkt darstellen, geschieht so viel im Trek-Universum, daß wir versuchen wollten, unser Buch so aktuell wie möglich zu halten. Deshalb gibt es einen Anhang, der soviel Informationen wie nur irgend möglich über die dritte Staffel von *Deep Space Nine* und die erste Staffel von *Star Trek: Voyager* beinhaltet, wie wir vor dem Drucktermin noch sammeln konnten. Alle, die die Episoden noch nicht gesehen haben und sich die Überraschung für später aufheben möchten, seien gewarnt.

Die Stabsangaben erklären sich von selbst, doch ist erwähnenswert, daß die Auflistung der Rollen in zwei Blöcke unterteilt wurde. Im ersten Block sind die Hauptcharaktere aufgeführt, die regelmäßig im Vorspann genannt werden; der zweite Block beinhaltet sporadisch auftretende Nebencharaktere, wie z. B. Pulaski, Guinan, Q, Lwaxana Troi und alle Personen die sowohl in *The Next Generation* als auch in *Deep Space Nine* auftauchen.

Wir haben die Episoden nach folgenden Kategorien unterteilt (mit geringfügigen Abweichungen bei *Deep Space Nine*):

Sternzeit: Hier halten wir die erste in der jeweiligen Folge genannte Sternzeit fest und – soweit möglich – die Entsprechung in der »realen« Zeitrechnung. »The Neutral Zone« [»Die neutrale Zone«] nennt ein exaktes Datum der realen Zeit, in der die Ereignisse stattfanden (2364 und danach).

Fremde neue Welten: Die Namen von Planeten, Sternen oder anderen kosmischen Körpern, die in einer Folge besucht oder genannt wurden.

Neue Lebensformen: Außerirdische Wesen, die entdeckt oder erwähnt werden, sowie neue Informationen über bereits bekannte Rassen.

Einführung: Das erste Auftreten von gelegentlich mitspielenden Personen.

Technologie: Kurze Erklärungen zu Geräten und wissenschaftlichen Leistungen der Föderation und deren Verbündeten und Feinden.

Technoblabla: Das Fandom erfand diese Bezeichnung, um die »erfundene pseudo-wissenschaftliche Ausdrucksweise« zu beschreiben, die die einzelnen Personen (besonders Geordi) oft benutzen (scheint den Autoren der Serie sehr viel Spaß gemacht zu haben).

Pokerspiel: Ein wiederkehrendes Handlungselement, das zum ersten Mal in »The Measure of a Man« [»Wem gehört Data?«] verwendet wurde. Oftmals können diese Spielrunden sehr aufschlußreich sein, z. B. wenn die versteckten Charaktereigenschaften (wie Rikers böse Ader) an die Oberfläche kommen.

Das Picard-Manöver: Patrick Stewarts Angewohnheit, in den ersten Folgen beim Aufstehen oder Hinsetzen an seiner Uniform zu zupfen, wurde in der Serie zu einem running Gag, und die anderen Schauspieler ahmten den nervösen Handgriff nach, vor allem, wenn sie das Schiff kommandierten.

Rikers Eroberungen: Es ist doch wohl wirklich nicht nötig, diesen Punkt genauer zu erklären, oder?

Deanna unterbeschäftigt?: Die arme Counselor war meistens die erste, die aus einer Folge gekürzt wurde, wenn es für sie nicht genug zu tun gab.

Datas Witze: Ein wichtiges Element der ersten Folgen war Datas Rolle als Hilfskomiker (ein Ersatz-Spock, wie fast von jedem behauptet wurde). In den späteren Folgen wurde diese Rolle zum Teil auf Worf übertragen, aber wir halten hier die lustigen Dialoge von Data fest, ob sie beabsichtigt waren oder nicht.

Herausragende Dialoge: Diese kleinen leuchtenden Momente, die Art von schimmernden Wortperlen, die sogar einen müden Schwerstarbeiter dazu bringen, zu seinem Notizbuch zu greifen. (Gelegentlich werden wir auch die absolut schlechtesten Dialoge oder einen Satz festhalten, der die gesamte Stimmung der Folge widerspiegelt.)

Zukunftsgeschichte: Bezieht sich auf die Entwicklung der Politik und Kultur der Erde (und der Föderation) nach 1988.

Notizen: Eine Zusammenfassung von zusätzlichen Informationen, die zu detailliert oder zu trivial für eine der anderen Kategorien sind.

Wie in unseren bisherigen Büchern, bieten wir auch in diesem wieder kurze Bewertungen der Folgen. Wir legen Wert darauf zu betonen, daß alles im Auge des Betrachters liegt, und das bedeutet, daß unsere Meinungen nicht mehr zählen, als die eines jeden anderen, und daß sie nicht die Heilige Schrift darstellen. Wenn also der Tag des jüngsten Star-Trek-Gerichts anbricht, dann verbannt uns nicht gleich in den tiefsten Höllenpfuhl, nur weil wir eure Lieblingsfolge nicht ebenso würdigen wie ihr.

Denkt daran, daß Vielfalt bei der Erschaffung eines Universums nötig ist.

Der neue Trek-Episodenführer

Star Trek – The Next Generation
Erste Staffel

26 Folgen à 45 Minuten

Nach den Ideen von Gene Roddenberry
Executive Producer: Gene Roddenberry (8-10, 12-26)
Co-Executive Producers:
Rick Berman (19-26), Maurice Hurley (19-26)
Producer: Maurice Hurley (3-18)
Co-Producers: Robert Lewin, Herbert Wright (1-21,23)
Supervising Producers:
Rick Berman (1-18), Robert H. Justman (1-18)
Accociate Producers: D.C. Fontana (1-13), Peter Lauritson
Consulting Producer: Robert H. Justman (19-26)
Line Producer: David Livingston (19-26)
Executive Story Editors:
Hannah Louise Shearer (17, 19-26), Tracy Tormé (21-26)
Story Editors:
Hans Beimler (19-24), Johnny Dawkins (3-4, 6, 16),
Richard Manning (19-24)
Creative Consultant: Greg Strangis (12-14)

Hauptdarsteller: Patrick Stewart (Captain Jean-Luc Picard), Jonathan Frakes (Commander William Riker), LeVar Burton (Lt. Geordi La Forge), Denise Crosby (Lt. Tasha Yar), Michael Dorn (Lt. Worf), Gates McFadden (Dr. Beverly Crusher), Marina Sirtis (Counselor Deanna Troi), Brent Spiner (Lt. Commander Data), Wil Wheaton (Wesley Crusher), Colm Meaney (Fähnrich, 1,7)[1], John de Lancie (Q, 1,10), Majel Barrett (Lwaxana Troi, 11)

---

[1] Die Diskussion, ob Colm Meaneys Erscheinen in »Lonely Among Us« [»Die geheimnisvolle Kraft«], wo er als Erster Sicherheitsoffizier aufgeführt wird, eine andere Seite von O'Brien darstellt, ist lang und komplex, aber vollständigkeitshalber haben wir beide Rollen aufgelistet.

Erste Staffel

1 & 2: Der Mächtige / Mission Farpoint (»Encounter at Farpoint«)
90 Minuten
Ausstrahlung in USA: 28. September 1987
Deutsche Erstausstrahlung (in zwei Teilen):
7. September / 14. September 1990 (ZDF)
Drehbuch: D. C. Fontana, Gene Roddenberry
Regie: Corey Allen
Darsteller: Michael Bell, DeForest Kelley, Cary Hiroyuki, Timothy Dang, David Erskine, Evelyn Guerrero, Chuck Hicks, Jimmy Ortega

Nachdem Captain Picard das Kommando auf der USS *Enterprise* übernommen hat, besteht seine erste Aufgabe darin, das Geheimnis von Farpoint Station zu lüften. Auf dem Weg dorthin wird das Schiff von einem mächtigen Wesen namens »Q« verfolgt, das die Menschheit wegen ihrer angeblichen Verbrechen verurteilen will. Picard bietet an, ihm den Wert der Menschheit auf Farpoint zu beweisen, und als er herausfindet, daß die Energiequelle der Station ein unterjochtes Lebewesen ist, befreit er es. Ein beeindruckter Q erklärt Picard, daß die *Enterprise* ihn nicht zum letztenmal gesehen hätte.

Sternzeit: 41153,7

Fremde neue Welten: Deneb 4 (Dahinter liegt die große unerforschte Galaxis)

Neue Lebensformen: Die Bandi von Deneb 4 und die namenlosen Energiewesen. Die Ferengi werden erwähnt.

Einführung: Q, ein mächtiges Wesen mit der Fähigkeit, seine Gestalt zu verändern. Er ist allgemein neugierig auf die Menschen und im speziellen auf die Reaktionen von Picard.

Technologie: Warp 9,3 wird als »die höchstmögliche Geschwindigkeit« bezeichnet.

Technoblabla: Auf dem Bildschirm der Brücke kommen »multispektrale Bildsensoren mit hoher Auflösung« zum Einsatz.

Rikers Eroberungen: Riker und Deanna hatten einmal ein Verhältnis.

Herausragende Dialoge: »Sie müssen noch eine Menge über die Menschen lernen, wenn Sie glauben, Sie könnten uns mit solchen Methoden zum Schweigen bringen.«

Zukunftsgeschichte: Mitte des 21. Jahrhunderts herrschte die postatomare Schreckenszeit, in der Angeklagte vor fragwürdigen Gerichten als schuldig galten, bis ihre Unschuld bewiesen wurde, und Regierungen ihre Armeen offenbar mit Drogen kontrollierten.

2036 erklärten die neuen Vereinten Nationen, daß kein Erdenbürger für die Verbrechen seiner Rasse verantwortlich gemacht werden darf. Bis 2079 wurden die Vereinten Nationen jedoch abgeschafft.

Die Handlung spielt gegen Ende des 24. Jahrhunderts (Picard sagt, daß der Kalte Krieg »vor 400 Jahren stattfand«: siehe »The Neutral Zone« [»Die neutrale Zone«]).

Notizen: »Laßt uns sehen, was da draußen ist.« Der Pilotfilm fängt sehr gut an, mit einer großartigen Vorstellung von John de Lancie, einigen guten Einführungsdialogen der Hauptpersonen und einer zauberhaften Szene mit DeForest Kelley, die eine Verbindung zwischen *The Next Generation* und ihrem Vorgänger schafft.

Der Schluß ist süßlich und ganz offensichtlich mit viel Füllmaterial gestreckt. Picard ist hier anders als in den späteren Folgen, er ist stellenweise genervt und unsicher. In »All Good Things…« [»Gestern, Heute, Morgen«] wird nachgeliefert, daß der von Colm Meaney gespielte Fähnrich, der hier namenlos bleibt, O'Brien heißt.

Admiral McCoy ist 137 Jahre alt, was bedeutet, daß *The Next Generation* ca. 75 Jahre nach den Ereignissen von *STAR TREK VI* stattfindet. Picard war ein ehemaliger Kamerad des verstorbenen Mannes von Dr. Crusher. Er zitiert Shakespeare und ist in Gesellschaft von Kindern etwas nervös. Riker, der bis vor kurzem auf der USS *Hood* diente, weigerte sich, seinen ehemaligen Kapitän DeSoto in eine gefährliche Situation auf Altair 3 zu beamen. Data ist ein Android, der mit dem gesamten menschlichen Vokabular programmiert wurde. Er gehörte zur Abschlußklasse von '78 (vermutlich eher eine

Sternzeit als ein Jahr) an der Sternenflottenakademie und schloß mit Auszeichnungen in Exo-Biologie und Wahrscheinlichkeitsmechanik ab. Geordi sagt, daß er blind geboren wurde. Deanna ist Halb-Betazoide (eine Rasse mit telepatischen Fähigkeiten), ihr Vater war ein Sternenflottenoffizier von der Erde. Die *Enterprise* (NCC 1701-D) besteht aus zwei Teilen, der Antriebssektion (auf der die Kampfbrücke zu finden ist) und der Untertassensektion.

3: Gedankengift (»The Naked Now«)
Ausstrahlung in USA: 5. Oktober 1987
Deutsche Erstausstrahlung: 21. September 1990 (ZDF)
Drehbuch: J. Michael Bingham (ein Pseudonym für D.C. Fontana), nach einer Geschichte von John D.F. Black, J. Michael Bingham (D.C. Fontana)
Regie: Paul Lynch
Darsteller: Brooke Bundy, Benjamin W.S. Lum, Michael Rider, David Rehan, Skip Stellrecht, Kenny Koch

Dem Forschungsschiff SS *Tsiolkovsky* widerfährt bei der Beobachtung eines sterbenden Sternes ein Unglück. Als die *Enterprise* die Untersuchung durchführt, zeigt die Besatzung der *Enterprise* Anzeichen von Trunkenheit und Frivolität. Riker findet heraus, daß der legendäre Psi 2000-Virus am Werke ist. Als das bekannte Gegenmittel nicht hilft, droht die *Enterprise* in den sterbenden Stern zu stürzen, aber Datas Schnelligkeit und Geschicklichkeit retten das Schiff.

Sternzeit: 41209,2

Datas Witze: »Da war 'ne junge Frau vom Aldebaran, die hatte am Körper 'ne Menge…«
»Wenn ihr mich stecht,… tropfe ich dann nicht?«

Notizen: »Eins ist mir klargeworden: Wir werden sicher noch eine sehr gute Crew werden, wenn es uns allen gelingt, den ständigen Versuchungen zu widerstehen.« Die Folge stellt eine Fortsetzung (und im Grunde genommen ein Remake) von »The Naked Time« [»Implosion in der Spirale«] aus der Originalserie dar, wobei die

Handlung ausschließlich an Bord des Schiffes spielt. Sehr schön sind die wiederholten Anspielungen auf die früheren Ereignisse (»Komplexe Ketten von Wassermolekülen reagierten mit den Kohlenstoffmolekülen des Körpers und erzeugten einen Zustand ähnlich wie Trunkenheit«) und auf Captain James Kirk. In dieser Folge wirkt Wesley gelegentlich störend, obwohl er das Schiff rettet. Eine Beziehung zwischen Beverly und Picard wird kurz angedeutet, und es gibt einige lustige Szenen für die Hauptdarsteller (Brent Spiner ist außergewöhnlich gut).

Tasha Yar wurde als Fünfjährige ausgesetzt und überlebte die Vergewaltiger auf ihrem Planeten, bis sie im Alter von 15 von dort entkam. In einer Szene wird Riker von Deanna »Bill« genannt. Worf versteht den Humor der Menschen nicht. Data wird in einigen Büchern über Biomechanik erwähnt. Data ist zum Geschlechtsverkehr fähig (»mein Programm enthält multiple Techniken«), was Tasha (zu ihrer späteren Verlegenheit) herausfindet. Der Chefingenieur des Schiffes heißt Sarah MacDougal.

4: Der Ehrenkodex (»Code of Honor«)
Ausstrahlung USA: 12. Oktober 1987
Deutsche Erstausstrahlung: 28. September 1990 (ZDF)
Drehbuch: Katharyn Powers, Michael Baron
Regie: Russ Mayberry
Darsteller: Jessie Lawrence Ferguson, Karole Selmon,
James Louis Watkins, Michael Rider

Die Suche nach einem Gegenmittel für das Anchillesfieber führt die *Enterprise* nach Ligon 2. Lutan, der Anführer der Ligonier, ist von Tasha Yar beeindruckt und will sie zu seiner Hauptfrau machen. Gemäß der Tradition der Ligonier entführt er sie und sagt, daß sie mit Yareena, seiner gegenwärtigen Frau, einen Kampf auf Leben und Tod bestreiten muß. Picard, der weiß, daß er weder die Ehre der Ligonier noch die oberste Direktive verletzen darf, um Tasha zurückzuholen, benutzt den Transporter des Schiffes, um einen ungewöhnlichen Ausweg aus diesem Patt zu ermöglichen. Beverly heilt Yareena von einer tödlichen Vergiftung, und der Ehre wurde Genüge getan.

Erste Staffel

Sternzeit: 41235,25

Fremde neue Welten: Ligon.
Das Anchillesfieber scheint auf Styris 4 begrenzt zu sein.

Neue Lebensformen: Die Ligonier, eine Rasse, deren Kultur offenbar den amerikanischen Ureinwohnern und der chinesischen Sung-Dynastie ähnelt.

Technoblabla: Data über die Transportertechnologie der Ligonier: »Sie benutzen zum Transportieren ein System, das bei uns veraltet ist, allerdings ohne Anwendung des Hegelenischen Gesetzes, das...«

Das Picard-Manöver: Zum ersten Mal wird gezeigt, wie Jean-Luc seine Uniform bei zwei Gelegenheiten nach unten zieht.

Datas Witze: Der »Einschließlich der Kindelein«-Zungenschlag.

Zukunftsgeschichte: Data beschreibt die französische Sprache als obskur, zum Verdruß von Picard.

Notizen: »Die Ehre ist alles.« Ganz nett, aber stark konstruiert (und mit einer Verrenkung am Ende, die so offensichtlich ist, daß es schmerzt). Tashas Kampf mit Yareena ist zwar inszeniert, aber sonderbarerweise effektiv. Ein Großteil ihres Textes scheint Denise Crosby gar nicht zu gefallen.
Tasha ist eine Expertin in Aikido.

5: Der Wächter (»The Last Outpost«)
Ausstrahlung USA: 19. Oktober 1987
Deutsche Erstausstrahlung: 5. Oktober 1990
Drehbuch: Herbert Wright,
nach einer Geschichte von Richard Krzemien
Regie: Richard Colla
Darsteller: Armin Shimerman, Jake Dengel, Tracey Walter,
Darryl Henriques, Mike Gomez

Die *Enterprise* verfolgt ein Schiff der Ferengi, als beide in eine Falle geraten und über einem unbekannten Planeten festgehalten werden, der einst zum Tkon-Imperium gehörte, das vor langer Zeit unterging. Beide Besatzungen einigen sich auf eine gemeinsame Expedition zur Oberfläche, was aber zu einem Konflikt führt, der nur durch das Erscheinen des Humanoiden Portal geschlichtet wird, dem letzten Überlebenden des Imperiums. Er testet Rikers Klugheit und läßt die *Enterprise* frei, als dieser die Prüfung besteht. Portal akzeptiert auch Rikers Bitte, die Ferengi ebenfalls freizulassen, sobald diese den T-9-Energiekonverter zurückgeben, den sie der Föderation gestohlen haben.

Sternzeit: 41386,4

Fremde neue Welten: Das Delphi Ardu-System (mit seinen 11 unerforschten Planeten). Auf Gamma Tauri 4 befindet sich ein unbemannter Beobachtungsposten.

Neue Lebensformen: Portal, ein humanoider Wächter des Tkon Imperiums, das vor 600.000 Jahren unterging, als ihre Sonne im Zeitalter von Makto explodierte. Der Wächter stammt aus dem Zeitalter von Bastu, das der Zeit von Makto ebenso wie die Zeitalter von Cimi und Xora vorausging.

Die Ferengi, von der Föderation zuvor noch nie gesichtet. Ihre Technologie ist der der Föderation gleichwertig (einschließlich des Transporters). Sie verwenden stromschleudernde Peitschen und haben sehr empfindliche Ohren. Sie werden durch bedingungslose Kapitulation entehrt und eine visuelle Kommunikation ist gegen ihre Gewohnheit, den Ferengi-Kodex. Deanna kann bei ihnen nichts empfinden.

Herausragende Dialoge: »Merde,« murmelt Picard.
Der Kommentar der Ferengi zu Yar: »Ihr Barbaren laßt eure Frauen tatsächlich mitarbeiten, bewaffnet sie und zwingt sie, Kleidung zu tragen. Richtig unanständig.«

Zukunftsgeschichte: Die Ahnen von Riker waren Amerikaner. Die militärischen Theorien von Sun Tzu werden auf der Akademie gelehrt.

Notizen: Seid auf der Hut vor einem gewaltigen Anti-Höhepunkt, Geordis nerviger Sprechweise und vielen langweiligen Passagen. Äußerst armselig.

6: Der Reisende
(»Where No One Has Gone Before«)

Ausstrahlung USA: 26. Oktober 1987
Deutsche Erstausstrahlung: 12. Oktober 1990 (ZDF)
Drehbuch: Diane Duane, Michael Reaves, Maurice Hurley
(ohne Erwähnung)
Regie: Rob Bowman
Darsteller: Biff Yeager, Stanley Kamel, Eric Menyuk,
Herta Ware, Charles Dayton, Victoria Dillard

Lt. Kosinski, ein Antriebsexperte der Sternenflotte, trifft mit seinem außerirdischen Assistenten ein, um die Leistung der Antriebsaggregate der *Enterprise* zu steigern, doch Kosinskis Theorien ergeben keinen Sinn. Wesley freundet sich mit dem Assistenten an und lenkt ihn während eines Experiments ab, so daß das Schiff 2,7 Millionen Lichtjahre weit durch das All geschleudert wird. Ein Versuch, das Schiff wieder nach Hause zu steuern, verschlägt es an einen noch fremdartigeren Ort, an dem Gedanken zur Realität werden. Wesley findet heraus, daß der Assistent, der Reisende, für die Irrfahrten verantwortlich ist, und der Außerirdische erklärt sich zu einem Versuch bereit, das Schiff zurück nach Hause zu bringen. Es gelingt ihm, obwohl es ihn das Leben zu kosten scheint, doch zuvor erzählt er Picard, was für ein ungeheuer großes Potential in Wesley schlummert, was zu dessen Beförderung zum Fähnrich ehrenhalber führt.

Sternzeit: 41263,1 (und eine Phase, in der eine Sternzeit bedeutungslos wäre).

Fremde neue Welten: Die Galaxie M33 auf der anderen Seite von Triangulum, 2.700.000 Lichtjahre von der Erde entfernt (was 300 Jahre mit maximalem Warp für die Rückkehr bedeuten würde – somit beträgt die maximale Warpgeschwindigkeit etwa ein Lichtjahr pro Stunde – oder 51 Jahre, zehn Monate für eine Subraum-

Nachricht). Und dann noch ein seltsamer Ort, eine Milliarde Lichtjahre von der Milchstraße entfernt.

Neue Lebensformen: Das klingonische Targ, ein Haustier, das einem Schwein ähnelt.

Der Reisende, ein Wesen (gewissermaßen) aus einer anderen Zeit. Mit der Kraft seiner Gedanken reist er durch den Weltraum, seine Rasse hat noch nie zuvor die Menschen besucht. (Angeblich ist er ein Bewohner von Tau Alpha C, einem sehr entfernten Planeten.) Deanna kann seine Empfindungen nicht empfangen.

Technoblabla: »Ich habe die Energie asymptomatisch angewendet« sagt Kosinski (er meint asymptotisch), da er aber ohnehin Unsinn redet, mag dies ein beabsichtigter Witz sein.

Notizen: Wil Wheaton spielt sehr gut in dieser Folge.
Kosinski hat die Antriebe der USS *Ajax* und der USS *Fearless* überholt, zweier Schiffe, die älter sind als die *Enterprise*. 11 Prozent der Galaxis wurden erforscht. Picard trinkt seinen Tee gerne stark. Seine Mutter ist tot. Der Reisende ist der Meinung, daß Wesley ein großes Genie wird, weshalb diesem der Rang eines Fähnrich ehrenhalber verliehen wird.

7: Die geheimnisvolle Kraft (»Lonely Among Us«)

Ausstrahlung USA: 2. November 1987
Deutsche Erstausstrahlung: 19. Oktober 1990 (ZDF)
Drehbuch: D.C. Fontana,
nach einer Geschichte von Michael Halpern
Regie: Cliff Bole
Darsteller: John Durbin, Kavi Raz

Während sie Abgesandte der einander feindlich gesonnenen Anticaner und Selayaner zu einer Konferenz nach Parliament bringt, durchfliegt die *Enterprise* eine seltsame Wolke. Unbemerkt ergreift ein Energieblitz nacheinander von mehreren Besatzungsmitgliedern Besitz und dringt schließlich in den Schiffscomputer ein. Einige Systeme fallen aus, einschließlich des Warpantriebs. Der

Erste Staffel

Energieblitz tötet den Chefingenieur Singh, und Data, der Sherlock Holmes spielt, beweist, daß die Botschafter dafür nicht verantwortlich sind. Troi hypnotisiert Beverly und Worf und enthüllt ihre jüngste »Besessenheit«. Der Energieblitz ergreift Besitz von Picard und bringt ihn dazu, das Schiff wieder zu der Wolke zurückfliegen zu lassen. Sein Forschungseifer veranlaßt ihn, sich in die Wolke zu beamen, er stellt aber fest, daß er sich mit ihr nicht vereinen kann und kehrt schließlich als er selbst zurück.

Sternzeit: 41249,3

Fremde neue Welten: Parliament, der neutrale Konferenzplanet in diesem Sektor. Selay und Antica, Planeten, die bereits mit den Ferengi Kontakt hatten. Zwei Planeten im Beta Renna-System sind die Heimat der Anticaner und Selayaner.

Neue Lebensformen: Die sich bekriegenden Rassen der katzenartigen Anticaner und der reptilienähnlichen Selayaner, und das empfindungsfähige Energiewesen aus der Wolke.

Technoblabla: Viel Unsinn darüber wie Picard als Energie umherschwebt.

Herausragende Dialoge: Beverlys Begrüßung von Wes: »Schon irgendwelche neuen Probleme heute gelöst?«
Die Entschuldigung eines Selayaners, als er ein Besatzungsmitglied gefangennimmt: »Entschuldigung, falsche Rasse!«

Notizen: Einerseits eine lustige, interessante Handlung, anderseits ein endloser dummer Blabla-Marathon. Letzterer steht offensichtlich im Mittelpunkt.
Die Menschen stellen Fleisch mit Hilfe des Replikators her und halten keine Tiere für ihre Ernährung mehr. Dr. Channings Theorie handelt davon, Dilithium zu nützlicheren Kristallen zu entwickeln. Die *Enterprise* war seit einem Jahr in keinem Raumdock mehr. Argyle, aus der letzten Folge, ist immer noch Chefingenieur. Riker hält Sherlock Holmes für eine historische Person.

8: Das Gesetz der Edo (»Justice«)

Ausstrahlung USA: 9. November 1987
Deutsche Erstausstrahlung: 26. Oktober 1990 (ZDF)
Drehbuch: Worley Thorne, Gene Roddenberry
(ohne Erwähnung), nach einer Geschichte von Ralph Wills
(ein Pseudonym für John D.F. Black), Worley Thorne,
Gene Roddenberry (ohne Erwähnung)
Regie: James L. Conway
Darsteller: Brenda Bakke, Jay Louden, Josh Clark, David
Q. Combs, Richard Lavin, Judith Jones, Eric Matthew,
Brad Zerbst, David Michael Graves

Die Crew der *Enterprise* beamt auf die paradiesische Welt Rubicun 3 hinab, wo Wesley kurz darauf wegen eines geringfügigen Verstoßes zum Tode verurteilt wird. Als sich Picard trotz der obersten Direktive gegen die Bestrafung stellt, taucht der »Gott« der Edo (in Wirklichkeit eine Anzahl multidimensionaler Wesen in einer Art Raumschiff) neben der *Enterprise* auf. Mit Hilfe von Data wird die *Enterprise* gewarnt, seine Kinder in Ruhe zu lassen. Picard bringt eine Edo auf das Schiff, damit sie erkennen kann, was ihr Gott wirklich ist, doch das Urteil gegen Wesley bleibt bestehen. Picard wird gezwungen, die Rettung des Jungen vor den passiv abwartenden Edo zu befehlen, aber das gottähnliche Wesen hindert die Rettungsmannschaft daran, auf das Schiff zurückzubeamen. Picards leidenschaftliche Rede über die Ungerechtigkeit solcher strengen Gesetze klärt schließlich die Situation.

Sternzeit: 41255,6

Fremde neue Welten: Die *Enterprise* erreicht Rubicun 3, nachdem sie Siedler von der Erde zu einem ähnlichen Planeten der Klasse M im nahegelegenen Strnad-System gebracht hat.

Neue Lebensformen: Rubicun 3 wird von den fröhlichen Edo bewohnt. Die Frauen sind vollbusig, und die Männer tragen kurze Kostüme. Sie laufen ständig, und ihre Gesellschaft ist frei von Kriminalität, da jede in den nach dem Zufallsprinzip ausgewählten Bestrafungsräumen begangene Straftat automatisch mit dem Tode bestraft wird.

Die Edo werden von einem schützenden »Gott«, einem Raumschiff, beobachtet. Man vermutet, daß die Wesen in dem Raumschiff einst »normale« Lebensformen waren.

Worf sagt, daß er sich beim Sex mit einem Menschen zurückhalten müßte: verglichen mit Klingonen seien Menschen »recht zerbrechlich«.

Rikers Eroberungen: Wir wagen kaum zu spekulieren. Sein Kommentar über die Frauen von Edo: – »Sie sind zweifellos fit« –, sagt alles.

Herausragende Dialoge: Geordi: »Sie lieben sich bei jeder Gelegenheit.« Yar: »Bei *jeder* Gelegenheit!«

Worf, nachdem er von einer Edo-Frau umarmt wurde: »Hübscher Planet.«

Picard (aufgebracht über die spärlichen Informationen, die die Sensoren über das Objekt auf der Steuerbordseite liefern): »Warum ist alles zu einem ›Etwas‹ oder ›Was auch immer‹ geworden?!«

»Die Umlaufbahn mit Gott zu teilen ist eine bedeutende Erfahrung.«

Zukunftsgeschichte: Picard glaubt, daß die Gesetze der Erde jetzt funktionieren, da der Ursprung kriminellen Verhaltens festgestellt werden kann. Die Todesstrafe wird nicht mehr angewandt.

Notizen: »Es kann keine Gerechtigkeit geben, solange die Gesetze unumschränkt sind. Sogar das Leben selbst ist eine Ausübung von Ausnahmen.« Schwache Regie, vor allem Wil Wheaton scheint seine Fähigkeiten nicht annähernd auszuschöpfen (obwohl einige seiner Dialoge – »Du bist bei dieser Entscheidung nicht beteiligt, Junge.« »Tut mir leid, Sir, aber es hat den Anschein, als wäre ich es doch.« – für jeden Schauspieler eine Herausforderung wären). Zwar macht sich der Raumschiff-Gott der Edo gut, doch der Rest der Geschichte wirkt billig. Das Ende ist schauderhaft, da mehrfach gegen die oberste Direktive verstoßen wird und sich der Edo-Gott schließlich durch eine entsetzlich schlechte Ansprache umstimmen läßt. Wie noch in einigen anderen Trek-Episoden, wird in dieser Geschichte der Standpunkt vertreten, daß Religion nur eine Stufe ist, über die sich die Menschen hinausentwickeln (sollten).

Picard nennt Data seinen Freund und Wes »den Crusher-Jungen«.

9: Die Schlacht von Maxia (»The Battle«)

Ausstrahlung USA: 16. November 1987
Deutsche Erstausstrahlung: 2. November 1990 (ZDF)
Drehbuch: Herbert Wright,
nach einer Geschichte von Larry Forrester
Regie: Rob Bowman
Darsteller: Frank Corsentino, Doug Warhit, Robert Towers

Der Ferengi DaiMon Bok hat die *Stargazer*, Picards früheres Schiff, gefunden und will sie der Föderation zurückgeben. Sie wurde beschädigt und aufgegeben, als die Ferengi die *Stargazer* während der »Schlacht von Maxia« ohne Vorwarnung angriffen. Nur durch den Einsatz des Warpantriebs – auf eine Art, die seither als Picard-Manöver bezeichnet wird –, gelang die Zerstörung des Ferengischiffes. Allerdings wird der unter heftigen Kopfschmerzen leidende Picard durch das Logbuch des Schiffes schwer belastet, denn es enthält Hinweise, daß das Föderationsschiff zuerst gefeuert habe. Picard, der unter dem Einfluß von Bok steht, erlebt die Schlacht von der Brücke der *Stargazer* aus noch einmal – doch diesmal wird er die *Enterprise* zerstören. Das schlägt fehl, und Bok wird entlarvt, die Daten gefälscht zu haben: Der ganze Plan stellte Boks Rache für den Tod seines Sohnes dar, der das Ferengischiff befehligt hatte. Bok wird in Ungnade von den anderen Ferengi abgeführt.

Sternzeit: 41723,9

Fremde neue Welten: Die Handlung spielt im Xendi Sabu-Sternensystem, die ursprüngliche Schlacht der *Stargazer* fand im Maxia Zeta-System statt.

Neue Lebensformen: Daß DaiMon Bok die *Stargazer* ohne Profit »verschenkt«, wird von den anderen Ferengi als »sehr unmoralisch« bezeichnet.

Technologie: Das extrem teure und illegale Gehirnkontrollgerät, das gegen Picard verwendet wird.

Das Picard-Manöver: Ein frühzeitiges Zupfen an der Uniform und natürlich das echte Picard-Manöver.

Erste Staffel

Herausragende Dialoge: Ein Ferengi: »Wie ihr Menschen sagt, ich bin ganz Ohr.«

Zukunftsgeschichte: Aufgrund des medizinischen Fortschritts gibt es Kopfschmerzen und Erkältungen nicht mehr (vermutlich geschah dies im vorigen Jahrhundert, da es sie in der Folge »The Omega Glory« [»Das Jahr des roten Vogels«] der Originalserie noch gab; siehe auch »Angel One« [»Planet Angel One«]).

Notizen: Einige exzellente alptraumhafte Szenen auf der *Stargazer* tragen dazu bei, den vorsehbaren Handlungsverlauf zu verschleiern.

Vor rund neun Jahren wurde Picard als Captain der USS *Stargazer* (NCC-2893), eines Schiffes der Constellation-Klasse, gezwungen, das unbekannte Ferengischiff anzugreifen. Picards Waffenoffizier hieß Vigo.

10: Rikers Versuchung (»Hide and Q«)

Ausstrahlung USA: 23. November 1987
Deutsche Erstausstrahlung: 12. Januar 1991 (ZDF)
Drehbuch: C. J. Holland (ein Pseudonym für Maurice Hurley),
Gene Roddenberry,
nach einer Geschichte von C. J. Holland (Maurice Hurley)
Regie: Cliff Bole
Darsteller: Elaine Nalee, William A. Wallace

Die *Enterprise* ist unterwegs, um einer Föderationskolonie zu helfen, als sie durch Q aufgehalten wird, der einige Besatzungsmitglieder in eine surreale napoleonische Welt beamt. Worf und Wesley werden getötet, und Riker bekommt Qs gottesartige Kräfte angeboten, um sie wieder zum Leben zu erwecken. Picard ist über Rikers neue Fähigkeiten besorgt, doch Wes, Data, Geordi und Worf verzichten darauf, sich ihre Wünsche erfüllen zu lassen. Qs lautstarke Behauptungen, niemand könnte der Verlockung seiner Kräfte widerstehen, erweisen sich als falsch, und er wird – gedemütigt – ins Kontinuum zurückbeordert.

Sternzeit: 41590,5

Fremde neue Welten: Die Föderationskolonie auf Quadra Sigma 3 benötigt medizinische Hilfe nach einem Explosionsunglück in den Minen.

Neue Lebensformen: Q erscheint als aldebaranische Schlange (eine Kugel mit 3 Köpfen).
   Laut Worf gilt immer noch der klingonische Leitspruch »Trinke nicht mit deinen Feinden« (siehe »Redemption II« [»Der Kampf um das klingonische Reich II«]).

Technologie: Wie allgemein in der ersten Staffel, wirkt die *Enterprise* hier etwas primitiv: Wie bei der Marine wird Crusher mit einer Art Pfeifton von der Brücke gerufen, und sie antwortet über einen in die Wand eingebauten Kommunikator.

Das Picard-Manöver: Als er sich vor einem Treffen mit Riker hinsetzt.

Deanna unterbeschäftigt?: Sie taucht gar nicht auf. (Ihr Fehlen wird aber wenigstens erklärt.)

Datas Witze: Zu Picard über die Monster in napoleonischen Uniformen: »Sie mögen sie als ästhetisch unangenehm empfinden, Sir. Ich könnte darüber einfach einen Eintrag im Computer machen.«

Herausragende Dialoge: Worf (als er von einer Klingonin angeknurrt wird): »Nein! Sie stammt von einer mir jetzt fremden Welt.« Geordi: »Worf, ist das Ihre Vorstellung von Sex?« Worf: »Das ist Sex. Aber dafür ist in meinem Leben kein Platz mehr.«
   Data: »Sir, wie kommt es, daß die Q mit Raum und die Zeit so gut zurechtkommen und mit uns so schlecht?« Picard: »Vielleicht werden wir eines Tages entdecken, daß Zeit und Raum einfacher sind als die menschliche Gleichung.« Die Kotztüten bitte!

Notizen: »Das nennen die Menschen die augenscheinliche Wahrheit.« »Sie meinen, nicht sehr originell.« »Sie sind derjenige, der das gesagt hat.« Gezwungener Surrealismus (die Schweinesoldaten und Q als Napoleon) kann nicht über die billigen Sets, die Anleihen bei der Originalserie zeigen, und die dümmlichen Dialoge hinwegtäu-

Erste Staffel

schen. Vielleicht ist es unfair, so früh in der ersten Staffel zu behaupten, daß sich alle rollenunüblich verhalten, aber wir tun es trotzdem. (Der Dialog, der zuvor zitiert wurde, paßt überhaupt nicht zu Data, Picard und Worf.) Einmal nennt Picard Riker sogar »Riker«. Es ist alles absolut albern, sogar die Begleitmusik ist Schrott.

Troi wurde gerade auf Sternenbasis G6 abgesetzt, um von dort mit einem Shuttle einen kurzen Abstecher nach Hause zu unternehmen. Picard hat eine *Globe Illustrated Shakespeare* in seinem Bereitschaftsraum (Q zitiert aus *Hamlet*, *As You Like It* [»Wie es euch gefällt«] und *Macbeth*, Picard kontert mit einer freien Interpretation von *Hamlet*). Nach »Encounter at Farpoint« kehrte Q besorgt über den Drang des Menschen nach Fortschritt und Entwicklung in das Kontinuum zurück. Wes möchte 10 Jahre älter, Data möchte ein Mensch sein (»Das ist wichtiger als alles andere, du mußt dir selbst gegenüber treu sein« – siehe die 7. Staffel) und Geordi möchte normal sehen können (er hat sich Tasha immer bildhübsch vorgestellt). Rasend vor Eifersucht greift Worfs »Frau« Yar an (läuft etwas zwischen den beiden? – siehe »11001001« [»11001001«], »Skin of Evil« [»Die schwarze Seele«] und »Legacy« [»Die Rettungsoperation«]).

11: Die Frau seiner Träume (»Haven«)

Ausstrahlung USA: 30. November 1987
Deutsche Erstausstrahlung: 16. November 1990 (ZDF)
Drehbuch: Tracy Tormé, nach einer Geschichte von Tracy Tormé, Lan O'Kun
Regie: Richard Compton
Darsteller: Rob Knepper, Nan Martin, Robert Ellenstein, Carel Struycken, Anna Katarina, Raye Birk, Danitza Kingsley, Michael Rider

Als die *Enterprise* Haven erreicht, erfährt Troi, daß ihre Mutter, Lwaxana, entschieden hat, daß die Zeit für Deannas seit langem abgesprochene Hochzeit gekommen ist. Ihr Verlobter, Dr. Wyatt Miller, und seine Eltern kommen zusammen mit Lwaxana an Bord. Wyatt träumt schon seit Jahren von dem gleichen Mädchen, aber es ist nicht Deanna. Gleichzeitig muß die *Enterprise* Haven vor einem Schiff der von einer Seuche befallenen Tarellianer schützen. Es stellt sich heraus, daß sich Wyatts Traumfrau an Bord dieses Schiffes befindet, und er verläßt die *Enterprise*, um dort zu helfen.

Sternzeit: 41294,5

Fremde neue Welten: Haven, ein Planet der Klasse M, oder Beta Cassius, ein bekanntes Paradies. Es hat den legendären Ruf, Kranke heilen zu können, und wird von einer Kurfürstin regiert.

Neue Lebensformen: Die Chamäleon-Rose, die ihre Farbe ja nach Gemütszustand des Betrachters verändert, und ein rankendes Gewächs, das als Schoßtier gehalten wird.

Man hatte angenommen, die Tarellianer wären alle in einem biologischen Krieg getötet worden. Vor acht Jahren zerstörten die Alcoynier alle ihre Schiffe, bis auf eines.

»Imzadi« bedeutet »Geliebte(r)« bei den Betazoiden. Bei ihnen werden die Ehepartner immer noch von den Eltern ausgewählt (nach einem genetischen Auswahlverfahren). Betazoiden können telephatisch miteinander kommunizieren, und sie bedanken sich für ein Essen, indem sie einen kleinen Gong schlagen. Sie heiraten nackt und erhalten eine Mitgift.

Einführung: Lwaxana Troi, Deannas sexsüchtige Mutter, und ihr großer, zurückhaltender Diener, Mr. Homn.

Technologie: Das Geschenkkästchen der Betazoiden mit dem Gesicht eines Roboters.

Rikers Eroberungen: Er wirkt sehr an zwei holographischen Musikerinnen interessiert und scheint sogar etwas scharf auf Lwaxana zu sein, ist aber immer noch sehr mit Deanna verbunden.

Datas Witze: »Könnten Sie mit den Streitigkeiten fortfahren, ich finde sie äußerst interessant.«

Notizen: Es ist die Politik der Föderation, hilfsbedürftige Wesen zu unterstützen. Sie haben einem Abkommen zum Schutz von Haven zugestimmt. Picard sagt, es sei eine Tradition, daß bei feierlichen Anlässen der Föderation keine Auseinandersetzungen erlaubt sind (es mag aber sein, daß er lügt).

Deanna kann Rikers Gefühle empfinden und umgekehrt. Steven Miller war der beste Freund von Deannas Vater. Deannas Akzent erinnert Lwaxana an Deannas Vater. Sie entließ ihren letzten Diener, Mr. Xelo, weil er Gefühle für sie entwickelte. Ihr vollständiger Titel lautet: Tochter des fünften Hauses, Trägerin des heiligen Kelches von Rixx und Erbin der heiligen Ringe von Betazed.

12: Der große Abschied (»The Big Goodbye«)
Ausstrahlung USA: 11. Januar 1988
Deutsche Erstausstrahlung: 23. November 1990 (ZDF)
Drehbuch: Tracy Tormé
Regie: Joseph L. Scanlan
Darsteller: Lawrence Tierney, Harvey Jason, William Boyett, David Selburg, Gary Armagnal, Mark Genovese, Dick Miller, Carolyn Allport, Rhonda Aldrich, Erik Cord

Picard entspannt sich vor einem wichtigen diplomatischen Treffen, indem er seiner Leidenschaft für amerikanische Detektivgeschichten der 40er Jahre frönt. Doch ein außerirdischer Scan verursacht eine Störung im Holodeck, und Picard, Data und Beverly sind in einem lebensgefährlichen Gangsterszenario gefangen. Wesley und Geordi gelingt es, den Schaden zu beseitigen, und Picard begrüßt seine pedantischen Gäste auf perfekte Art und Weise.

Sternzeit: 41997,7

Neue Lebensformen: Die Jarada, eine »zurückgezogene insektenähnliche Rasse, die für ihre Pedanterie bei Protokollfragen bekannt ist«.

Technoblabla: Picard äußert die Meinung, daß »das Holodeck den begrenzten Raum äußerst gut nutzt«.

Herausragende Dialoge: Beverlys Reaktion, als sie erfährt, das Picard von der Polizei verhört wird: »Warum soll er den ganzen Spaß allein haben?«

Zukunftsgeschichte: Baseball: Joe DiMaggios 56 Spiele andauernder Rekord an Homeruns hält bis 2026, wenn er von den London Kings gebrochen wird (siehe *DS9* »If Wishes Were Horses« [»Macht der Phantasie«]).

Notizen: »Ich brauche Ihre Hilfe, Mr. Hill. Jemand versucht, mich zu töten.« »The Big Goodbye« stellt einen gelungenen Wechsel der Genres als Tribut an die Welten von Chandler, Hammett und Cain dar, der auf den meisten Ebenen funktioniert, obwohl die Holodecksequenz ziemlich überhastet endet. Lawrence Tierney und Harvey Jason stellen passable Nachfolger von Sidney Greenstreet und Peter Lorre dar.

Mr. Whalan ist der sympathische Geschichts- und »Geschichtenexperte« des 20. Jahrhunderts auf der *Enterprise*. Picard sagt, daß er schon immer Schwierigkeiten mit dem Buchstabieren hatte. Er schätzt den fiktionalen Detektiv Dixon Hill, der von Geordi als »ein Sherlock Holmes des 20. Jahrhunderts« bezeichnet wird. Hill tauchte erstmals 1934 in *Amazing Detective Stories* auf und dann nochmals 1936 in dem Roman »Der lange dunkle Tunnel« und anderen Texten. Die Geschichte, die Picard für die Simulation auswählt, spielt im San Francisco des Jahres 1941. Holodeck-Charaktere können nur kurzzeitig außerhalb des Holodecks existieren.

13: Das Duplikat (»DataLore«)

Ausstrahlung USA: 18. Januar 1988
Deutsche Erstausstrahlung: 1. Dezember 1990 (ZDF)
Drehbuch: Robert Lewin, Gene Roddenberry,
nach einer Geschichte von Robert Lewin, Maurice Hurley
Regie: Rob Bowman
Darsteller: Biff Yeager

Die *Enterprise* erreicht Omicron Theta, den Planeten, auf dem Data vor 26 Jahren gefunden wurde. In einem unterirdischen Bunker findet die Suchmannschaft einen identischen Androiden, Datas »Bruder« Lore. Zurück auf der *Enterprise* zeigt sich die verdrehte Persönlichkeit Lores, als er Data deaktiviert und dessen Platz einnimmt. Zudem nimmt er Kontakt zu dem kristallinen Wesen auf, mit dem zusammen er die Kolonie zerstörte. Nur Wesley bemerkt die Veränderungen im Verhalten des Androiden, aber niemand will ihm zuhören, außer Dr. Crusher. Ihr gelingt es, Data wieder zu aktivieren. Die beiden Androiden bekämpfen sich, und Lore wird ins All gebeamt.

Sternzeit: 41242,4

Fremde neue Welten: Omicron Theta, ehemaliger Außenposten der Föderation und Datas »Geburtsort«.

Neue Lebensformen: Das kristalline Wesen, mit dem Lore kommunizieren kann.

Einführung: Lore, der erste Android von Noonian Soong (Datas älterer »Bruder«).

Technoblabla: Geordi: »Captain, ich empfange eine Einheit, die in einer Tangente aus 5 Uhr ankommt« (kein Blabla, aber es hört sich überhaupt nicht lustig an).

Das Picard-Manöver: Wesley führt es aus.

Deanna unterbeschäftigt?: Sie fehlt in dieser Folge gänzlich.

Datas Witze: Lore bemerkt: »Du hast auch Probleme mit ihrem Humor.«

Herausragende Dialoge: »Du läßt mich wünschen, ich wäre ein Einzelkind.«

Notizen: »Kann das mein zweites Ich sein?« Dunkel, phantasievoll und schizoid. Es gibt einen erschreckenden Kampf zwischen Data und Lore im Turbolift. Die Geschichte ist der Folge »The Enemy Within« [»Kirk:2=?«], aus der Originalserie sehr zu Dank verpflichtet.
Data hat die Erinnerungen der 94 Kolonisten von Omicron Theta gespeichert. Das Föderationsschiff *Tripoli* hat ihn gefunden. Er hat einen »Ausschaltknopf«, was er Dr. Crusher anvertraut (Riker schaltet Data in »The Measure of a Man« [»Wem gehört Data«] ab). Lore scheint »menschlicher« als Data zu sein, beispielsweise durch seine Sprechweise und sein Gesichtszucken. Außerdem ist er völlig verrückt. Es gibt erste Hinweise auf Dr. Noonian

Soong, Datas »Vater« (siehe »The Schizoid Man« [»Das fremde Gedächtnis«], »Brothers« [»Die ungleichen Brüder«], »Birthright I« [»Der Moment der Erkenntnis I«] und »Inheritance« [»Soongs Vermächtnis«]). Er war der beste Robotik-Wissenschaftler der Erde, bis er versuchte, »Asimovs Traum von einem positronischen Gehirn zu verwirklichen« (Tasha versteht offensichtlich etwas von SF). Sein Spitzname in der Kolonie war »Oft im Unrecht«. Der Chefingenieur ist Mr. Argyle.

14: Planet Angel One (»Angel One«)
Ausstrahlung USA: 25. Januar 1988
Deutsche Erstausstrahlung: 8. Dezember 1990 (ZDF)
Drehbuch: Patrick Berry
Regie: Michael Rhodes
Darsteller: Karen Montgomery, Sam Hennings,
Patricia McPherson, Leonard John Crofoot

Vor sieben Jahren stürzte der Frachter *Odin* auf Angel 1 ab. Die *Enterprise* trifft ein, um die Überlebenden zu retten, entdeckt aber, daß die Männer wie Aussätzige auf dem von Frauen beherrschten Planeten gejagt werden. Währenddessen verbreitet sich ein Virus auf der *Enterprise*, das im Holodeck erzeugt wurde. Während Riker seine nicht unbedeutenden Fähigkeiten anwendet, um die kühle Anführerin Beata zu erweichen, versucht Dr. Crusher das Gegenmittel für das Virus zu finden. Beide sind erfolgreich, und die *Enterprise* verläßt den Planeten, um die gemeldeten Aktivitäten der Romulaner in der neutralen Zone zu untersuchen.

Sternzeit: 41636,9

Fremde neue Welten: Angel 1 (ein Planet der Klasse M mit auf Kohlenstoff basierender Fauna und Flora), den die Föderation vor 62 Jahren zum letztenmal besuchte.
Riker erwähnt, daß er auf Kabatrus Felle anzog, um mit dem regierenden Rat zu sprechen, und auf Armus 9 trug er Federn (was Deanna und Tasha nicht daran hindert, beim Anblick seines lächerlichen »Toy-Boy«-Kostüms in Gelächter auszubrechen).

Erste Staffel

Neue Lebensformen: Worf sagt, daß Klingonen starke Frauen schätzen. Deanna deutet an, daß Betazed ebenso wie Angel 1 eine matriarchale Oligarchie hat.

Rikers Eroberungen: Herrin Beata (eigentlich ist er eher *ihre* Eroberung).

Datas Witze: Über Parfum: »Wie beeinflußt die Stimulierung der Geruchsnerven den Genuß von Sex?«.

Notizen: »Männer sind keine Gegenstände, die man besitzen kann.« Ein von Frauen regierter Planet stellt ein altes Standardthema der SF dar, doch, wie man zugeben muß, wurde es hier gut umgesetzt. Die Nebenhandlung beschäftigt sich mit einem grippeartigen Virus, das auf der *Enterprise* umgeht. Eine spaßige Story, auch wenn sie ein wenig zu offensichtlich ist. (Trotzdem ist es eine nette Umkehr des normalen Handlungsmusters, daß Beata Riker drängt, ihr ein bißchen Aufmerksamkeit zu schenken.)

In Abwesenheit von Picard, Riker, Data und Tasha kommandiert Geordi das Schiff (siehe auch »The Arsenal of Freedom« [»Die Waffenhändler«]). Albenische Meditationskristalle sind ein teures Geschenk.

15: 11001001 (»11001001«)
Ausstrahlung USA: 1. Februar 1988
Deutsche Erstausstrahlung: 15. Dezember 1990 (ZDF)
Drehbuch: Maurice Hurley, Robert Lewin
Regie: Paul Lynch
Darsteller: Carolyn McCormick, Gene Dynarski, Katy Beyer,
Alexandra Johnson, Iva Lane, Kelli Ann McNally,
Jack Sheldon, Abdul Salaam el Rezzac, Ron Brown

Die *Enterprise* erreicht Starbase 74 im Orbit von Tarsus 3, wo ihr Computersystem von der Rasse der Binären aufgerüstet werden soll. Ein Großteil der Besatzung verläßt das Schiff, doch Picard und Riker bleiben zurück und erleben ein außergewöhnliches neues Holodeckprogramm. Diese Ablenkung ermöglicht es den Binären, das Schiff mit Kurs auf ihre Heimatwelt aus dem Dock zu entführen und die

Besatzung hilflos zurückzulassen. Picard und Riker programmieren die Selbstzerstörung des Schiffs, damit es nicht in die Hände von Feinden fällt, doch als sie die Brücke erreichen, entdecken sie, daß die Binären im Sterben liegen. Die Außerirdischen wollen den Computerspeicher der *Enterprise* benutzen, um die Daten ihres eigenen Zentralcomputers zu speichern, der sich durch die Strahlung einer sterbenden Sonne in Gefahr befindet. Picard und Riker beenden den Datentransfer und retten die Binären.

Sternzeit: 41365,9

Fremde neue Welten: Die *Enterprise* wird unerwartet vor Omicron Pascal aufgehalten und hat eine dringende Verabredung auf Pelleus 5.

Neue Lebensformen: Die Binären sind eine androgyne Rasse symbiotischer kleinwüchsiger Mathematiker, die gegenseitig ihre angefangenen Sätze beenden und so eng mit ihrem Zentralcomputer verbunden sind, daß sie fast im Binärcode sprechen und denken.

Rikers Eroberungen: Minuet. Leider ist sie ein Hologramm! (»Ich bin so echt, wie Sie mich haben wollen.«) Sie ist auch Picards Eroberung.

Deanna unterbeschäftigt?: Sie hat wieder einmal unentschuldigt gefehlt.

Herausragende Dialoge: Rikers bester Text in dieser Staffel: »Schreibt mit, dieses Projekt könnte sich für Schüler in der Zukunft als interessant erweisen ... Ein blinder Mann, der versucht einem Androiden das Malen beizubringen. Das muß doch einige Seiten im Buch von irgend jemandem wert sein.«

Notizen: »Meine Herren, wenn Sie das eine Verbesserung nennen, dann haben Sie eine Begabung für die Untertreibung.« Erfinderisch und mit bemerkenswert überzeugenden Charakterisierungen, trotz einiger Löcher im Handlungsfaden, die groß genug sind, daß man die *Enterprise* hindurchsteuern könnte – würde Data wirklich »vergessen«, nachzuprüfen, ob Picard und Riker das Schiff verlassen haben?

Worf und Tasha sind Partner in einer Sportart, die sich Parisses Squares nennt (siehe »Future Imperfect« [»Gedächtnisverlust«], »Silicon Avatar« [»Das Recht auf Leben«], »The First Duty« [»Ein mißglücktes Manöver«], »Timescape« [»Gefangen in einem temporären Fragment«]). Tasha stellt fest, daß Worf einen Anflug von Humor entwickelt. Terence Epstein ist ein führender Kybernetikexperte, der Vorlesungen auf Beverlys Medizinakademie gehalten hat. Das Selbstzerstörungsprogramm der *Enterprise* läßt sich ausschließlich vom Captain und dem ersten Offizier starten und abbrechen. Rikers Lieblings-Holodeckprogramm ist eine Jazzbar in New Orleans aus dem Jahre 1958.

16: Die Entscheidung des Admirals (»Too Short a Season«)

Ausstrahlung USA: 8. Februar 1988
Deutsche Erstausstrahlung: 22. Dezember 1990 (ZDF)
Drehbuch: Michael Michaelien, D.C. Fontana,
nach einer Geschichte von Micheal Michaelian
Regie: Rob Bowman
Darsteller: Clayton Rohner, Marsha Hunt, Michael Pataki

Der hochbetagte Admiral Mark Jameson kehrt nach Mordan 4 zurück, wo eine Gruppe Terroristen den Botschafter und dessen Mitarbeiter entführt hat. Vor vielen Jahren hat Jameson in einem ähnlichen Entführungsfall auf dem Planeten erfolgreich vermittelt, und er ist besessen von dem Gedanken, seine damalige Leistung zu wiederholen. Der an den Rollstuhl gebundene Jameson beginnt jünger zu werden, die Auswirkungen einer außerirdischen regenerierenden Droge, die er in großen Mengen einnimmt. Der Entführungsfall ist in Wahrheit nur ein Vorwand, um Jameson nach Mordan zurückzulocken, wo dieser im Verborgenen einen vierzig Jahre währenden Bürgerkrieg entfacht hat, indem er beide Seiten mit Waffen belieferte. Karnas, der Führer des Planeten, verlangt Rache, doch weigert er sich anfangs zu glauben, daß der junge Mann tatsächlich Jameson ist. Kurz bevor er an einer Überdosis der verjüngenden Droge stirbt, schafft es der Admiral, Karnas davon zu überzeugen.

Sternzeit: 41309,5

Fremde neue Welten: Am Anfang der Episode befindet sich die *Enterprise* im Orbit von Persephone 5. Auf Mordan 4 herrscht seit 5 Jahren Frieden. Am Ende der Folge bricht die *Enterprise* nach Isis 3 auf.

Neue Lebensformen: Die Menschen von Cerebus 2 haben eine verjüngende Droge entwickelt, obwohl die Behandlung schmerzhaft ist und oft fehlschlägt. Als Dank für einen nicht näher geschilderten diplomatischen Erfolg haben sie Jameson mit der Droge versorgt.

Notizen: Ein sehr dialoglastiges und eher langweiliges Drehbuch, obwohl die behandelten Themen an sich interessant sind. Das Make-up des alten Admirals ist alles andere als überzeugend, was den Kern der Geschichte sehr unglaubwürdig macht.

Jameson leidet an der Iverson-Krankheit, die den Körper, aber nicht den Geist beeinträchtigt. Er hat die letzten vier Jahre im Rollstuhl verbracht. Das letzte Mal war er an Bord der *Gettysburg* im Weltraum.

17: Die Sorge der Aldeaner (»When the Bough Breaks«)

Ausstrahlung USA: 15. Februar 1988
Deutsche Erstausstrahlung: 19. Januar 1991 (ZDF)
Drehbuch: Hannah Louise Shearer
Regie: Kim Manners
Darsteller: Jerry Hardin, Brenda Strong, Jandi Swanson,
Paul Lambert, Ivy Bethune, Dierk Torsek, Michele Marsh,
Dan Mason, Philip N. Waller, Connie Danese, Jessica Bova,
Vanessa Bova

Der Planet Aldea enttarnt sich, und die unfruchtbaren Aldeaner schlagen einen Tausch zwischen ihrem Wissen und den Kindern der *Enterprise* vor. Riker lehnt ab, trotzdem werden die Kinder nach Aldea gebeamt. Der Planet hüllt sich wieder in einen Tarnschild, aber Geordi entdeckt eine Schwachstelle darin. Picard und Beverly brechen zu neuen Verhandlungen mit den Aldeanern auf, doch die *Enterprise* wird mehr als drei Tagesreisen weit ins All geschleudert. Wesley organisiert einen passiven Widerstand unter den Kindern, und Beverly entdeckt den Grund für die Unfruchtbarkeit der Aldeaner: Ihr Tarnschild hat die Ozonschicht geschwächt. Riker und Data beamen hinunter, um den Schild auszuschalten, woraufhin die Aldeaner die Kinder zurückbringen.

Sternzeit: 41509,2 (mindestens 52 Stunden vergehen zwischen 41509,1 und 41512,4).

Fremde neue Welten: Aldea, ein sagenumwobener Planet im Epsilon Mynos System, der sich seit mehreren Jahrtausenden hinter einem Tarnschirm versteckt. Zadar 4 ist eine Kolonie, auf der es Ozeane gibt. »Neinman of Xerxes 7« ist eine Sagenwelt.

Neue Lebensformen: Die bleichen, unfruchtbaren, lichtempfindlichen, chromosomengeschädigten, humanoiden Aldeaner.

Notizen: Die Folge ist so spannend wie eingeschlafene Füße.
Es scheinen nur sieben Kinder (einschließlich Wesley) auf der *Enterprise* zu sein. In den Schulen des Schiffes wird das Einmaleins unterrichtet. Riker ahmt einen John Wayne-Gang nach. Etwas, das an einen Tribble erinnert, wird auf dem Schiff als Schoßtier gehalten. Delphine haben auf Planeten der Föderation überlebt.

18: Ein Planet wehrt sich (»Home Soil«)
Ausstrahlung USA: 22. Februar 1988
Deutsche Erstausstrahlung: 26. Januar 1991 (ZDF)
Drehbuch: Robert Sabaroff, nach einer Geschichte von
Karl Guers, Ralph Sanchez, Robert Sabaroff
Regie: Corey Allen
Darsteller: Walter Gotell, Elisabeth Lindsey,
Gerard Prendergast, Mario Rocuzzo, Carolyne Barry

Die *Enterprise* überprüft die Terraforming-Station auf Velara 3, wo sie sich mit einem rätselhaften Todesfall auseinandersetzen muß, als der Techniker Arthur Malencon von einem Laserbohrer getötet wird. Bei Geordis Ermittlungen wird Data von demselben Bohrer beinahe getötet. Sie kommen zu einem überraschenden Ergebnis: Der Planet beheimatet anorganisches Leben. Eine mikroskopische

Probe wird in ein Forschungslabor gebeamt, wo sie sich vergrößert, ein Quarantänefeld durchbricht und mit dem Schiff kommuniziert. Die Lebensform ist intelligent, wächst immer weiter und ist wütend auf die Terraformer. Riker erkennt, daß sie Licht benötigt, und als sie die Kontrolle über den Schiffscomputer zu übernehmen versucht, schaltet er die Lampen des Labors aus. Das außerirdische Wesen fleht um Gnade und wird nach Hause gebeamt, Velara 3 wird unter Quarantäne gestellt.

Sternzeit: 41463,9

Fremde neue Welten: Velara 3 in der Pleiades-Gruppe.

Neue Lebensformen: Eine intelligente anorganische Lebensform aus Mineralien, die in der Lage ist, gewaltige Energiemengen zu manipulieren.

Rikers Eroberungen: Er versucht, Luisa Kim Informationen zu entlocken.

Herausragende Dialoge: Die Bezeichnung des Wesens für die Menschen: »Häßliche Säcke, die zum größten Teil aus Wasser bestehen.«

Notizen: Der Gaststar Mario Roccuzzo spielt seine Rolle sehr britisch.

19: Prüfungen (»Coming of Age«)
Ausstrahlung USA: 14. März 1988
Deutsche Erstausstrahlung: 2. März 1991 (ZDF)
Drehbuch: Sandy Fries
Regie: Michael Vejar
Darsteller: Ward Costello, Robert Schenkkan, John Putch, Robert Ito, Stephen Gregory, Tasia Valenza, Estee Chandler, Brendan McKane, Wyatt Knight, Daniel Riordan

Während Wesley sich auf Relva 7 der Aufnahmeprüfung zur Sternenflottenakademie unterzieht, erhält Picard Besuch von seinem alten Freund Admiral Gregory Quinn. Dieser wird von Lt. Commander Dexter Remmick begleitet, der beauftragt wurde, Beweise für Gesetzesverstöße auf der *Enterprise* zu sammeln. Währenddessen wird Wesley im Wettbewerb mit den anderen Kandidaten getestet, einschließlich Mordock, einem Benziten. Jake Kurland, der die Aufnahmeprüfung nicht geschafft hat, stiehlt eine Raumfähre, um damit abzuhauen. Die Fähre stürzt auf den Planeten ab, doch es gelingt Picard, Jake zu retten. Remmick liefert sein Ergebnis ab: Er kann keine Verstöße feststellen. Quinn hat die Untersuchung angeordnet, weil er das Gefühl hat, daß mit der Sternenflotte etwas nicht stimmt, und er möchte, daß Picard ihm zur Seite steht, indem er einen Posten als Leiter der Sternenflottenakademie annimmt. Zur gleichen Zeit nimmt Wesley am abschließenden Test teil, bei dem er seine Angst vor Entscheidungen über Leben und Tod überwinden muß, aber er unterliegt seinem Freund Mordock im Wettkampf um den Platz an der Akademie. Picard teilt Quinn seine Entscheidung mit, weiterhin Captain der *Enterprise* zu bleiben, und immer noch besorgt über eine Verschwörung verläßt der Admiral das Schiff.

Sternzeit: 41416,2

Fremde neue Welten: Relva 7, ein Schulungs- und Testzentrum der Sternenflotte. Beltane 9 ist eine Welt, auf der man auf einem Schiff anheuern kann. Auch Ardron 4 wird erwähnt.

Neue Lebensformen: Benziten sind blauhäutige Wesen, die mit Hilfe eines künstlichen Mundstücks atmen (siehe auch »A Matter of Honor« [»Der Austauschoffizier«]).
  Regulianische Ratten sind furchterregend. Bullgalianische Schlammratten und melanosische Schleimwürmer sind unangenehm. Zaldanier sind Humanoide mit Schwimmhäuten, die Höflichkeit als unaufrichtig betrachten.

Technologie: Das Mischungsverhältnis zwischen Materie und Antimaterie im Antrieb eines Raumschiffs ist immer 1:1.

Deanna unterbeschäftigt?: Sie ist in einer einzigen Szene zu sehen.

Zukunftsgeschichte: Die Föderation ist über 200 Jahre alt (siehe »The Outcast« [»Verbotene Liebe«]).

Notizen: Hier hören wir zum ersten Mal von der außerirdischen Verschwörung innerhalb der Föderation. Die Geschichte hat zwei Handlungsebenen, die in Sachen Langeweile miteinander konkurrieren. Die Handlungsebene mit der Verschwörung gewinnt, da sie nicht nur langweilig ist, sondern auch keinen Abschluß findet.

Die Akademie der Sternenflotte wird von ihrem Kommandanten geleitet, einem Admiral. Das Büro des Oberinspektors führt interne Untersuchungen durch.

Picard hat die Aufnahmeprüfung zur Sternenflotte beim ersten Mal nicht geschafft, war aber im zweiten Anlauf erfolgreich. Kandidaten können sich immer wieder bewerben. Ein Teil der Prüfung ist der Psycho-Test, der sich mit der größten Angst des Kandidaten beschäftigt. Worfs größte Angst ist es, von anderen abhängig zu sein, besonders in bezug auf sein Leben. Wesley wird im nächsten Monat 16.

20: Worfs Brüder (»Heart of Glory«)

Ausstrahlung USA: 21. März 1988
Deutsche Erstausstrahlung: 9. Februar 1991 (ZDF)
Drehbuch: Maurice Hurley, nach einer Geschichte von
Maurice Hurley, Herbert Wright, D.C. Fontana
Regie: Rob Bowman
Darsteller: Vaughn Armstrong, Charles H. Hyman,
David Froman, Robert Bauer, Brad Zerbst, Dennis Madalone

Auf einem beschädigten talarianischem Schiff, das in der neutralen Zone treibt, werden drei Klingonen gefunden. Sie behaupten, sie wären von den Ferengi angegriffen worden, und zeigen Interesse an der Stellung Worfs, die er auf der *Enterprise* hat. Als einer der Klingonen an seinen Verletzungen stirbt, nimmt Worf an der Todeszeremonie teil. Sie erzählen Worf was tatsächlich passiert ist: sie sind gegen den Friedensvertrag zwischen den Klingonen und der Föderation und haben das klingonische Schiff zerstört, das ihnen nachgeschickt wurde, um sie zu verhaften. Ein weiteres Klingonenschiff trifft ein und verlangt die Übergabe der Täter. Mit Worfs Hilfe werden sie eingesperrt, doch es gelingt ihnen zu ent-

Erste Staffel

kommen, wobei einer von ihnen getötet wird. Korris, der letzte Klingone, hält die *Enterprise* als Geisel, indem er seine Waffen auf die Kammer mit den Dilithiumkristallen richtet. Nach einigen Verhandlungen wird Worf von ihm gezwungen, ihn zu töten. Worf ermöglicht ihm dadurch einen ehrenhaften Tod.

Sternzeit: 41503,7

Fremde neue Welten: Der klingonische Außenposten MZ5. Das Halee-System ist ein gefährlicher Ort der Klingonen. Wir erfahren von der Sternenbasis 84.

Neue Lebensformen: Die Talarianer leben offensichtlich sehr weit von der neutralen Zone entfernt.
 Das klingonische Todesritual wird zum ersten Mal von Außenseitern beobachtet. Die Klingonen brüllen, wenn ein anderer Klingone stirbt, als eine Warnung an die Toten, daß ein klingonischer Krieger zu ihnen reist. Sie haben keinen Respekt vor Leichen. Klingonen verwenden Phaser, sie führen das Föderationssymbol auf ihren Kreuzern mit sich. Ihre Heimatwelt, bzw. ihre Kultur ist zumindest unter einigen Klingonen als Kling bekannt; (vergleiche mit der *DS9*-Folge »The House of Quark« [»Das Haus des Quark«]).

Technologie: Der Antrieb eines Schiffes stößt Deuteriumgas aus. Talarianische Schiffe sind mit Merculiteraketen bestückt. Ein auf die Dilithiumkammern abgefeuerter Phaserstrahl könnte die *Enterprise* zerstören. Geordis Visor wird in dieser Folge mit einem Sender gekoppelt, mit dem er Bilder zurück zur *Enterprise* sendet.

Das Picard-Manöver: Eine seltene zweihändige Variante, nachdem er den Befehl zum Beschleunigen gegeben hat.

Deanna unterbeschäftigt?: Sie fehlt in dieser Folge ganz.

Notizen: Eine großartige Folge, aber Rikers Vorschlag, sofort die Untertassensektion abzukoppeln, und das plötzliche Erscheinen des dritten Klingonen auf dem Schiff sind sehr seltsam.
 Von der neutralen Zone bis zur Erde benötigt eine Subraum-Nachricht 24 Stunden. Als die Romulaner Khitomer angriffen,

wurde Worf von einem Menschen nach Gault, einer landwirtschaftlichen Kolonie, gebracht. Er hat einen Pflegebruder, der auch auf die Akademie ging, dort aber versagte; (siehe »Homeward« [»Die oberste Direktive«]).

21: Die Waffenhändler
(»The Arsenal of Freedom«)

Ausstrahlung USA: 11. April 1988
Deutsche Erstausstrahlung: 16. Februar 1991 (ZDF)
Drehbuch: Richard Manning, Hans Beimler,
nach einer Geschichte von Maurice Hurley, Robert Lewin
Regie: Les Landau
Darsteller: Vincent Schiavelli, Marco Rodriguez, Vyto Ruginis,
Julia Nickson, George de la Pena

Auf der Suche nach der vermißten USS *Drake* in der Lorenzgruppe entdeckt die *Enterprise* den verlassenen Planeten Minos, der einst für seine Waffenverkäufe berühmt war. Riker wird dort von Rice, dem Captain der *Drake*, begrüßt, bemerkt aber, daß der Mann nur eine holographische Illusion ist. Killermaschinen greifen das Untersuchungsteam an: Die Drohnen werden zerstört, aber die nächste Welle stellt sich als viel angepaßter und schneller heraus. Crusher verletzt sich, als sie in eine Höhle stürzt, und wird von Picard versorgt. Bald wird die *Enterprise* unter der Führung von Geordi von der automatischen Abwehreinrichtung von Minos angegriffen. Als Picard entdeckt, daß sie sich im Kontrollraum des Waffensystems befinden, schaltet er es ab. Nachdem er die Abkoppelung der Untertassensektion angeordnet hat, gelingt es Geordi, die letzte angreifende Sonde zu zerstören.

Sternzeit: 41798,2

Fremde neue Welten: Minos, das durch sein eigenes ultimatives Waffensystem, den Echo Papa 607, zerstört wurde.»Wir leben nach dem Motto: ›Frieden durch überlegene Feuerkraft…‹ Denkt daran: wer zögert, verliert.«

Neue Lebensformen: Die Minosianer waren dafür bekannt, daß sie während der Ersalope-Kriege Waffen an beide Seiten verkauften.

Herausragende Dialoge: Riker: »Nein, der Name meines Schiffes ist *Lollipop*... Es wurde gerade erst in Dienst gestellt, es ist ein gutes Schiff«.
Picard: »Lieutenant La Forge, ich hatte Ihnen ein vollständiges Schiff übergeben. Ich möchte es von Ihnen im selben Zustand zurückerhalten.«

Notizen: Eine Geschichte, die den Zuschauern mit einem Holzhammer eine simple Aussage um die Ohren haut (daß Waffen nichts Gutes bedeuten können). Eine Kutsche mitsamt Pferden könnte durch die Löcher gefahren werden, die in der Geschichte klaffen: Wie kann ein Volk von einem Waffensystem getötet werden, das sich so leicht ausschalten läßt? Warum zieht sich die Maschine, die die *Enterprise* angreift, nicht ebenfalls zurück? Immerhin, da die meisten Führungsoffiziere der *Enterprise* auf den Planeten hinuntergebeamt werden, erhält Geordi die Gelegenheit, sich weiterzuentwickeln.
Riker besuchte die Akademie zusammen mit Paul Rice, der das Kommando über die USS *Drake* übernahm, nachdem Riker dieses Angebot ausgeschlagen hatte, um statt dessen auf der *Enterprise* zu dienen (siehe »The Pegasus« [»Das Pegasus-Projekt«]). Beverly Crushers Großmutter half mit, Arvada 3 zu kolonisieren, den Ort eines nicht näher beschriebenen Unglücks, und kümmerte sich um die Menschen, als der Vorrat an Medizin ausging (siehe »Sub Rosa« [»Ronin«]). In dieser Folge ist Mr. Logan Chefingenieur der *Enterprise*.

22: Die Seuche (»Symbiosis«)
Ausstrahlung USA: 18. April 1988
Deutsche Erstausstrahlung: 23. Februar 1991 (ZDF)
Drehbuch: Robert Lewin, Richard Manning, Hans Beimler,
nach einer Geschichte von Robert Lewin
Regie: Win Phelps
Darsteller: Judson Scott, Merritt
(Der Name wurde in der Folge fälschlich Merrit geschrieben)
Butrick, Richard Lineback, Kimberly Farr

Die *Enterprise* empfängt den Notruf des Frachters *Sanction*. Die Besatzung sorgt sich mehr über das Schicksal ihrer Fracht, das

Arzneimittel Felicium, als über ihr eigenes Leben. Felicium, aus den Pflanzen von Brekka gewonnen, ist das Heilmittel für eine Krankheit, die auf dem Nachbarplaneten Ornara weitverbreitet ist. Die Ornaraner und Brekkianer streiten sich um den Besitz der Fracht, aber Crusher stellt fest, daß Felicium auch eine Droge ist. Die Ornaraner sind inzwischen gegen die Krankheit immun, erleben aber fürchterliche Entzugserscheinungen, wenn sie die Droge nicht bekommen, ein Zustand den die Brekkianer schon seit fast 200 Jahren schamlos ausnutzen. Aufgrund der obersten Direktive weigert sich Picard, den Ornaranern die Wahrheit zu sagen, aber er weigert sich ebenfalls, den Frachter zu reparieren. Nach einer schmerzhaften Zeit ohne Felicium werden die Ornaraner schließlich erkennen, daß sie die Droge nicht benötigen.

Sternzeit: Wird nicht genannt.

Fremde neue Welten: Ornara und Brekka befinden sich im Delos-System.

Neue Lebensformen: Die Ornaraner waren kurz davor, die Raumfahrt zu entdecken, als sie von der Seuche befallen wurden. Die Brekkianer sind technologisch weniger fortgeschritten. Beide Rassen können offenbar bei Bedarf Stromschläge austeilen.

Notizen: Eine weitere Geschichte, die in die alte *Star Trek*-Falle tappt, salbungsvolle Botschaften (eine drogenabhängige Tasha, ein Picard, der sich nicht einmischt) auf konfuse Art mit einer dramatischen Handlung zu vermischen. Glücklicherweise ist der Ausgang der Geschichte größtenteils ungelöst, was der ansonsten geradlinigen Episode eine gewisse Zweideutigkeit verleiht.

Drogen und Armut stellen große Probleme auf Yars Planeten dar (siehe »Legacy« [»Die Rettungsoperation«]).

23: Die schwarze Seele (»Skin of Evil«)
Ausstrahlung USA: 25. April 1988
Deutsche Erstausstrahlung: 9. März 1991 (ZDF)
Drehbuch: Joseph Stefano, Hannah Louise Shearer,
nach einer Geschichte von Joseph Stefano

Erste Staffel

Regie: Joseph L. Scanlan
Darsteller: Mart McChesney, Ron Gans, Walker Boone,
Brad Zerbst, Raymond Forchion

Eine Raumfähre mit Troi an Bord stürzt auf einen Planeten ab, und die Suchmannschaft wird von Armus, einem riesigen, finsteren Wesen von unendlicher Bösartigkeit, daran gehindert, das Wrack zu erreichen. Ohne Grund tötet es Yar und saugt Riker in seinen teerähnlichen Körper. Auf der *Enterprise* stellt Wesley fest, daß die Energie des Wesens schwankt, und der Suchmannschaft gelingt es schließlich, wieder zurück auf die *Enterprise* zu beamen, wodurch Armus wieder einmal alleine ist. Die Schiffsmannschaft wird durch eine holographische Nachricht getröstet, die Yar vor ihrem Tod aufgezeichnet hat.

Sternzeit: 41601,3

Fremde neue Welten: Varga 2, ein unbewohnter Planet im Zed Lapis-Sektor, auf dem Deannas Raumfähre abstürzte.

Neue Lebensformen: Armus, die böse »Haut« einer Zivilisation von Titanen, »Kreaturen, deren Schönheit jeden zum Staunen bringt, der sie sieht«.

Deanna unterbeschäftigt?: Sie befindet sich in der Raumfähre 13, auf dem Rückweg von einer Konferenz. Marina Sirtis spielt eine größere Rolle als üblich.

Herausragende Dialoge: Yars holographischer Abschied: »Mein Freund Data, du siehst Dinge mit den Augen eines Kindes, und das macht dich menschlicher als einen von uns.«

Notizen: Die denkwürdige Episode um Tashas Tod ist wirklich recht gut. Armus ist abwechselnd überzeugend und grotesk, die Bildsprache, die verwendet wird, wenn Riker aufgesaugt wird, erweist sich als besonders beunruhigend. Als Tasha stirbt, passiert es so schrecklich willkürlich, wie der Tod in der realen Welt, ohne Zeit für einen Monolog oder banales Philosophieren. Auf jeden Fall ist ihr Abschied exzellent, als der Tod sie ereilt.

Drei Tage vor einem Kampfsportwettbewerb auf der *Enterprise* bittet Yar Worf, ihr bei dem Mishiama-Handgelenkgriff und der Befreiung daraus zu helfen. Nach Natasha Yars Tod wird Worf zum Sicherheitschef ernannt.

Picard zitiert aus Shelleys *Prometheus Unbound* (»ein großartiger Dichter«): »Alle Geister sind versklavt, die dem Bösen dienen.«

24: Begegnung mit der Vergangenheit (»We'll Always Have Paris«)

Ausstrahlung USA: 2. Mai 1988
Deutsche Erstausstrahlung: 16. März 1991 (ZDF)
Drehbuch: Deborah Dean Davis, Hannah Lousie Shearer
Regie: Robert Becker
Darsteller: Michele Phillips, Rod Loomis, Isabel Lorca, Dan Kern, Jean-Paul Vignon, Kelly Ashmore, Lance Spellerberg

Bei der Untersuchung einer Zeitschleife rettet die *Enterprise* Jenice, eine frühere Freundin Picards, von der er dachte, daß er sie nie wiedersehen würde, und ihren Ehemann Dr. Paul Manheim. Die Experimente Manheims haben diese Störung der Zeit verursacht und drohen jetzt ein Loch ins All zu reißen. Der Wissenschaftler liegt im Sterben, sein Körper kann die verschiedenen Dimensionen, die er erlebt hat, nicht verkraften. Data gelingt es, den Riß in Raum und Zeit zu schließen. Manheim wird geheilt, und Picard kann sich von Jenice verabschieden – in einem auf dem Holodeck generierten Paris.

Sternzeit: 41697,9

Fremde neue Welten: Eine Forschungsstation auf Vandor 4, einem Planeten, der einen Riesen der Klasse B und einen Pulsar umkreist. Die *Enterprise* ist auf dem Wege nach Sarona 8, um dort einen Landurlaub einzulegen. Das Blue Parrot Café auf Sarona 8 bietet exotische blaue Drinks an. Coltar 4, das sich im Ilecom-System befindet, ist eine landwirtschaftliche Kolonie, die die Auswirkungen von Manheims Experiment miterlebt hat. Manheims Labor wurde im Pegos Minor-System vermutet.

Das Picard-Manöver: Als Ausdruck von, nachdem er sich von Jenice verabschiedet hat.

Zukunftsgeschichte: Die Fechtregeln haben sich geändert (was sich vor allem daran zeigt, daß die Sportler auf dem Feld die Richtung wechseln dürfen).

Notizen: Stewart spielt wie besessen, aber die Atmosphäre von *Casablanca* wird nicht ganz erreicht.
Vor 22 Jahren verließ Picard Paris. Er hatte ein Verhältnis mit Jenice, aber er verließ sie plötzlich, um zur Sternenflotte zu gehen (gewisse Details, die hier genannt werden, stimmen nicht mit den Informationen von späteren Folgen überein, vor allem »Family« [»Familienbegegnung«] und »Tapestry« [»Willkommen im Leben nach dem Tod«]). Er ist ein vorzüglicher Fechter, obwohl er in dem gezeigten Wettkampf zu einem verzweifelten *Prise de Fer* gezwungen wird, was üblicherweise eher beim Kampf mit einem Florett angewandt wird. Der Transporterchef ist Mr. Herbert.

25: Die Verschwörung (»Conspiracy«)

Ausstrahlung USA: 9. Mai 1988
Deutsche Erstausstrahlung: 23. März 1991 (ZDF)
Drehbuch: Tracy Tormé,
nach einer Geschichte von Robert Sabaroff
Regie: Cliff Bole
Darsteller: Henry Darrow, Ward Costello,
Robert Schenkkan, Ray Reinhardt, Jonathan Farwell,
Michael Berryman, Ursaline Bryant

Von Captain Walker Keel wird ein geheimes Treffen einberufen, an dem Picard teilnimmt. Zufällige Todesfälle, Veränderungen bei Schlüsselpositionen und mysteriöse Befehle führen zu Verdächtigungen unter einigen Kapitänen, daß das Oberkommando der Sternenflotte einer Verschwörung zum Opfer gefallen ist. Als Keels Schiff zerstört wird, beschließt Picard, zur Sternenflotte zurückzukehren, um seinen Verdacht zu überprüfen. Die Sternenflotte wurde tatsächlich von einer parasitären, außerirdischen Rasse heimgesucht. Picard läuft in eine Falle, doch Riker kommt ihm zu Hilfe, und beide gemeinsam schaffen es, die außerirdische Bedrohung zu eliminieren.

Sternzeit: 41775,5

Fremde neue Welten: Dytallix B (einer von sieben unbewohnten Planeten, auf dem die Dytallix Mining Corporation für die Föderation Bergbau betreibt), der fünfte von sechs Planeten, der den Roten Riesen Mira umkreist. Die *Enterprise* ist auf dem Weg zu dem Meeresplaneten Pacifica.

Neue Lebensformen: Die (namenlosen) Insektenparasiten. Es wird behauptet, daß sie von einer Beobachtungsmannschaft in einem weit entfernten Teil der Galaxis entdeckt wurden, sich am Rückgrat des Wirtskörpers festsetzen und durch eine kleine Kieme am Nacken atmen.

Datas Witze: Geordi erzählt Data einen (anscheinend gewagten) Witz mit der Pointe »Und jetzt versuch das mal im Hyperraum«. Data analysiert den Witz und entscheidet (mit ernster Miene), daß er »sehr lustig« sei.

Notizen: »Etwas bahnt sich an. Vertrauen Sie niemadem...« Eine Art Fortsetzung zu »Coming of Age« [»Prüfungen«]. Eine Verschwörung innerhalb der Sternenflotte, die unter Einfluß einer außerirdischen Macht steht und dem Film *Alien* huldigt.

Code 47 ist ein Notkanal der Sternenflotte, »nur für den Captain bestimmt«. Walker Keel, Captain der SS *Horatio*, ist einer der beiden engsten Vertrauten Picards (der andere war Jack Crusher, der Beverly von Keel vorgestellt wurde). Die drei hochrangigsten Offiziere der Sternenflotte, die an der Verschwörung beteiligt sind, sind Quinn und Aaron, Admirale der Erde, und Savar, Admiral des Vulkan. Commander Remmick ist der Leihkörper für das Mutter-Alien.

26: Die neutrale Zone (»The Neutral Zone«)
Ausstrahlung USA: 16. Mai 1988
Deutsche Erstausstrahlung: 6. April 1991 (ZDF)
Drehbuch: Maurice Hurley,
nach einer Fernsehgeschichte von Maurice Hurley,
von einer Geschichte von Deborah McIntyre, Mona Glee
Regie: James L. Conway
Darsteller: Marc Alaimo, Anthony James, Leon Rippy,
Gracie Harrison, Peter Mark Richmann

Erste Staffel

Data und Worf entdecken eine uralte Kapsel, in der sich kryogenisch tiefgefrorene Menschen des 20. Jahrhunderts befinden. Da vor kurzem zwei Außenposten der Föderation im Sektor Drei-Null zerstört wurden, macht sich die *Enterprise* auf den Weg in die neutrale Zone. Als Data und Troi sich mit den Menschen und deren Problemen, sich an das Leben im 24. Jahrhundert anzupassen, beschäftigen, hat Picard den ersten menschlichen Kontakt mit den Romulanern seit über 50 Jahren. Gemeinsame Sorgen um die auf beiden Seiten zerstörten Außenposten führten zu einer versuchsweisen Vereinbarung, Informationen zu sammeln.

Sternzeit: 41986,0 (Data erzählt Ralph Offenhouse, daß es das Jahr 2364 nach dem alten Kalender ist.)

Deanna unterbeschäftigt?: »Der Psychiater vor Ort?« Eigentlich nicht, ihre Einschätzung der Romulaner hat den Punkt getroffen, und sie hilft Claire Raymond, ihre Nachkommen zu finden.

Datas Witze: »Beruf: Hausfrau. Muß so eine Art Bauarbeiter sein.«

Herausragende Dialoge: Picard: »Vieles hat sich in den letzten 300 Jahren verändert. Die Menschen sind nicht mehr von dem Gedanken besessen, etwas zu besitzen. Wir haben den Hunger, die Gier und das Verlangen nach Besitz beseitigt. Wir sind aus unserer Kindheit herausgewachsen.«
Tebok über Worf: »Bringen Sie Ihren Hund zum Schweigen, Captain.«
»Data, sie waren ja schon tot, was hätte ihnen noch passieren können?!«

Zukunftsgeschichte: Die »Schläfer« wurden vor ca. 370 Jahren eingefroren (anscheinend in den 90ern). Kryogenik war in dieser Ära eine Modeerscheinung, obwohl sie nicht weit in das 21. Jahrhundert anhielt. Ähnlich ist es mit dem Fernsehen, das als Unterhaltungsmedium nur bis kurz nach dem Jahre 2040 existierte.

Notizen: »Ich glaube, unser Leben ist soeben viel komplizierter geworden.« Ein Spiel mit zwei Hälften. Die Sache mit den »Schläfern« ist schnell und schlampig geschriebene Fan-Fiction. Der andere Gesichtspunkt (die Rückkehr der Romulaner) ist jedoch wunderbar.

Auf drei Seiten im Stammbaum von Claire Raymond sind die Namen William Hartnell, Patrick Troughton, Jon Pertwee, Tom Baker, Peter Davison und Colin Baker zu finden.

Die Romulaner sind »sehr neugierig« und interessiert an den Menschen, obwohl ihre Überzeugung von ihrer eigenen Überlegenheit über alles geht. Seit dem »Tomed-Vorfall« (ein Aufeinandertreffen der Romulaner und der Föderation im Jahre 2311; bei diesem Vorfall gab es Geordis Aussage zufolge »Tausende Tote auf seiten der Föderation«, und die Romulaner begannen ihre lange Periode der Isolation, die bis ins Jahr 2364 andauerte) hat es in über 53 Jahren mit den Romulanern keinen direkten Kontakt mehr gegeben. Worf haßt die Romulaner, die seine Eltern bei einem Angriff auf Khitomer töteten, als sie vorgaben, die Verbündeten der Klingonen zu sein. Er meint, die Romulaner seien »ohne Ehre«. Seit der Sternzeit 41903,2 hat es mit den Sternbasen des Sektors Drei-Null keinen Kontakt mehr gegeben. Die Zerstörung der Kolonien der Romulaner und der Föderation durch unbekannte Mächte ist der erste Hinweis auf die Borg (siehe »Q Who« [»Zeitsprung mit Q«]).

Zweite Staffel

22 Folgen à 45 Minuten

Nach den Ideen von Gene Roddenberry
Executive Producer: Gene Roddenberry
Co-Executive Producers: Rick Berman, Maurice Hurley
Producers: Burton Armus (27-39), Mike Gray (27-39),
John Mason (27-39), Robert L. McCullough (39-48)
Associate Producer: Peter Lauritson
Line Producer: David Livingston
Executive Script Consultants: Hans Beimler (41-48),
Richard Manning (41-48)
Story Editors: Leonard Mlodinow (30-38),
Scott Rubenstein (30-38), Melinda M. Snodgrass (35-48)
Creative Consultant: Tracy Tormé

Hauptdarsteller: Patrick Stewart (Captain Jean-Luc Picard), Jonathan Frakes (Commander William Riker), LeVar Burton (Lt. Geordi LaForge), Michael Dorn (Lt. Worf), Marina Sirtis (Counselor Deanna Troi), Brent Spiner Lt. Commander Data), Wil Wheaton (Wesley Crusher), Diana Muldauer (Dr. Pulaski, 27-33, 35-48) Colm Meaney (Transporter Chief O'Brien, 27-28, 31, 33-42, 44-46, 48), Whoopi Goldberg (Guinan, 27, 30, 35-36, 42, 48 [nur Rückblick]), John de Lancie (Q, 42), Majel Barrett (Lwaxana Troi, 45), Gates McFadden (Dr. Beverly Crusher, 48 [nur Rückblick]), Denise Crosby (Tasha Yar, 48 [nur Rückblick]).

27: Das Kind (»The Child«)

Ausstrahlung USA: 21. November 1988
Deutsche Erstausstrahlung: 13. April 1991 (ZDF)
Drehbuch: Jaron Summers, Jon Povill, Maurice Hurley
Regie: Rob Bowman
Darsteller: Seymour Cassel, R.J. Williams, Dawn Arnemann, Zachary Benjamin, Dore Keller

Die *Enterprise* führt eine Hilfsmission durch, indem sie Proben von verseuchtem Plasma transportiert, als Deanna anscheinend zum zweiten Fall einer jungfräulichen Geburt in der Geschichte wird. Ihr »Kind« entwickelt sich in einer beachtlichen Weise, in nur wenigen Stunden wächst es um Jahre heran. Zur gleichen Zeit beginnt eine der Plasmaproben zu mutieren: Sollte sie aus ihrem Schutzfeld ausbrechen, würde sie die ganze Crew infizieren. Deannas »Kind« entpuppt sich als gutmütige außerirdische Lebensform, die gerne mehr über die Menschheit erfahren wollte. Als sie versteht, daß sie eine Gefahr für das Schiff darstellt, verläßt sie die *Enterprise*.

Sternzeit: 42073,1

Fremde neue Welten: Audet 9 und Epsilon Indi werden erwähnt. Der Ausbruch einer unklassifizierten Plasmaseuche findet im Rachelis-System statt.

Neue Lebensformen: Deannas Kind, eine »Lebensform«, die hauptsächlich aus Eichnerstrahlen besteht. Die Schwangerschaft einer (normalen) Betazoiden dauert zehn Monate.

Einführung: Dr. Katherine (Kate) Pulaski, der Ersatz für Beverly Crusher als Ärztin der *Enterprise*.
Guinan, die außerirdische Wirtin der Bar Ten Forward.

Technoblabla: Wie kann eine »Lebensform« das Wachstum eines Virus an einem anderen Ort des Schiffes beeinflussen?

Rikers Eroberungen: Es zwei Minuten, nachdem sie eine Geburt hinter sich gebracht hat, bei Deanna zu probieren, ist selbst für Will beachtlich.

Datas Witze: Dr. Pulaskis falsche Betonung von Datas Namen ist der beste Gag der Folge.

Herausragende Dialoge: Pulaski zu Datas Angebot, ihr bei der Geburt zu helfen: »Counselor Troi wird die menschliche Berührung, nicht die kalte Hand der Technologie brauchen!«

Notizen: »Ich möchte nicht taktlos wirken, aber wer ist der Vater?« Die Art Folge, die jeden Zuschauer dazu bringt, sich zu fragen, was der ganze Aufwand sollte. Nicht mal Marina Sirtis' wirklich herausragende Leistung und die sensationellen Szenen mit Guinan und Wesley können die Folge retten. Blödsinn der schlimmsten Art.

Geordi wurde zum Chefingenieur befördert. Beverley wird zur Leiterin der medizinischen Abteilung der Sternenflotte. Wesley hat vor, ihr zu folgen, doch er entschließt sich, auf der *Enterprise* zu bleiben.

Deanna benennt ihren Sohn nach ihrem Vater, Ian Andrew. Laut Wesley wird behauptet, daß Guinan sehr alt sei, von Novocron stammt und Captain Picard bereits auf der *Stargazer* kannte (sie behauptet, letzteres würde nicht stimmen).

28: Illusion oder Wirklichkeit?
(»Where Silence Has Lease«)

Ausstrahlung USA. 28. November 1988
Deutsche Erstausstrahlung: 20. April 1991 (ZDF)
Drehbuch: Jack B. Sowards
Regie: Winrich Kolbe
Darsteller: Earl Boen, Charles Douglass

Auf ihrem Weg in den Morgana-Quadranten untersucht die *Enterprise* ein seltsames »Loch im All«. Phantomartige Bilder verwirren die Besatzung, bis ihr bewußt wird, daß sie wie Ratten in einem Irrgarten gefangen ist. Die Intelligenz, die hinter der Falle steckt und Nagilum heißt, zeigt sich und erklärt, daß sie mehr über die Reaktionen der Menschen auf den Tod erfahren möchte. Um ihre Neugier zu befriedigen, will sie die Hälfte der Besatzung töten. Picard und Riker aktivieren die Selbstzerstörungsautomatik des Schiffes, doch in letzter Sekunde gibt das Wesen die *Enterprise* frei und erklärt, es habe genug gelernt.

Sternzeit: 42193,6

Neue Lebensformen: Nagilum, eine ungeheuer mächtige Lebensform, die den Tod verstehen lernen will, indem sie die Hälfte der Besatzung tötet.

Technoblabla: »Unsere Sensoren zeigen an, daß hier jede Art von Materie und Energie fehlt.« Was??! Wie Picard bemerkt, ist das »kaum eine wissenschaftliche Antwort, Commander!«

Deanna unterbeschäftigt?: Diesmal nicht, der Drehbuchautor ist aber anscheinend nicht gewillt, ihr und Pulaski einen Text in der gleichen Szene zu geben.

Witze: Pulaski bezeichnet Data weiterhin als »Es«.

Herausragende Dialoge: »Jenseits dieses Ortes gibt es Drachen.« »Wir sollten jetzt bereits Sterne sehen.«

Notizen: »Was immer es sein mag, wir befinden uns anscheinend innerhalb dieses Dings.« Wirklich sehr seltsam. Eine Folge mit keiner großartigen Originalität (jeder hat schon mal die »Schwarze pulsierende Masse im All«-Geschichte gehabt), jedoch hat sie viele kleine Höhepunkte (Picards Unterhaltung mit Data über den Tod, Geordis Reaktion auf die Zerstörung des romulanischen Phantomschiffes). Die Eröffnungssequenz vor dem Vorspann (Riker und Worf in einem Holodeckalptraum) hat nichts mit der Geschichte zu tun, ist aber trotzdem fabelhaft. Die Geschichte ist anspruchsvoller, als die kurze Zusammenfassung vermuten läßt.

Die *Enterprise* befindet sich in dem unerforschten Morgana-Quadranten. Ihr Schwesterschiff ist die *Yamato* (NCC 1305-E, siehe »Contagion« [»Die Iconia-Sonden«]). Alle Schiffe der Föderation haben Wände aus Tritanium. Worf betreibt täglich leichte Freiübungen im Holodeck, außerdem erinnert er sich an eine alte klingonische Legende über ein gigantisches Lebewesen aus dem All.

O'Briens Rolle ist noch immer namenlos, aber wir wissen, daß er Lieutenant ist. Picard hört sich Eric Saties *Trois Gymnopédies* (Erster Teil) an, während er auf die Selbstzerstörung des Schiffes wartet.

29: Sherlock Data Holmes (»Elementary, Dear Data«)

Ausstrahlung USA: 5. Dezember 1988
Deutsche Erstausstrahlung: 27. April 1991 (ZDF)
Drehbuch: Brian Alan Lane
Regie: Rob Bowman
Darsteller: Daniel Davis, Alan Shearman, Biff Manard, Diz White, Anne Elisabeth Ramsay, Richard Merson

Data und Geordi spielen Holmes und Watson im Holodeck, aber Geordi ist darüber verärgert, daß Data nur das Lösen eines Rätsels nachspielt, da er bereits die Lösung der Geschichte kennt. Pulaski schließt sich ihnen an, als Geordi einen brandneuen Holmes-Fall einprogrammiert. Geordi ist davon überzeugt, daß Data ihn nicht lösen kann, aber es stellt sich heraus, daß er nichts anderes als eine Mischung alter Geschichten ist. Geordi befiehlt dem Computer, einen Gegner zu generieren, der Data besiegen kann, dabei entsteht eine Energiewoge. Professor Moriarty erscheint und entführt Pulaski. Data und Geordi finden sein Versteck und stellen fest, daß er Aufzeichnungen über die *Enterprise* besitzt. Sie verlassen das Holodeck, können es aber nicht abschalten. Der Computer hat dem Schurken ein Bewußtsein gegeben, und dieser besitzt die Kontrolle über Teile des Schiffes. Picard betritt das Holodeck und verhandelt mit Moriarty. Dieser will lediglich außerhalb des Holodecks existieren, aber Picard kann ihm nicht helfen, obwohl er erkennt, daß Moriarty sich von seinem bösen Charakter getrennt hat. Er bietet ihm an, das Programm zu speichern und daran zu arbeiten, ihn neu zu erschaffen. Moriarty stimmt zu und entläßt das Schiff aus seiner Gewalt.

Sternzeit: 42286,3

Neue Lebensformen: Moriarty, ein Wesen, das vom Holodeck erschaffen wurde.

Technologie: Das Holodeck kann neue Geschichten in einem bestimmten Stil schreiben und – wie man sieht – auch Leben erzeugen. Es gibt eine Sicherungsschaltung im Holodeck, um den Tod von Menschen zu verhindern. Das Holodeck funktioniert ähnlich wie der Transporter, es kann feste Masse erzeugen.

Rikers Eroberungen: Nein, Pulaski ist jetzt an der Reihe, einen Teil des Kuchens abzubekommen.

Deanna unterbeschäftigt?: Sie sagt in dieser Folge einen einzigen Satz.

Herausragende Dialoge: Erneut »Merde«.
Pulaski zu Moriarty: »Knoten, Professor? Welche Art von Knoten?«

Notizen: Lestrades englischer Akzent ist zum Schreien, aber Geordi zieht es vor, James Mason nachzuahmen. Datas Darstellung von Holmes verzichtet auf die Laster des Detektivs. Wenn wir von der unglaubwürdigen Möglichkeit des Holodecks, Bewußtsein zu erschaffen, absehen, ist dies hier echte SF, die sich mit der Natur des Bewußtseins und des freien Willens beschäftigt, und mit einem unerwartet humanen Moriarty. Es ist schade, daß die Figur des Moriarty für die Folge »Ship in a Bottle« [»Das Schiff in der Flasche«] verändert wird.
Geordi diente unter Captain Zambada als Fähnrich. Dieser ist jetzt Captain der USS *Victory*. Geordis Hauptwissensgebiete bei der Sternenflotte sind Antimaterie-Energie und Dilithiumregler.

30: Der unmögliche Captain Okona (»The Outrageous Okona«)

Ausstrahlung USA: 12. Dezember 1988
Deutsche Erstausstrahlung: 11. Mai 1991 (ZDF)
Drehbuch: Burton Armus, nach einer Geschichte von
Les Menchen, Lance Dickson, David Landsberg
Regie: Robert Becker
Darsteller: William O. Campbell, Joe Piscopo, Douglas Rowe,
Albert Stratton, Rosalind Ingledew, Kieran Mulroney

Die *Enterprise* rettet Captain Okona und sein beschädigtes Schiff. Er verzaubert und umwirbt die Crew und freundet sich mit Data an, der Guinan und einen Holodeck-Komödianten aus dem 20. Jahrhundert konsultiert, um über die Natur des Humors aufgeklärt zu werden. In der Zwischenzeit treffen zwei kleine harmlose Schiffe von verschiedenen Planeten ein, um die Verhaftung von Okona zu fordern. Einer der Führer behauptet, Okona habe seine Tochter geschwängert, der andere, daß Okona ein unbezahlbares Juwel gestohlen hat. Okona beharrt darauf, daß er unschuldig ist, macht aber zu den Vorwürfen keine genaueren Angaben. Wesley überredet ihn, nicht zu fliehen, und Okona entscheidet sich, Yanar zu heiraten. Der Sohn des anderen Anführers erhebt Einwände, doch es stellt sich heraus, daß Benzan das Juwel seines Vaters an Okona übergeben hat, mit der Bitte, es an Yanar, die er liebt, weiterzugeben. Benzan ist der Vater des Kindes. Die Fremden gehen in fast versöhnlicher Stimmung. Data hält eine Vorstellung vor einem Holodeckpublikum, stellt aber fest, daß sie zum Lachen programmiert sind. Als er das Gefühl hat, gescheitert zu sein, ist er überrascht, daß alle über seinen unfreiwilligen Witz lachen.

Sternzeit: 42402,7

Fremde neue Welten: Das Omega Sagitta-System, wo die Koalition der Doppelwelten namens Madena (Altec und Straleb) vor 200 Jahren besiedelt wurde.

Neue Lebensformen: Die Tropffliege ist ein summendes klingonisches Insekt, etwa halb so groß wie eine Mücke. Sie hat keinen Stachel.

Technologie: Der Hauptbildschirm des Schiffes kann mit der Konferenzschaltung drei Schiffe gleichzeitig verbinden.

Rikers Eroberungen: Riker verdreht sehr oft seine Augen aufgrund von Okonas Verhalten, als ob er selbst sich niemals so benehmen würde.

Datas Witze: Datas Jerry Lewis und Groucho Marx sind hier das einzig Witzige. »Ein Mönch, ein Klon und ein Ferengi beschließen, gemeinsam zum Bowling zu gehen...«

Zukunftsgeschichte: Stano Riga, ein Komiker des 23. Jahrhunderts, erzählte mathematische Quanten-Witze.

Notizen: Eine schrecklich unwitzige Episode mit einer Art befangener Spitzbüberei, die innerhalb von fünf Minuten in absoluter Albernheit endet.

Data kann es weder kalt noch heiß werden; noch kann er betrunken werden (mit Alkohol: siehe »The Naked Now [«Gedankengift»]). Die Vorschriften besagen, daß der gelbe Alarm auch dann auszulösen ist, wenn die *Enterprise* mit Lasern angegriffen wird (die nicht einmal den Navigationsschild durchdringen können).

31: Der stumme Vermittler (»Loud as a Whisper«)

Ausstrahlung USA: 9. Januar 1989
Deutsche Erstausstrahlung: 18. Mai 1991 (ZDF)
Drehbuch: Jacqueline Zambrano
Regie: Larry Shaw
Darsteller: Howie Seago, Marnie Mosiman, Thomas Oglesby, Leo Damian, Richard Lavin, Chip Heller, John Garrett

Die *Enterprise* befördert den tauben Vermittler Riva, der sich mit Hilfe seines dreiköpfigen »Chors« verständigt, nach Solais 5, wo zwei sich bekriegende Parteien ein Ende der Feindseligkeiten suchen. Riva arrangiert ein erstes Treffen, aber einer der Delegierten tötet Rivas Chor, und die Kämpfe gehen weiter. Schließlich gelingt es Troi, Riva zu überzeugen, nicht aufzugeben, und Riva bittet darum, alleine mit den beiden Parteien auf dem Planeten gelassen zu werden. Ihre Versuche, seine Zeichensprache zu lernen, werden auch ihre erste Kommunikation miteinander sein.

Sternzeit: 42477,2

Fremde neue Welten: Ramatis 3 (Rivas Heimatplanet), Solais 5 (Heimatplanet der beiden Parteien von Solari, seit 1500 Jahren im Krieg). Die *Enterprise* hat soeben das Lima Sierra-System verlassen, ein System mit drei Planeten, von denen einer eine seltsame Umlaufbahn hat.

Neue Lebensformen: Die Solarianer, primitive Humanoide mit zerknitterten Gesichtern. Rivas dreiköpfiger Chor, jede Person stellt eine andere Seite seiner Persönlichkeit dar. Die Führer von Fendaus 5 haben keine Gliedmaßen. Stomps sind blind. Die Leyronier auf Malkus 9 haben die Schrift vor der Sprache entwickelt.

Einführung: Transporterchef O'Brien: Der Ire erhält endlich einen Namen.

Deanna unterbeschäftigt?: Zum erstenmal nicht. Picard sagt ihr: »Danke, gut gemacht.«

Herausragende Dialoge: Picards denkwürdiger Ruf zu Riva: »Sie sind nicht alleine, verstehen Sie das?«

Notizen: So langweilig, wie etwas nur sein kann. Was sollte das Ganze mit dem planetarischen Hologramm am Anfang der Folge?

Riva hat die Verhandlungen bei einigen Abkommen zwischen den Klingonen und der Föderation geführt. Bevor er anfing, hatten die Klingonen kein Wort für »Friedensstifter«. Er hat bisher noch nie versagt. M9 ist eine Art Zeichensprache.

Die Regenerierung des optischen Nerves ist möglich (Pulaski hat es schon zweimal gemacht). Geordi lebt mit ständigen Schmerzen, er bedauert aber seinen Visor oder seine Blindheit nicht.

32: Das fremde Gedächtnis (»The Schizoid Man«)

Ausstrahlung USA: 23. Januar 1989
Deutsche Erstausstrahlung: 25. Mai 1991 (ZDF)
Drehbuch: Tracy Tormé,
nach einer Geschichte von Richard Manning, Hans Beimler
Regie: Les Landau
Darsteller: W. Morgan Sheppard, Suzie Plakson,
Barbara Alyn Woods

Data möchte dem im Sterben liegenden brillanten Wissenschaftler Ira Graves helfen, und freundet sich dabei mit ihm an. Graves hat Noonian Soong alles gezeigt, was er wußte, er behauptet auch, daß er einen Weg gefunden hat, den Tod zu besiegen, indem er sein Bewußtsein in einen Computer überträgt. Graves Lebensgefährtin Kareen wird weggebracht, als der Wissenschaftler in Datas Armen stirbt. Data beginnt sich seltsam zu benehmen, er zeigt Eifersucht gegenüber Picard, als dieser nett zu Kareen ist. Troi untersucht den Androiden und berichtet, daß sich in Datas Gehirn zwei Persönlichkeiten befinden und die emotionalere der beiden an Kraft gewinnt. Data erzählt Kareen, daß er jetzt Graves ist und sie liebt, doch sie weist sein Angebot zurück, so wie er zu leben. Er verletzt sie versehentlich und greift Picard an. Voller Schuldgefühle überträgt »Graves« sich selbst in den Schiffscomputer, wodurch sein Wissen erhalten bleibt, nicht aber seine Persönlichkeit. Data erholt sich.

Sternzeit: 42437,5

Fremde neue Welten: Graves' Welt, Sternbasis 6.

Neue Lebensformen: Rigelianische Ochsen sind für ihre Gesundheit bekannt.

Das Picard-Manöver: Als er neben Data sitzt.

Datas Witze: »Ein schöner, voller, würdevoller Bart...«

Notizen: Die Story ist langweilig und vorhersehbar, an manchen Stellen aber immerhin unheimlich.
Ira Graves, das größte menschliche Genie des Universums, befaßte sich mit Molekularkybernetik. Darnays Krankheit befällt das Gehirn und Nervensystem und ist unheilbar. Die USS *Constantinople* ist ein Transportschiff, das zum Befördern von bis zu 2012 Kolonisten verwendet wird. Leichen werden in Särgen ins All befördert. Mitarbeiter der Sternenflotte müssen einen psychotronischen Stabilitätstest bestehen, bevor sie an der Sternenflottenakademie aufgenommen werden (siehe »Coming of Age« [»Prüfungen«]).

33: Die jungen Greise (»Unnatural Selection«)
Ausstrahlung USA: 30. Januar 1989
Deutsche Erstausstrahlung: 7. Februar 1992 (ZDF)
Drehbuch: John Mason, Mike Gray
Regie: Paul Lynch
Darsteller: Patricia Smith, J. Patrick McNamara, Scott Trost

Die *Enterprise* befindet sich auf dem Weg zur Sternenstation *India*. Dort soll sie sich mit einem medizinischen Notkurier treffen. Auf dem Weg dorthin empfängt das Schiff einen schwachen Hilferuf der USS *Lantree* aus dem benachbarten Sektor. Das Schiff wird gefunden, die komplette Besatzung ist an hohem Alter gestorben. In der genetischen Forschungsstation Darwin, der letzten Anlaufstation der *Lantreen* ist auch diese Alterungskrankheit ausgebrochen. Die Besatzung der *Enterprise* versucht verzweifelt, die genetisch behandelten »Kinder« zu retten, und Pulaski erklärt sich bereit, ein Kind zu untersuchen, um herauszufinden, ob es den Virus trägt. Pulaski beginnt zu altern und stellt sich selbst unter Quarantäne auf der Darwin-Station. Sie kann aber schließlich durch den Biofilter des Transporters der *Enterprise* geheilt werden. Die Kinder müssen jedoch für immer isoliert bleiben.

Sternzeit: 42494,8

Fremde neue Welten: Die genetische Forschungsstation befindet sich auf Gagarin 4.

Neue Lebensformen: Die Kinder sind für ihr Alter psychisch und geistig sehr weit entwickelt und haben telepathische und telekinetische Fähigkeiten. Ein Nebeneffekt des aktiven Immunsystems der Kinder ist, daß die Antikörper, die die Thelusianische Grippe bekämpfen, die DNS ihrer Eltern veränderte und dadurch den beschleunigten Alterungsprozeß verursacht hat.

Technoblabla: »Nun, ich muß in den Biofilter-Bus gelangen und einen molekularen Matrixleser anschließen... Aber der Wellenmodulatur wird ohne den Regenerationsbegrenzer im ersten Schaltkreis überlastet.«

Herausragende Dialoge: Picard zu Pulaski: »Gott weiß, daß ich niemandem von Beiträgen zur Unterhaltung abraten will, ich wäre Ihnen aber sehr dankbar, wenn Sie mich zwischendurch meinen Satz zu Ende sprechen lassen würden.«
  Pulaski wird von Data untersucht: »Alle Systeme arbeiten innerhalb normaler Parameter, Doktor.« »Der Hersteller wird erfreut sein, das zu hören.«

Notizen: »Die Quarantäne in der Darwin-Station muß für immer aufrechterhalten werden.« Eine recht gefällige Geschichte, die zum Schluß durch garstige Rechtfertigung eines wissenschaftlichen Experiments (Pulaski deutet an, das die Crew der *Lantree* für den wissenschaftlichen Fortschritt geopfert wurde, wobei sie aber tatsächlich versehentliche Opfer von Experimenten mit einer dubiosen ethischen Vorgeschichte waren) fast zunichte gemacht wird. Merkwürdigerweise scheint diese Geschichte dazu zu dienen, die Figur der Pulaski *erneut* einzuführen.

Die *Lantree* ist ein Versorgungsschiff der Klasse 6 der Föderation, dem Sektor Gamma 7 zugeteilt unter der Führung von L. Isao Telaka. An Bord des Schiffes befinden sich normalerweise 26 Offiziere und die einfache Besatzung, und es ist mit Abwehrgeschützen der Klasse 3 ausgestattet. Der Notzugriffscode, den Picard verwendet, um von der *Enterprise* aus ein anderes Schiff fernzusteuern, lautet etwa »Omicron Omicron Alpha Gelb Daystar 27«.

Die Thelusianische Grippe ist ein »exotischer, aber harmloser Virus«. Dr. Katherine Pulaski ist die Autorin von »Lineare Modelle der viralen Propagation«, einem Standardwerk. Sie hat den Transporter der *Enterprise* noch nie benutzt und hat Angst vor molekularer Desintegration (siehe Reg Barclays Bedenken in »Realm of Fear« [»Todesangst beim Beamen«]). Ihr letztes Schiff war die USS *Repulse*. Es wird erklärt, daß bei der Benutzung des Transporters eine Matrix des gebeamten Körpers gespeichert wird.

34: Der Austauschoffizier (»A Matter of Honor«)

Ausstrahlung USA: 6. Februar 1989
Deutsche Erstausstrahlung: 8. Juni 1991 (ZDF)
Drehbuch: Burton Armus, nach einer Geschichte von
Wanda M. Haight, Gregory Amos, Burton Amus
Regie: Rob Bowman
Darsteller: John Putch, Christopher Collins, Brian Thompson,
Peter Parros, Laura Drake

Im Rahmen des Austauschprogrammes der Föderation meldet sich Riker freiwillig, um als erster Offizier der Föderation auf einem klingonischen Schiff zu dienen. Ein junger Benzite, ein Fähnrich namens Mendon, kommt auf die *Enterprise* und berichtet über eine gefährliche Bakterie am Rumpf des Schiffes – leider erst nach einer Verzögerung, während der die *Enterprise* fast zerstört wird. Eine ähnliche Bakterie auf dem klingonischen Schiff *Pagh* führt dazu, daß Riker von Kargan, dem Captain, als Verräter bezeichnet wird. Will überlistet jedoch Kargan und beamt ihn auf die *Enterprise*. Dann übernimmt er die Führung des Schiffes und beweist seine Loyalität gegenüber den Klingonen, indem er die *Enterprise* auffordert, sich zu ergeben. Mendon befreit sich von seiner Schuld, indem er einen Weg findet, die Bakterie zu zerstören.

Sternzeit: 42506,5

Fremde neue Welten: Die *Pagh* ist mit ungenanntem Ziel innerhalb des Pheben-Systems unterwegs. Tranome Sar war der Ort einer Schlacht zwischen den Romulanern und den Klingonen.

Neue Lebensformen: Die winzige Bakterie, die die molekulare Verbindung der Tritanplattierung des Rumpfes der *Enterprise* angreift, kann durch einen gebündelten Neutrinostrahl zerstört werden.

Wes verwechselt Mendon mit Mordoc (siehe »Coming of Age« [»Prüfungen«]), aber Mendon erklärt, daß Benziten, die aus der gleichen Geostruktur stammen, gleich aussehen. Die übereifrige Bereitschaft, jemandem eine Freude zu bereiten, wird als eine Eigenschaft der Benziten beschrieben, der sie sehr methodisch nachgehen.

Die Hierarchie auf einem klingonischen Schiff funktioniert so, daß beispielsweise ein erster Offizier einen schwachen Captain ermordet. Zu den klingonischen Delikatessen gehören Pipiuskrallen, Targ-Herzen (siehe »Where No One Has Gone Before« [»Der Reisende«]), Gagh (Schlangenwürmer, am besten lebend serviert; siehe »Unification« [»Wiedervereinigung«]), Bregit-Lunge und Rokeg-Blutkuchen (siehe »Family« [»Familienbegegnung«]).

Rikers Eroberungen: Er reißt einen Witz, der andeutet, daß er gerne klingonische Frauen ins Bett bekommen möchte.

Deanna unterbeschäftigt?: Sie fehlt mal wieder ohne Entschuldigung.

Zweite Staffel

Herausragende Dialoge: »*Enterprise*, hier ist Captain William Riker des klingonischen Schiffes *Pagh*. Ich fordere Sie auf, Ihre Schilde zu senken und sich zu ergeben.«

Notizen: »In 15 Minuten finden eine Besprechung und eine Unterrichtsstunde statt.« Eine großartige, kleine Geschichte, die um eine plausible Vorgeschichte angeordnet ist, obwohl das Ende ein wenig zu einfach ist (der klingonische Captain hält Rikers Gerät fest, ohne Fragen zu stellen, und wird auf die *Enterprise* gebeamt). Riker wirkt als klingonischer Captain richtig cool.

Fähnrich Mendon wird auf Sternbasis 179 aufgenommen. Die Reichweite der Phaser wird hier erstmals gezeigt (siehe auch »Redemption« [»Der Kampf um das klingonische Reich«]). Der zweite Offizier der *Pagh* heißt Klag.

35: Wem gehört Data?
(»The Measure of a Man«)

Ausstrahlung USA: 13. Februar 1989
Deutsche Erstausstrahlung: 14. Februar 1992 (ZDF)
Drehbuch: Melinda M. Snodgrass
Regie: Robert Scheerer
Darsteller: Amanda McBroom, Clyde Kusatsu, Brian Brophy

Der Plan von Commander Bruce Maddox, Data zu zerlegen, führt dazu, daß der Android den Dienst in der Sternenflotte quittiert. Maddox behauptet jedoch, daß Data kein Bewußtsein besitze und somit Eigentum der Sternenflotte sei. Picard protestiert und verlangt, daß ein neuer gerichtlicher Präzedenzfall geschaffen wird. Verantwortlich für diesen Fall ist Captain Philipa Louvois, die Picard seit zehn Jahren nicht mehr gesehen hat. Ihre Rolle als Anklägerin vor dem Kriegsgericht im *Stargazer*-Fall hat ihre Beziehung beendet. Riker wird befohlen, als Ankläger mit bestem Wissen und Gewissen zu agieren und zu seinem unermeßlichem Bedauern scheint er zu beweisen, daß Data nichts anderes als eine gewöhnliche Maschine ist. Picard ist gerade dabei, sich geschlagen zu geben, als Guinan ihm ins Bewußtsein ruft, daß zahlreiche Androiden wie Data, denen man die Freiheit und Rechte entziehen würde, nichts anderes als Sklaven wären. Dem Captain gelingt es, Louvois davon zu überzeugen, daß Maddox' Vorschläge unmoralisch sind.

Sternzeit: 42523,7

Fremde neue Welten: Die *Enterprise* hat vor der neu errichteten Sternenbasis 173 in der Nähe der neutralen Zone angelegt.

Technoblabla: »Haben Sie herausgefunden, wie der Elektronenwiderstand über den neuralen Filamenten gelöst werden kann?«

Pokerspiel: Wird zum ersten Mal gezeigt, mit Pulaski, Geordi, Data, O'Brien und Riker (als anfänglichem Kartengeber). O'Brien sagt, daß er viel Pech habe, außer er würde sich rechts neben den Kartengeber setzen. Sie spielen Stud-Poker mit fünf Karten, ohne verdeckte Karten, und Data verliert, weil er das Bluffen nicht versteht bzw. nicht beherrscht.

Herausragende Dialoge: Louvois zu Picard: »Es bringt eine gewisse Ordnung und Stabilität in mein Universum, wenn ich weiß, daß Du noch immer ein aufgeblasener Arsch bist.«
Picard: »Euer Ehren, die Sternenflotte wurde gegründet, um neues Leben zu entdecken. Nun, da sitzt es!«

Notizen: »Ich werde Data zerlegen.« Eine gut aufgebaute Geschichte, die geschickterweise Guinan dazu benutzt, um das Thema mit der Versklavung der Schwarzen in Amerika zu verknüpfen.
Die Einberufung eines Kriegsgerichts ist ein Standardvorgehen, wenn die Sternenflotte ein Schiff verliert. Obwohl sie wegen des *Stargazer*-Vorfalls gezwungen wurde, die Sternenflotte zu verlassen, hat sich Louvois später als Offizier der Abteilung Rechtsbeistand verpflichtet. Es wird erwähnt, daß es schon seit 500 Jahren Schiffe mit dem Namen *Enterprise* gibt, von denen jedes zu einer Legende wurde. Rikers Zugangscode lautet Theta Alpha 2737 Blau.
Maddox erstellte eine Beurteilung über Data, als dieser sich zum ersten Mal bei der Sternenflottenakademie bewarb, und er war das einzige Ausschußmitglied, das gegen Datas Beitritt war, mit der Begründung, er habe kein Bewußtsein. Er ist stellvertretender Leiter der Abteilung Robotics am Daystrom-Institut. Der Android erhielt die Auszeichnung des Kommandos der Sternenflotte für Tapferkeit und

Edelmut, eine Ehrenmedaille mit Auszeichnung, die Auszeichnung der Ehrenlegion und das Sternenkreuz. Seine maximale Speicherkapazität liegt bei 800 Quadrillionen Bits, und seine »mentale« Geschwindigkeit wird mit 60 Billionen Prozessen pro Sekunde angegeben. Data besitzt eine kleine holographische Figur von Yar (vermutlich ein Abschiedsgeschenk von ihr aus »Skin of Evil« [»Die schwarze Seele«]). Diese packt er zusammen mit seinen Auszeichnungen und einem Buch von Picard ein, als er sich bereit macht, die *Enterprise* zu verlassen. Worfs Abschiedgeschenk ist eine Ausgabe von »Der Traum des Feuers« von K'Ratak (Worf glaubt, daß es die Klingonen waren, die dem Roman seine Größe verliehen, aber Pulaski ist anderer Meinung). Den Statuten von Cumberland zufolge, die im 21. Jahrhundert festgelegt wurden, scheint Data im Besitz der Sternenflotte zu sein. Webster's Wörterbuch des 24. Jahrhunderts beschreibt einen Androiden als »eine Maschine, die so konstruiert wurde, daß sie aussieht wie ein menschliches Wesen«. Data verübelt es ihm natürlich nicht, und nimmt später auch Kontakt mit Maddox auf (siehe »Data's Day« [»Data's Tag«]).

36: Die Thronfolgerin (»The Dauphin«)
Ausstrahlung USA: 20. Februar 1989
Deutsche Erstausstrahlung: 28. Februar 1992 (ZDF)
Drehbuch: Scott Rubenstein, Leonard Mlodinow
Regie: Rob Bowman
Darsteller: Paddi Edwards, Jamie Hubbard, Peter Neptune, Mädchen Amick, Cindy Sorenson, Jennifer Barlow

Diesmal hat die *Enterprise* die Aufgabe, die junge Thronfolgerin Salia von Daled 4 nach Hause zu bringen, was aber durch Anya, ihren Vormund, und die Anziehung des Mädchens auf Wesley erschwert wird. Um einen Zwischenfall zu verhindern, befiehlt Picard Wesley, das Mädchen zu meiden. Der Junge kann sich von ihr jedoch nicht fernhalten. Dann findet Wesley heraus, daß Salia und Anya formändernde Allasomorphen sind. Wesley fühlt sich zunächst von Salia betrogen, aber das Paar bleibt befreundet, als sie auf den Planeten zurückkehrt.

Sternzeit: 42568,8

Fremde neue Welten: Klavdia 3, eine unwirtliche Welt, die einer Forschungseinrichtung Platz bietet. Salia hat die letzten sechzehn Jahre dort studiert. Rousseau 5, bekannt für seine singenden Neutronikwolken.

Neue Lebensformen: Die Allasomorphen, eine Rasse, die im Intergalaktischen Zoologischen Katalog als Formwandler bezeichnet werden. Ob alle Bewohner von Daled 4, einem Planeten mit einem seit Jahrhunderten andauernden Bürgerkrieg und zwei Kulturen, die so verschieden wie Tag und Nacht sind, Allasomorphen sind, bleibt unklar.

Technoblabla: Geordi verrichtet Einstellungen an der »Deuterium-Kontrolleitung«.

Rikers Eroberungen: Guinan, aber beide bringen Wesley nur bei, wie man Mädchen anmacht.

Notizen: »Ich weiß nicht, ob sie für Dich Zeit hat, Wes. Sie ist dazu bestimmt, einen Planeten zu regieren.« Eine ziemlich unbedeutende Episode, obwohl sie eine unvergeßliche Szene beinhaltet, als Worf den Balzschrei der weiblichen Klingonen demonstriert. (Sie bewerfen ihren zukünftigen Partner mit Gegenständen. Die Männer lesen Liebespoesie... und müssen öfters in Deckung gehen!) Beinhaltet auch die witzigste Darstellerauflistung: Cindy Sorenson wird als »pelziges Tier« aufgeführt.

Wesley mag talianisches Schokoladen-Mousse (von Thalos 7).

37: Die Iconia-Sonden (»Contagion«)
Ausstrahlung USA: 20. März 1989
Deutsche Erstausstrahlung: 6. März 1992 (ZDF)
Drehbuch: Steve Gerber, Beth Woods
Regie: Joseph L. Scanlan
Darsteller: Thalmus Rasulala, Carolyn Seymour, Dana Sparks, Folkert Schmidt

Die *Enterprise* antwortet auf einen Notruf ihres Schwesterschiffes, und als sie eintrifft, findet sie eine zerstörte USS *Yamato* vor. Das Logbuch des Schiffes enthüllt, daß der Captain der *Yamato* den legendären Planeten Iconia entdeckt hat. Die Iconianer sind eine sehr alte und mächtige Rasse, und die Anwesenheit der Romulaner schürt den Verdacht, daß diese darauf bedacht sind, Waffen der Iconianer zu finden. Das Computervirus, das die *Yamato* zerstörte, scheint auch auf die *Enterprise* Einfluß zu nehmen. Auf Iconia entdeckt Picard ein Zeittor und beschließt, es zu zerstören, damit es nicht in die Hände der Romulaner fällt. Als Data das Computerprogramm der *Enterprise* umschreibt, benutzt Picard das Zeittor zum letzten Mal, landet aber dadurch auf dem Schiff der Romulaner. Glücklicherweise ist der Transporter der *Enterprise* wieder funktionsfähig, und er wird schleunigst zurück an Bord gebeamt.

Sternzeit: 42609,1

Neue Lebensformen: Die Iconianer, eine legendenumwobene Rasse, die Imperien erschaffen hat. Sie gelten als kriegerische Rasse, »Dämonen der Luft und Dunkelheit«, doch Picard entdeckt, daß die Wahrheit etwas anders aussieht. Ihre Sprache beeinflußte den Wortschatz der Dinasianer, Dewaner und Iccobarianer.

Datas Witze: Da er gestorben ist und sich wieder erholte, wird sein »Kann ich helfen?« zum Höhepunkt der Episode.

Herausragende Dialoge: Riker über Glück: »Das Schicksal beschützt Narren, kleine Kinder und Schiffe namens Enterprise!«

Notizen: »Zeit ist das einzige, das wir nicht in Überfluß haben.«
Stark von der Originalserienfolge »The City on the Edge of Forever« [»Griff in die Geschichte«] beeinflußt, aber trotzdem ziemlich gut und mit vielen intelligenten Dialogen. Die Romulaner allerdings werden etwas vergeudet. Picards »Heute nicht, glaube ich«, als er von seiner Hinrichtung weggebeamt wird, enthält genau die richtige Menge an Selbstironie.
Der Captain der *Yamato*, Donald Varley, ist ein alter Freund Picards, der mit ihm das große Interesse an Archäologie teilt, das Picard schon seit der Akademie fasziniert. Picard trinkt heißen Earl Grey-Tee. Denius 3 ist ein bedeutender archäologischer Fundort. Das romulanische Schiff heißt *Haakona*. Als er Data untersucht, bezeichnet Geordi Maddox (siehe »The Measure of a Man« [»Wem gehört Data?«]) als »einen Experten«. Hier ist die Nummer der *Yamato* (71807) anders als die, die sie in »Where Silence Has Lease« [»Illusion oder Wirklichkeit«] trug.

38: Hotel Royale (»The Royale«)

Ausstrahlung USA: 27. März 1989
Deutsche Erstausstrahlung: 13. März 1992 (ZDF)
Drehbuch: Keith Mills (ein Pseudonym für Tracy Tormé)
Regie: Cliff Bole
Darsteller: Sam Anderson, Jill Jacobson, Leo Garcia,
Noble Willingham, Geoffrey Beecroft

Ein klingonischer Kreuzer entdeckt Reste eines Schiffes in der Atmosphäre eines unerforschten Planeten. Als Riker, Data und Worf die Sache untersuchen, geraten sie jedoch in eine Falle, die aussieht wie ein Casino auf der Erde. Als Data ein Buch mit dem Titel »The Hotel Royale« findet, bietet dies einen Teil der Erklärung: Das Hotel wurde von einer unbekannten außerirdischen Rasse erschaffen, die das Buch als Vorlage benutzte, um eine Welt für einen gestrandeten Astronauten aus dem 21. Jahrhundert zu erbauen. Die Gruppe kann das Hotel verlassen, nachdem sie einige Passagen des Romans nachgespielt hat.

Sternzeit: 42625,4

Fremde neue Welten: Der achte Planet im System Theta 116. Die Atmosphäre beinhaltet Sauerstoff, Methan und flüssiges Neon. Die Oberflächentemperatur beträgt minus 142 Grad Celsius.

Neue Lebensformen: Unbekannte außerirdische Verrückte, die die »Schein«-welt nach einem (schlecht geschriebenen) Roman bauen.

Pokerspiel: Nein, aber Blackjack und Würfeln im Casino. Data beherrscht beides wirklich gut.

Das Picard-Manöver: Wird zweimal ausgeführt.

Rikers Eroberungen: Er scheint sich mit Vanessa, der dummen Blondine im Casino, anzufreunden (»Wenn der Zug in die Stadt kommt, will jeder damit fahren!«).

Herausragende Dialoge: »Wir sind von der vereinten Föderation der Planeten.« »Natürlich seid ihr das!«

Worfs Reaktion auf die Gefangennahme: »Ich bitte um die Erlaubnis, den Phaser zu benutzen, Sir.«
Picard, als er »The Hotel Royale« liest: »›Es war eine dunkle und stürmische Nacht.‹ Kein vielversprechender Anfang.« Deanna: »Vielleicht wird es noch besser.«

Zukunftsgeschichte: Das NASA-Design und die US-Flagge, die 52 Sterne beinhaltet (wenn Großbritannien der einundfünfzigste Staat ist, welcher ist dann der zweiundfünfzigste?), lassen den Ursprung des Schiffes zwischen 2033 und 2079 vermuten. Colonel Steven Richey, der Kommandant des Forschungsschiffes *Charybdis*, verließ die Erde am 23. Juli 2037. Es war der dritte bemannte Versuch, über die Grenzen des Sonnensystems hinaus zu fliegen. Er ist seit 283 Jahren tot (d.h., er wohnte im Hotel Royal ca. 45 Jahre).

Notizen: »Ich kann diesen Dialog nicht glauben!« Total bizarr mit vielen unbeantworteten Fragen (Wer waren die Außerirdischen? Wie konnte Richeys Schiff sich so weit von der Erde entfernen?). Die Prämisse und der Surrealismus sind kaum amüsant in einer Folge, die nichts erzählt.
Picard zitiert *Alice im Wunderland* und diskutiert über den Lehrsatz von Pierre de Fermat (1601-1665) (Anfang der 90er Jahre wiederentdeckt und offensichtlich bis zum 23. Jahrhundert wieder verlorengegangen!). Der Roman *Hotel Royale* wurde von Todd Matthews geschrieben und handelt von einem Casino im Las Vegas des 20. Jahrhunderts.

39: Die Zukunft schweigt (»Time Squared«)
Ausstrahlung USA: 3. April 1989
Deutsche Erstausstrahlung: 20. März 1992 (ZDF)
Drehbuch: Maurice Hurley,
nach einer Geschichte von Kurt Michael Bensmiller
Regie: Joseph L. Scanlan

Als man eine treibende Raumfähre entdeckt, ist die Besatzung der *Enterprise* entsetzt, daß sich Captain Picard als einziger darin befindet. Laut Logbuch stammt dieser Picard aus einer 6 Stunden entfernten Zukunft und hat die Zerstörung der *Enterprise* in einem

Energiesog miterlebt. Picard ist hin- und hergerissen zwischen seinem Instinkt und dem, was er glaubt, was wohl seinem zweiten Ich aus der Zukunft passiert ist. Er verhindert, das der Picard aus der Zukunft die *Enterprise* verläßt, und durchbricht den Zeitzyklus, indem er die *Enterprise* mitten in den Energiesog steuert. Der zweite Picard verschwindet, als die Zeit wieder ihren normalen Lauf nimmt.

Sternzeit: 42679,2

Fremde neue Welten: Die Enterprise ist auf dem Weg zum Endicor-System.

Neue Lebensformen: Eine scheinbar fühlende »Energiemasse«, die von Deanna als Wesen bezeichnet wird.

Notizen: »Was wir hier sehen, ist weder eine Person noch ein Ort, es ist Zeit.« Ein Blick in die Komplexität und das Paradoxon der Zeit, dazu eine gut gespielte Doppelrolle von Patrick Stewart.

Theoretisch gesehen ist der einzige Weg, sich in der Zeit zu bewegen, entweder schneller als Warp 10 zu fliegen oder die Anziehungskraft eines Planeten als Katapulteffekt zu nutzen (wie gelegentlich in der Originalserie *Star Trek* zu sehen). Picard erwähnt den Reisenden (siehe »Where No One Has Gone Before« [»Der Reisende«].) Worf spricht von dem »Moebiusband«, einer Theorie über Windungen in Raum und Zeit.

Riker macht (normalerweise) gute Omelettes (das aus Owon-Eiern auf Sternbasis 73 ist furchtbar, obwohl Worf es anscheinend mag). Rikers Vater haßte das Kochen, deshalb überließ er ihm die Hausarbeit. Rikers Mutter starb, als er sehr jung war (siehe »The Icarus Factor« [»Rikers Vater«]).

Die Sternzeit aus der der Picard der Zukunft stammt, lautet 42679,5. Shuttle 5 heißt El-Baz.

40: Rikers Vater (»The Icarus Factor«)
Ausstrahlung USA: 24. April 1989
Deutsche Erstausstrahlung: 27. März 1992 (ZDF)
Drehbuch: David Assael, Robert L. McCulloch,
nach einer Geschichte von David Assael
Regie: Richard Iscove
Darsteller: Mitchell Ryan, Lance Spellerberg

Zweite Staffel

Riker wird der Posten als Captain der *Aries* angeboten. Der Sternenflottenberater, der geschickt wird, um ihn zu prüfen, ist sein Vater Kyle, mit dem er seit 15 Jahren nicht mehr gesprochen hat. Währenddessen nähert sich der 10. Jahrestag von Worfs »Alter des Aufsteigens«, und er ist darüber betrübt, daß er an dem traditionellen Ritual nicht teilnehmen kann. Die Rikers beenden ihre Differenzen nach einer einseitigen Anbo-jytsus Partie. Worfs Offizierskollegen generieren einen Holodecknachbau der Aufstiegszeremonie. Riker entschließt sich, die Position auf der *Aries* abzulehnen, um auf der *Enterprise* zu bleiben.

Sternzeit: 42686,4

Technoblabla: Das Gegenmittel zur Nazaldinischen Grippe ist das Tryptophanlysinedestillat und eine gehörige Portion von Pulaskis Hühnersuppe.

Rikers Eroberungen: Er und Deanna erleben eine emotionale Abschiedsszene.

Datas Witze: Nachdem ihn Worf wütend angeknurrt hat: »Er scheint es mit seinem Wunsch, alleine zu sein, sehr ernst zu meinen.«

Herausragende Dialoge: Worf: »Mit allem Respekt, verschwinden Sie! Sir!«

Notizen: »Ich kam her, um das Kriegsbeil mit meinem Sohn zu begraben, nur um festzustellen, daß der Boden gefroren war.« Es ist interessant, daß Vater Riker ein noch schlimmerer Besen als sein Sohn ist. Alles in der Folge ist sehr voraussehbar, obwohl die Nebenhandlung um Worf sehr gut ist.

Flaherty, der erste Offizier der *Aries* (die nach neuem Leben im Vega-Omicron Sektor sucht), spricht vierzig Sprachen. Dilithiumkristalle sind immer noch ein Hauptbestandteil der Antriebstechnik. Pulaski war drei Mal verheiratet. Kyle Riker ist ihr ehemaliger Liebhaber. Sie lernten sich vor 12 Jahren während des Tholiankonflikts kennen (siehe die Folge der Originalserie »The Tholian Web« [»Das Spinnennetz«]). Kyle Riker war für eine Weile ziviler Berater der Sternenflotte und half im Stützpunkt in Tokio mit, die Fuurinkazanische Schlachtstrategie auszuarbeiten. Auf der Sternenbasis Montgomery arbeitete er als technischer Berater. Will ist etwa dreißig und mußte seit seinem 15. Lebensjahr für sich selber sorgen. Seine Mutter starb, als er ein Kleinkind war, und er kann sich an sie kaum noch erinnern. Er betreibt Anbo-jytsu (eine Kampfsportart) seit seinem achten Lebensjahr. Er konnte seinen Vater nie besiegen (da dieser immer schummelte). Es ist der 10. Jahrestag von Worfs »Alter des Aufsteigens«, was eine sadomasochistische Zeremonie in Anwesenheit seiner Familie erfordert. O'Brien hatte einmal einen klingonischen »Schmerzstab« gesehen, der an einem zwei Tonnen schweren Rectyne angewendet wurde (»die arme Kreatur sprang bei der leichtesten Berührung fünf Meter weit«).

41: Brieffreunde (»Pen Pals«)
Ausstrahlung USA: 1. Mai 1989
Deutsche Erstausstrahlung: 3. April 1992 (ZDF)
Drehbuch: Melinda M. Snodgrass,
nach einer Geschichte von Hannah Louise Shearer
Regie: Winrich Kolbe
Darsteller: Nicholas Cascone, Nikki Cox, Ann H. Gillespie,
Whitney Rydbeck

Ein Team von Mineralogen wird Wesley unterstellt, und Data empfängt ein schwaches Signal von jemandem auf einem sich auflösenden Planeten, der weit entfernt liegt. Das kleine Mädchen, dessen Signal von Data empfangen wird, stammt aus einer Gesellschaft, die von außerirdischen Lebensformen keine Ahnung hat, und sie zu retten würde bedeuten, die oberste Direktive zu brechen. Picards ursprünglicher Befehl lautete, die Funkverbindung abzubrechen, doch er ändert seine Meinung, als das Mädchen nur um Hilfe bittet. Data beamt hinunter, um das Mädchen in ein sicheres Gebiet zu bringen, während Wesleys Team an einer geologischen Lösung arbeitet. Als sich Data bewußt wird, daß sich das Mädchen, Sarjenka, in unmittelbarer Gefahr befindet, bringt er es auf die *Enterprise* zurück. Wesleys Lösungsvorschlag wird angewendet, und Pulaski löscht Sarjenkas Erinnerungen an Data und das Schiff. Das Mädchen wird zu seinem jetzt sicheren Planeten zurückgebracht.

Sternzeit: 42696,3

Fremde neue Welten: Der Selcundi Drema-Sektor, in dem sich mindestens vier Sternsysteme befinden. Eines davon beinhaltet den durch Vulkane gefährdeten Planeten Drema 4.

Neue Lebensformen: Die rothaarigen, großstirnigen, orangehäutigen, langfingrigen, humanoiden Einwohner von Drema 4.

Ein elanianischer Gesangsstein singt ein jeweils anderes Lied, für jeden der ihn in der Hand hält (aber nicht für Data). Der andorianische Zabathu und das klingonische Sark sind beide Reitpferde.

Technologie: Erinnerungen können durch Pulaski medizinisch gelöscht werden (siehe auch »Who Watches the Watchers« [»Der Gott der Mintakaner«]).

Rikers Eroberungen: Er flirtet in der Bar mit einer Frau in einer Wissenschaftleruniform.

Herausragende Dialoge: O'Brien läßt tatenlos zu, daß Riker die oberste Direktive bricht: »Richtig, Sir, ich werde einfach hier stehenbleiben und ein Schläfchen halten.«

Notizen: Einige furchtbare charakterfremde Dialoge und viel langweilige Angst um die gefährdete oberste Direktive.

Wo es Traka gibt, gibt es normalerweise Dilithium. Ein Eidogramm ist eine Art geologische Untersuchung. Dilithiumkristalle in der Kruste eines Planeten können geologische Instabilitäten auslösen.

Auf Betazed gibt es Katzen: Trois Mutter mochte ihr Kätzchen nicht. Picard ist ein geübter Reiter (siehe auch »Starship Mine« [»In der Hand von Terroristen«]). Riker überwacht Wesleys Ausbildung.

42: Zeitsprung mit Q (»Q Who«)
Ausstrahlung USA: 8. Mai 1989
Deutsche Erstausstrahlung: 10. April 1992 (ZDF)
Drehbuch: Maurice Hurley
Regie: Rob Bowman
Darsteller: Lycia Naff

Q entführt Picard auf ein Shuttle, um mit ihm über ihre letzte Abmachung zu diskutieren. Als Picard nachgibt, bringt Q ihn nach Zehn-Vorne zurück. Guinan wird dadurch sehr unangenehm überrascht, da sie mit Q noch offene Rechnungen zu begleichen hat. Dieser wurde aus dem Q-Kontinuum verbannt und sucht nun einen Platz auf der *Enterprise*. Er behauptet, daß die Föderation auf die zu erwartenden Gefahren nicht vorbereitet sei. Als Picard darauf besteht, daß dem nicht so sei, schleudert Q das Schiff 7000 Lichtjahre in ein Gebiet, das Guinan kennt und fürchtet. Die *Enterprise* findet grauenhafte Zerstörungen vor, ähnlich denen entlang der Grenze der neutralen Zone, und begegnet anschließend einem Schiff der Borg. Ein Borg beamt an Bord und zapft den Computer an. Als der Borg getötet wird, erscheint ein weiterer, aber diesmal mit einem Schutzschild. Er beendet die Übertragung und verläßt die *Enterprise*. Das Borgschiff legt die *Enterprise* mit einem Traktorstrahl lahm und durchschneidet den Rumpf der Untertassensektion; dabei werden achtzehn Menschen getötet. Mit den Phasern befreit sich das Schiff, und eine Suchmannschaft entert das Borgschiff. Sie stellt fest, daß die kollektive Intelligenz die Reparaturen fast beendet hat. Die *Enterprise* flieht, verfolgt von dem schnelleren Borgschiff, und Picard bittet Q, sie wieder nach Hause zu bringen. Dieser kommt der Bitte nach, aber jetzt wissen die Borg von der Existenz der Föderation und werden bald nachkommen.

Sternzeit: 42761,3

Fremde neue Welten: Das System J25, dessen bewohnter sechster Planet, der von den Borg angegriffen wurde, rund 7000 Lichtjahre von der Sternbasis 185 entfernt liegt (oder zwei Jahre und sieben Monate mit höchster Warpgeschwindigkeit, im Widerspruch zu der am Anfang der Serie genannten Geschwindigkeit von 1 Lichtjahr/Stunde). Raynus 6 ist ein Ort, an dem Wartungsarbeiten ausgeführt werden können.

Neue Lebensformen: Die Borg, eine kollektive, biomechanische, intelligente Rasse, die Körper züchtet, die bereits in jungen Jahren mit künstlichen Körperersatzteilen bestücken. Sie haben sich über Hunderttausende von Jahren hinweg entwickelt und betrachten andere Kulturen lediglich als Rohmaterial. Sie lassen ihre Toten sich auflösen, nachdem sie ihnen drei Teile aus ihren Schaltkreisen entfernt haben. Ihre persönlichen Schutzschilde können sich Waffen anpassen, nachdem sie ein paar Mal getroffen wurden, und ihr Schiff kann sich regenerieren. Harmlose Eindringlinge in das Schiff werden nicht beachtet. Das Schiff ist mit einer Vorrichtung ausgestattet, die Schutzschilde schwächen kann, außerdem mit einem Traktorstrahl und einer Art Schneidegerät. Photonentorpedos haben keine Wirkung.

Technologie: Photonentorpedos können vom Heck der Enterprise abgefeuert werden.

Herausragende Dialoge: Picard zu Q: »Über Sie etwas zu lernen ist eine Herausforderung, aber Sie stehen dem Chaos zu nahe.«
Q zu Worf: »Knurren Sie für mich, zum Zeichen, daß Sie sich an mich erinnern.«

Notizen: Eine prächtige, einmalig aufregende Geschichte.
Guinans Volk wurde durch die Borg vor 100 Jahren in alle Himmelsrichtungen zerstreut. Als es passierte, war sie nicht anwesend. Guinan und Q begegneten sich vor 200 Jahren, als sie einen anderen Namen hatte. Sie vollführt Gesten mit den Fingern, mit denen sie möglicherweise Qs Kräfte abblocken kann.
Die Essensautomaten haben intelligente Schaltkreise. Die Offiziersquartiere befinden sich auf Deck 9 der *Enterprise*, die mindestens sechs Shuttles an Bord hat.

43: Das Herz eines Captains (»Samaritan Snare«)
Ausstrahlung USA: 15. Mai 1989
Deutsche Erstausstrahlung: 24. April 1992 (ZDF)
Drehbuch: Robert L. McCullough
Regie: Les Landau
Darsteller: Christopher Collins, Leslie Morris, Daniel Benzali, Lycia Naff, Tzi Ma

Picard befindet sich auf dem Weg zu einer Herztransplantation, Wesley zu Prüfungen der Akademie. Aus diesem Grunde sind beide mit einem Shuttle zur Sternbasis 515 unterwegs. Währenddessen antwortet die *Enterprise* auf einen Notruf der Pakleds, eine scheinbar schwerfällige Rasse, die darum bitten, daß Geordi ihren Antrieb repariert. Die Pakleds betäuben ihn mit seinem Phaser, nehmen ihn gefangen und verlangen Waffen und moderne Technologie. Picards Operation verläuft schlecht und die einzige Person, die ihn retten kann, ist Pulaski. Die Besatzung der *Enterprise* erfindet eine List, um Geordi zu befreien, indem man vorgibt, ihr Wasserstoffausstoß sei ein »Crimson-Schutzschild«. Geordi wird herausgebeamt, und Pulaski trifft rechtzeitig ein, um Picard zu retten.

Sternzeit: 42779,1

Fremde neue Welten: Sternbasis 515, wo wichtige Operationen durchgeführt werden. Eine Pulsargruppe im Epsilon 6 Sektor wird erwähnt. Eine Begegnung mit den Pakleds im Rhomboid Dronegar-Sektor findet statt.

Neue Lebensformen: Die Pakleds, schwerfällig, fett und mit großen Augenbrauen. Sie wollen Technologie, sind aber nicht fortschrittlich genug, um mit ihr zurechtzukommen (können aber einen ganzen Sternenkreuzer in Schach halten, indem sie die Offiziere zum Narren halten...). Sie stehlen Technologien.
Die Jarada sind eine hochintelligente Rasse.

Technologie: Eine Venturikammer ist Teil eines Unterlicht-Antriebssystems. Ein Ersatzherz kann mit einer Sterberate von nur 2,4 Prozent transplantiert werden. Die Operation wird in einem sterilen Kraftfeld durchgeführt, wobei der Patient mit Hilfe von neuralen Tastern betäubt wird.

Technoblabla: »Verdammt, ich kann die heterozyklische Abnahme nicht stoppen!« Man kann feststellen, daß der Chirurg bei diesem Dialog nicht in seinem Element ist. Die »Polygrammatik der Brust«, in der Tat.

Zukunftsgeschichte: Am Ende des 22. Jahrhunderts waren interplanetarische Reisen nicht sehr häufig.

Notizen: Die Vorliebe von *Star Trek*, die Fans ins Gesicht zu treten, wird hier fortgeführt. Die Pakleds, wie auch das Fandom, nehmen sich das, was sie brauchen, von der Föderation und bringen es fertig, sie über längere Zeit zu überlisten, obwohl sie ständig in Schutz genommen werden.

Die Ergebnisse von Wesleys Prüfungen auf der Akademie ermöglichen es ihm, auf der Enterprise zu bleiben. Pulaski ist für Herzoperationen hochqualifiziert. Picard gab Wesley ein Buch über Philosophie von William James. Er hatte nie Zeit zu heiraten und war der Klassenbeste auf der Akademie. Bevor die Klingonen der Föderation beitraten, war er in eine Auseinandersetzung mit drei Nausicaanern im Bonestell-Freizeitcenter auf der Sternenbasis Earhart verwickelt. Er wurde von hinten ins Herz gestochen, und bei der anschließenden überhasteten medizinischen Versorgung erhielt er ein fehlerhaftes Ersatzherz (siehe »Tapestry« [»Willkommen im Leben nach dem Tode«]).

44: Der Planet der Klone (»Up the Long Ladder«)

Ausstrahlung USA: 22. Mai 1989
Deutsche Erstausstrahlung: 8. Mai 1992 (ZDF)
Drehbuch: Melinda M. Snodgrass
Regie: Winrich Kolbe
Darsteller: Barrie Ingham, John de Vries, Rosalyn Landor

Die Enterprise wird herbeigerufen, um die Kolonie auf Bringloid 5, die von anhaltenden solaren Explosionen gefährdet wird, zu evakuieren. Die Bringloidi erwähnen eine andere Gruppe von Siedlern auf einem anderen Planeten des Systems. Es stellt sich heraus, daß die Mariposaner ein geklontes Volk sind, das von Degeneration bedroht wird. Sie verachten den Geschlechtsverkehr. Als ihre Bitte nach neuer DN abgelehnt wird, greifen sie auf Entführung zurück, aber die neue Generation der geklonten Wesen wird durch Riker und Pulaski zerstört. Picard regt an, daß die geistig orientierten Mariposaner nur überleben können, wenn sie sich mit den sinnlichen Bringloidi »vereinen« und beide Gruppen auf einen neuen sicheren Planeten gebracht werden.

Sternzeit: 42823,2

Neue Lebensformen: Der Tee, der für die klingonische Teezeremonie verwendet wird, ist für Menschen tödlich und ist auch für Klingonen nicht sehr angenehm. (Die Rituale, die zu dieser Zeremonie gehören, ähneln denen der Japaner.)

Rikers Eroberungen: Brenna Odell (die die Dreistigkeit besitzt, Riker zu fragen, ob er Mädchen mag).

Herausragende Dialoge: Odell: »Sir, ist es möglich, daß Sie verheiratet sind?« Picard: »Nein. Warum?« Odell: »Nun, sehen Sie, ich habe eine Tochter...« Picard: »Glückwunsch.«
Riker: »Das ist nicht notwendig. Das Schiff reinigt sich selbst.« Brenna: »Nun, gut für das tolle Schiff!«
Ein verbitterter Worf zu Brenn: »Madam, haben Sie jemals an eine Karriere beim Sicherheitsdienst gedacht?!«

Zukunftsgeschichte: Anfang des 22. Jahrhunderts war die Erde gerade dabei, sich von dem 3. Weltkrieg zu erholen. Die europäische Hegemonie war eine lockere Allianz und entpuppte sich als »ein erster Schritt in Richtung Weltregierung«. (Das von den Bringloidi verwendete Notsignal stammte aus dieser Zeit, ca. 2123-2190.) Die Aufzeichnungen der Raumfahrt aus dieser Zeit waren ziemlich chaotisch. Die SS *Mariposa* startete am 27. November 2123 in Richtung Ficus-Sektor unter der Führung von Captain Walter Granger. Ihre Ladung beinhaltete 225 Yoshimitsu-Computer. Ein großer Philosoph dieser Zeit war Liam Dieghan, der den Neo-Transzendentalismus gründete und die Rückkehr zur Natur predigte.

Notizen: »Lasset die Klone zu mir kommen.« Eine furchtbare Geschichte mit einer gönnerhaft präsentierten Gruppe von irischen Einheitspinseln, ausstaffiert mit Worfs Krankheit und einer offensichtlichen Falle.
Die *Enterprise* verläßt Sternbasis 73, um die Hintergründe des Notrufs zu untersuchen. Worf leidet unter Rop'ngor, einer klingonischen Kinderkrankheit, die Masern ähnelt. Laut Danilo Odell ist der vom Schiff replizierte Whisky fade, also gibt ihm Worf etwas von seinem Chech'tluth, was ihm die Schuhe auszieht. Geordis

Visor ermöglicht ihm zu erkennen, wenn ihn jemand anlügt (er erkennt verschiedene Errötungen des Gesichts, Veränderungen der Pupille, des Pulses, der Atmungsgeschwindigkeit, etc.).

45: Andere Sterne, andere Sitten (»Manhunt«)

Ausstrahlung USA: 19. Juni 1989
Deutsche Erstausstrahlung: 15. Mai 1992 (ZDF)
Drehbuch: Terry Devereaux (ein Pseudonym für Tracy Tormé)
Regie: Rob Bowman
Darsteller: Robert Constanzo, Carel Struycken, Rod Arrents, Robert O'Reilly, Rhonda Aldrich, Mick Fleetwood, Wren T. Brown

Die *Enterprise* wird angewiesen, zwei Delegierte von Antiden und Lwaxana Troi, die Botschafterin der Föderation, zu einer Konferenz auf Pacifica zu bringen. Lwaxana steckt in ihrer »Phase« (die Betazoiden im mittleren Alter befällt) und ist auf der verzweifelten Suche nach jemanden, den sie heiraten kann. Sie verfolgt Picard, der in seine Dixon Hill-Fantasiewelt flüchtet, Riker und schließlich den holographischen Barkeeper aus der Film Noir-Szenerie. Durch ihre Heiratsambitionen frustriert, wendet sie ihre telepathischen Fähigkeiten an, und stellt fest, daß die Antideaner die Konferenz mit Ultritium-Sprengstoff vereiteln wollen.

Sternzeit: 42859,2

Fremde neue Welten: Die Antideaner kommen von Antide 3.

Neue Lebensformen: Den Antideanern wurde angeboten, der Föderation beizutreten. Sie sind groß, zylindrisch, mit fischähnlichen Gesichtern, und sie wurden selten zuvor von Menschen gesehen (Worf meint sie seien eine »gutaussehende Rasse«). Vor einem Weltraumflug versetzen sie sich in einen Tiefschlaf und essen Vermicula (fliegenähnliche Kreaturen, die sie in einem großen Faß aufbewahren).

Das Ertönen eines Gongs der Betazoiden ist als Dank für eine Mahlzeit gedacht, laut Data »ziemlich einmalig, aber den Ooolaner auf Marejaretus 6 gar nicht so unähnlich, die während der Mahlzeit zwei große Steine zusammenschlagen«. Offensichtlich muß solange gegessen werden, bis die beiden Steine zerbrechen. Data wird unterbrochen, als er anfängt über die Oligarchie auf Actos 4 zu sprechen. Betazoidenfrauen werden nur in der »Phase« sexuell voll aktiv.

In dieser Zeit kann sich ihr Verlangen vervierfachen (oder mehr). Es wird angedeutet, daß ihre telepathischen Fähigkeiten dabei gestört werden könnten.

Herausragende Dialoge: Lwaxana, als sie Picard in seiner Ausgehuniform sieht: »Und was Sie betrifft, Jean-Luc – ich wußte gar nicht, daß Sie so schöne Beine haben.«

In Dixon Hills San Francisco von 1941: »Sind Sie ein Privatschnüffler?« »So steht es an meiner Tür.« »Soll das ein Witz sein? Denn, wenn das so ist, sollten Sie wissen, daß ich für Witze nicht aufgelegt bin.«

Notizen: »Erwarten Sie niemals etwas, was im Zusammenhang mit Lwaxana Troi steht. Betazoidenfrauen stecken voller Überraschungen.« Eine schwache, aber lustige Folge, obwohl man sich die Frage stellt, wie eine so taktlose Frau wie Lwaxana Troi Botschafterin wird.

Laut Picard sind Datas nach dem Essen erzählte Anekdoten schon legendär an Bord der *Enterprise*. Als er vorhat, das gemütliche Essen mit Lwaxana Troi zu beenden – und eine dieser Geschichten, die anscheinend davon handelt, wie man die Entfernung zwischen dem Omicron-System und dem Krabbennebel mit Hilfe von Pi errechnet, und die sogar den von Natur aus stoischen Mr. Homn zum Gähnen bringt –, scheint das nicht so ganz zu stimmen.

»Die Kralle des Papageis« war ein Roman von Dixon Hill.

46: Klingonenbegegnung (»The Emissary«)
Ausstrahlung USA: 26. Juni 1989
Deutsche Erstausstrahlung: 12. Juni 1992 (ZDF)
Drehbuch: Richard Manning, Hans Beimler, nach einer unveröffentlichten Geschichte von Thomas H. Calder
Regie: Cliff Bole
Darsteller: Suzie Plakson, Lance LeGault, Georgann Johnson, Anne Elisabeth Ramsey, Dietrich Bader

Zweite Staffel

Die Sternbasis 336 hat vor kurzem einen automatischen Funkspruch des klingonischen Schiffes *T'Ong* erhalten, das den Heimatplaneten vor 75 Jahren mit einer in Tiefschlaf versetzten Besatzung verlassen hat. Das Klingonenschiff *P'Rang* ist zwei Tage weiter als die *Enterprise* davon entfernt, somit fällt die Aufgabe, eine hochexplosive Situation zu bereinigen, in die Hände von Picard und seiner Crew. Worf trifft seine ehemalige Liebe K'Ehleyr wieder. Sie ist halb Klingonin und halb Mensch. Sie erklärt, daß die aus dem Tiefschlaf geholten Klingonen denken, daß sie noch immer mit der Föderation Krieg führen, und sie rät, das Schiff zu zerstören. Picard befiehlt Worf und der Abgesandten K'Ehleyr, eine andere Lösung zu finden, aber die beiden streiten sich über ihre Vergangenheit und das Ausmaß ihrer gegenseitigen Verpflichtungen. Nach einem von Worfs Kampfprogrammen auf dem Holodeck haben sie Sex, aber K'Ehleyr lehnt es ab, Worf zu heiraten. Trotz ihrer Differenzen gelingt es ihnen, die wiedererweckten Klingonen zu beruhigen, indem sie vorgeben die befehlshabenden Offiziere der *Enterprise* zu sein.

Sternzeit: 42901,3

Fremde neue Welten: Das Boradis-System wurde vor kurzem besiedelt. Der erste Außenposten der Föderation wurde vor 34 Jahren auf Boradis 3 errichtet.

Neue Lebensformen: K'Ehleyr behauptet, daß die DNS der Klingonen und der Menschen kompatibel sei, »wenn man etwas nachhilft«. Klingonen sind monogam. Nach dem Geschlechtsverkehr ist es Sitte bei den Klingonen, diesen mit einem Heiratsschwur zu besiegeln.

Pokerspiel: Mit Pulaski, Geordi, Data, Worf und Riker. Worf gewinnt mit einem Full House und schlägt Pulaskis Straight Flush, die dadurch ihren letzten Chip verliert. Worf hält sich ziemlich gut. Dann ist Data Kartengeber, erklärt gerade die neuen Regeln, die sich Geordi notieren will, als das Spiel von einer Sternenflottennachricht der Stufe zwei unterbrochen wird. Geordi wirft Worf, der den Spitznamen »Iceman« trägt, vor, daß er bluffen würde, doch er antwortet darauf: »Klingonen bluffen niemals«.

Herausragende Dialoge: Riker: »Wie gefiel es Ihnen, Captain zu spielen?« Worf: »Bequemer Sessel.«

Notizen: Eine sehr schöne Folge, mit der Gegenüberstellung von Worfs Liebesleben und dem Dilemma der alten Klingonen.

K'Ehleyr gelangt von Sternenbasis 193 aus in einer nicht einmal zwei Meter langen Sonde, die eine Geschwindigkeit von Warp 9 erreicht, auf die *Enterprise*. Sie lernte Worf vor sechs Jahren kennen.

47: Galavorstellung (»Peak Performance«)
Ausstrahlung USA: 10. Juli 1989
Deutsche Erstausstrahlung: 19. Juni 1992 (ZDF)
Drehbuch: Davic Kemper
Regie: Robert Scheerer
Darsteller: Roy Brocksmith, Armin Shimerman,
David L. Lander, Leslie Neal, Glenn Morshower

Als Teil der Vorbereitungen für das Zusammentreffen mit den Borg soll die *Enterprise* in einer Kriegssimulation gegen die *Hathaway*, ein viel älteres, fast antiquiertes Schiff, antreten. Sirna Kolrami, ein zakdornischer Stratege, soll den Vorgang beobachten. Die *Hathaway* wird unter das Kommando von Riker gestellt, doch alle Chancen stehen gegen ihn. Allerdings können die Sicherheitscodes von Worf und die Geschicklichkeit von Wesley und Geordi dem veralteten Schiff einen Vorteil verschaffen. In der Nähe befindliche Ferengi glauben jedoch, es sei eine echte Schlacht, und als sie die *Enterprise* angreifen, befinden sich deren Waffensysteme im völlig ungefährlichen Simulationsmodus. Die Ferengi verlangen die Geheimwaffe, die sie auf der Hathaway vermuten, werden aber durch die scheinbare Zerstörung des alten Schiffes getäuscht.

Sternzeit: 42923,4

Fremde neue Welten: Das Kriegsspiel findet im Braslota-System statt.

Neue Lebensformen: Seit über 9000 Jahren werden die Zakdornier als die besten Strategen der Galaxis betrachtet. Kolrami ist ein Großmeister der 3. Ebene im Stratagema-Spiel, und wie alle Angehörigen seines Volkes ist er sehr selbstbewußt, um nicht zu sagen arrogant.

Herausragende Dialoge: Worf zu Riker, bevor letzterer gegen Kolrami in einer Partie Stratagema antritt: »Ich habe viel Geld darauf gewettet, daß Sie über die 6. Ebene hinauskommen.« »Und wenn ich es nicht schaffe?« »Dann werde ich...verärgert sein.« (Riker wird schon in 23 Zügen geschlagen).

Notizen: Eine exzellente und gut ausgearbeitete Geschichte, in der die Nebenthemen und das Hauptthema in die gleiche Richtung steuern. Picard sagt, daß auf seinem Schiff der Führer der Suchmannschaft die volle Kontrolle über die Mission hat, damit will er sagen, daß dies nicht die normale Vorgehensweise ist. Er sieht die Hauptaufgabe der Sternenflotte in der Forschung, doch wegen der Bedrohung durch die Borg hat er einem Kriegsspiel zugestimmt. Für die Simulation erhält Riker eine Mannschaft von 40 Leuten. Die *Hathaway* hat einen alten Avidyneantrieb und es ertönt ein marineähnliches Pfeifen, wenn die Crew angefunkt wird (wie auf der *Enterprise* in einigen Folgen der ersten Staffel).

Auf der Akademie errechnete Riker den toten Winkel der Sensoren eines Tholianischen Schiffes und versteckte sich während einer Schlachtsimulation dort. Als Lieutenant auf der *Potemkin* (siehe »Second Chances« [»Riker:2=?«]) löste er eine gefährliche Situation, indem er die gesamte Energie des Schiffes abschaltete und über dem magnetischen Pol eines Planeten schwebte, um dadurch die Sensoren des Gegners zu verwirren. Die Standardmanöver der Sternenflotte enthalten die Kumeh- und Telubianmanöver.

Worf wird beim Bau von etwas, das wie ein hölzernes Boot aussieht, unterbrochen.

48: Die Kraft der Träume (»Shades of Grey«)

Ausstrahlung USA: 17. Juli 1989
Deutsche Erstausstrahlung: 26. Juni 1992 (ZDF)
Drehbuch: Maurice Hurley, Richard Manning, Hans Beimler,
nach einer Geschichte von Maurice Hurley
Regie: Rob Bowman

Während einer Untersuchung auf einem Planeten wird Riker von einem Organismus infiziert, der rasch sein Nervensystem angreift. Pulaski ist nicht in der Lage, ihn zu retten, bis sie und Troi erkennen, daß das Wachstum der Mikrobe durch negative Emotionen gehemmt wird. Pulaski zwingt Rikers an die schlimmsten Erinnerungen während der ersten beiden Jahre auf der *Enterprise* zu denken, und der Organismus wird zerstört.

Sternzeit: 42967,1

Fremde neue Welten: Surata 4, noch nie zuvor besucht.

Neue Lebensformen: Der Mikroorganismus, der Rikers Nervensystem auf molekularer Ebene infiltriert hat, hat bakterielle und virusähnliche Eigenschaften, ist aber keines von beiden. Er gelangt durch einen Dorn, der sich an einem sich selbständig bewegenden Ast befindet, in Rikers Körper. Dieser Ast ist auf der Suche nach warmblütigen Wesen, und es stellt sich heraus, daß er auf Endorphine des Gehirns anspricht.

Herausragende Dialoge: Riker erzählt, daß sein Großvater von einer Klapperschlange gebissen wurde. »Nach drei Tagen mit starken Schmerzen starb die Schlange.«

Notizen: Ein absoluter Tiefpunkt, auch wenn wenigstens noch niemand zu behaupten versucht hat, diese Folge wäre mehr als ein erbärmlicher Versuch, Kosten zu sparen.

Dritte Staffel

26 Folgen à 45 Minuten

Nach den Ideen von Gene Roddenberry

Executive Producers: Rick Berman (49-52, 59-68, 70-74),
Gene Roddenberry (49-52, 59-68, 70-74)
Co-Executive Producers: Rick Berman (53-58, 69),
Gene Roddenberry (53-58, 69), Michael Piller (53-74)
Producer: Ira Steven Behr (59-68, 70-74)
Co-Producers: Ira Steven Behr (57-58, 69), Hans Beimler (49-74), Peter Lauritson (49-70, 72-74), Richard Manning (49-74)
Line Producer: David Livingston (49-74)
Executive Script Consultant:
Melinda M. Snodgrass (50, 52-60, 69-71)
Executive Story Editors: Richard Danus (54-61),
Melinda M. Snodgrass (49, 51, 61, 65-68, 72)
Story Editor: Ronald D. Moore (65-74)
Executive Script Supervisor: Melinda M. Snodgrass (62-64)

Hauptdarsteller: Patrick Stewart (Captain Jean-Luc Picard), Jonathan Frakes (Commander William Riker), Levar Burton (Lt. Commander Geordi La Forge), Michael Dorn (Lt. Worf), Gates McFadden (Dr. Beverly Crusher), Marina Sirtis (Counselor Deanna Troi), Brent Spiner (Lt Commander Data), Wil Wheaton (Wesley Crusher), Whoopi Goldberg (Guinan, 49, 54, 61, 63-64, 69, 74), Colm Meaney (Lt O'Brien, 50[2], 53-56, 59, 62, 68-71, 73-74), John de Lancie (Q, 61), Denise Crosby (Lt Tasha Yar, 63), Dwight Schultz (Lt Reg Barclay, 69), Majel Barrett (Lwaxana Troi, 72)

---

[2] wird in dieser Folge einfach als »O'Brian« aufgeführt

49: Die Macht der Naniten (»Evolution«)

Ausstrahlung USA: 25. September 1989
Deutsche Erstausstrahlung: 3. Juli 1992 (ZDF)
Drehbuch: Michael Piller, nach einer Geschichte von
Michael Piller, Michael Wagner
Regie: Winrich Kolbe
Darsteller: Ken Jenkins, Mary McCusker, Randal Patrick

Während der Beobachtung einer stellaren Explosion eines neutronengeladenen Doppelsterns fällt der Computer der *Enterprise* aus, was das Projekt und Lebenswerk des Föderations-Wissenschaftlers Paul Stubbs in Gefahr bringt. Wesleys genetisches Projekt mit den mikrobiotischen Naniten scheint die Ursache zu sein. Als Stubbs versucht, die Maschinen mit Hilfe von Strahlung zu zerstören, schalten die Wesen das Lebenserhaltungssystem ab. Data nimmt mit den Naniten Kontakt auf, und ein Kompromiß wird ausgehandelt.

Sternzeit: 43125,8

Fremde neue Welten: Ein großartiges binäres Sternensystem in der Kavis-Alpha-Region.
Kavis-Alpha 4 ist der unbewohnte Planet, auf dem die Naniten leben dürfen.

Neue Lebensformen: Naniten, winzige Roboter mit Gigabyte umfassenden mechanischen Computerspeichern. Durch Wesley entwickelt, sind sie in der Lage sich »mechanisch weiterzuentwickeln« und besitzen ein kollektives Bewußtsein. Laut Stubbs werden sie in einem Werk in Dacca, Senegal, hergestellt.

Herausragende Dialoge: »Kennen Sie Baseball? Einst, vor Jahrhunderten, war es ein beliebter Nationalsport in Amerika. Von einer Gesellschaft aufgegeben, die Fast-Food und noch schnellere Spiele liebte. Ihrer Ungeduld wehrlos ausgeliefert.«
»Eine brandneue Ära der Astrophysik wurde wegen schlechten Wetters um 196 Jahre verschoben!«

Notizen: »Wir fliegen genau auf einen Streifen stellarer Materie zu.« Ein gut gelungener Staffelstart mit vielen guten Charakterisierungen, nur durch eine etwas belehrende Einstellung zur Wissenschaft-ohne-Gewissen verdorben.

Dr. Paul Stubbs ist ein hochgeschätzter Astrophysiker der Sternenflotte, der den »Zerfall von Neutronium, das von massiven stellaren Explosionen in relativen Geschwindigkeiten ausgestoßen wird«, untersucht, was nur alle 196 Jahre stattfindet. Beverly ist nach einem Jahr bei der medizinischen Fakultät der Sternenflotte wieder auf der *Enterprise*. Wesley ist jetzt siebzehn. Sein letztes Projekt in fortgeschrittener Genetik ist die Nano-Technologie. Sein Vater hat ihm Baseball beigebracht (vermutlich in einem sehr jungen Alter). Picard zitiert aus *Gullivers Reisen*. Die Borg werden erwähnt (siehe »Q Who« [»Zeitsprung mit Q«].

Guinan war mehrmals verheiratet und hat »viele« Kinder, und nur zu einem hatte sie keinen Bezug (es dauerte »einige hundert Jahre«, bis sich das eingerenkt hat). In der Annahme, daß sie nicht nur scherzt, ist das der erste Hinweis auf Guinans Langlebigkeit. Data sagt, daß es seit 79 Jahren keinen technischen Zusammenbruch aller Systeme eines Sternenkreuzers gegeben hat. Auf Beth Delta 1 gibt es eine Stadt namens New Manhattan.

50: Die Macht der Paragraphen (»The Ensigns of Command«)
Ausstrahlung USA: 2. Oktober 1989
Deutsche Erstausstrahlung: 10. Juli 1992 (ZDF)
Drehbuch: Melinda M. Snodgrass
Regie: Cliff Bole
Darsteller: Eileen Seeley, Mark L. Taylor, Richard Allen, Grainger Hines (wurde im Film nicht genannt), Mart McChesney

Der erste Kontakt mit den Sheliak, einer Rasse von nicht-menschlichen Pedanten, seit über hundert Jahren lockt die *Enterprise* herbei, um die Kolonisten eines umstrittenen Planeten zu evakuieren. Aber die unter der Führung des ehrfurchtgebiedenenen Gosheven stehenden Siedler auf Tau Cygna 5 weigern sich zu gehen. Während Picard versucht, eine diplomatische Lösung zu finden, versucht Data seine Aufgabe, die Evakuierung der Siedler vorzubereiten, zu erfüllen. Letztendlich gelingt es ihm nur durch eine Machtdemonstration.

Sternzeit: 43133,3

Fremde neue Welten: Tau Cygna 5 liegt im de-Laure-Gürtel. Gemäß dem Abkommen von Armens den Sheliak überlassen (unter Sektion 133, Paragraph 77). Die menschlichen Siedler waren auf dem Kolonistenschiff *Artemis* ursprünglich auf dem Weg nach Septimus Minor, doch vor 92 Jahren stürzte es wegen eines Fehlers im Navigationssystem ab. Jetzt leben dort 15253 Siedler.

Neue Lebensformen: Die Sheliak (»eine nicht-menschliche intelligente Lebensform der Klassifizierung R3«). Die Grisellaner, von denen Picard behauptet, daß sie Schiedsrichter der dritten Klasse seien, eine Rasse mit einem langen Winterschlaf.

Technoblabla: Phaser funktionieren in Anwesenheit von hyperonischer Strahlung nicht, da diese die Phaserstrahlen ablenkt. Data verwendet seinen eigenen neuralen Prozessor, um die Strahlen ständig neu auszurichten.

Herausragende Dialoge: Die Sheliak zu Picard: »Sie unterhalten sich nicht, sie quasseln!«

Notizen: »Die Kolonie existiert hier schon über 90 Jahre. Wir haben hier noch nie einen Sheliak gesehen. Ich würde sagen, das macht Tau Cygna 5 zu unserem Planeten.« Eine Geschichte, die verschiedene Arten von Vorurteilen geschickt behandelt. Etwas einfältig zwar, aber lustig.

Data spielt Violine in einem Streicherensemble (O'Brien spielt Cello). Seine Art zu spielen ist die präzise Nachahmung der Stile von Yasha Hyphites und Trenka Bronkin. Seine Kameraden sind der Meinung, daß seinem Spiel die »Seele« fehlt (siehe »Sarek« [»Botschafter Sarek«], »In Theory« [»Datas erste Liebe«]).

Hohe Konzentrationen von hyperonischen Strahlen sind für Menschen tödlich, obwohl die Tau Cygnianer einen Weg gefunden haben, sie zu überleben. Beverly bemerkt, daß Mylans Arbeit über Strahlen die Behauptung enthält, daß es mit der »Viro-Therapie« möglich sei, dort zu leben.

Das Abkommen von Armens ist ein Dokument mit 500000 Wörtern, das zwischen der Föderation und den Sheliak besteht.

Dritte Staffel

Der Schwierigkeitsgrad wurde auf Verlangen der Sheliak so hoch gesetzt, da die Sprache der Föderation ihrer Meinung nach irrational ist.

51: Die Überlebenden auf Rana-Vier (»The Survivors«)
Ausstrahlung USA: 9. Oktober 1989
Deutsche Erstausstrahlung: 17. Juli 1992 (ZDF)
Drehbuch: Michael Wagner
Regie: Les Landau
Darsteller: John Anderson, Anne Haney

Ein Notruf der Kolonie Delta Rana 4 führt zu der schockierenden Entdeckung, daß die gesamte Bevölkerung tot ist, mit Ausnahme eines alten Botanikerpärchens. Das Paar erzählt nur wenig über die genauen Umstände dieser Tragödie. Ein offensichtlich feindliches Schiff nähert sich der Enterprise, doch seine Waffen sind nicht stark genug, um für die Verwüstungen auf dem Planeten verantwortlich zu sein. Es stellt sich nach und nach heraus, daß der männliche Überlebende in Wirklichkeit ein übermächtiger Außerirdischer ist. Seine Frau starb ebenfalls bei dem Angriff auf den Planeten, und voller Haß zerstörte der Außerirdische die verantwortliche Rasse.

Sternzeit: 43152,4

Fremde neue Welten: Delta Rana 4 hat 3 Monde. Die Föderations-Kolonie hatte einst 11000 Einwohner.

Neue Lebensformen: Die Douwd, eine unsterbliche Rasse, die »Verkleidung und Verstellung« lieben. »Kevin« lebte in dieser Galaxis viele Tausende von Jahren.
Die Husnock, eine Spezies mit »schrecklicher Intelligenz«. Sie kennen nur »Aggression und Vernichtung«. Sie wurden durch »Kevin« zerstört, nachdem sie seine Frau töteten.

Deanna unterbeschäftigt?: Allerdings, sie verbringt die Hälfte der Folge im Koma.

Herausragende Dialoge: Riker über die Feuerkraft der Husnocks: »Wenn das ihr Bestes ist, was sie geben können, dann dauert das etwa fünf Minuten.«

Worfs Versuch, eine höfliche Unterhaltung zu führen: »Leckerer Tee. Nettes Haus.«

Zukunftsgeschichte: Vor fünfzig Jahren (ca. 2310) gab es auf der Erde noch Segelschiffe.

Notizen: »Meine Entschuldigung, sollte ich einen Walzer unterbrochen haben.« Eine unheimliche Folge mit guten Drehorten, obwohl das Drehbuch etwas viel Dialog enthält und es sich etwas einfach macht.

Picard erinnert sich an einen Vorfall, bei dem eine andorianische Besatzung sich vor der Sternenflotte versteckte, indem sie ihr Schiff zerlegte. Data stellt fest, daß Rishon und Kevin Uxbridge Botaniker sind und aus der Unterwasserstadt New Martim Vaz im Atlantik stammen. Sie waren 53 Jahre lang verheiratet.

52: Der Gott der Mintakaner (»Who Watches the Watchers?«)

Ausstrahlung USA: 16. Oktober 1989
Deutsche Erstausstrahlung: 24. Juli 1992 (ZDF)
Drehbuch: Richard Manning, Hans Beimler
Regie: Robert Wiemer
Darsteller: Kathryn Leigh Scott, Ray Wise, James Greene, Pamela Segall, John McLiam, James McIntyre, Lois Hall

Ein Team von Anthropologen auf dem Planeten Mintaka 3 benötigt Hilfe, ohne daß die primitiven Bewohner etwas von seiner Existenz bemerken. Eine Reihe medizinischer Notfälle verschafft Picard bei ihnen einen gottesähnlichen Status. Als die Versuche, eine kulturelle Beeinflussung zu verhindern, mißlingen, ignoriert Picard die oberste Direktive und erlaubt, daß die Mintakaner von der Raumfahrt erfahren. Er verläßt sie und sagt ihnen, daß sie mehr der Logik nachgehen und den Aberglauben ignorieren sollten.

Sternzeit: 43173,5

Fremde neue Welten: Mintaka 3

Neue Lebensformen: Die Mintakaner, proto-vulkanische Humanoide im Bronze-Zeitalter. »Sehr friedlich und höchst rational«, laut Deanna.

Technoblabla: Geordi nennt einen Hologrammgenerator eine »blinde Ente«.

Das Picard-Manöver: Ja, es kommt einmal vor.

Rikers Eroberungen: Will und Deanna gehen in den Untergrund als Mintakaner, mit Deanna als Rikers »Frau«.

Herausragende Dialoge: »Die Mintakaner fangen an, an einen Gott zu glauben. Und der Gott ihrer Wahl sind Sie!«
»Sie haben uns gelehrt, daß nichts für uns unerreichbar ist.« »Nicht einmal die Sterne.«
»Vergessen Sie mein Volk nicht.« »Niemals.«

Notizen: »Jeder von uns... leistete einen Eid, daß wir die oberste Direktive schützen würden. Notfalls mit unserem Leben.« Einfallsreich und hübsch. Das Staunen von Nuria, als sie durch die *Enterprise* wandert, und Patrick Stewarts brillante Wut-Vorstellung machen diese Folge zu einem wahren Meisterstück. Sie ist antireligiös, hinterfragt ethische Aspekte und behandelt ein moralisches Dilemma. Die hier erstmals behandelten Themen werden in »First Contact« [»Erster Kontakt«] fortgeführt. Ein Juwel.

Pulaskis Methode für das Löschen des Kurzzeitgedächtnisses (siehe »Pen Pals« [»Brieffreunde«]) wird hier angesprochen, funktioniert aber nicht!

53: Mutterliebe (»The Bonding«)
Ausstrahlung USA: 23. Oktober 1989
Deutsche Erstausstrahlung: 31. Juli 1992 (ZDF)
Drehbuch: Ronald D. Moore
Regie: Winrich Kolbe
Darsteller: Susan Powell, Gabriel Damon

Als Worf die Suchmannschaft auf dem Heimatplaneten der ausgestorbenen Koinonianer leitet, wird Marla Aster, eine Archäologin der *Enterprise*, durch eine Falle getötet. Picard muß ihrem jungen Sohn Jeremy von ihrem Tod berichten. Worf will mit dem R'uustal, einer klingonischen Zeremonie, mit Jeremy einen Bund eingehen, aber Marla taucht wieder auf. Ein Energiefeld vom Planeten ist auf dem Schiff: Die vermeintliche Marla gehört zu der körperlosen Rasse, die den Planeten mit den Koinonianern geteilt hatten. Ihre Rasse hatte einen Schwur geleistet, daß sie niemals jemanden unter den Folgen eines Krieges leiden lassen würden. Sie will dem Jungen seine Mutter zurückgeben. Wesley spricht mit Jeremy über dessen Gefühle von Haß und Verlust, und er läßt seine Ersatzmutter gehen und wählt das R'uustal mit Worf.

Sternzeit: 43198,7

Neue Lebensformen: Die Koinonianer, die sich selbst mit Kriegen über Generationen hinweg zerstörten und die Energiewesen, die heimlich den Planeten mit ihnen teilten.

Rikers Eroberungen: »Wir haben eine gewisse Zeit miteinander verbracht.« Rikers Art zu sagen, daß er etwas mit Lt. Aster gehabt hatte!

Notizen: Gabriel Damon macht sich recht gut, aber man stellt sich die Frage, ob Worf um seine Unterstützung im klingonischen Bürgerkrieg bat. Eine Folge, in der es für den Zuschauer recht leicht ist, den Lebenswillen zu verlieren.

Rushton ist eine tödliche Infektion. Die klingonische Bindungszeremonie R'uustal beinhaltet das Anzünden von Kerzen und den Austausch der Roben, am Ende sind die Teilnehmer Brüder. Worfs Eltern wurden getötet, als er sechs Jahre alt war.

54: Die Energiefalle (»Booby Trap«)
Ausstrahlung USA: 30. Oktober 1989
Deutsche Erstausstrahlung: 14. August 1992 (ZDF)
Drehbuch: Ron Roman, Michael Piller, Richard Danus,
nach einer Geschichte von Michael Wagner, Ron Roman
Regie: Gabrielle Beaumont
Darsteller: Susan Gibney, Albert Hall, Julie Warner

Dritte Staffel

Als die *Enterprise* in einer energiesaugenden Falle an dem Ort der letzten Schlacht zwischen den Promellianern und den Mentharn feststeckt, ruft Geordi die Unterstützung einer im Holodeck simulierten Leah Brahms herbei. Sie hat den Antrieb der *Enterprise* entworfen. Beide kommen gut miteinander zurecht, und sie kommen auf die Idee, die *Enterprise* mit nur zwei Aggregaten aus der Falle zu fliegen. Picard steuert das Schiff in einer Schleuderbewegung um einen Asteroiden, um zu entkommen, und die Falle wird zerstört.

Sternzeit: 43205,6

Fremde neue Welten: Orelious 9 wurde während einer Schlacht zwischen den Mentharern und den Promellianern völlig zerstört, die von keiner Partei als entscheidend angesehen wurde.

Neue Lebensformen: Promellianer, ausgestorbene, grüne Reptilien mit einem Grat auf dem Schädel. Sie bauten Raumschiffe, als die Menschen noch die mechanische Uhr perfektionierten.

Technologie: Aceton-Assimilatoren sind primitive energiesaugende Geräte. Der isolineare optische Chip ist ein Informationen speicherndes Gerät der Föderation. Der Warpantrieb kann nur innerhalb eines Subraum-Feldes eingesetzt werden. Die nächste Klasse von Sternenkreuzern wird eine Neuerung in der Richtung der Gitterstruktur der Dilithiumkristalle erhalten, um eine Reorientierung der Kristalle zu ermöglichen.

Deanna unterbeschäftigt?: Sie hat diesmal nur eine Minirolle.

Datas Witze: »Ich war niemals ein Junge.«

Notizen: Diese Episode hat eine schrecklich aufdringliche Musik, ein unmögliches Ende und unsinnige Gesetze. Macht keinen Spaß!
Die Menthar-Strategien beinhalten das Cavis Teke-Ausweichmanöver (das sie zum ersten Mal anwandten) und die Passive Lock-Strategie (die Ähnlichkeit mit einem strategischen Zug Napoleons hat). Das Schiffsdesignprogramm des Holodecks wurde zur Sternzeit 40174 im Entwicklungsraum 5 der Utopia Planitia, Mars-Station, aufgezeichnet. Die Kammer der Dilithiumkristalle wurde auf

Seran T Eins zur Sternzeit 40052 entwickelt. Leah Brahms hatte ihr Persönlichkeitsprofil zur Sternzeit 40056 aufgezeichnet und nahm an den intergalaktischen Bürgerversammlungen auf Chia 7 teil.

Astral 5 Annex ist eine Organisation, die historische Objekte aufzeichnet und sammelt. Das Daystrom-Institut hat eine Abteilung für Theorethischen Antrieb.

Picard hat als Kind Modelle von Raumschiffen zusammengebaut. O'Brien baute Flaschenschiffe (siehe »All Good Things...« [»Gestern, Heute, Morgen«]). Guinan fühlt sich zu Männern mit Glatze hingezogen, weil sich mal einer um sie gekümmert hat (möglicherweise Picard; siehe »Time's Arrow 2« [»Gefahr aus dem 19. Jahrhundert 2«]). Es gelingt Geordi nicht, Christy im Holodeck zu verführen, daraufhin beschimpft er ein Hologramm (mit lustigem Ergebnis).

55: Auf schmalem Grat (»The Enemy«)
Ausstrahlung USA: 6. November 1989
Deutsche Erstausstrahlung: 21. August 1992 (ZDF)
Drehbuch: David Kemper, Michael Piller
Regie: David Carson
Darsteller: John Snyder, Andreas Katsulas, Steve Rankin

Die *Enterprise* antwortet auf einen Hilferuf von Galorndon Core und findet einen einzigen Überlebenden eines romulanischen Schiffes vor. Geordi wird jedoch von den anderen getrennt und alleine auf dem Planeten zurückgelassen. Beverly kommt zu dem Ergebnis, daß der Romulaner eine Zelltransplantation benötigt, und der einzige mögliche Spender ist Worf. Dieser weigert sich jedoch. Wesley schickt Geordi eine Sonde hinunter, doch der begegnet einem weiteren Romulaner namens Patahk. Patahk nimmt Geordi gefangen. Der romulanische Kommandant Tomalak hat währenddessen ein Treffen mit der *Enterprise* in der neutralen Zone vereinbart, doch als sein Schiff das Rendevous verpaßt, ist er wütend genug, um in das Gebiet der Föderation zu fliegen. Geordi und Patahk stimmen einer Zusammenarbeit zu und aktivieren die Sonde. Tomalak ist noch erzürnter, als er von dem Tod des ersten Romulaners erfährt, und er ist bereit, eine Schlacht zu beginnen, die zu einem Krieg führen wird. Picard läßt die Schutzschilde herunter, um die beiden Überlebenden hochzubeamen, und als er Patahk eine gute Behandlung versichert, beruhigt sich Tomalak. Die *Enterprise* eskortiert seinen Warbird zurück zur neutralen Zone.

Sternzeit: 43349,2

Fremde neue Welten: Galorndon Core, ein Föderationsplanet, auf dem Stürme mit geladenen Teilchen peitschen. Er liegt ein halbes Lichtjahr von der neutralen Zone entfernt.

Neue Lebensformen: Ultritium ist ein romulanischer Sprengstoff. Romulaner haben grünes Blut. Sie lassen Kinder mit Geburtsfehlern sterben. Einer ihrer Ränge ist Centurion, er liegt unter dem des Commanders.

Deanna unterbeschäftigt?: Zwei Sätze für die Gute.

Notizen: Diese Folge ist wunderbar, mit einem uralten Szenario, dem Gewicht und Dringlichkeit hinzugefügt wurden.
Die Station Salem Eins war Austragungsort des ersten Gefechtes in einem Krieg.

56: Der Barzanhandel (»The Price«)
Ausstrahlung USA: 13. November 1989
Deutsche Erstausstrahlung: 28. August 1992 (ZDF)
Drehbuch: Hannah Louise Shearer
Regie: Robert Scheerer
Darsteller: Matt McCoy, Elisabeth Hoffman, Castulo Guerra, Scott Thomson, Dan Shor, Kevin Peter Hall

Die Barzanier sind gerade dabei, das einzig bekannte stabile Wurmloch zu verkaufen, und versammeln eine Gruppe potentieller Käufer auf der *Enterprise*. Devinoni Ral, ein angeheuerter Verhandlungsführer, ist einer davon und er umwirbt Troi. Der Delegierte der Ferengi, DaiMon Goss, vergiftet den Delegierten der Föderation, und Riker springt für ihn ein. Geordi und Data fliegen – von einem Ferengi-Beiboot begleitet – in einem Shuttle durch das Wurmloch und stellen fest, daß es nicht so stabil ist, wie man dachte. Die Ferengi sitzen im Wurmloch fest. Troi stellt fest, daß Ral zu einem Viertel Betazoid ist und somit Gedanken lesen kann, eine Tatsache, die er den anderen Delegierten verheimlicht hat. Goss versucht, das Wurmloch zu zerstören, und behauptet, daß die Barzaner bereits ein Übereinkommen mit der Föderation haben, aber Ral kann ihn davon abbringen. Als Troi aufdeckt, daß alles eine Täuschung ist, wird das Wurmloch, da es instabil ist, wertlos. Am Ende ist Ral ihr dankbar, daß sie seine Falschheit aufgedeckt hat, vielleicht kann er sich zum Besseren verändern.

Sternzeit: 43385,6

Fremde neue Welten: Barzan 2 ist für außerirdisches Leben völlig ungeeignet. Hurkos 3 wird erwähnt. Der Denkiri-Arm des Gamma-Quadranten liegt bei Warp 9 ein Jahrhundert entfernt. Der Delta-Quadrant ist 200 Lichtjahre vom Gamma-Quadranten entfernt und 70.000 Lichtjahre von der Föderation.

Neue Lebensformen: Die Bewohner von Barzan, Humanoide mit flachsblonden Haaren, Mundstücken und ohne bemannte Raumfahrt. Die Caldonianer sind hochgewachsen, haben faltige Köpfe und beschäftigen sich nur mit der Wissenschaft. Die Chrysalianer, die schon immer neutral waren und deshalb schon zehn Generationen Frieden genossen haben.

Pokerspiel: Die Verhandlungen sind der Poker der Episode.

Datas Witze: Data beruhigt LaForge, der sich schon für den Rest seines Lebens in einem Shuttle sieht: »Es gibt eine gute Seite, Geordi. Sie können sich mit mir unterhalten.«

Herausragende Dialoge: Deanna wird fromm: »Gott möge verhindern, daß ich meinen ersten Blick auf das Wurmloch verpasse.« Rikers Bluff. »Poker... Ist das eine Art Spiel?«

Notizen: Ein reizendes Drehbuch, in dem Troi konkret charakterisiert wird. *The Manitoba Journal of Interplanetary Psychology* ist eine Zeitschrift. Deanna mag Schokoladendesserts und Fußmassagen mit Öl, aber mögen wir das nicht alle? Das Beiboot der Ferengi ist mit einem Shuttle vergleichbar. Tyrillium ist ein wertvolles Mineral, das auf Caldonia gefunden wird.

57: Yuta, die Letzte ihres Clans (»The Vengeance Factor«)

Ausstrahlung USA: 20. November 1989
Deutsche Erstausstrahlung: 4. September 1992 (ZDF)
Drehbuch: Sam Rolfe
Regie: Timothy Bond
Darsteller: Lisa Wilcox, Joey Aresco, Nancy Parsons, Stephen Lee, Marc Lawrence, Elkanah J. Burns

Die Gatherer, eine Bande raubender Nomaden, die von ihrem Volk, den Acamarianern, verbannt wurden, haben wissenschaftliche Außenposten der Föderation angegriffen. Picard entschließt sich zu einem Versuch, zwischen den beiden Gruppen Frieden zu stiften. Gespräche zwischen den Führern der Gatherer und Acamarianern werden fast durch einen Mordanschlag einer Frau zerschlagen, die sich wegen eines Massakers an ihrer Sippe rächen will. Riker gelingt es, ihr Vorhaben zu verhindern, aber nur um den Preis ihres Lebens.

Sternzeit: 43421,9

Fremde neuen Welten: Acamar 3 und die Hromi-Gruppe, wo sich die Gatherer niedergelassen haben.

Neue Lebensformen: Die Gatherer, »nomadische Plünderer«. Sie stammen ursprünglich von Acamar 3, wo sie vor 100 Jahren auf dem Höhepunkt eines Jahrhunderte währenden Krieges zwischen den Clans zur Flucht gezwungen wurden. Die Acamarianer haben sich zwischenzeitlich zu einem zivilisierten Volk entwickelt.

Rikers Eroberungen: Yuta, die Köchin (und Letzte des Tralesta-Clans, deren Alterungsprozeß mit Hilfe der anderen Clanmitglieder verlangsamt wurde). Sie kocht Riker ein würziges Parthas-Gericht (ein grünes Gemüse mit fleischigen Wurzeln) und wird dann von ihm getötet. Dabei war das Essen doch bestimmt nicht *so* schlecht, oder?

Technologie: Unter den von den Gatherers gestohlenen Technologien sind die tonkianischen Notsignalsonden, artonianische Laser und regalianische Phasergewehre. Die Noraniumlegierung verdampft bei 234 Grad.

Herausragende Dialoge: »Ich stehle, um zu überleben, nicht, weil es mir Spaß macht!«
»Euer Überfall wäre erfolgreicher, wenn ihr öfters mal baden würdet!«

Notizen: »53 Jahre und sie ist keinen Tag gealtert.« Nicht schlecht, nur langweilig. Es gibt Anzeichen eines *Highlander*-Einflusses und ein sehr lahmes Drehbuch.
Außerdem gibt es leichte Diskrepanzen in bezug darauf, vor wie langer Zeit der Lornack-Clan die Tralestaner tötete (80 Jahre laut Marouk, Yuta zufolge ein Jahrhundert).

58: Der Überläufer (»The Defector«)
Ausstrahlung USA: 1. Januar 1990
Deutsche Erstausstrahlung: 11. September 1992 (ZDF)
Drehbuch: Ronald D. Moore
Regie: Robert Scheerer
Darsteller: James Sloyan, Andreas Katsulas, John Hancock, S.A. Templeman

Die dramatische Flucht des romulanischen Strategie-Offiziers Setal, der vor einer bevorstehenden Invasion warnt, versetzt die *Enterprise* in höchste Alarmbereitschaft. In Wirklichkeit ist Setal aber Jarok, ein berüchtigter Admiral, und obwohl er glaubwürdig erscheint, führt das Bekanntwerden dieser Tatsache zu noch mehr Mißtrauen gegenüber seinen Motiven. Als die *Enterprise* in die neutrale Zone eindringt, gerät sie in eine romulanische Falle. Mit der Hilfe von drei klingonischen Schiffen wird jedoch eine Konfrontation verhindert. Jarok nimmt sich das Leben, da er erkennt, daß er von den Romulanern ausgenutzt wurde.

Sternzeit: 43462,5

Fremde neue Welten: Nelvana 3, angeblicher Aufenthaltsort einer romulanischen Schlachtflotte. Obwohl es nicht zu sehen ist, wird Romulus detailliert beschrieben. Geographische Einzelheiten sind der Apnex-See, das Tal von Chula und die Feuerfälle bei Gal Gaththong.

Neue Lebensformen: »Pahtk« und »Tohzah« sind klingonische Flüche. »Veruul« ist eine romulanische Beleidigung. Ein Onkian ist eine romulanische Wärmeeinheit.

Das Picard-Manöver: Ja, als er von Tomalak bedroht wird (rückt er eigentlich auch seine Unterhose zurecht?).

Herausragende Dialoge: »Was für ein Narr ich war, in einem Nest voller Feiglinge nach Mut zu suchen.«
Jarok zu Data: »Ich kenne eine Menge romulanischer Kybernetiker, die Ihnen liebend gerne so nahe sein möchten.«
»Des einen Henker ist des anderen Held. Vielleicht bin ich keines von beiden.«

Notizen: »Ein romulanischer Überläufer ist fast ein Widerspruch in sich.« Eine sehr gute Episode, mit mehr Ähnlichkeit zu einer »ernsten« Spionageserie als zur SF. Die Hauptpersonen werden angenehm vielschichtig charakterisiert, ebenso die wichtigsten Romulaner (der noble Jarok und der furchteinflößende Tomalak). Die Vorspannszene, die Brent Spiner und (einen stark verkleideten) Patrick Stewart in einer Holodeckaufführung von *Heinrich V.* (Akt 4, Szene 1) zeigt, ist atemberaubend, obwohl Bill Shakespeare als Neuling im Team der Drehbuchautoren bei den Stabsangaben nicht erwähnt wird.
Data hat vor, die schauspielerischen Leistungen von Olivier, Brannagh, Shapiro und Solnock zu studieren, aber Picard rät ihm davon ab, lediglich einen Stil nachzuahmen.
Admiral Jarok ist für das Massaker auf dem Norkan-Außenposten verantwortlich. Die Schlacht von Cheron (in der Classic-Folge »Balance of Terror« [»Spock unter Verdacht«] erwähnt) wurde als eine demütigende Niederlage durch die Romulaner

betrachtet. Der Vertrag von Algeron verbietet es der Föderation, in die neutrale Zone einzudringen.

59: Die Verfemten (»The Hunted«)

Ausstrahlung USA: 8. Januar 1990
Deutsche Erstausstrahlung: 18. September 1992 (ZDF)
Drehbuch: Robin Bernheim
Regie: Cliff Bole
Darsteller: Jeff McCarthy, James Cromwell, J. Michael Flynn, Andrew Bicknell

Angosia 3 will der Föderation beitreten, und alles scheint auch gut zu laufen, bis die *Enterprise* in die Suche nach einem entlaufenen Häftling der militärischen Strafkolonie Lunar 5 verwickelt wird. Der Häftling heißt Roga Danar und sein »Verbrechen« ist es, daß er Soldat im Tarsianischen Krieg war. Wie viele seiner Art konnte er sich dem zivilen Leben nicht anpassen und wurde verhaftet. Picard ist von den angosianischen Führern angewidert, wird aber von Premierminister Nayrok daran erinnert, das dies eine interne Angelegenheit sei. Danar flüchtet, befreit eine Vielzahl weiterer Veteranen und bedroht die Regierung. Nayroks Bitte um Hilfe wird von Picard abgelehnt: schließlich sei es eine interne Angelegenheit. Falls Nayrok das Problem löst, wird Angosia es wert sein, in die Föderation aufgenommen zu werden.

Sternzeit: 43489,2

Fremde neue Welten: Angosia 3

Neue Lebensformen: Die Angosianer sind angeblich Intellektuelle und Denker. Sie verwendeten biomechanische Techniken, um im Tarsianischen Krieg »Supersoldaten« zu erschaffen.

Technoblabla: »Sie verwendeten eine Kombination aus Cryptobiolin und Triclenidil und einige Dinge, die nicht mal ich erkenne.«

Notizen: »Ihr habt sie zu dem gemacht, was sie sind. Ihr habt sie darum gebeten, eure Lebensart zu verteidigen, und dann habt ihr sie weggeworfen.« Mit anderen Worten, Rambo im All. Eine gute Mischung aus Action und der lieben alten Art von *Star Trek*, zu moralisieren.

Anesthezine ist ein Beruhigungsgas. Am Ende der Geschichte fliegt die *Enterprise* in Richtung Sternenbasis Lya 3.

60: Terror auf Rutia Vier (»The High Ground«)

Ausstrahlung USA: 29. Januar 1990
Deutsche Erstausstrahlung: 9. Oktober 1992 (ZDF)
Drehbuch: Melinda M. Snodgrass
Regie: Gabrielle Beaumont
Darsteller: Richard Cox, Kerrie Keane, Marc Buckland,
Fred G. Smith, Christopher Pettiet

Als sie die Opfer eines Bombenattentats auf Rutia 4 versorgt, wird Dr. Crusher von dem Terroristenführer Kyril Finn entführt. Die Ansata-Terroristen wollen die Föderation in ihren Kampf um »Freiheit« verwickeln, und Finn ist auch darauf erpicht, die medizinischen Kenntnisse der Ärztin auszunutzen. Finn organisiert ein Bombenattentat auf die *Enterprise*, das vereitelt wird, Picard wird jedoch ebenfalls gefangengenommen. Wesley findet einen Weg, die Technologie der dimensionalen Verschiebung der Terroristen nachzuvollziehen, und die Föderationsoffiziere werden befreit, wobei Finn von dem Polizeichef Alexana Devos erschossen wird.

Sternzeit: 43510,7

Fremde neue Welten: Rutia 4 gehört der Föderation nicht an, hat jedoch mit ihr eine lange Handelspartnerschaft. Eine »Generation« des Friedens wurde durch die Angriffe der Ansata-Terroristen zerstört, die Autonomie und Selbstbestimmung für ihr Land auf dem Westkontinent erreichen wollen. Das Westgebiet wird vom Ostgebiet beherrscht, und ihm wurde die Unabhängigkeit vor siebzig Jahren verwehrt.

Technologie: Die Transporter der Föderation hinterlassen beim Gebrauch eine Spur von Ionisation in der Luft, aber der Transport mittels der dimensionalen Verschiebung ist viel schwerer zu verfolgen.

Ein dimensionaler Sprung erzeugt jedoch eine Subraum-Druckmodulation, die durch ein anpassungfähiges Subraum-Echogramm angezeigt werden kann. In Übereinstimmung mit der Elway-Theorie, einem im 23. Jahrhundert aufgegebenen Versuch, sich durch den gefalteten oder veränderten Raum zu bewegen, ist interdimensionales Reisen über eine längere Zeit hinweg tödlich.

Das Picard-Manöver: Jean-Luc führt es aus, während er mit Devos spricht; Riker tut es, nachdem er einen Terroristen niedergestreckt hat.

Herausragende Dialoge: »In einer Welt, in der Kinder andere Kinder in die Luft sprengen, ist jeder eine Bedrohung.«
»Der Unterschied zwischen Generälen und Terroristen, Doktor, ist nur der Unterschied zwischen Gewinnern und Verlierern.«

Zukunftsgeschichte: Irland wird im Jahre 2024 vereint.

Notizen: Ein exzellenter Blick in die Gedanken eines Terroristen. Erfreulich ist, daß es keine plötzliche Lösung für die Konflikte des Planeten gibt – aber Frieden kann erst dann beginnen, wenn ein Junge seine Waffe niederlegt.
Crusher stammt aus Nordamerika.

61: Noch einmal Q (»Déjà Q«)
Ausstrahlung USA: 5. Februar 1990
Deutsche Erstausstrahlung: 16. Oktober 1992 (ZDF)
Drehbuch: Richard Danus
Regie: Les Landau
Darsteller: Richard Cansino, Betty Muramoto, Corbin Bernsen

Der Mond von Bre'el 4 befindet sich auf einer instabilen Umlaufbahn und wird bald auf den Planeten stürzen. Das ist aber im Vergleich zu Q ein kleines kosmisches Detail, denn er wurde aus dem Q-Kontinuum verbannt und wird von alten Feinden gejagt. Die Versuche, die Umlaufbahn des Mondes zu ändern, sind offenbar zum Scheitern verurteilt, besonders nach dem Eingreifen von Qs alten Feinden, den Calamarain. Q ist bereit, einen selbstlosen Akt zu vollziehen und sich zu opfern, damit die *Enterprise* gerettet wird, als das Kontinuum beschließt, daß er seine Lektion gelernt hat. Mit seinen wiedererlangten Kräften berichtigt das dankbare Superwesen die Umlaufbahn des Mondes und zeigt der *Enterprise* seine Dankbarkeit auf verschiedene bizarre Arten.

Sternzeit: 43539,1

Fremde neue Welten: Bre'el 4 und dessen Mond.

Neue Lebensformen: Die Bre'elianer. Die Calamarain existieren als Schwaden von ionisiertem Gas, eine Wolke aus energetischem Plama und Tachyonen. Sie verwenden Bertholdstrahlen, um andere Wesen zu erforschen, und sie haben keinen »Sinn für Humor«. Q spricht von seinen »Brüdern und Schwestern« im Q-Kontinuum, also dürfte es dort vermutlich auch weibliche Qs geben.

Datas Witze: Q: »Wer meint er, wer er ist, mir Befehle zu erteilen?« Data: »Geordi meint, er hat hier die Befehlsgewalt. Und er hat Recht!«
Er beschreibt sein erstes und einziges durch Q inspiriertes Lachen als »ein wunderbares Gefühl«.

Herausragende Dialoge: Q über seine zweifelhafte Machtlosigkeit: »Was muß ich tun, um euch zu überzeugen?« Worf: »Sterben!«
Guinan über Data: »Sie können viel von ihm lernen.« Q: »Sicher, ein Roboter, der Unterricht in Menschlichkeit erteilt.«
»Es ist schwer in einer Gruppe zu arbeiten, wenn man allmächtig ist.«
Zweiter Q: »Ich finde diese Menschen ziemlich interessant. Nach allem, was Du ihnen angetan hast, versuchen sie immer noch, dich zu retten!«
Q über Riker: »Sie sind so steif. Bevor Sie Ihren Bart hatten, gefielen Sie mir besser!«

Notizen: »Mein Leben als Mensch war ein Fehlschlag. Vielleicht hat wenigstens mein Tod ein wenig Würde.« Eine sehr lustige Folge, fast ausschließlich zum Lachen gemacht und doch ergreifend, wo es sein muß. Der großartige Corbin Bernsen erscheint als der zweite Q (derjenige, der den gesamten Deltived-Asteroidengürtel verlegt hat) in einer der besten Szenen der gesamten Serie, die durch die brillante

Schlußszene auf der Brücke einen würdigen Abschluß gefunden hat. *The Next Generation* begibt sich auf das Terrainder Sitcom.

Das Q-Kontinuum nimmt Q seine Kräfte, da er »in der ganzen Galaxie Chaos verbreitet hat«. Q hätte zwischen einer Existenz als markoffianischer See-Echse und einem belzoidianischen Floh wählen können. Egal was, solange es sterblich ist. Er meint, daß Picard von allen Wesen in der gesamten Galaxis ihm freundschaftlich am nächsten stünde. Er hat Platzangst, bekommt einen Hexenschuß, ist ein »Experte für Monde« und hat einen IQ von 2005. Wenn Deanna niedergeschlagen ist, ißt sie meistens Schokolade. Data benötigt kein Essen, aber gelegentlich verdrückt er eine »halborganische Nahrungslösung in einer Flüssigkeit auf Silikonbasis, um meine Biofunktionen zu ölen«.

62: Riker unter Verdacht (»A Matter of Perspective«)
Ausstrahlung USA: 12. Februar 1990
Deutsche Erstausstrahlung: 23. Oktober 1992 (ZDF)
Drehbuch: Ed Zuckerman
Regie: Cliff Bole
Darsteller: Craig Richard Nelson, Gina Hecht, Mark Margolis, Juli Donald

Die Explosion einer Wissenschaftsstation, Sekunden nachdem Riker von dort zurück auf die *Enterprise* gebeamt wurde, führt zu einer Mordanklage gegen den Commander. Es wird behauptet, daß Riker starke Gefühle für die Frau von Dr. Apgar empfindet und den Wissenschaftler tötete, bevor er ging. Nach dem Gesetz der Tanuganer wird die Schuld vorausgesetzt, und die Unschuld muß bewiesen werden – was Picard versucht, indem er das Holodeck verwendet, um die entscheidenden Momente nachzuspielen. Die daraus folgende Anhörung beweist Rikers Unschuld und deckt die hinterhältigen Machenschaften des Dr. Apgar auf, der Waffen entwickelte und bereit war, sie an den Meistbietenden zu verkaufen.

Sternzeit: 43610,4

Fremde neue Welten: Tanuga 4

Neue Lebensformen: Die Tanuganer, deren Rechtssystem das genaue Gegenstück zu dem der Erde ist. Dr. Apgar ist »eine der größten wissenschaftlichen Kapazitäten des Universums«, obwohl er eigentlich versucht, aus seinem Krieger-Wellenwandler eine Waffe zu machen, um diese an die Romulaner oder Ferengi zu verkaufen.

Das Picard-Manöver: Ja, es kommt einmal vor.

Rikers Eroberungen: Frau Manua Apgar – angeblich!!

Notizen: »Commander Riker, ich bin hier, um Sie zu verhaften.« »Was wird mir vorgeworfen?« »Mord.« *Petrocelli* im Weltraum. Alles bis zu einem gewissen Punkt ganz in Ordnung, aber da ist dieser schreckliche Schluß, bei dem aufgedeckt wird, was wirklich geschah, und der von jedem unparteiischen Gericht verworfen würde (man beachte, daß Picard Verteidiger und Richter ist).

Die *Enterprise* hat einen Proto-Stern beobachtet. Sie liefert Apgar eine Ladung Dicosilium. Das Metall Duranium wird anscheinend für die Inneneinrichtung der Raumschiffe benutzt (siehe »Where Silene Has Lease« [»Illusion oder Wirklichkeit«] und die Classic-Folge »The Menagerie« [»Talos IV - Tabu«]). Picard malt, laut Data allerdings »in einer wirren Mischung verschiedener Stile«, beeinflußt anscheinend durch proto-vulkanische Stile sowie die Werke Picassos und anderer Kubisten.

63: Die alte Enterprise (»Yesterday's Enterprise«)

Ausstrahlung USA: 19. Februar 1990
Deutsche Erstausstrahlung: 30. Oktober 1992 (ZDF)
Drehbuch: Ira Steven Behr, Richard, Manning, Hans Beimler, Ronald D. Moore, nach einer Geschichte von
Trent Christopher Ganino, Eric A. Stillwell
Regie: Davic Carson
Darsteller: Christopher McDonald, Tricia O'Neill

Bei der Erforschung eines temporalen Risses im Weltraum verschlägt es die *Enterprise* plötzlich an einen völlig anderen Ort, an dem die Föderation gegen das klingonische Imperium Krieg führt, doch nur Guinan erkennt, daß sich etwas verändert hat. Die

Ankunft einer anderen *Enterprise* durch einen Riß in der Zeit, die vor 22 Jahren als zerstört galt, hat die Zeitlinie gestört. Guinan erklärt Picard, daß die Zeit »falsch« sei und daß die *Enterprise-C* zurück durch den Zeitriß gehen muß. Tasha Yar, die in dieser Zeitlinie noch Sicherheitsoffizier des Schiffes ist, begleitet die *Enterprise-C*, da sie meint, daß sie nicht hierher gehört. Als die *Enterprise-C* in den temporalen Riß fliegt, nimmt die Zeit wieder ihren gewohnten Lauf, und nur Guinan weiß, was sie alle durchgemacht haben.

Sternzeit: »Militärisches Logbuch, Kampfzeit 43625,2.«

Technoblabla: »Die Bildung einer Lockenschleife aus einem Superfadenmaterial. Es würde eine gewaltige Energiequelle in unmittelbarer Umgebung erfordern, um ein solches Phänomen zu verwirklichen.«

Deanna unterbeschäftigt?: Sie fehlt mal wieder gänzlich. Was für eine Überraschung auf einem Kriegsschiff!

Herausragende Dialoge: »Sorgen wir dafür, daß die Geschichte den Namen *Enterprise* nicht vergißt.«

Zukunftsgeschichte: Vor 22 Jahren (zwischen 2340 und 2350) wurde ein Abkommen zwischen den Klingonen und der Föderation geschlossen. Dieses wurde anscheinend durch die heroische Verteidigung der klingonischen Siedlung Narenda 3 vor dem Angriff der Romulaner durch die USS *Enterprise* (NCC 1701-C, Captain Rachel Garrett) ermöglicht. Das Erscheinen dieser *Enterprise* im Zeitriß hat die Zeit verändert. Die Tat der Romulaner wird nicht aufgeklärt (man beachte, daß in »The Neutral Zone« [»Die neutrale Zone«] die Föderation seit über 50 Jahren keinen Kontakt mit den Romulanern hatte), die Klingonen beginnen einen Krieg mit der Föderation (ein Krieg, den sie fast gewonnen haben), außerdem gibt es andere kleinere Veränderungen der Geschichte, wie die Anwesenheit von Tasha Yar.

Notizen: »Ich gehöre nicht hierher. Ich sollte tot sein.« Komplex, dunkel und brillant; ohne Zweifel die bisher beste Episode der Serie, der nur wenige gleich gute Episoden folgen. Der Zuschauer wird in ein tiefes Loch geworfen, und es wird erwartet, daß er ohne große Erklärungen die plötzlichen Veränderungen, die ihm präsentiert werden, versteht. Nur die Tasha/Castillo-Liebesgeschichte ist ungeschickt und enttäuschend.

Tasha ist sofort nach der Akademie der Föderation beigetreten.

Data meint, daß Guinans Volk ein Bewußtsein außerhalb der normalen Zeitlinie hat.

Zurück in der »Realität« findet Worf, daß Pflaumensaft ein »Getränk für Krieger« sei.

64: Datas Nachkomme (»The Offspring«)
Ausstrahlung USA: 12. März 1990
Deutsche Erstausstrahlung: 6. November 1992 (ZDF)
Drehbuch: René Echevarria
Regie: Jonathan Frakes
Darsteller: Hallie Todd, Nicholas Coster, Judyanne Elder, Diane Moser, Hayne Boyle, Maria Leone, James G. Becker

Data hat ein Androidenkind namens Lal geschaffen. Als die Sternenflotte davon erfährt, verlangt sie, daß er sein Projekt an das Daystrom-Institut übergibt, damit Lals Entwicklung beobachtet werden kann. Picard ist bereit, sich in dieser Angelegenheit bis an die höchste Instanz zu wenden, um Admiral Haftel zu stoppen, »Vater« und »Tochter« zu trennen. Leider schlägt jedoch das Schicksal zu, als der Streß eines neuen Bewußtseins für Lal zuviel wird und ihr System einen Ausfall erleidet. Data und Admiral Haftel bemühen sich zwar noch um sie, können aber nichts mehr bewirken.

Sternzeit: 43657,0

Fremde neue Welten: Die Enterprise ist auf dem Weg zum Selebi-Asteroidengürtel im Sektor 396.

Neue Lebensformen: Lal, ein weiterer Android der Soong-Klasse.

Rikers Eroberungen: Data sieht Lal, wie sie einen völlig überraschten Riker umarmt. »Commander, was sind Ihre Absichten mit meiner Tochter?«

Datas Witze: Wesley: »Sie könnte eine Menge lernen von Kindern in ihrem Alter.« Data: »Sie ist nur zwei Wochen alt!«

Herausragende Dialoge: »Ich kann nicht verstehen, wie ein 1,52 m großer Android mit selbstlernenden Systemen und der Kraft von 10 Männern als Kind bezeichnet werden kann.«
»Es gibt Zeiten, in denen Männer mit gesundem Geist nicht einfach blind Befehle ausführen können. Einem Mann zu befehlen, sein Kind an den Staat zu übergeben! Nein, nicht solange ich Captain bin.«

Notizen: »Ich habe niemanden an Bord gesehen, der Sie um Ihren Rat zu ihrer Erschaffung gefragt hat, Captain.« Hübsch, wenn auch unverschämt sentimental und mit einer hübschen Vorstellung von Hallie Todd als Lal. Genau wie bei Maddox (»The Measure of a Man« [»Wem gehört Data«]), erweist sich das »offizielle« Gesicht der Sternenflotte (Admiral Haftel) als tiefergehend, als es seine zweidimensionale Fassade vermuten läßt. Sein »Es hat nicht sollen sein« ist ein perfekter Schlußsatz. Riker ist vermutlich deshalb in nur einer Szene zu sehen, weil Jonathan Frakes Regie führte.
Die vier Vorschläge, unter denen Lal ihr Aussehen wählt, sind eine Andorianerin, ein männlicher und weiblicher Mensch und eine klingonische Frau. Die Daystrom-Station auf Galor 4 ist vermutlich eine kleine Abteilung des Daystrom-Instituts (siehe »The Measure of a Man« [»Wem gehört Data«]).

65: Die Sünden des Vaters (»Sins of the Father«)
Ausstrahlung USA: 19. März 1990
Deutsche Erstausstrahlung: 13. November 1992 (ZDF)
Drehbuch: Ronald D. Moore, W. Reed Morgan, nach einem
Fernsehspiel von Drew Deighan
Regie: Les Landau
Darsteller: Charles Cooper, Tony Todd, Patrick Massett,
Thelma Lee, Teddy Davis

Der klingonische Hohe Rat hat Worfs Vater zum Verräter erklärt, da dieser die Romulaner beim Massaker von Khitomer unterstützt haben soll. Mit Picards Rückendeckung kehrt Worf auf seinen Heimatplaneten zurück, um sich den Anklagen zu stellen, da er weiß, daß ein mißglückter Einspruch seinen Tod bedeuten könnte. Untersuchungen des Massakers von Khitomer ergeben, daß der wahre Verräter der Vater des Ratsmitgliedes Duras war. Diese Enthüllung könnte das Imperium jedoch in einen Bürgerkrieg stürzen, weshalb Worf den Verlust seiner Familienehre, und daß er die Verbannung aus der klingonischen Gesellschaft akzeptiert.

Sternzeit: 43685,2 (20 Jahre nach Khitomer).

Fremde neue Welten: Erstmals wird der Heimatplanet der Klingonen vorgestellt, zumindest die Hauptstadt.

Herausragende Dialoge: Kurn über die schönen Seiten der Föderation: »Ich finde es schwer, den Zwängen zu entsprechen. Vor kurzer Zeit mußte ich mich beherrschen, um Commander Riker nicht zu töten!«
Worf über Duras: »Dieser ha'Dibah hätte den Hunden zum Fraß vorgeworfen werden müssen!«

Notizen: »Ich bin Worf, Sohn des Mogh. Ich bin gekommen, um die Lügen über meinen Vater anzufechten.« *Richard III* mit Außerirdischen. Der erste Schritt auf dem langen Weg zu »Redemption« [»Der Kampf um das klingonische Reich«] ist ein erstaunliches Werk, das sich fast die ganze Folge über der klingonischen Politik widmet.
Klingonen glauben an Gehorsam und eine starke Führung. Kurn ist Worfs jüngerer Bruder. Er war ein Jahr alt, als seine Eltern nach Khitomer gingen (wo viertausend Klingonen starben), und er wurde bei einem Freund der Familie namens Lorgh hinterlassen. Er wurde als Lorghs Sohn aufgezogen und erfuhr erst im Alter des Aufsteigens von seiner wahren Herkunft.
Rikers Erlebnisse an Bord der Pagh in »A Matter of Honor« [»Der Austauschoffizier«] werden angesprochen. Picard mag Kaviar.
In der klingonischen Sprache bezeichnet cha'Dich einen Verteidiger oder den Zweiten bei einer Verhandlung oder einem Kampf, Mek'ba ist der Teil einer Verhandlung, bei dem die Beweise vorgetragen werden, Kut'luch ist die Waffe eines Mörders und ghojmok ist eine Krankenschwester. Picard spricht klingonisch relativ flüssig.
Es war Duras' Vater Ja'rod, der eigentlich für den Verrat verantwortlich war.

66: Versuchskaninchen (»Allegiance«)

Ausstrahlung USA: 26. März 1990
Deutsche Erstausstrahlung: 20. November 1992 (ZDF)
Drehbuch: Richard Manning, Hans Beimler
Regie: Winrich Kolbe
Darsteller: Stephen Markel, Reiner Schöne, Jocelyn O'Brien,
Jerry Rector, Jeff Rector

Picard wird entführt und durch eine exakte Kopie ersetzt. Er findet sich in einer kleinen Zelle mit drei anderen Entführten wieder und beginnt, Pläne für eine Flucht zu schmieden. Die Picard-Kopie ist währenddessen nur mäßig erfolgreich bei dem Versuch, sich in das Leben auf der *Enterprise* einzufügen, was zu Mißtrauen unter einigen seiner Offiziere führt. Der echte Picard stellt fest, daß einer seiner Mithäftlinge eine Verräterin ist, da sie geheime Informationen besitzt. Die Außerirdischen offenbaren ihre Neugier gegenüber anderen Rassen und möchten die Reaktionen auf Gefangenschaft beobachten. Picard gibt ihnen etwas von ihrer eigenen Medizin, bevor er sie vom Schiff verbannt.

Sternzeit: 43714,1

Fremde neue Welten: Einige werden genannt, darunter Cor Caroli 5 (wo die Phyrox-Pest ausgelöscht wurde; die Sternenflotte hält diese Information geheim), Browder 4 (wo die *Hood* gerade ein Terraforming durchführt), Mizar 2, Bolarus 9 und Chalna. Der Pulsar, der der *Enterprise* am nähesten liegt, befindet sich in der Lonka-Gruppe.

Neue Lebensformen: Die Mizarianer, eine pazifistische Rasse. Die Bolianer, Mitglieder der Föderation, die einen unsicheren Waffenstillstand mit den Moropa pflegen. Die Chalnoth, eine anarchistische Rasse, die Picard vor 12 Jahren auf der *Stargazer* kennenlernte. Und die namenlosen außerirdischen Entführer, die keine Moral besitzen und auch keine Gefängnisse mögen!

Pokerspiel: Riker, Data, Deanna, Geordi und Worf spielen. Deanna gewinnt gerade, als sie von der Picard-Kopie gestört werden.

Das Picard-Manöver: Der falsche Picard weiß genug über sein zweites Ich, um es zwei Mal auszuführen.

Dritte Staffel

Herausragende Dialoge: »Runter von meinem Schiff!«

Notizen: »Jean-Luc, Sie stecken heute voller Überraschungen.« Amüsant, wenn auch unbedeutend, obwohl das Flirten des falschen Picards mit Beverly erstaunlich ist. Allerdings gibt es damit einige Probleme. Die Tatsache, daß die Außerirdischen Picards Gedanken gelesen haben, gibt ihnen ein detailliertes Wissen über die *Enterprise*, doch innerhalb von Minuten weiß Riker, daß etwas faul ist. Wie?

Zu den Beispielen von Picards Heldenmut, die Haro aufzählt, gehören Mintaka 3 (siehe »Who Watches the Watchers?« [»Der Gott der Mintakaner«]) und sein Eintreten für die Wogneer-Kreaturen im Ordek-Nebel.

Der falsche Picard gibt im Zehn-Vorne eine Runde Ale aus (vielleicht ist es das, was Riker alarmiert?!) und singt das uralte Trinkerlied »Heart of Oak«. Picards Kabine befindet sich auf Deck 9.

67: Picard macht Urlaub (»Captain's Holiday«)

Ausstrahlung USA: 2. April 1990
Deutsche Erstausstrahlung: 27. November 1992 (ZDF)
Drehbuch: Ira Stephen Behr
Regie: Chip Calmers
Darsteller: Jennifer Hetrick, Karen Landry, Michael Champion,
Max Grodénchik, Deidre Imershein

Bei einem Landeurlaub lernt Picard Vash kennen, eine hübsche Archäologin, zusammen mit einem verschlagenen Ferengi und zwei Zeitreisenden. Alle sind auf der Suche nach dem Tox Uthat, einer Superwaffe aus dem 27. Jahrhundert. Picard und Vash suchen gemeinsam nach dem Uthat und entwickeln eine Art Beziehung, aber beide geben sich als jemand anders aus. Als er schließlich entdeckt, daß Vash bereits im Besitz des Uthat ist, läßt Picard das Artefakt durch die *Enterprise* zerstören.

Sternzeit: 43745,2

Fremde neue Welten: Risa (ein Ferienparadies, siehe »The Mind's Eye« [»Verräterische Signale«], »The Game« [»Gefährliche Spielsucht«]), Gemaris 5 (wo Picard als Vermittler zwischen den Gemarianern und den Dachlyds fungierte. Icor 9.

Neue Lebensformen: Die Vorgonen, Zeitreisende aus dem 27. Jahrhundert. Die Sarthongianer von Sarthong 5 sind angeblich gnadenlos gegenüber unbefugten Betretern ihres Gebietes.

Einführung: Vash.

Rikers Eroberungen: Keine bestimmten, aber er scheint von den risianischen Mädchen angetan (siehe »The Game« [»Gefährliche Spielsucht«]).

Herausragende Dialoge: »Sie sagten, daß Ihre vier Tage in Zytchin 3 wunderbar waren.« »Ich habe gelogen.«
»Ich ziehe es vor, die Frauen zu kennen, die ich küsse.«
»Sie ist eine gierige und skrupellose Frau. Eine perfekte Partnerin für einen Ferengi.«

Notizen: »Das letzte was ich brauche, ist ein Partner.« Witzig und episch, eine Geschichte in der Art von Indiana Jones über verlorengegangene Schätze, Doppelgeschäfte und…äh, zeitreisende Außerirdische. Vash ist brillant und hätte viel öfter wiederkehren sollen, als sie es tat.

Zu Picards Lesefutter für die Ferien gehören u.a. *Ulysses* von Joyce und *Ethics, Sophistry and the Alternate Universe* von Ving Kuda. Rikers und Deannas Versuch, Picard zu einem Urlaub zu überreden, schließt die Drohung mit einem Besuch von Lwaxana ein. Schwebeball ist ein risianisches Spiel. Horga'hn ist ein risianisches Symbol der Sexualität; es öffentlich zu zeigen, heißt, nach »Jamaharon« zu suchen.

Tox Uthat, ein mythologisches archäologisches Artefakt, ist in Wahrheit ein Quanten-Phasenhemmer, eine Erfindung von Kal Dano, und ist in der Lage, jegliche nukleare Reaktion innerhalb eines Sterns zu unterbinden. Es wurde ins 22. Jahrhundert gebracht, damit es nicht in die Hände der Vorgonen fällt. Vash arbeitete fünf Jahre lang als Assistentin von Professor Samuel Estragon, der die Hälfte seines Lebens mit der Suche nach dem Uthat verbrachte. Sie sagt, daß sie das Uthat an das Daystrom-Institut verkaufen will.

Dritte Staffel

68: Der Telepath (»Tin Man«)
Ausstrahlung USA: 23. April 1990
Deutsche Erstausstrahlung: 2. August 1993 (ZDF)
Drehbuch: Dennis Putman Bailey, David Bischoff
Regie: Robert Scheerer
Darsteller: Michael Cavanaugh, Peter Vogt, Harry Groener

Im Hayashi-System entdeckt die Föderation eine neue Lebensform mit dem Codenamen »Tin Man«. Die *Enterprise* trifft mit einem betazoiden Spezialisten namens Tam Elbrun ein. Man stellt aber fest, daß auch die Romulaner an »Tin Man« Interesse zeigen. Data und Elbrun versuchen mit Tin Man Kontakt aufzunehmen, indem sie sich in ihn hineinbeamen. Elbrun ist erfolgreich und ermöglicht es dem Wesen, eine Schockwelle zu produzieren, die die *Enterprise* und das romulanische Schiff von ihm wegschleudern. Später erzählt Data Picard, daß Elbrun und Tin Man mental verschmolzen sind und planen, gemeinsam durch das Universum zu reisen.

Sternzeit: 43779,3

Fremde neue Welten: Beta Stromgren, ein Stern, der kurz vor dem Zerfall steht, in einem Gebiet, das von den Romulanern beansprucht wird. Chandra 5.

Neue Lebensformen: »Tin Man«, ein organisches Schiffs-Wesen, wahrscheinlich das letzte seiner Art; in seiner eigenen Sprache als Gomtuu bekannt.
  Die Chandrarianer sind hübsche Wesen, die ein dreitägiges Ritual haben, um »Hallo« zu sagen.

Herausragende Dialoge: »Sie wollen, daß man Sie haßt. Warum?«
»Weil ich kein netter Mensch bin!«
  »Diese Intelligenz, die nackt im All herumfliegt, wie ein Fisch im Wasser. Total fremd. Mysteriös...Uralt und alleine. Einsam.«
  »Vielleicht sind Sie nur anders. Das ist keine Sünde, auch wenn man Ihnen vielleicht etwas anderes erzählt hat.«

Notizen: »Tin Man hat Schmerzen und will sterben.« In dieser Episode sehen wir die Romulaner, ein organisches Schiff und einen gestreßten Empathen. In den abschließenden Szenen der Folge sehen wir, wie Data einen weiteren Schritt in Richtung Menschlichkeit vollzieht, der recht erstaunlich ist. Es gibt eine großartige Vorstellung von Harry Groener, der den verwirrten Betazoiden spielt.

Rikers ehemaliges Schiff, die *Hood* und Captain Robert De Soto werden auch in »Encounter at Farpoint« [»Der Mächtige« und »Mission Farpoint«] erwähnt. De Soto ist ein alter Freund von Picard.

Tam Elbrun ist ein Betazoide, der seine telepathischen Fähigkeiten während seiner Kindheit entwickelte, nicht erst als Jugendlicher, wie die meisten Betazoiden. Er arbeitet für die Sternenflotte hauptsächlich als Experte für Erstkontakte. Allerdings ist seine »Begabung« instabil und nach seiner Verwicklung in das Unglück von Ghorusda war er Patient der Universität von Betazed, wo Deanna studierte.

Siebenundvierzig Besatzungsmitglieder des Schiffes *Adelphi* wurden auf Ghorusda getötet, einschließlich zweier Studienfreunde Rikers. Der Föderationsbericht machte Captain Darson verantwortlich, obwohl andere Elbrun eine Teilschuld gaben, da er den Captain nicht genügend über die kulturellen Tabus der Ghorusda informierte.

Wenn Tam Elbrun wütend ist, nennt er Riker »Billy Boy« (gut für ihn!). Data hat bereits von Zeit zu Zeit zu schlafen versucht, obwohl er keine Rast benötigt (siehe »Birthright 1« [»Der Moment der Erkenntnis 1«]).

Die gezeigten romulanischen Schiffe sind Warbirds der D'deridex-Klasse.

69: Der schüchterne Reginald (»Hollow Pursuits«)

Ausstrahlung USA: 30. April 1990
Deutsche Erstausstrahlung: 3. August 1993 (ZDF)
Drehbuch: Sally Caves
Regie: Cliff Bole
Darsteller: Charley Lang

Reg Barclay ist ein phantasievoller, aber schüchterner Diagnostikingenieur, und er ist Hals über Kopf in Deanna verknallt. Aber aufgrund seiner Unfähigkeit, mit anderen Besatzungsmitgliedern zu kommunizieren, verbringt er einen Großteil seiner Freizeit im Holodeck, wo er Phantasien über sein »Heldentum« auslebt. Geordi ist über Barclay irritiert, doch aufgrund von Picards Anweisungen versucht er, sich mit ihm anzufreunden und erfährt dadurch von dessen Holodeckgeheimnissen. Als Barclay die Lösung für eine Serie von potentiell gefährlichen Beschleunigungsschüben bietet, steigt sein Selbstbewußtsein und er willigt ein, es mit der Realität nochmals zu versuchen. Er verabschiedet sich von all seinen Holodeckprogrammen (mit Ausnahme der Nummer 9).

Sternzeit: 43807,4

Fremde neue Welten: Nahmi 4, wo ein Ausbruch des Correllianischen Fiebers verzeichnet wird.

Neue Lebensformen: Die Mikulaks, die nur kurz erwähnt werden.

Einführung: Der schüchterne Ingenieur Reginald Barclay: der erste seiner fünf Auftritte in dieser Serie.

Technoblabla: Nukleosynthese ist »die Veränderung von Materie auf atomarer Ebene«. Nur aus fünf Substanzen können die speziellen Formen, wie man sie auf der *Enterprise* sieht, hergestellt werden: Invidium, Jakmanite, Lucrovexitrin, Selgninaem und Saltzgadum.

Das Picard-Manöver: Barclay führt es in dieser Folge aus (eine nervöse Reaktion?).

Deanna unterbeschäftigt?: Wir sehen sie nur als die »Göttin der Empathie« (von der wir alle noch mehr sehen wollen).

Datas Witze: »Warum spricht man über Barclay heimlich von einem geistig Behinderten?«

Herausragende Dialoge: »Gegen eine gesunde Phantasie ist nichts zu sagen, solange man es nicht übertreibt.«

Notizen: »Er paßt einfach nicht hierher.« Großartige Witze, die Episode ist entzückend komisch. Zumindest einmal sieht man ein nicht so perfektes Mitglied der Sternenflotte und Dwight Schultz' lustige und tölpelhafte Darstellung hat genau die richtige Menge an Pathos, die Barclay sympathisch und nicht albern erscheinen läßt. Es überrascht kaum, daß er zu einem der beliebtesten Gaststars geworden ist.

Regs Spitzname »Broccoli« wurde von Wesley erfunden. Picard »ist es nicht gewohnt, eine unzufriedene Beurteilung« über eines seiner Besatzungsmitglieder zu bekommen. Barclay hatte vorher auf der *Zhukov* gedient, wo Captain Gleason nur Gutes über ihn berichtete. Er trinkt warme Milch in Ten Forward. Es wird angedeutet, daß er einige Holodeckphantasien entwickelt hat, und die, die Geordi, Riker und Troi sahen, basierten hauptsächlich auf *Die drei Musketiere*. »Holodiktion« ist die Abhängigkeit vom Holodeck. In Anspielung auf »Booby Trap« [»Die Energiefalle«] erzählt Geordi, daß er »sich dort einmal verliebte«.

Es gibt eigentlich keine Bestimmungen, die das Nachahmen anderer Basatzungsmitglieder auf dem Holodeck verbieten, obwohl Riker meint, daß es eine geben sollte! Er stellt jedoch fest, das dies eine Lücke in den Bestimmungen ist. Deanna ist recht amüsiert, bis sie die »Göttin der Empathie« sieht!

Guinans Onkel Terkim paßte nicht zur Familie (das einzige Mitglied der Familie mit Sinn für Humor).

70: Der Sammler (»The Most Toys«)

Ausstrahlung USA: 7. Mai 1990
Deutsche Erstausstrahlung: 4. August 1993 (ZDF)
Drehbuch: Shari Goodhartz
Regie: Timothy Bond
Darsteller: Saul Rubinek, Nehemiah Persoff, Jane Daly

Während er wichtige Vorräte für eine Föderationskolonie transportiert, explodiert Datas Raumfähre, aber alle Vorfälle sind nur eine List, um Data in die Sammlung der größten Schätze der Galaxis aufzunehmen. Kivas Fajo, sein neuer »Besitzer«, ist empört, als Data sich weigert, den Anweisungen zu folgen, und bedroht das Leben seiner Assistentin Varria, um Data zur Kooperation zu zwingen. Data und Varria arbeiten zusammen an einem Fluchtplan, aber Varria wird von Fajo getötet. Data schießt auf Fajo, wird aber auf die *Enterprise* gebeamt, als die Besatzung die Wahrheit über Fajo und dessen »Hilfsbereitschaft« herausfindet.

Sternzeit: 42872,2

Fremde neue Welten: Dank Fajo hat die Föderationskolonie auf Beta Agni 2 einen verseuchten Wasservorrat (Fajo liefert auch das Gegenmittel Hytritium). Laut Fajo könnte es im Sigma Erandi-System auch etwas Hytritium geben.

Neue Lebensformen: Kivas Fajo ist ein Zibalianer.
Die Andorianer möchten für eine Ladung tellurianischer Gewürze bieten. Die Ferengi fügen den veltanischen Sexstatuen Perlen hinzu, um ihren Wert zu steigern (denken sie zumindest).

Technologie: Der Transporter kann nicht nur das Abfeuern einer Waffe feststellen (Data schießt gerade mit einem Disruptor, als er gebeamt wird), sondern sie auch unschädlich machen.

Herausragende Dialoge: Fajo über Data: »Ein glänzender Widerspruch – ein Pazifist beim Militär. Sagen sie, wessen schreckliche Idee war es, Sie überhaupt in die Sternenflotte aufzunehmen?«

Notizen: »Für einen Androiden ohne Gefühle schafft er es beachtlich gut, diese bei anderen hervorzurufen.« Eine durchschnittliche Comedy-Folge mit einem Fajo, der sich teilweise selbst übertrifft. Das Ende ist großartig, vor allem, da Data knapp davor steht, gefühlsmäßig zu handeln, als er auf Fajo schießt und Riker belügt.
Hytritium – ein Gegenmittel für verseuchtes Wasser – ist zu instabil, um gebeamt zu werden, deshalb transportiert Data es mit der Raumfähre auf die *Enterprise*. Data besteht (unter anderem?) aus 26,8 Kilogramm Tripolymermischungen, 11,8 Kilogramm einer Molybden-Kobalt-Legierung und 1,8 Kilogramm einer Bioplast-Beschichtung. Er hat noch nie jemanden getötet (und auch hier wird es um Haaresbreite verhindert). Als Geordi und Wesley Datas Zimmer inspizieren, finden sie seine eingerahmten Medaillen (die Wes als eine der wertvollsten der Sternenflotte bezeichnet), die »Statue« von Yar, das Buch von Shakespeare, das ihm Picard geschenkt hat (was alles auch in »The Measure of a Man [»Wem gehört Data«] zu sehen war) und einige Spielkarten und Pokerchips. Das Buch ist bei *Hamlet* aufgeschlagen. Worf wird auserwählt, um Datas Position am Steuerpult zu übernehmen; wie er

sagt, ist es das zweite Mal, daß er die Position eines toten Kollegen übernimmt (siehe »Skin of Evil« [»Die schwarze Seele«]).

Fajo ist ein Mitglied der Stacius-Handelsgilde und wurde auf Eratus 5 ausgebildet. Er besitzt ein Gerät, das Datas Positronenfluß beeinträchtigt. Zu Fajos Schätzen zählen die erste Basotile (eine abstrakte Skulptur), die Hunderte von Jahre alt ist, eine unbezahlbare Vase, hergestellt von dem verstorbenen Mark Off-Zel von Sirrie 4, die *Mona Lisa*, Dalis *Zerrinnende Zeit*, van Goghs *Sternennacht*, der Rejac-Kristall, die *Lawmim Galactopedia*, der Emoliamanda-Wandteppich, die einzig bekannte Roger Maris-Sammelkarte von der Erde aus dem Jahre 1962 (die immer noch nach Kaugummi riecht) und vier veltanische Sexstatuen. Er hat auch vier der fünf Prototypen des Varon-T-Disruptors, die von der Föderation verboten wurden.

Die USS *Grissom* befindet sich angeblich in der Nähe des Sigma Erandi-Systems. Fajo hat die Station Lya 4 besucht.

71: Botschafter Sarek (»Sarek«)
Ausstrahlung USA: 14. Mai 1990
Deutsche Erstausstrahlung: 5. August 1993 (ZDF)
Drehbuch: Peter S. Beagles nach einer Fernsehgeschichte
von Peter S. Beagles nach einer unveröffentlichten Geschichte
von Marc Cushman, Jake Jacobs
Regie: Les Landau
Darsteller: Mark Lenard, Joanna Miles, William Denis,
Rocco Sisto, John H. Francis

Die *Enterprise* wird zum Ort des ersten Treffens zwischen der Föderation, vertreten durch Botschafter Sarek, und den Legaranern. Sarek scheint erkrankt zu sein und die Beziehungen zwischen den Besatzungsmitgliedern verschlechtern sich drastisch. Wes und Geordi kämpfen gegeneinander, Dr. Crusher schlägt ihren Sohn und im Zehn-Vorne gibt es eine Massenschlägerei. Es scheint, als würde der Vulkanier am Bendii-Syndrom leiden und seine unterdrückten Gefühle auf andere übertragen. Sarek ist nicht in der Lage, die Verhandlungen fortzuführen, aber die Legaraner sind nicht bereit, mit einem anderen zu verhandeln. Picard schlägt die vulkanische Gedankenverschmelzung vor – er tauscht seine Selbstkontrolle gegen Sareks Gefühle – und der Botschafter ist in der Lage, seine Mission zu beenden.

Sternzeit: 43917,4

Fremde neue Welten: Die Enterprise befindet sich in der Umlaufbahn von Vulkan. Die Legaraner kommen von Legara 4.

Neue Lebensformen: Den Legaranern wird nachgesagt, daß sie in Dingen, die mit Protokollen in Verbindung stehen, sehr empfindlich sind (sie pflegen ihre Geschäfte in Räumen ohne Möbel und mit nackten Wänden zu tätigen). Obwohl es in der Episode nicht gezeigt wurde, benötigen die Legaraner ein spezielles Wasserbecken, das für sie gebaut werden muß.

Das Bendiis-Syndrom ist eine sehr seltene Erkrankung, die Vulkanier ab dem 200. Lebensjahr trifft. Sie bewirkt den Verlust der emotionalen Kontrolle.

Das Picard-Manöver: Als er sich entschließt, mit Sarek zu sprechen.

Notizen: Leichte Anklänge an die Alzheimer-Krankheit werden durch die hervorragende und verwundbare Vorstellung von Patrick Stewart nach der Gedankenverschmelzung wach.

Sareks Ehefrau, wie auch seine vorherige Frau (siehe »Journey to Babel« [»Reise nach Babel«] aus der Classic-Serie), stammt von der Erde. Riker erinnert sich daran, was er über Sarek in der Schule lernte. Zu dessen Leistungen gehören unter anderem das Abkommen von Alpha Cygnus 9, die Aufnahme von Coridon in die Föderation und die Verbindung mit den Klingonen. Sarek ist 202 Jahre alt und hat über 93 Jahre auf diese Konferenz hingearbeitet. Picard hat Sarek »auf der Hochzeit seines Sohnes« kurz kennengelernt (fast eindeutig ein Hinweis auf Spock: siehe »Unification [»Wiedervereinigung«]). Die USS *Merrimac* wird Sarek zurück nach Vulkan bringen.

Wesley hat eine Verabredung mit Fähnrich Suzanne Dumont. Data wurde darauf programmiert, die musikalischen Stile von über 300 Konzertgeigern wiederzugeben, dazu gehören Heifetz, Menuhin, Grak-tay und Tataglia.

72: Die Damen Troi (»Ménage à Troi«)
Ausstrahlung USA: 28. Mai 1990
Deutsche Erstausstrahlung: 9. August 1993 (ZDF)

Drehbuch: Fred Bronson, Susan Sackett
Regie: Robert Legato
Darsteller: Frank Corsentino, Ethan Phillips, Peter Slutsker, Rudolph Willrich, Carel Struycken

William Rikers und Deanna Trois Urlaub auf Betazed wird verdorben, als sie und Lwaxana von dem verliebten Ferengi Tog entführt werden. Wesley wird befördert, als er Rikers Notruf vom Ferengischiff erfolgreich entschlüsselt. Die *Enterprise* spürt Tog auf, Picard spielt dabei die Rolle eines eifersüchtigen Liebhabers. Der zu Tode erschreckte Tog läßt seine Geiseln frei.

Sternzeit: 43930,7

Fremde neue Welten: Betazed wird zum ersten Mal gezeigt. Zampras 3 wird erwähnt.

Technoblabla: Jeder Warpantrieb verursacht eine Cochrane-Verzerrung, »eine Veränderung der Phase des Subraumfeldes«. (Siehe »Metamorphosis« [»Metamorphose«] aus der Classic-Serie.)

Herausragende Dialoge: »Dem Geruch nach würde ich sagen, daß wir an Bord eines Ferengischiffes sind.«
»Was für große Ohren Sie haben!«

Notizen: »Um eines klarzustellen, kleiner Mann. Ich bin nicht verkäuflich!« Eine weitere humorvolle Episode, aber sie hat nicht den merkwürdigen Witz von »Déjà Q«. Die Anfangsszenen erinnern an »Journey to Babel« [»Reise nach Babel«] aus der Classic-Serie. Es ist schön, Will und Deanna einmal in ziviler Kleidung und nicht auf der *Enterprise* zu sehen. Patrick Stewarts Art, in der letzten Szene die Augen zu verdrehen und übertrieben zu schauspielern, ist exzellent.
Erstmals nehmen die Ferengi an der halbjährlich stattfindenden Konferenz über Handelsabkommen auf Betazed teil. Deanna beschreibt den heiligen Kelch von Rixx (siehe »Haven« [»Die Frau seiner Träume«]) als einen alten Tontopf, in dem Schimmel wächst. Lwaxanas erster Ehemann war kein großer Redner, aber er war gut im Bett. 91 Prozent aller Absolventen der Sternenflottenakademie werden nicht auf Sternenkreuzer der Galaxy-Klasse eingesetzt.

Der 3-D-Schachzug, den Riker benutzt, um seinen Ferengi-Gegner zu schlagen, ist das »Dame-Gambit«, das mit dem aldebaranischen Austausch abgeschlossen wird.

73: Wer ist John? (»Transfigurations«)
Ausstrahlung USA: 4. Juni 1990
Deutsche Erstausstrahlung: 10. August 1993 (ZDF)
Drehbuch: René Echevarria
Regie: Tom Benko
Darsteller: Mark LaMura, Charles Dennis, Julie Warner,
Patti Tippo

Auf dem Weg zur Zeta Galis-Sternengruppe entdeckt die *Enterprise* einen verletzten, gedächtnislosen Außerirdischen. Er wird auf den Namen »John Doe« getauft, und die Crew ist von seinen erstaunlichen Heilkräften überrascht. Das Eintreffen eines zalkonianischen Schiffes liefert einige Informationen über seine Herkunft: »John« ist ein mutierter Evolutionsschritt, der auf seinem Heimatplaneten von der Regierung gejagt wird, da sie sich vor seiner Macht fürchtet. Mit Hilfe von Picard vollendet »John« seine Metamorphose in eine wunderschöne neue Lebensform.

Sternzeit: 43957,2

Neue Lebensformen: Die Zalkonianer, eine fast faschistische Rasse. Sie fürchten sich vor Wesen, die anders sind; die Verwandlung von »John« und anderen in eine mutierte, überlegene Daseinsform ist ein Kapitalverbrechen auf Zalkon.

Das Picard-Manöver: Picard und Geordi sind diesmal beide dabei.

Herausragende Dialoge: »Es ist unsere Mission, Leben in jeder Form aufzufinden. Wir haben das Privileg, bei der Entstehung einer neuen Spezies anwesend zu sein.«

Notizen: »Ich scheine ein Geheimnis zu sein, Doktor, für Sie und für mich.« Ein etwas vorhersehbarer Handlungsverlauf, aber nicht ohne Charme. Geordis fehlende Begabung in Sachen Romantik ist keine Überraschung, zumal er endlich seine erste Verabredung mit Christy Henshaw hat (siehe »Booby Trap« [»Die Energiefalle«]). Daß er sich ausgerechnet Worf als »Berater« in dieser Angelegenheit wählt, ist überraschend (wenn nicht sogar besorgniserregend).

O'Brien hat sich die Schulter beim Kayak-Fahren auf dem Holodeck ausgerenkt.

74: In den Händen der Borg (»The Best of Both Worlds I«)

Ausstrahlung USA: 18. Juni 1990
Deutsche Erstausstrahlung: 11. August 1993 (ZDF)
Drehbuch: Michael Piller
Regie: Cliff Bole
Darsteller: Elizabeth Dennehy, George Murdock

Die Vernichtung einer Föderationskolonie trägt die Handschrift eines Borg-Angriffs. Lt. Commander Shelby, die Spezialistin für Borgtaktik der Sternenflotte, ist auf die *Enterprise* versetzt worden, und sie läßt jeden schnell wissen, daß sie hinter Rikers Position her ist. Die Borg scheinen jetzt ein spezielles Ziel zu haben: Picard. Während eines Angriffs auf die Enterprise wird er von den Maschinenwesen entführt. Der Versuch, ihn zurückzuholen, schlägt fehl, er wird von den Borg assimiliert und dadurch zu Locutus. Als er der Besatzung der *Enterprise* androht, daß sie auch assimiliert würde, befiehlt Riker, mit allen Waffen zu feuern.

Sternzeit: 43989,1 (vermutlich ein Dienstag, da es der Pokerabend ist; siehe »Cause and Effect« [»Déjà Vu«]).

Fremde neue Welten: Jouret 4, eine der entferntesten Kolonien der Föderation. Die Hauptstadt ist New Providence.

Pokerspiel: Riker, Troi, Wesley, Data, Geordi und Shelby spielen. Wesley ist »neu im Spiel«. Shelby durchschaut Rikers Bluff und gewinnt.

Das Picard-Manöver: In dieser Folge wird ziemlich oft an der Uniform gezupft.

Datas Witze: Bezüglich »wer zuerst kommt, malt zuerst«: »Es gibt keinen Hinweis auf Luftfahrt oder kriechende wurmartige Lebewesen auf Jouret 4.«

Herausragende Dialoge: »Vielleicht habe ich nur Angst vor dem großen Stuhl.«
Shelby über Riker: »Sie können nur auf Nummer Sicher gehen. Ich nehme an, daß das der Grund dafür ist, warum jemand wie Sie so lange im Schatten eines großartigen Mannes gestanden hat.«

Notizen: »Ich bin Locutus von Borg. Widerstand ist zwecklos.« Von der Vorspannszene über die Machtkämpfe zwischen Riker und Shelby, die magischen Szenen mit Picard und Guinan bis hin zu dem außergewöhnlichen Höhepunkt kann es nicht besser sein. Eine fast makellose Folge.
Riker steht im Begriff, seine dritte Beförderung abzulehnen (die USS *Melbourne*). Die USS *Lalo* wurde gerade in der Nähe von Zeta Alpha 2 von den Borg zerstört. Zeta Alpha 2 liegt in der Nähe des Paulson-Nebels, einer Wolke, die zu 82 Prozent aus Dilithium Hydroxyl besteht.
Als die Borg Guinans Volk vernichteten, wurde es über die ganze Galaxis zerstreut, konnte aber überleben.
Die Föderation hat ihre Schlachtflotte nach Wolf 359 geschickt.

Vierte Staffel

26 Folgen à 45 Minuten

Nach den Ideen von Gene Roddenberry

Executive Producers: Rick Berman (75-85, 87-100),
Michael Piller (75-85, 87-100), Gene Roddenberry (75-85, 87-100)
Co-Executive Producers: Rick Berman (86), Michael Piller (86), Gene Roddenberry (86)
Producers: David Livingston, Lee Sheldon (75-82)
Co-Producer: Peter Lauritson
Supervising Producer: Jeri Taylor (76-100)
Associate Producer: Wendy Neuss

Der neue Trek-Episodenführer

Line Producer: Merri Howard (98)
Executive Story Editors: Joe Menosky, Ronald D. Moore
Story Editors: David Bennett Carren (83-100),
J. Larry Carroll (85-100)

Hauptdarsteller: Patrick Stewart (Captain Jean-Luc Picard), Jonathan Frakes (Commander William Riker), LeVar Burton (Lt. Commander Geordi LaForge), Michael Dorn (Lt. Worf), Gates McFadden (Dr. Beverly Crusher), Marina Sirtis (Counselor Deanna Troi), Brent Spiner (Lt. Commander Data), Wil Wheaton (Wesley Crusher), Colm Meaney (Lt. O'Brien, 75-77, 79-80, 85-86, 88, 91, 98-99), Rosalind Chao (Keiko Ishikawa/O'Brien, 85-86, 91, 99), Whoopi Goldberg (Guinan, 75-76, 84, 88, 90-91, 99-100), Jon Steuer (Alexander, 81), Patti Yasutake (Schwester Ogawa, 82[3], 88, 92, 97), Dwight Schultz (Lt. Reg Barclay, 93), John de Lancie (Q, 94), Majel Barrett (Lwaxana Troi, 96)

75: Angriffsziel Erde
(»The Best of Both Worlds II«)

Ausstrahlung USA: 24. September 1990
Deutsche Erstausstrahlung: 12. August 1993 (ZDF)
Drehbuch: Michael Piller
Regie: Cliff Bole
Darsteller: Elizabeth Dennehy, George Murdock, Todd Merrills

Die Waffen der *Enterprise* erweisen sich als wirkungslos gegen die Borg. Die Borg lassen die *Enterprise* hinter sich zurück, fliegen in Richtung Erde und vernichten unterwegs die Schlachtflotte der Föderation bei Wolf 359. Ein weiterer Versuch wird unternommen, um Picard zu retten, diesmal mit Erfolg. Data versucht über Locutus in das kollektive Bewußtsein der Borg einzudringen. Allmählich gelingt es Picards menschlicher Hälfte, den Kampf um seine Psyche für sich zu entscheiden, und er gibt Data den entscheidenden Hinweis, der es dem Androiden ermöglichen, die Borg auszuschalten.

---

[3] In dieser Episode nicht erwähnt. In der Folge »Clues« [»Beweise«] erfahren wir ihren Vornamen, Alyssa. In »Identity Crisis« [»Der unbekannte Schatten«] wird ihr Nachname genannt.

Vierte Staffel

Sternzeit: 44001,4

Technoblabla: »Ihre submikronische Matrixaktivität erhöht sich um ein Vielfaches.«

Das Picard-Manöver: Riker tut es, als er das Kommando des Schiffes übernimmt, und auch einige Male danach.

Herausragende Dialoge:
Guinan zu Captain Riker: »Unten im Zehn-Vorne habe ich viele Leute reden hören. Sie erwarten den Tod in den nächsten Tagen. Sie vertrauen Ihnen. Sie mögen Sie. Sie glauben aber nicht, daß ihnen irgend jemand helfen kann.«
Deanna: »Wie fühlen Sie sich?« Picard: »Fast menschlich.«

Notizen: »Vorbereitungen sind nicht notwendig. Ihre Leute werden genauso leicht assimiliert wie Picard.« Beschwerden sind unfair, da diese Folge ein passender Höhepunkt der Saga ist. Worfs und Datas mutige Entführung von Locutus/Picard ist eine der besten Actionszenen der Serie. Lediglich in den letzten Minuten verliert die Folge an Tempo.

Locutus bezeichnet die Assimilation der Menschheit durch die Borg als »die neue Ordnung«. Das kollektive Bewußtsein der Borg ist in Unterkommandos unterteilt, was notwendig ist, um alle Funktionen durchführen zu können: Verteidigung, Kommunikation, Navigation. Sie werden alle von einem zentralen Kommando gesteuert. Die Schlacht bei Wolf 359 ist ein riesiges Desaster für die Föderation; (siehe *Deep Space Nine*: »Emissary« [»Der Abgesandte«]): Die zerstörten Schiffe sind u.a. die USS *Melbourne* und die *Tolstoy*.

Picard war der einzige Föderationskadett, der den Akademiemarathon auf Danula 2 gewann (er überholte vier Männer des nächsthöheren Jahrganges bei der letzten Steigung des Rennens über vierzig Kilometer). Guinan erklärt, daß ihre Beziehung zu Picard »mehr als Freundschaft, mehr als Verwandschaft« ist.

Lt. Barclay wird erwähnt. Beverly schlägt vor, Naniten einzusetzen, um die Borg zu besiegen (siehe »Evolution« [»Die Macht der Naniten«]).

76: Familienbegegnung (»Family«)

Ausstrahlung USA: 1. Oktober 1990
Deutsche Erstausstrahlung: 16. August 1993 (ZDF)
Drehbuch: Ronald D. Moore teilweise nach einer Vorlage
von Susanne Lambdin, Bryan Stewart
Regie: Les Landau
Darsteller: Jeremy Kemp, Samantha Eggar, Theodore Bikel,
Georgina Brown, Dennis Creaghan, David Tristin Birkin,
Doug Wert

Die *Enterprise* kehrt zur Erde zurück, um der Crew die Möglichkeit zu geben, sich von dem Schrecken des Borg-Angriffs zu erholen. Das ermöglicht es Picard, zum ersten Mal seit zwanzig Jahren sein Zuhause in Frankreich aufzusuchen, und führt zu einem unangenehmen Wiedersehen mit seinem Bruder Robert. Worfs Stiefeltern besuchen ihn und helfen ihm, mit der unehrenhaften Verbannung zurechtzukommen. Beverly gibt Wesley ein aufgezeichnetes Hologramm, das Jack Crusher vor seinem Tode für ihn erstellte. Picard widersteht der Versuchung, die Sternenflotte wegen eines aufregenden neuen Meeresprojekts zu verlassen, und schließt Frieden mit seinem Bruder. Sein Neffe René träumt davon, in die Fußstapfen seines Onkels zu treten und die Sterne zu erforschen.

Sternzeit: 44012,3

Fremde neue Welten: Die McKinley-Raumstation in der Umlaufbahn der Erde. Labarre in Frankreich.

Technoblabla: Theta-Matrixkompositoren werden erwähnt.

Herausragende Dialoge: »Was soll denn das heißen?« »Du bist ein verdammter, arroganter...« »Laß uns später darüber sprechen.«
»Warum bist Du zurückgekehrt, Jean-Luc? Weil ich mich wieder um Dich kümmern soll?«
Und der magische Schlußsatz: »Laß ihn träumen.«

Notizen: »Du suchst immer nach der Zukunft, Dein Bruder nach der Vergangenheit.« »Es sollte Platz genug für beides sein.« Herrlich, trotz des Fehlens eines französischen Akzents! Ein bezauberndes Stück reiner Seifenoper, das das menschliche Gesicht des *Star Trek*-Universums zeigt.

Es gibt viele Verweise auf die Geschehnisse in »The Best of Both Worlds« [»Angriffsziel Erde«] und »Sins of the Father« [»Die Sünden des Vaters«]. Man hat hier den Eindruck, als wäre Jack R. Crusher gestorben, als Wesley ein Säugling war, er starb jedoch, als Wesley fünf Jahre alt war, wie es auch in »Encounter at Farpoint« [»Der Mächtige« und »Mission Farpoint«] geschildert wurde.

Picard war als Schüler ein Wunderkind und ein ausgezeichneter Athlet. Sein Jugendfreund Louis ist Abteilungsleiter des Atlantisprojekts (sie versuchen, einen neuen Unterwasserkontinent zu bauen). Robert schenkt Jean-Luc eine Flasche Wein (einen 47er) und rät ihm, sie nicht alleine zu trinken (er folgt seinem Rat, siehe »First Contact« [»Erster Kontakt«]). Er sagt, die harmonischen Resonatoren wurden verwendet, um den tektonischen Druck auf Drema 4 zu mindern (siehe »Pen Pals« [»Brieffreunde«]).

O'Briens Vornamen sind Miles Edward. Als sein Vater das letzte Mal an Bord war, verfolgte er gerade Schwester Stanton um ein Bett in der Krankenstation. Sergey Rozhenko, Worfs menschlicher Stiefvater, war leitender Maat auf der USS *Intrepid* und ein Warpfeldspezialist. Worf würde niemals menschliches Essen anrühren. Seine Mutter Helena hat gelernt, wie man Rokeg-Blutkuchen zubereitet (Rikers Lieblingsessen; siehe »A Matter of Honor« [»Der Austauschoffizier«]). Guinan erzählt Helena von Worfs Vorliebe für Pflaumensaft (siehe »Yesterday's Enterprise« [»Die alte Enterprise«]).

Will und Deanna überlegen, ob sie beim Landurlaub noch einmal Angel Falls in Venezuela aufsuchen sollen. Jack Crusher bat um Beverlys Hand, indem er ihr das Buch »Wie man seine Karriere durch Eheschließung voranbringt« schenkte.

77: Die ungleichen Brüder (»Brothers«)
Ausstrahlung USA: 8. Oktober 1990
Deutsche Erstausstrahlung: 17. August 1993 (ZDF)
Drehbuch: Rick Berman
Regie: Rob Bowman
Darsteller: Cory Danziger, Adam Ryen, James Lashly

Ein Notfall, der zwei Brüder betrifft, zwingt die *Enterprise*, zu einer medizinischen Einrichtung zu fliegen. Data übernimmt jedoch die Kontrolle über das Schiff, schließt sich auf der Brücke ein und ändert den Kurs. Es stellt sich heraus, daß er Signale von seinem Erschaffer Noonian Soong empfangen hat. Der Wissenschaftler liegt im Sterben und möchte sein Lebenswerk, einen »Emotions-Chip«, an Data übergeben. Dieses Signal wurde aber auch von seinem Bruder Lore empfangen, der ankommt und wütend über den Verrat seines »Vaters« ist. Lore überlistet Soong, indem er vorgibt, Data zu sein, nimmt den Chip, tötet Soong und hinterläßt Data, der seine Suche nach Menschlichkeit fortsetzt.

Sternzeit: 44085,7

Fremde neue Welten: Orgus 2 (der Landurlaub auf diesem Planeten wird durch den Notfall unterbrochen).

Technoblabla: Geordi führt Dilithium-Vektorkalibrierungen durch.

Herausragende Dialoge: Riker über die Auswirkungen von Datas Kontrolle über das Schiff: »Die einzige Möglichkeit, wie wir feststellen konnten, daß wir nicht mehr mit Warpgeschwindigkeit fliegen, war, aus dem Fenster zu schauen!«
»Du hast Data doch nicht etwa mit minderwertigen Teilen bestückt, alter Mann?!«

Notizen: »Es ist dein Glückstag, Data. Du hast deinen lange vermißten Vater gefunden. Und er lebt!« Eine erstaunliche Dreifachvorstellung von Brent Spiner, wobei sein Noonian Soong unter einer erdrückenden Latexschicht fast nicht zu erkennen ist.
Die Frucht der Covepalme auf Ogus 2 enthält einen tödlichen Parasiten. Das Labor auf Sternenbasis 416 kann das Gift isolieren. Data kann Picards Sprachmuster imitieren. Data und Lore sind praktisch identisch, »abgesehen von ein paar Kleinigkeiten bei der Programmierung«.
Das Kristallwesen aus »DataLore« [»Das Duplikat«] wird erwähnt (hier und in »Silicon Avatar« [»Das Recht auf Leben«] wird es als kristallines Wesen bezeichnet). Soong hat sich mit einem Leben ohne vorgeplanten Fluchtweg nie wohlgefühlt (»Ich gebe

zu, ich hätte nicht gedacht, daß ich vor einer riesigen Schneeflocke davonlaufen würde!«). Data pfeift »Pop Goes the Weasel« und erinnert somit an »Encounter at Farpoint« [»Der Mächtige« und »Mission Farpoint«].

Lore schwebte zwei Jahre lang im All, bis zu dem glücklichen Aufeinandertreffen mit dem Handelsschiff der Pakleds (siehe »Samaritan Snare« [»Das Herz eines Captains«]). Er singt »Abdul Abulbul Amir«.

78: Endars Sohn (»Suddenly Human«)

Ausstrahlung USA: 15. Oktober 1990
Deutsche Erstausstrahlung: 18. August 1993 (ZDF)
Drehbuch: John Whelpley, Jeri Taylor, nach einer Geschichte von Ralph Phillips
Regie: Gabrielle Beaumont
Darsteller: Sherman Howard, Chad Allen, Barbara Townsend

An Bord eines talarianischen Schiffes findet die Crew der *Enterprise* einen menschlichen Teenager. Der Junge, Jono, möchte zu seinem Vater Endar, dem talarianischen Führer, zurückkehren. Untersuchungen ergeben, daß er das Kind eines Paares der Föderation ist und nach der Ermordung seiner Eltern entführt wurde. Picard entwickelt eine enge Beziehung zu dem Jungen und überzeugt Endar, daß die Entscheidung über seine Zukunft von Jono getroffen werden sollte. Der Druck auf Jono ist jedoch so groß, daß er beinahe Picard tötet. Der gibt den Jungen an seinen Adoptiv-Vater zurück.

Sternzeit: 44143,7

Fremde neue Welten: Die *Enterprise* durchfliegt Sektor 21947. Castal 1 ist der Planet, wo Endor seinen Sohn verloren hat. Der Woden-Sektor wird auch erwähnt.

Neue Lebensformen: Die Talarianer, eine streng patriarchalische Gesellschaft. Während der Galenischen Grenzkrise war es eine gängige Taktik der Talarianer, ihre Beobachtungsschiffe zu verlassen und sie zu programmieren, sich selbst zu zerstören. Dies führte zu 219 Opfern in drei Tagen.

B'Nar ist ein talarianisches Notsignal (ähnlich einem hochtonigen Schrei). T'stayan ist ein sechsbeiniges talarianisches Ungeheuer. In der talarianischen Gesellschaft kommt man mit vierzehn Jahren in das männliche »Alter der Entscheidung«. Alba Ra ist eine zeitgenössische talarianische Musikform (klingt dem Avantgarde-Rock sehr ähnlich).

Datas Witze: Data versteht Slapstick nicht, glaubt aber Riker, daß Slapstick lustig ist.

Herausragende Dialoge: »Ich unterwerfe mich nicht, ich erkenne nur an, wie weit ich gehen kann.«

Notizen: »Wenn er seine Menschlichkeit finden soll, dann sind Sie der einzige, der ihm helfen kann.« *Star Trek* beschäftigt sich mit Kindesmißhandlung. Tugendhaft und deshalb sehr langweilig, obwohl die Szene, in der Deanna Picard über seine (scheinbar schmerzhafte) Kindheit befragt, unbezahlbar ist.
Picard und Jono spielen Racketball (ähnlich wie Squash). Jono ist tatsächlich der Enkel eines Sternenflottenadmirals, geboren auf Galen 4. Seine Eltern wurden getötet, als die Kolonie von Talarianern überrannt wurde. Riker kannte ein anderes Mitglied seiner Familie (scheinbar Jonos Onkel), der auf dem Kratner-Außenposten getötet wurde.
Das Stockholm-Syndrom (eine Theorie über die Beziehung zwischen Entführern und Geiseln aus dem 20. Jahrhundert) wird erwähnt. Wesley glaubt, daß der Banana Split »womöglich die großartigste Sache im ganzen Universum« ist.
Die Kriegsschiffe der Talarianer sind auf die Bewaffnung mit Neutrinoteilchen, Röntgenlasern mit hoher Energie und Merkulitraketen begrenzt, die der *Enterprise* allesamt nichts anhaben können.

79: Das Experiment (»Remember Me«)
Ausstrahlung USA: 22. Oktober 1990
Deutsche Erstausstrahlung: 19. August 1993 (ZDF)
Drehbuch: Lee Sheldon
Regie: Cliff Bole
Darsteller: Eric Menyuk, Bill Erwin

Nachdem Beverly einen Freund auf der *Enterprise* willkommen geheißen hat, besucht sie Wesley, der gerade Warpfeld-Experimente im Maschinenraum durchführt. Als er den Vorgang erklärt, bemerkt Wesley, daß seine Mutter bereits gegangen ist. Später ist Beverly besorgt, als Menschen auf der *Enterprise* vermißt werden, eine Entwicklung, die mit ihrem Freund Dr. Quaice beginnt. Die Besatzung wird stetig kleiner, bis nur noch Beverly übrig ist. Nachdem sie den Computer konsultiert, stellt sie fest, daß sie sich in einem schrumpfenden Mikrouniversum befindet. Währenddessen schlagen die Versuche von Geordi und Wesley, den Unfall zu wiederholen, fehl. Die Ankunft des Reisenden hilft Wesley, einen Durchgang zu schaffen, und Beverly gelingt es noch rechtzeitig, in die Realität zurückzukehren, bevor die Blase zusammenbricht, in der sich ihr Universum befindet.

Sternzeit: 44161,2

Fremde neue Welten: Sternenbasis 133, Keda 2 (der Heimatplanet von Dalen Quaice), Durenia 4.
Der Heimatplanet des Reisenden, Tau Alpha C, wird erwähnt (siehe »Where No One Has Gone Before« [»Der Reisende«]).

Das Picard-Manöver: Picard macht es zweimal, Wesley und Beverly jeweils einmal.

Herausragende Dialoge: Beverlys Beschreibung des verschwundenen Worf an ihre erstaunten Kollegen: »Der große Kerl, der nie lächelt?«
Und der beste Satz in der Geschichte des Fernsehens: »Computer, wie ist die Beschaffenheit des Universums?« »Das Universum ist ein sphäroidischer Raum mit einem Durchmesser von 705 Metern.«

Notizen: »Wissen Sie, was das Schlimmste daran ist, alt zu werden? So viele Menschen, die Sie kannten, sind nicht mehr da, und es wird Ihnen bewußt, daß Sie sich nicht die Zeit genommen haben, sie zu schätzen, als Sie dazu noch die Möglichkeit hatten.« Eine sehr intelligente Episode, mit einer großartigen Rolle für Gates McFadden und einer geschickten Manipulation der Erwartungen des Zuschauers. Es ist auch schön, den Reisenden wiederzusehen.
Dalen Quaice war Beverlys Mentor; vor 15 Jahren war sie mit

ihm auf Delos 4 gefangen (das muß in der Zeit zwischen Wesleys Geburt und Jacks Tod gewesen sein). Quaices Ehefrau ist vor kurzem gestorben. Beverly hat sich bei Sternzeit 41154 für den Dienst auf der *Enterprise* gemeldet (siehe »Encounter at Farpoint« [»Der Mächtige« und »Mission Farpoint«]).

Die Schwankungen in Kosinskis Warpfeld werden als Grund für die Entstehung der statischen Warpblase genannt (siehe »Where no One Has Gone Before« [»Der Reisende«]). Die USS *Wellington* ist das einzige andere Sternenflottenschiff in der Umgebung.

Es sind 1014 Menschen an Bord der Enterprise (einschließlich Quaice).

Zu den anderen Mitgliedern von Beverlys medizinischem Stab gehören auch die Doktoren Hill und Selar. Die Verbindung zwischen einem angedockten Raumschiff und der Sternenbasis nennt man die Nabelschnur.

Beverly will Picard gerade etwas sehr Wichtiges über ihre Beziehung erzählen, als sie unterbrochen wird. Sie zitiert auch aus *Das zauberhafte Land*.

80: Die Rettungsoperation (»Legacy«)
Ausstrahlung USA: 29. Oktober 1990
Deutsche Erstausstrahlung: 23. August 1993 (ZDF)
Drehbuch: Joe Menosky
Regie: Robert Scheerer
Darsteller: Beth Toussaint, Don Mirault, Vladimir Valesco, Christopher Michael

Zwei Ingenieure der Föderation werden auf Turkana 4, dem Heimatplaneten von Tasha Yar, von einer der beiden Gruppen des Planeten gefangengehalten. Die Koalition, eine rivalisierende Gruppe, bietet der *Enterprise* ihre Hilfe an und offenbart, daß ihr Tashas Schwester Ishara angehört. Ishara arbeitet zusammen mit Data an einem Befreiungsplan, aber sie ist nur daran interessiert, in die Zentrale der Allianz zu gelangen, um deren Abwehrsystem zu zerstören. Data wird eine Lektion in Verrat erteilt, als Riker Isharas Pläne vereitelt.

Sternzeit: 44215,2

Vierte Staffel

Fremde neue Welten: Turkana 4, eine Erdkolonie, die durch einen dreißig Jahre andauernden Bürgerkrieg geteilt ist. Turkana 4 hat die Verbindungen zur Föderation vor 15 Jahren abgebrochen. Die beiden Fraktionen nennen sich die Allianz und die Koalition.

Camus 2, Standort einer archäologischen Ausgrabung, wird erwähnt.

Pokerspiel: Riker, Worf, Deanna und Data spielen. Data hat »das beste Pokerface«, das Riker je gesehen hat. Data gewinnt das Spiel und stellt fest, daß Riker ihn zu schikanieren versucht.

Herausragende Dialoge: »Der Feind meines Feindes ist mein Freund.«

Notizen: »Es tut mir leid, daß Sie niemals die Frau, zu der Tasha wurde, kennengelernt haben. Sie wären stolz auf sie gewesen.« Die Folge ist vorhersehbar und frauenfeindlich.

Ishara ist Tasha Yars jüngere Schwester. Ihre Eltern wurden kurz nach Isharas Geburt getötet. Tasha haßte die Gruppen, denen sie die Schuld für den Tod ihrer Eltern gab, aber Ishara schloß sich der Koalition an. (Falls das Datum stimmt, das Tasha für ihre »Aussetzung« in »The Naked Now« [»Gedankengift«] angibt, ist Ishara ca. fünf Jahre jünger als sie. Da Tasha Turkana mit fünfzehn verließ, war Ishara zu diesem Zeitpunkt zehn.) Die vergewaltigenden Banden, die Tasha in »The Naked Now« [»Gedankengift«] anspricht, werden erwähnt. Riker fühlt sich schuldig für Tashas Tod unter seinem Kommando. Data erzählt, daß Tasha Riker, Worf und ihm selbst »besonders nahe« stand.

Als Riker Tasha zum erstenmal sah, war sie gerade auf dem Weg durch ein carnellianisches Minenfeld, um einem Kolonisten zu helfen. Genau wie Picards Schiff (vermutlich nicht die *Stargazer*), anwortete ihres auf einen Notruf. Als Picard das Kommando auf der *Enterprise* übernahm, beantragte er ihren Wechsel bei ihrem Captain, der ihm noch einen Gefallen schuldig war (diese Tatsachen stimmen nicht mit »All Good Things...« [»Gestern, Heute, Morgen«] überein, wo Tasha bei Picards Ankunft bereits auf der Enterprise ist).

Zwei Föderationsschiffe werden genannt: die *Arcos* und die *Potemkin* (eines der früheren Schiffe von Riker, siehe »Peak Performance« [»Galavorstellung«]), die Turkana 4 vor sechs Jahren als letztes Föderationsschiff besuchten. Sie wurden gewarnt, daß jeder, der auf den Planeten beamt, getötet würde.

Worf hat »Ortungsdetektoren« bereits auf Manu 3 im Einsatz gesehen.

81: Tödliche Nachfolge (»Reunion«)
Ausstrahlung USA: 5. November 1990
Deutsche Erstausstrahlung: 24. August 1993 (ZDF)
Drehbuch: Thomas Perry, Jo Perry, Ronald D. Moore,
Brannon Braga, nach einer Geschichte von Drew Deighan,
Thomas Perry, Jo Perry
Regie: Jonathan Frakes
Darsteller: Suzie Plakson, Robert O'Reilly, Patrick Massett,
Charles Cooper, Michael Rider, April Grace, Basil Wallace,
Mirron E. Willis

Während der Untersuchung von Strahlungsanomalien im Gamma Arigulon-System wird die *Enterprise* von K'Ehleyr besucht, die Picard berichtet, daß K'mpec, der klingonische Führer, im Sterben liegt. Sie bringt auch Alexander mit, ihren Sohn, dessen Vater Worf ist. K'mpec bittet Picard, die Rolle des Schiedsmannes bei der Nachfolge zu übernehmen, da er keinem Klingonen vertrauen könnte. Die beiden Rivalen um die Herrschaft sind Duras, der Sohn des Mannes, der die Klingonen an die Romulaner verraten hat, und Gowron. Aufgrund ihrer Versuche, die Wahrheit über Khitomer herauszufinden, wird K'Ehleyr von Duras getötet. Worf rächt sich an Duras und Gowron und wird zum neuen klingonischen Führer ernannt.

Sternzeit: 44246,3

Neue Lebensformen: Die Tholianer und die Ferengi werden erwähnt. Klingonen und Romulaner sind laut Geordi seit 75 Jahren »Blutfeinde« (obwohl zur Zeit des Khitomermassakers – vor ca. 25 Jahren – eine versuchsweise Allianz existierte).

Deanna unterbeschäftigt?: Sie fehlt in dieser Folge mal wieder gänzlich.

Herausragende Dialoge: »Lieutenant! Sie sind ein Mitglied dieser

Crew, und Sie werden sich nicht jedesmal verstecken, wenn sich ein klingonisches Schiff enttarnt.«
»Nicht mal ein Biß in die Wangen um der alten Zeiten willen?«

Notizen: »Was soll ich Alexander erzählen? Daß er keinen Vater hat?« Indem sie die in »Sins of the Father« [»Die Sünden des Vaters«] aufgeworfenen Probleme weiterverfolgt, ist dies eine sehr wichtige Folge, die die Saga der Klingonen in eine völlig neue Richtung lenkt. Worfs Kampf mit Duras ist außergewöhnlich gut.

Worfs bat'telh (eine sichelähnliche Waffe) ist seit zehn Generationen im Besitz der Familie. Das Ritual »Ritus des Nachfolgers« wird Qua jiH nagil genannt, ein Teil dessen ist Ja'chug, ein Monolog, in dem die Kandidaten ihre Triumphe auflisten. »Ha'Dibah« ist eine Beleidigung und »JIH Dok« ein Begriff für Partner.

Der molekulare Zersetzungszünder der Triceronbombe wird als eine romulanische Waffe bezeichnet.

82: Gedächtnisverlust (»Future Imperfect«)

Ausstrahlung USA: 12. November 1990
Deutsche Erstausstrahlung: 25. August 1993 (ZDF)
Drehbuch: J. Larry Carroll, David Bennett Carren
Regie: Les Landau
Darsteller: Andreas Katsulas, Chris Demetral, Carolyn McCormick, Todd Merrill, April Grace, George O'Hanlon jr.

Während einer Sicherheitsprüfung im Onias-Sektor verliert Riker durch giftiges Gas das Bewußtsein und erwacht sechzehn Jahre später als Captain einer sehr veränderten *Enterprise*. Während er versucht, bei einer Friedenskonferenz mit den Romulanern zurechtzukommen, und einen Sohn hat, den er nicht kennt, vermutet Riker, das etwas faul ist. Eine Bestätigung dafür bekommt er, als seine tote Frau sich als Minuet entpuppt. Zunächst meint Riker, er wäre einer romulanischen Falle zum Opfer gefallen, aber als sich sein Mitgefangener (der Junge, der seinen »Sohn« spielt) verspricht, erklärt er ihm, daß alles eine Illusion ist. Der Junge ist in Wahrheit ein einsamer Außerirdischer, vermutlich der letzte seiner Art. Er begleitet Riker zurück auf die *Enterprise*.

Sternzeit: 44286,5 (und angeblich etwa zwei Jahre nach 58416).

Fremde neue Welten: Alpha Onias 3 (ein Planet der Klasse M, wüst und unbewohnbar).
Miridian 6, ein weiterer Planet in der Nähe der neutralen Zone, wird ebenfalls erwähnt.

Neue Lebensformen: Barash, ein Alien-Kind, das zu einer namenlosen Rasse mächtiger Formwandler gehört. Er könnte der letzte seiner Art sein.

Rikers Eroberungen: Minuet – wieder einmal. Nur sind sie diesmal verheiratet! (Siehe »11001001« [»11001001«].)

Notizen: »Ich glaube es nicht. Ist das ein Traum?« Ein sehr intelligentes Drehbuch, mit einem faszinierenden Einblick in eine komplexe alternative Zukunft – nur schade, daß sich alles als Fiktion erweist (und dann als Fiktion innerhalb einer Fiktion). Der Vorspann ist brillant. Das Bild eines gealterten Picard (mit Bart) ist recht lustig.
Der Außenposten 23 ist der Schlüssel zur gesamten Verteidigung der Föderation in der neutralen Zone. Sein Standort ist ein streng gehütetes Geheimnis. Wills Posaunenspiel ist Anlaß für gutmütige Hänseleien seiner Kollegen. Das Curtis Creek-Programm ist Rikers Angelprogramm auf dem Holodeck.
In der durch Barash erschaffenen Zukunft ist Will Captain der *Enterprise*. Er zieht sich die alterianische Gehirnhautentzündung auf Alpha Onias 3 zu (ein Retrovirus, das seine DNS in den Träger einnistet, was eine verzögerte Amnesie ab der Infizierung bewirkt). Will ist seit neun Jahren Captain, seit Picard Admiral wurde. Geordi hat geklonte Augenimplantate. Data ist erster Offizier. Es gibt einen Ferengi-Fähnrich als Steuermann. Picard trifft zusammen mit Deanna auf dem romulanischen Schiff *Decius* ein. Sie arbeitet mit ihm in der Sternenflotte. Ihre Nachfolgerin als Counselor der Enterprise wurde Minuet, die Riker heiratete und mit der er einen Sohn namens Jean-Luc hat. Minuet starb vor zwei Jahren bei einem Raumfährenunglück. Vor vier Jahren rettete Riker mit der *Enterprise* ein romulanisches Schlachtschiff, das in Not geraten war, und half dadurch engere Verbindungen zwischen den beiden Imperien zu schaffen. Tomalak ist Botschafter. Das Sternenflottenemblem wurde verändert (siehe »Parallels« [»Parallelen«]).

Vierte Staffel

Parrises Squares wird erwähnt (siehe »11001001« [»11001001«], »Silicon Avatar« [»Das Recht auf Leben«], »The First Duty« [»Ein mißglücktes Manöver«] und »Timescape« [»Gefangen in einem temporären Fragment«]). Riker behauptet, er sei etwas jünger als Jean-Luc gewesen, als er Parrises Squares zu spielen begann.

83: Die letzte Mission (»Final Mission«)

Ausstrahlung USA: 19. November 1990
Deutsche Erstausstrahlung: 26. August 1993 (ZDF)
Drehbuch: Kacey Arnold-Ince, Jeri Taylor,
nach einer Geschichte von Kacey Arnold-Ince
Regie: Corey Allen
Darsteller: Nick Tate, Kim Hamilton, Mary Kohnert

Picard bittet Wesley, ihn bei der letzten Mission, bevor der auf die Sternenflottenakademie geht, zu begleiten. Unglücklicherweise stürzt das alte Shuttle, das von Captain Dirgo gesteuert wird, auf einen unwirtlichen Wüstenmond ab. Picard wird schwer verletzt, doch die *Enterprise* kann nicht eingreifen, da sie gezwungen ist, sich mit einem radioaktiv verseuchten Schiff in der Umlaufbahn eines anderen Planeten zu beschäftigen. Picard und die anderen entdecken eine Quelle in einer Höhle, die von einem Wächter aus Energie bewacht wird. Dirgo wird getötet, Picard verwundet, aber Wesley kann die Quelle freilegen und kümmert sich um den Captain, bis sie von der *Enterprise* gerettet werden.

Sternzeit: 44307,3

Fremde neue Welten: Pentarus 5, wo Picard gebeten wurde, einen Streit mit den salenitischen Bergarbeitern, die unter rigalianischem Gesetz stehen, zu schlichten. Gamelan 5, eine Welt, die von einem alten radioaktiv verseuchten Schiff in ihrem Orbit bedroht wird. Picard, Wesley und Dirgo stürzen auf Lambda Paz ab, einem Mond der Klasse M, der Pentarus 5 umkreist. (Pentarus 2 und 5 sowie vier nahegelegene Monde gehören ebenfalls zur Klasse M.)

Neue Lebensformen: Songi, dessen Notruf von der Enterprise empfangen wird, ist der einzige Bewohner von Gamelan 5, den wir zu Gesicht bekommen. Außer ihrem Pazifismus wird keine weitere

Information über die Bewohner bekannt. Dirgo stammt vermutlich von Pentarus 5 und trägt eine kleinere Menge durchsichtigen Alkohols namens Dresci in einem versteckten Behälter bei sich.

Technologie: Genau wie sein Phaser ist Dirgos Shuttle, die *Nenebek*, ein altes Exemplar seines Typs. Es hat eine Außenhaut aus Duranium (siehe »A Matter of Perspective« [»Riker unter Verdacht«], »Hollow Pursuits« [»Der schüchterne Reginald«] und aus der Classic-Serie »The Menagerie« [»Talos IV – Tabu«]). Hyronalin wird zur Behandlung der Strahlungskrankheit verwendet (siehe auch »The Deadly Years« [»Wie schnell die Zeit vergeht«] aus der Classic-Serie). Sonodanit und Ermanium sind Metallegierungen, die in Shuttles der Föderation verwendet werden.

Herausragende Dialoge: »Ich beneide Sie, Wesley Crusher. Dies ist nur der Anfang des Abenteuers.«

Notizen: Wesleys letzte Folge als Mitglied der Enterprise vertieft sein Verhältnis zu Picard, das zum ersten Mal in »Samaritan Snare« [»Das Herz eines Captains«] genauer erforscht wurde. Diese Geschichte hat genau die richtige Menge an Sentimentalität, obwohl Picard etwas zu sanft geworden zu sein scheint – vielleicht wird man so, wenn der Tod vor der Türe steht. Bedauerlicherweise leidet die Geschichte daran, daß zuwenig Informationen über die Quelle gegeben werden, die schauspielerische Vorstellung ist jedoch stark genug, einen darüber hinwegsehen zu lassen.

Picard summt das französische Lied aus »Family« [»Familienbegegnung«] und spricht über den wichtigsten Lehrer an der Akademie namens Boothby, der eigentlich nur Gärtner ist (siehe »The First Duty« [»Ein mißglücktes Manöver«] und »The Game« [»Gefährliche Spielsucht«]).

84: Das kosmische Band (»The Loss«)

Ausstrahlung USA: 31. Dezember 1990
Deutsche Erstausstrahlung: 2. März 1994 (SAT1)
Drehbuch: Hilary J. Bader, Alan J. Adler, Vanessa Greene,
nach einer Geschichte von Hilary J. Bader
Regie: Chip Chalmers
Darsteller: Kim Braden, Mary Kohnert

In der Flugbahn der *Enterprise* tauchen Phantombilder auf, und Troi verliert ihre telepathischen Fähigkeiten, was dazu führt, daß sie ihre Stellung als Schiffscounselor aufgibt.

Zweidimensionale Wesen ziehen die *Enterprise* in Richtung eines Teiles eines kosmischen Bandes, das für sie ihr »Zuhause« darstellt, für die *Enterprise* jedoch die Zerstörung bedeuten würde. Es gelingt Data, so lange Verwirrung zu stiften, bis die *Enterprise* flüchten kann. Dadurch erlangt Troi auch ihre Fähigkeiten zurück, die nicht mehr durch die Emotionen der gütigen Wesen überschwemmt werden.

Sternzeit: 44356,9

Fremde neue Welten: Die *Enterprise* ist unterwegs nach T'lli Beta, als sie dem Phänomen begegnet. Geordi war einmal zu einem Tauchurlaub auf Bracas 5.

Neue Lebensformen: Die mysteriösen zweidimensionalen Wesen, die auf ihrem Weg »nach Hause« unabsichtlich die *Enterprise* einfangen.

Es wird verraten, daß die Breen und die Ferengi empathisch nicht zu empfinden sind.

Technologie: Ein kosmisches Band ist ein Protonendickicht, es hat aber die Anziehungskraft eines schwarzen Loches. Data ist in der Lage, mit dem Parabolspiegel ein weiteres Bandfragment hinter den zweidimensionalen Kreaturen zu simulieren.

Notizen: »Therapeuten sind immer die schlechtesten Patienten.« Eine Geschichte über die Notwendigkeit echten Kummers: mit Hilfe von Troi kann Fähnrich Brooks erkennen, daß sie ihre Trauer über den Tod ihres Mannes verdrängt hatte, aber Troi ist nicht fähig, mit ihrer plötzlichen »Unfähigkeit« in der gleichen Art fertig zu werden. Es ist schön, einen Blick auf das alltägliche Leben der restlichen Besatzung der *Enterprise* zu erhalten und Troi bei ihrer Arbeit zu beobachten, aber vielleicht wird sie etwas zu unfreundlich, als sie ihre empathischen Fähigkeiten verliert.

Es wird ein weiterer Hinweis auf Picards Liebe zum Reiten gegeben (siehe »Pen Pals« [»Brieffreunde«] und »Starship Mine« [»In der Hand von Terroristen«]).

85: Datas Tag (»Datas Day«)
Ausstrahlung USA: 7. Januar 1991
Deutsche Erstausstrahlung: 3. März 1994 (SAT1)
Drehbuch: Harold Apter, Ronald D. Moore,
nach einer Geschichte von Harold Apter
Regie: Robert Wiemer
Darsteller: Sierra Pecheur, Alan Scarfe, Shelley Desai,
April Grace

Während Data sich auf seine ehrenhafte Aufgabe als Brautführer bei der Hochzeit von Miles O'Brien und Keiko Ishikawa vorbereitet, empfängt die *Enterprise* die vulkanische Delegierte T'Pel. Sie nimmt gerade an den historischen Friedensverhandlungen mit den Romulanern teil, als sie bei einem Transporterunglück stirbt. Data führt weitere Untersuchungen durch und kommt zu dem Ergebnis, daß T'Pel gar nicht wirklich tot ist. In Wahrheit war T'Pel Unteroffizier Selok, ein Romulaner. Später am gleichen Tag findet O'Briens Hochzeit wie geplant statt.

Sternzeit: 44390,1

Fremde neue Welten: Am Ende der Geschichte verläßt die *Enterprise* die neutrale Zone in Richtung Adelphous 4.

Neue Lebensformen: Data erzählt, daß auf Galvin 5 eine Eheschließung als erfolgreich betrachtet wird, wenn es im ersten Jahr Nachwuchs gibt.

Einführung: Keiko Ishikawa, die Data zuerst O'Brien vorstellte.

Rikers Eroberungen: Keine, obwohl Data behauptet, daß Rikers lässige Art und sein Sinn für Humor der Grund für seine »Erfolge bei der Liebe« sind.

Zukunftsgeschichte: Hinduismus existiert im 24. Jahrhundert noch immer.

Vierte Staffel

Notizen: In dieser charmanten, direkt aus dem Leben gegriffenen Geschichte, gewürzt mit einer kleinen romulanischen Intrige, werden die Erzählkunst des Androiden und die alltäglichen Geschehnisse effektvoll eingesetzt. Wie weit sich *The Next Generation* gegenüber der Originalserie entwickelt hat, zeigt sich, als Picard am Ende vor den überlegenen Romulanern flüchtet. Kirk hätte sie zur Hölle geschickt.

Zu den Informationen, die Data in seinem Bericht für Commander Bruce Maddox von der Kybernetischen Abteilung des Daystrom-Instituts (siehe auch »The Measure of a Man« [»Wem gehört Data?«]) notiert, gehört auch, daß die *Enterprise* vor 1550 Tagen in Dienst gestellt wurde, und daß in den folgenden 24 Stunden vier Geburtstagsfeiern, zwei Versetzungen, eine Feier des Hindu-Festivals des Lichts (Divali, Ende Oktober/November), zwei Schachturniere, ein Theaterspiel der Grundschule und vier Beförderungen erfolgen. Im Verlauf der Geschichte bringt Lt. Juarez ein Kind zur Welt, und Data nimmt an der Hochzeit der O'Briens teil. Worf berichtet, daß sich Lt. Umbato zwei Rippen während einer Holodeckübung gebrochen hat, und daß die Erforschung des Murasaki-Quasars weitergeführt wird. Data betrachtet Geordi als seinen besten Freund und besitzt eine Katze (siehe »In Theory« [»Datas erste Liebe«]). Data hat über das Heiraten nachgedacht. Crusher gewann den ersten Preis im Step- und Jazztanz-Wettbewerb auf der St. Louis Akademie, wo sie als »die tanzende Ärztin« bekannt war. Geordi läßt seine Haare von einem bolianischen Friseur namens V'Sal schneiden. T'Pel kommt mit der *Zhukov* zur Enterprise (siehe »Hollow Pursuits« [»Der schüchterne Reginald«]). Admiral Mendaks Schiff heißt *Devoras*.

86: Der Rachefeldzug (»The Wounded«)
Ausstrahlung USA: 28. Januar 1991
Deutsche Erstausstrahlung: 4. März 1994 (SAT1)
Drehbuch: Jeri Taylor, nach einer Geschichte von Stuart Charno, Cy Chermax
Regie: Chip Chalmers
Darsteller: Bob Gunton, Marc Alaimo, Marco Rodriguez, Time Winters, John Hancock

Ben Maxwell, ein hochdekorierter Captain der Föderation, scheint einen persönlichen Feldzug gegen die Cardassianer zu führen, mit denen erst kürzlich ein Friedensabkommen unterzeichnet wurde. Picard wird befohlen, ihn zurückzuholen. Mit cardassianischen Beobachtern an Bord verfolgt die *Enterprise* Maxwells Schiff, nachdem es zwei cardassianische Schiffe zerstört hat. Picard bittet O'Brien um Rat, da dieser unter Maxwell gedient hat, und als die *Phoenix* abgefangen wird, bringt er Maxwell an Bord. Maxwell behauptet, daß die Cardassianer für einen Krieg rüsten. Picard führt seinen Befehl, Maxwell festzunehmen, aus, aber er glaubt, daß dessen Befürchtungen stimmen, und warnt die Cardassianer, daß die Föderation sie beobachten würden.

Sternzeit: 44429,6 (fast ein Jahr nach dem Vertrag mit den Cardassianern).

Neue Lebensformen: Der erste Auftritt der Cardassianer.

Das Picard-Manöver: Ja, einmal.

Herausragende Dialoge: »Es sind nicht Sie, den ich hasse, Cardassianer. Ich hasse, was ich durch euch geworden bin.«
»Teilen Sie Ihrem Führer Gul Macet mit: ›Wir werden aufpassen.‹«

Notizen: »Man muß den Frieden erhalten, egal was es kostet.« Eine außergewöhnliche Episode voller Windungen und Biegungen und einem verblüffenden Schluß, der der Serie eine ganz neue Richtung gibt. Die Folge beschäftigt sich eingehend mit Miles O'Brien, von den häuslichen Szenen mit Keiko bis zu den Informationen über seine Vergangenheit. Die Szene, in der er dem »freundlichen« Cardassianer beschreibt, wie er das erste Mal jemanden tötete (einen cardassianischen Angreifer bei Setlik 3), ist einer der emotionalsten Momente der Serie.
O'Brien diente unter Maxwell auf der USS *Rutledge* als taktischer Offizier (»der beste, den ich je hatte«). In dieser Zeit griffen die Cardassianer die Kolonie Setlik 3 an, töteten 100 Menschen, darunter auch Maxwells Frau und Kinder (die Cardassianer behaupten immer noch, es sei »ein furchtbarer Irrtum« gewesen). O'Brien denkt mit Freude an die Zeit auf der *Rutledge*, besonders an seine Freundschaft mit Will Kayden, der auch auf Setlik starb. Das irische Volkslied »The Minstrel Boy« hat für ihn eine besondere Bedeutung. Seine Mutter kochte, anstatt einen Replikator zu verwenden.

Maxwell, der zweimal mit den höchsten Kriegsauszeichnungen der Föderation geehrt wurde, kommandiert jetzt die *Phoenix*. Er beglückwünscht Riker für seine »gute Arbeit« während der Borg-Krise. Er meint, das Cuellar-System sei taktisch wichtig, und zerstört dort eine cardassianische Siedlung und zwei Schiffe. Das letzte Mal, als Picard in diesem Sektor war, fand gerade der cardassianische Konflikt statt, und er floh mit Warpgeschwindigkeit mit der *Stargazer*. Kanar ist ein Getränk mit einem erlesenen Geschmack.

87: Der Pakt mit dem Teufel (»Devil's Due«)
Ausstrahlung USA: 4. Februar 1991
Deutsche Erstausstrahlung: 7. März 1994 (SAT1)
Drehbuch: Philip Lazebnik, nach einer Geschichte von
Philip Lazebnik, William Douglas Lansford
Regie: Tom Benko
Darsteller: Marta DuBois, Paul Lambert, Marcelo Tubert,
Thad Lamey, Tom Magee

Die scheinbare Rückkehr eines mythischen, diabolischen Wesens mit dem Namen Ardra nach Ventax 2 wird von Picard als Taschenspielertrick abgetan. Die Frau hat jedoch ganz offensichtlich große Kräfte und beansprucht nicht nur den Planeten, sondern auch die *Enterprise*, die sich in dessen Umlaufbahn befindet. Während Geordi auf der Suche nach der Quelle ihrer Energie ist, schlägt Picard eine offizielle Machtprobe vor, in der Data den neutralen Richter spielt. Am Ende wird Ardras getarnte Energiequelle enthüllt, und Picards Verdacht bestätigt sich, daß sie nur eine kluge Betrügerin ist.

Sternzeit: 44474,5

Fremde neue Welten: Auf Ventax 2, einst ein stark verschmutzter technologischer Planet, wird jetzt Landwirtschaft betrieben.

Neue Lebensformen: Die Ventaxianer. Sie »verkauften ihre Seelen« an Ardra vor eintausend Jahren. Ihren Erstkontakt hatten sie vor siebzig Jahren mit einem Klingonenschiff.
    Ardra, eine weibliche Außerirdische, die behauptet, daß sie im Berussianer-Sektor als Mendora bekannt sei, den Drellianern als

Torak, als Fek'lhr, die Hüterin von Gre'thor (wo entehrte Klingonen nach ihrem Tode landen) und – wie es sich versteht – als Teufel auf der Erde. In Wirklichkeit ist sie eine Betrügerin unbekannten Ursprungs.

Datas Witze: Als Richter: »Der Anwalt wird davon absehen, seine persönliche Zuneigung gegenüber der Gegenseite zu zeigen« und »... davon Abstand nehmen, den Gegner verschwinden zu lassen.«

Herausragende Dialoge: »Ich weigere mich, diesen Planeten dieser Frau zu überlassen!«

Notizen: »Diese Leute sind davon überzeugt, daß ihre Welt morgen untergeht.« Eine schlechte Geschichte ohne wachsende Spannung, die alle Fehler der Originalserie wiederholt (mitsamt des überhasteten Schlusses). Sogar Patrick Stewart scheint sich durch das miserable Drehbuch zu quälen. Die erste *Next Generation*-Folge, die den Begriff »umweltmäßig intakt« benutzt!

Data führt sein Schauspielstudium fort (siehe »The Defector« [»Der Überläufer«]), führt aus *A Christmas Carol* die Szene mit Marley als Geist auf und diskutiert über die Schauspielerei mit Picard, der P.T. Barnum zitiert (»Jede Minute wird ein Dummkopf geboren«).

Q wird von Beverly nebenbei erwähnt. Die Ruinen von Ligillium und das verborgene Zatarijuwel werden von Picard als Köder für Ardras Gier verwendet.

88: Beweise (»Clues«)

Ausstrahlung USA: 11. Februar 1991
Deutsche Erstausstrahlung: 8. März 1994 (SAT1)
Drehbuch: Bruce D. Arthurs, Joe Menosky,
nach einer Geschichte von Bruce D. Arthurs
Regie: Les Landau
Darsteller: Pamela Winslow, Rhonda Aldrich,
Thomas Knickebocker

Aufgrund der vorzeitigen Vollendung der Mission auf Harrakis 5 kann Picard seiner Besatzung mehr Freizeit gönnen. Für ihn bedeutet das ein weiteres Dixon Hill-Holodeckprogramm. Die Entdeckung eines Wurmlochs versetzt die Crew in eine kurzzeitige Ohnmacht. Data, der anscheinend gegen diesen Effekt immun ist, behauptet, daß sie nur Sekunden gedauert hätte, aber andere Anzeichen lassen darauf schließen, das etwa ein Tag vergangen ist. Da Data offenbar lügt, kehrt die *Enterprise* zu einem Planeten der Klasse M zurück, an dem sie während der Ohnmacht vorbeikam. Ein Wesen von einer Rasse, die Paxaner heißt, übernimmt die Herrschaft über Troi und bedroht die Besatzung. Data gibt zu, daß die *Enterprise* den Planeten an dem »verlorenen« Tag besuchte, aber daß die gewaltsam isolierten Paxaner sie zerstören wollten, bis Picard vorschlug, die Erinnerung der Crew zu löschen. Ein zweiter Versuch wird unternommen, um die Geschehnisse zu »vergessen«, bei dem keine Spuren hinterlassen werden, die wie beim ersten Mal zu einer Entlarvung führen könnten. Dieses Mal scheint der Versuch erfolgreich zu sein.

Sternzeit: 44507,7

Fremde neue Welten: Ein namenloser Planet der M-Klasse im Ngame-Nebel, ein System des T-tauri-Typs. Das Bild einer Wasserstoff-Helium-Zusammenballung mit einem gefrorenen Heliumkern ist eine Illusion, die auf Tethys 3 basiert und von Data in den Computer gespeichert wurde. Das Schiff ist auf dem Weg nach Evadne 4.

Neue Lebensformen: Die Paxaner, xenophobische und mächtige Außerirdische, die die Oberfläche des seltsamen Planeten verwandelten, um sich vom restlichen Universum zu isolieren. Ihre wahre Gestalt wird nicht gezeigt, da sie über Deanna kommunizieren.

Einführung: Crushers Assistentin Alyssa. In »Future Imperfect« [»Gedächtnisverlust«] taucht sie zum ersten Mal auf, und in dieser Geschichte erhält sie einen Namen. Ihren Nachnamen – Ogawa – bekommt sie in »Identity Crisis« [»Der unbekannte Schatten«].

Technoblabla: Ein Physiker des 22. Jahrhunderts, Pell Underhill, stellte die Theorie auf, daß eine große Störung des zeitlichen Ablaufs durch Billionen kleiner Gegenreaktionen kompensiert werden könnte.

Notizen: »Und *das* machen Sie zum Spaß?« Dies ist eine faszinierende Episode mit der erschreckenden Möglichkeit, daß Data zum

Schurken wird. Die einzige Folge, in der die Hosenträger eines weiblichen Besatzungsmitgliedes zu sehen sind! Picards Drohung, daß Data »bis auf seine Drähte zerlegt« werden würde, sollte er den Befehlen nicht gehorchen, ist etwas faschistisch für einen Mann, der schon immer die Rechte der Androiden verteidigt hat. Es ist schwer nachzuvollziehen, wie es die Crew beim zweiten Mal »richtig macht«, da sie bei ihrer nächsten Begegnung mit der Sternenflotte 48 Stunden »verloren« hat!

Data erzählt, daß er bereits zweimal durch ein instabiles Wurmloch geflogen ist, zum ersten Mal während seiner Dienstzeit auf der *Trieste*. (Das andere Mal scheint ein Hinweis auf »The Price« [»Der Barzanhandel«] zu sein.) Kleine und instabile Wurmlöcher wurden in den letzten hundert Jahren in der Nähe des 39 T-tauri-Systems kartographiert. Der Ausgang des Wurmlochs liegt 154 Parseks von dem Eingang entfernt.

Beverlys Hobby ist Ethnobiologie, das Anpflanzen von diomedianischem Scarletmoos. O'Brien hat sich verletzt, als er für seine Frau einen Blumentopf aufhängte.

89: Erster Kontakt (»First Contact«)

Ausstrahlung USA: 18. Februar 1991
Deutsche Erstausstrahlung: 9. März 1994 (SAT1)
Drehbuch: Dennis Russell Bailey, David Bischoff, Joe Menosky, Ronald D. Moore, Michael Piller, nach einer Geschichte von Marc Scott Zicree
Regie: Cliff Bole
Darsteller: George Coe, Carolyn Seymour, George Hearn, Steven Anderson, Sachi Parker, Bebe Neuwirth

Rivas Jakara wird bei einem Unglück in der Hauptstadt von Malcor 3 verletzt. Als er aber in das Krankenhaus aufgenommen wird, stellen die Ärzte fest, daß ihm sieben Rippenverstrebungen fehlen, und daß sich sein Herz und seine Nieren am falschen Platz befinden. Jakara ist Riker, der als Vorbote für den ersten offiziellen Kontakt zwischen der Föderation mit den Malcoranern nach Malcor geschickt wurde. Da die Existenz von Außerirdischen nun entdeckt ist, nehmen Picard und Troi Kontakt mit Malcors Kanzler Durken auf. Die Malcoraner sind jedoch sehr isolationistisch, und

Durken meint, daß die Zeit für den Erwerb von neuem Wissen noch nicht gekommen ist, vor allem, nachdem sein Sicherheitschef Krola Riker die Schuld für seinen eigenen Tod in die Schuhe schieben will. Obwohl er mit den Absichten der Föderation sympathisiert, stoppt er das Raumfahrtprogramm der Malcoraner. Die *Enterprise* verläßt Malcor mit einem zusätzlichen Passagier, der malcoranischen Wissenschaftlerin Mirasta.

Sternzeit: Wird nicht genannt – vermutlich zwischen 44474,5 und 44614,6.

Fremde neue Welten: Malcor, 32000 Lichtjahre von der Erde entfernt.

Neue Lebensformen: Die Malcoraner, technologisch heranwachsend und kurz vor der Entdeckung der Raumfahrt. Ihre Kultur bekräftigt den Glauben, daß sie alleine in der Galaxis seien und deren Mittelpunkt bilden.

Rikers Eroberungen: Lanel, die mit einem Außerirdischen Sex haben will (»Es gibt Unterschiede zu der Art, wie mein Volk Liebe macht.« »Ich kann es nicht erwarten, sie kennenzulernen!«). Will scheint ihre Bedürfnisse zu befriedigen.

Herausragende Dialoge: »Wir haben Ihren Fortschritt im Hinblick auf den Warpantrieb beobachtet. Wenn eine Gesellschaft Ihre technologische Stufe erreicht... sind wir der Meinung, daß es an der Zeit für den ersten Kontakt ist.«
»Diese neue Ära der Weltraumerforschung sprengt die Vorstellungskraft. Menschen sehen unidentifizierte Objekte in der Luft, die sich als Wetterballons herausstellen.«
»Die Geschichte meiner Welt hat gezeigt, daß Eroberer oft mit den Worten 'Wir kommen als Freunde' eintreffen.«
»Werde ich dich jemals wiedersehen?« »Ich rufe dich an, wenn ich das nächste Mal durch dein Sternensystem fliege!«
»Die Geschichten werden noch in vielen Jahren erzählt werden, da habe ich keinen Zweifel. Über den Kontakt mit einem Schiff, den Außerirdischen, der in unserer medizinischen Einrichtung gefangen gehalten wurde. Es wird den Vorwurf einer Verschwörung innerhalb der Regierung geben. Einige Zeugen werden ihre Geschichten erzählen

und die meisten Menschen werden sie auslachen und sich wieder den interessanteren Erfindungen zuwenden, die täglich im Fernsehen ausgestrahlt werden. Das wird vorübergehen.«

Notizen: »Was sind Sie?« Eine erstaunliche Episode, scheinbar eine Hommage an die SF-Invasionsängste der 50er Jahre, die hauptsächlich aus dem Standpunkt der Aliens erzählt wird. Sie gleicht dem Standpunkt der Föderation in »Who Watches the Watchers« [»Der Gott der Mintakaner«]. Die Episode hat den vermutlich besten Teaser (die Sequenz vor dem Vorspann) der Serie.

Die Föderation beobachtet einen Planeten und dessen Kultur vor dem ersten Kontakt, verfolgt die ausgestrahlten Fernsehsendungen, den Journalismus, die Musik und den Humor, um sie besser zu verstehen. Sie schickt auch spezialisierte Kontaktpersonen. Vor Jahrhunderten führte ein katastrophaler Erstkontakt mit den Klingonen zu einem langen Krieg.

Picard hat für den Wein aus »Family« [»Familienbegegnung«] gute Verwendung. Durken sagt, daß die Malcoraner »etwas ähnliches« haben. Mirasta Yale wechselt am Ende der Folge auf die *Enterprise* und sagt, daß sie schon seit ihrem neunten Lebensjahr davon träumt, ins All zu fliegen. Durken hofft, daß die Föderation noch während seines und Picards Leben zurückkehren wird.

90: Die Begegnung im Weltraum (»Galaxy's Child«)

Ausstrahlung USA: 11. März 1991
Deutsche Erstausstrahlung: 10. März 1994 (SAT1)
Drehbuch: Maurice Hurley,
nach einer Geschichte von Thomas Kartozian
Regie: Winrich Kolbe
Darsteller: Susan Gibney, Lanei Chapman, Jana Marie Hupp

Geordi freut sich darauf, die echte Leah Brahms kennenzulernen, aber sie scheint ihn und das, was er ihrem Antrieb angetan hat, zu verabscheuen. Sie ist verheiratet und schöpft daraus, daß Geordi so viel über sie weiß, Verdacht. Die *Enterprise* begegnet einer Kreatur aus dem All, die sie angreift. Die Phaser des Schiffes töten das Tier, aber die Sensoren stellen fest, daß es kurz vor einer Geburt stand.

Vierte Staffel

Mit Hilfe des Schiffes wird das »Baby« zur Welt gebracht. Es haftet an der *Enterprise*, da es denkt, sie sei seine Mutter und beginnt, ihr Energie abzusaugen. Leah hat ihr holographisches Double entdeckt und ist von Geordi angeekelt, aber die beiden arbeiten trotzdem zusammen, um die Strahlungsfrequenz des Schiffes zu ändern, die »Milch sauer zu machen«, um das Wesen dazu zu bringen, sie zu verlassen.

Sternzeit: 44614,6

Fremde neue Welten: Der siebte Planet des Alpha-Omicron-Systems, Sternenbasis 313 und wir hören auch von dem Guernica-System.

Neue Lebensformen: Eine schwangere, im All reisende Lebensform, bestehend aus Plasma in einer Hülle aus Silikaten, Aktoniten und karbonathaltigen Kondriten. Sie ernährt sich von Keffnium, greift mit Strahlung an und kommuniziert via Radio.
Circasianische Pestkatzen sind keine Schoßtiere.

Technologie: Niedrige Geschwindigkeiten der *Enterprise* werden in Kph gemessen (wir nehmen an, das soll Stundenkilometer bedeuten).
Es ist möglich, in die Energieübertragungsröhren zu kriechen. Melkanit stört die Sensoren.

Technoblabla: Im Weltraum vibriert alles in einer 21 Zentimeter großen Wellenlänge auf der Strahlungsskala! Die vom Schiff abgegebene Strahlung kann geändert werden! (Erinnert das nicht an den romulanischen Tarnschild?) In dieser Folge ist die freigesetzte Strahlung unterhalb des Sichtbaren, was sie nicht nur unsichtbar machen, sondern auch das Wesen mit Mikrowellen rösten würde!

Herausragende Dialoge: »Es denkt, die *Enterprise* sei seine Mutter!«

Zukunftsgeschichte: Leah Brahms hat die Energieübertragungsleitungen der *Enterprise* entworfen. Das Alpha-Omicron-System ist noch unerforscht.

Notizen: Es ist ein Jahr her, seit Geordi das Holodeckebenbild von Leah Brahms gesehen hat. Geordi kocht ein großartiges Pilzgericht, aber das Schreiben ist nicht seine Stärke (siehe »All Good Things...« [»Gestern, Heute, Morgen«], wo er Schriftsteller ist).

91: Augen in der Dunkelheit (»Night Terrors«)

Ausstrahlung USA: 18. März 1991
Deutsche Erstausstrahlung: 11. März 1994 (SAT1)
Drehbuch: Pamela Douglas, Jeri Taylor,
nach einer Geschichte von Shari Goodhartz
Regie: Les Landau
Darsteller: John Vickery, Duke Moosekian, Craig Hurley,
Brian Tochi, Lanei Chapman

Die *Enterprise* findet die gesamte Besatzung der USS *Brittain* tot auf, mit Ausnahme von Hagan, einem im Koma liegenden Betazoiden. Es sieht so aus, als hätte sich die Crew gegenseitig umgebracht, und wenn Troi träumt, hört sie in ihren Träumen immer wieder den Satz »ein Mond kreist«. Die *Enterprise* scheint in dem Gebiet festzustecken, in einer Tyken-Spalte gefangen zu sein. Um freizukommen wird eine große Explosion benötigt. Als die Mannschaft die Nerven verliert, wird es Beverly bewußt, daß sie alle nicht mehr fähig sind zu träumen, mit Ausnahme von Deanna, die Nachrichten von einem auf der anderen Seite der Spalte gefangenen Wesen erhält. Die Nachrichten hindern alle daran ihren REM-Schlaf zu bekommen. Sie und Data folgern, daß der »ein Mond«-Satz auf das Absondern von Wasserstoff hinweist, den das Wesen entzünden kann. Sie handeln entsprechend und beide Schiffe kommen frei.

Sternzeit: 44631,2

Fremde neue Welten: Ein unerforschtes Doppelstern-System. Die Sternenbasis 220 wird erwähnt.

Neue Lebensformen: Telepathische, humanoide Aliens, die in der Spalte gefangen sind.
    Der REM-Schlaf findet bei Betazoiden und Menschen auf einer anderen Frequenz statt.

Technologie: Ein Kortikalsensor ermöglicht den REM-Schlaf. Bussardkollektoren der *Enterprise* sammeln Wasserstoff. Ein Phaser auf der Einstellung 6 oder 7 hinterläßt verkohlte Leichen. Calendium explodiert beim Kontakt mit Wasserstoff. Anesium und Urium sind Sprengstoffe. Telepathie kann durch keine Technologie abgeblockt werden.

Vierte Staffel

Deanna unterbeschäftigt?: Hör zu, Süße, mach keine Flugsequenz mit diesem Kostüm. Du bist nicht so schlank wie Supergirl.

Zukunftsgeschichte: Bela Tyken war ein malthusianischer Captain, der den Tyken-Spalt entdeckte, eine Weltraumanomalie, die Energie aufsaugt.

Notizen: Ziemlich gut, abgesehen von den Supergirl-Stücken.
Guinan hat eine Waffe von Magus 3 hinter der Theke. Die *Brittain* ist ein Forschungsschiff mit einer Besatzung von vierunddreißig Personen. Keiko ist Leiterin des Pflanzen-Labors. Picards Großvater wurde senil, als er noch jung war. Er erinnert sich selten an seine Träume. Deanna verwendet häufig bestimmte Techniken, um ihre Träume zu beeinflussen.

92: Der unbekannte Schatten (»Identity Crisis«)

Ausstrahlung USA: 25. März 1991
Deutsche Erstausstrahlung: 14. März 1994 (SAT1)
Drehbuch: Brannon Braga,
nach einer Geschichte von Timothy De Haas
Regie: Winrich Kolbe
Darsteller: Maryann Plunkett, Amick Byram, Dennis Madalone,
Mona Grudt

Von dem fünfköpfigen Team, das das Verschwinden einer ganzen Kolonie auf Tarchannen 3 untersuchte, sind nur zwei nicht auf den Planeten zurück geflüchtet, Geordi und seine Bekannte Lt. Commander Susanna Leijten. Eines der Shuttles der Flüchtenden wird abgefangen, verglüht jedoch in der Atmosphäre des Planeten. Eine Suchmannschaft beamt auf den Planeten und findet ein weiteres fehlendes Shuttle. Susanna sieht Fußabdrücke, die ein unsichtbares Wesen macht, und sie wird auf das Schiff zurückgebracht, wo sie beginnt, sich in eine andere Spezies zu verwandeln. Geordi entdeckt etwas an den Spuren, die die Mitglieder des ursprünglichen Suchteams hinterlassen haben, und stellt die wahre Form des Außerirdischen fest. Er beginnt sich ebenfalls zu verändern. Beverly entfernt den Parasiten, der die Veränderungen in Susanna verursacht, aber Geordi wurde schon auf den Planeten gebeamt. Seine Kameraden verwenden UV-Licht, um ihn zu finden, und Susanna spricht die menschliche Hälfte des jetzt total fremden

Wesens an. Geordi wird gerettet, der Parasit entfernt und warnende Hinweise werden auf dem Planeten hinterlassen.

Sternzeit: 44664,5

Fremde neue Welten: Tarchannen 3, Schauplatz für das mysteriöse Verschwinden von 49 Personen. Wir erfahren von Sternenbasis 112 und Malaya 4, wo man sich untersuchen lassen kann.

Neue Lebensformen: Eine parasitenähnliche Kreatur mit einem reproduktiven System, das die DNS des Opfers verändert und es in einen chamäleonartigen Humanoiden verwandelt, der nur instinktiv handelt und kein ultraviolettes Licht sehen kann.

Technologie: Kayolan ist ein Beruhigungsmittel.

Deanna unterbeschäftigt?: Sie spielt in der Folge nicht mit!

Notizen: Maryann Plunkett liefert eine großartige Leistung in einer düsteren Folge unter guter Regie.

Vor fünf Jahren, um Sternzeit 40164,7, diente Geordi, der bereits seinen Visor hatte, auf der USS *Victory* (NCC 9754). Er hatte eine platonische Beziehung mit Commander Susanna Leijten. Die USS *Aries* (NCC 45167) wird erwähnt.

93: Die Reise ins Ungewisse
(»The Nth Degree«)

Ausstrahlung USA: 1. April 1991
Deutsche Erstausstrahlung: 15. März 1994 (SAT1)
Drehbuch: Joe Menosky
Regie: Robert Legato
Darsteller: Jim Norton, Kay E. Kuter, Saxon Trainor,
Page Leong, David Coburn

Reg Barclay verliert bei der Untersuchung einer uralten Sonde das Bewußtsein. Er scheint unverletzt zu sein, aber seine Intelligenz beginnt sich um ein Vielfaches zu erweitern. Barclay zapft den Computer der *Enterprise* an und schickt das Schiff an einen Tausende von Lichtjahren entfernten Ort, wo es von einem neugierigen Cytherianer beobachtet wird. Als der Außerirdische genug gesehen hat, wird die *Enterprise* an den Ausgangspunkt zurückgeschickt und Reg wird wieder normal.

Vierte Staffel

Sternzeit: 44704,2

Neue Lebensformen: Die Cytherianer, superintelligente Wesen, die die Galaxis erforschen, ohne ihren Planeten zu verlassen.

Technologie: Die cytherianische Sonde wurde darauf programmiert, Computern zu zeigen, wie man das Sternensystem der Cytherianer in der Mitte der Galaxis erreicht, aber sie entpuppt sich als inkompatibel mit den Computern des Teleskops und der Shuttles, deshalb hat sie statt dessen Barclay beeinflußt.

Technoblabla: Als Geordi und Barclay die Sonde testen, verwenden sie eine Serie passiver hochauflösender Strahlen, einen Neutronendensitometer, aktives Scannen und Positronenemission.
»Mir kam die Idee, zwischen dem Abwehrschild und dessen Gitter mit Hilfe des Warpfeldgenerators eine Frequenzharmonisierung aufzubauen, die den Energiefluß erhöht, und das würde natürlich wirklich den Energieausstoß erhöhen.«

Das Picard-Manöver: Superhirn Reg verwendet seine eigene Version des Picard-Manövers, als Troi sein Angebot, mit ihm in der botanischen Anlage spazieren zu gehen, ablehnt.

Notizen: »Lieutenant, es ist sehr gut möglich, daß Sie das fortschrittlichste menschliche Wesen sind, das jemals gelebt hat.« Eine weitere großartige Barclay-Episode.
Das Argus Array ist ein unbemanntes Subraumteleskop am Rande des Föderationsraums. Die *Enterprise* wollte die Sonde zur Wissenschaftsstation 402 im Calaan-System bringen. Die Xaenen müßten im Arboretum bereits blühen.

94: Gefangen in der Vergangenheit (»Qpid«)
Ausstrahlung USA: 22. April 1991
Deutsche Erstausstrahlung: 16. März 1994 (SAT1)
Drehbuch: Ira Steven Behr, nach einer Geschichte von
Randee Russell, Ira Steven Behr
Regie: Cliff Bole
Darsteller: Jennifer Hetrick, Clive Revill, Joi Staton

Vash hat gerade vor, wieder eines ihrer zweifelhaften archäologischen Geschäfte zu tätigen, und Picard fühlt sich in ihrer Gegenwart reichlich unwohl. Q entscheidet, daß eine solche Beziehung zwischen Menschen, die sich lieben, am besten in der Umgebung von Sherwood Forest geklärt werden soll, wo er Vash zu Marian und Picard zu Robin Hood macht. Robin und seine Vasallen retten schließlich Vash, die daraufhin prompt beschließt, mit Q das Universum zu erforschen.

Sternzeit: 44741,9 (ein Jahr nach »Captain's Holiday« [»Picard macht Urlaub«]).

Fremde neue Welten: Die *Enterprise* ist in der Umlaufbahn von Tagus 3. Die Taganer erlauben nicht mehr, daß Fremde die berühmten Ruinen besuchen, die vor mehr als einem Jahrhundert geöffnet wurden.

Neue Lebensformen: Q droht, Vash in einen klabnianischen Aal zu verwandeln.

Rikers Eroberungen: Picards Schwindel mit Rikers Anmachsprüchen: »Die Unendlichkeit hat niemals so himmlisch ausgesehen ...Ihre Augen sind so geheimnisvoll wie die Sterne.«

Herausragende Dialoge: Worf über Vash: »Schöne Beine... für einen Menschen.«
Riker und Picard unterhalten sich über Qs Auftauchen: »Irgendeine Idee, was er im Schilde führt?« »Er will mir einen Gefallen tun.« »Ich werde die Crew alarmieren.«
Worf: »Sir, ich protestiere. Ich bin kein Gefolgsmann von Robin Hood!«

Notizen: *Star Trek* ist auf den »Robin Hood«-Zug aufgesprungen, und das mit ansehnlichem Erfolg. Abgesehen von den komischen Szenen (Worf zerschlägt Geordis Mandoline, Troi schießt einen Pfeil auf Data ab) gibt es jedoch zu wenig, um das Interesse des Zuschauers aufrechtzuerhalten.
Picard soll die Ansprache auf dem jährlichen Symposium der Föderations-Archäologen halten, die in der Vergangenheit von

großen Föderationsgehirnen wie Switzer, Klarc-Tarn-Droth und McFarlan gehalten wurde. Vash ist »mehr oder weniger« ein Mitglied der Versammlung. Trotz Picards Warnungen brachte Vash einige sehr wichtige Gegenstände von Sarathong 5 mit. Picard und Crusher trinken morgens zusammen Tee.

95: Das Standgericht (»The Drumhead«)
Ausstrahlung USA: 29. April 1991
Deutsche Erstausstrahlung: 17. März 1994 (SAT1)
Drehbuch: Jeri Taylor
Regie: Jonathan Frakes
Darsteller: Jean Simmons, Bruce French, Spencer Garrett, Henry Woronicz, Earl Billings, Ann Shea

Nach einer Explosion in der Dilithiumkammer der *Enterprise* wird ein klingonischer Exobiologe verdächtigt, Geheimnisse der Föderation an die Romulaner weiterzugeben. Admiral Norah Satie führt eine Untersuchung durch, vor der anscheinend niemand sicher ist. Obwohl die Explosion sich als Unfall herausstellt, wird dem Besatzungsmitglied Simon Tarses nachgewiesen, über seine Abstammung gelogen zu haben. Als Picard den Mann zu verteidigen versucht, wird er selbst verdächtigt, aber indem er ihren Vater zitiert, gelingt es Jean-Luc, Saties mentale Instabilität und übertriebene Karrieresucht aufzudecken.

Sternzeit: 44769,2

Fremde neue Welten: Saties Assistentin, Nellen Tore, kommt von Delb 2. Der tarkaineanische Diplomat, der die streng geheimen Informationen hatte, wurde sogar bis in das Krusos-System verfolgt. Simon Tarses stammt von der Marskolonie.

Deanna unterbeschäftigt?: Sie fehlt mal wieder.

Herausragende Dialoge: Picard: »Oh, ja. So fängt es an. Aber der Weg vom legitimen Verdacht bis hin zur übertriebenen Paranoia ist viel kürzer als wir denken.«
»Schurken, die ihren Bart zwirbeln, sind leicht zu entdecken. Die, die sich hinter guten Taten verstecken, sind nicht leicht aufzuspüren.«

Notizen: Das Drehbuch dieses fesselnden Gerichtssaal-Dramas stellt sicher, daß es trotz seiner genauen Anspielungen vielfältig interpretiert werden kann. Für jeden amerikanischen Zuschauer geht es um McCarthyismus, für einen deutschen Zuschauer hingegen bietet es eine präzise Kritik der Rechtsprechung.

Die im Ruhestand befindliche Admiralin Norah Satie war an der Aufdeckung des Alienkomplotts in »Conspiracy« [»Die Verschwörung«] vor drei Jahren beteiligt. Ihr Vater war ein berühmter Richter und bekannter Verfechter liberaler Standpunkte. Die *Enterprise* wurde zuletzt in der McKinley-Station überholt (siehe »Family« [»Familienbegegnung«]). Jean-Luc Picard (er scheint keinen weiteren Vornamen zu haben) ist seit drei Jahren Captain der Enterprise (seit Sternzeit 41124, vergleiche »Encounter at Farpoint« [»Der Mächtige« und »Mission Farpoint«]). Ihm wird vorgeworfen, in neun Fällen gegen die oberste Direktive verstoßen zu haben. Es wird auch auf die T'Pel-Saga in »Data's Day« [»Datas Tag«] und seine Assimilation durch die Borg in »The Best of Both Worlds« [»In den Händen der Borg«] hingewiesen. (In der Schlacht gegen die Borg wurden neununddreißig Schiffe zerstört; es gab 11000 Tote.) Der siebte Paragraph des Gesetzbuches der Föderation scheint das Recht zum Schweigen zu garantieren, und/oder daß jede Person als unschuldig gilt, bis ihre Schuld bewiesen wird. Kapitel vier, Absatz zwölf des Militärgesetzes garantiert jeder Person das Recht, vor dem Verhör eine Erklärung abzugeben.

96: Die Auflösung (»Half a Life«)

Ausstrahlung USA: 6. Mai 1991
Deutsche Erstausstrahlung: 18. März 1994 (SAT1)
Drehbuch: Peter Allan Fields,
nach einer Geschichte von Ted Roberts, Peter Allan Fields
Regie: Les Landau
Darsteller: David Ogden Stiers, Michelle Forbes,
Terence E. McNally, Carel Struycken

Lwaxana Troi verliebt sich in Dr. Timicin, einen stillen Wissenschaftler von einem sterbenden Planeten. Timicin ist auf der *Enterprise*, um Experimente zur Reaktivierung der kaelonischen Sonne durchzuführen, die aber fehlschlagen. Als Lwaxana erfährt, daß er seine Arbeit nicht beenden kann, weil er fast sechzig Jahre alt ist, ist sie außer sich. In diesem Alter begehen Kaeloner rituellen Selbstmord. Lwaxana überredet Timicin, Asyl zu beantragen, aber seine eigene Familie fühlt sich durch seine Entscheidung beleidigt. Schließlich beschließt Timicin, sich an die Bräuche seines Volkes zu halten, und Lwaxana beamt sich mit ihm hinunter.

Sternzeit: 44805,3

Fremde neue Welten: Kaelon 2, ein Planet, der eine sterbende Sonne umkreist. Leben ist auf dem Planeten nur noch für die nächsten dreißig bis vierzig Jahre möglich.

Neue Lebensformen: Die Kaeloner leben sehr zurückgezogen, da der Kontakt zur Föderation erst kürzlich zustande kam. Seit Generationen versuchen sie, ihre Sonne vor dem Erlöschen zu retten. Timicin glaubt mit einer erhöhten Heliumfusion die Lösung gefunden zu haben. Wenn sie sechzig Jahre alt werden, nehmen sich die Kaeloner bei einer Zeremonie, die sie die »Auflösung« nennen, das Leben. Vor fünfzehn bis zwanzig Jahrhunderten begannen die Kaeloner, sich nicht mehr um ihre älteren Mitbürger zu kümmern, die in »Deathwatch«-Einrichtungen gesteckt wurden (das kaelonische Gegenstück zu Seniorenheimen). Aus Lwaxanas Kommentaren kann man entnehmen, daß es für sie schwierig ist, die Gedanken der Kaeloner zu lesen.

Technoblabla: Der Stern ist wegen einer »Neutronenwanderung« instabil.

Herausragende Dialoge: Lwaxana: »Ich hatte ein erfülltes Leben. Ab und zu habe ich vielleicht ein bißchen über die Stränge geschlagen.«

Notizen: Trotz des Themas verzichtet die Geschichte fast gänzlich auf Emotionen, obwohl sich Lwaxana Troi besonders aufreizend gibt. Zudem gibt es die üblichen entsetzlichen telepathischen Sequenzen zwischen Mutter und Tochter, aber der Schluß ist wenigstens angenehm zweideutig: Es bleibt offen, ob die Entscheidung, Timicin auf seinen Heimatplaneten beamen zu lassen, damit er dort stirbt, der Gipfel der Trek-Toleranz ist, oder das neueste Beispiel für subversive Erzählungen bei der *Next Generation*.

Sogar die Föderation benötigte drei Jahre, um eine gleichwertige

Sonne für die der Kaeloner zu finden: den gigantischen roten Stern im Herzen des leblosen Praxillus-Systems. Lwaxana kannte einen Astronomen, der einen Stern nach ihr benannte. Früher trugen die Frauen von Betazed riesige Perücken, in deren Mitte sich Löcher für Tiere in Käfigen befanden. Oskoids sind eine Delikatesse der Betazoiden.

97: Odan, der Sonderbotschafter (»The Host«)
Ausstrahlung USA: 13. Mai 1991
Deutsche Erstausstrahlung: 21. März 1994 (SAT1)
Drehbuch: Michael Horvat
Regie: Marvin V. Rush
Darsteller: Barbara Tarbukc, Nicole Orth-Pallavicini, William Newman, Franc Luz

Die *Enterprise* befördert einen Vermittler der Föderation namens Odan nach Peliar, um eine Auseinandersetzung zu schlichten. Bei einem Shuttleunglück stellt sich heraus, daß Odan ein Trill ist, eine symbiotische Rasse bestehend aus einem parasitären Wesen, an eine Schnecke erinnern, und in einem Wirtskörper nisten. Der Wirtskörper stirbt aufgrund seiner Verletzungen. Da es einige Zeit dauern wird, bis ein neuer Wirtskörper eintrifft, stellt sich Riker als vorübergehender Ersatz zur Verfügung. Odan fühlt sich zu Beverly hingezogen, und sie bemüht sich, ihn zu akzeptieren, egal in welchem Körper er sich gerade befindet. Die Auseinandersetzung wird geschlichtet, und Odan wird erfolgreich in einen neuen Wirtskörper transplantiert, einen weiblichen Körper, womit Beverly nicht fertig wird.

Sternzeit: 44821,3

Fremde neue Welten: Peliar Zel und dessen beide Monde Alpha und Beta.

Neue Lebensformen: Die Peliarianer, »eine an sich vernünftige Rasse, die in ihrem eigenen Zorn gefangen ist«.
Die Trill, eine Spezies, die aus Wirtskörper und Symbiont besteht. Die Symbionten haben eine lange Lebenserwartung, da sie in regelmäßigen Abständen in neue Wirtskörper transplantiert

werden. Sie können keine Transporter verwenden, da dies den Symbionten verletzen würde (das ändert sich in verschiedenen Episoden von *Deep Space Nine*, in denen Dax keine Probleme mit den Transportern hat).

Rikers Eroberungen: Beverly. Na ja, nicht direkt, nur weil er eine außerirdische Schnecke im Bauch hat.

Herausragende Dialoge: »Diejenigen, die keinen wuterfüllten Schrei hören, mögen sich danach sehnen, ein Flüstern zu hören.« »Ich betrachte Will und sehe jemanden, den ich seit Jahren kenne. Eine Art Bruder. Ist er im Inneren wirklich Odan?«

Notizen: »Der Körper ist nur eine Leihgabe. Ich bin kein Parasit.« Eine Beverly-Lovestory (arme Bev, die auf eine Schnecke hereinfällt!). Es gibt eine großartige witzige Szene mit Crusher und Troi, die beim Friseur der *Enterprise* Frauengespräche führen, und eine gute Leistung von Jonathan Frakes. Aber der Schluß ist ein Rückschritt der schlimmsten Art. Als Beverly sagt, daß die Menschheit für bisexuelle Beziehungen noch nicht bereit sei, meinte sie, daß das amerikanische Fernsehen es nicht sei. Beverly arbeitet an einer Analyse der Atmungsprobleme auf Beta. Sie erzählt, daß Wesley Klassenbester auf der Akademie sei, aber mit Philosophien des Altertums Schwierigkeiten hätte. Beverlys erste Liebe war ein elfjähriger Footballspieler mit Namen Stefan (sie war acht).
Der erste Mann, den Troi liebte, war ihr Vater der »für mich gesungen hat und mich beschützte. Und dann hat er mich verlassen.«
Metrazene ist eine Medizin gegen Herzrhythmusstörungen. Das Shuttle, mit dem Riker und Odan fliegen, ist die *Hawking*.

98: Verräterische Signale (»The Mind's Eye«)
Ausstrahlung USA: 27. Mai 1991
Deutsche Erstausstrahlung: 22. März 1994 (SAT1)
Drehbuch: René Echevarria,
nach einer Geschichte von Ken Schafer, René Echevarria
Regie: David Livingston
Darsteller: Larry Dobkin, John Fleck, Edward Wiley,
Majel Barrett

Der neue Trek-Episodenführer

Auf dem Weg zu einem Seminar über künstliche Intelligenzen wird Geordi von den Romulanern entführt und einer schrecklichen Gehirnwäsche unterzogen. Als Geordi auf die *Enterprise* zurückkehrt, hat er keine Erinnerungen an die Romulaner. Die *Enterprise* wird zu einer klingonischen Kolonie geschickt, weil angeblich Hilfsgüter der Föderation an rebellierende Gruppen weitergeleitet werden. Botschafter Kell, der mit den Romulanern kollaboriert, hat vor, Geordi einen Anschlag auf Statthalter Vagh durchführen zu lassen, um die Föderation und die Klingonen zu spalten. Data deckt das Komplott auf und hält Geordi gerade noch rechtzeitig auf. Kell wird verhaftet, und Deanna beginnt mit der schwierigen Aufgabe, Geordi zu heilen.

Sternzeit: 44885,5

Fremde neue Welten: Krios, eine klingonische Kolonie, auf der derzeit eine Rebellion tobt. (Ist dies ein anderes Krios als das, das in »The Perfect Mate« [»Eine hoffnungsvolle Romanze«] erwähnt wird?) Die Rebellen attackieren neutrale Ferengi und cardassianische Frachter in der Nähe des ikalianischen Asteroidengürtels.

Technoblabla: »Prüfen Sie die Resonanzen der Subquantenzustände in Verbindung mit der Übergangsrelativität.«
»E-Band-Emissionen sind schwer zu orten.« »Bei zerfallenden Proto-Sternen ereignen sich gelegentlich E-Band-Ausbrüche.«

Deanna unterbeschäftigt?: Sie spielt nur in zwei kurzen Szenen mit, aber immerhin ist eine davon Geordis schwierige Heilung.

Datas Witze: »›Risa ertragen müssen‹. Eigentlich wollten Sie doch ausdrücken, daß Sie sich sehr wohl vergnügt haben. Ich verstehe, daß das recht amüsant sein kann.«

Herausragende Dialoge: »Sie fluchen nicht schlecht, Picard. Sie müssen klingonisches Blut in Ihren Adern haben.«
»Wir benötigen mehr als Spekulationen....Wir müssen wissen wer, was, wann, wo, warum. Sonst könnte es einen Krieg geben.«

Notizen: »Ihr Captain und ich werden ihn in den Frachtraum bringen. Ich möchte, daß Sie ihn dort vor vielen Zeugen töten.« Diese großartige Episode ist optisch hervorragend in Szene gesetzt; eine offensichtliche Hommage an den Film *The Manchurian Candidate* [»Botschafter der Angt«]. Die Folge wird aber auf eine so verblüffend halluzinatorische Art präsentiert, daß einen der Ursprung des Drehbuches nicht kümmert. LeVar Burton ist brillant, und es ist auch eine großartige Worf-Folge. Sie stellt die Themen von »Sins of the Father« [»Die Sünden des Vaters«] und »Reunion« [»Tödliche Nachfolge«] als einen Prolog für »Redemption« [»Der Kampf um das klingonische Reich«] dar (Denise Crosby taucht auf, ohne als Darstellerin genannt zu werden, und sie bleibt im Schatten verborgen).

Geordi mag spanische Gitarrenmusik und trinkt Rectorine. Er reist an Bord des Shuttles *Onizuker* nach Risa. Die implantierten Erinnerungen beinhalten die Teilnahme an bestimmten Seminaren, das Erreichen des ersten Platzes in einem Schachwettbewerb, Schwimmen, Spaziergänge, »soviel essen wie zwölf Leute« (und auch den Vorfall, als ein andorianischer Ober Probleme mit seiner Bestellung hat) sowie eine Beziehung zu einem Mädchen namens Janik.

O'Brien hat fast vier Jahre mit Geordi gedient.

99: Datas erste Liebe (»In Theory«)
Ausstrahlung USA: 3. Juni 1991
Deutsche Erstausstrahlung: 23. März 1994 (SAT1)
Drehbuch: Joe Menosky, Ronald D. Moore
Regie: Patrick Stewart
Darsteller: Michele Scarabelli, Pamela Winslow

Data entwickelt eine enge Beziehung zu dem Wissenschaftsoffizier Jenna D'Sora, die gerade eine lange Affäre mit einem anderen Offizier beendet hat. Von seinen Freunden holt sich Data Ratschläge für die Weiterführung der Beziehung. Seine Versuche, ein Programm zu entwickeln, das es ihm ermöglicht, sich zu verlieben, erweisen sich als hoffnungslos unzulänglich. Data wird klar, daß Jenna sich von der vorherigen Beziehung noch nicht erholt hat, und beide beschließen, sich nicht mehr zu treffen.

Sternzeit: 44932,3

Fremde neue Welten: Mar Oscura, ein unerforschter Nebel mit schwarzer Materie, in der sich einige M-Klasse-Planeten befinden.

Datas Witze: »Die Katze ist aus dem Sack.« »Spot?«
Jenna stellt fest: »Das ist es, was ich an dir liebe, Data, du bringst mich zum Lachen!«

Herausragende Dialoge: Rikers unvermeidlicher Ratschlag: »Ich denke, Sie sollten der Sache nachgehen ... Sie ist eine schöne Frau, und sie ist verrückt nach Ihnen.«
»Liebling, ich bin daheim!«
»Es scheint, daß meine Wünsche über meine Leistungsfähigkeit hinausgewachsen sind ... Ich bin anscheinend nicht annähernd so menschlich, wie ich es gerne sein möchte.«
Jenna fragt Data, an was er gedacht hat, während er sie küßte: »Ich habe die Warpfeldparameter neu konfiguriert, die gesamten Werke von Charles Dickens analysiert, den maximalen Druck ausgerechnet, den ich auf deine Lippen ausüben kann, mir Gedanken über einen neuen Futterzusatz für Spot gemacht...«

Notizen: »Ich würde Ihnen gerne Ratschläge geben, damit Sie die Frauen verstehen. Wenn ich die habe, melde ich mich bei Ihnen.«
Eine eigenartige Folge mit einem schrecklichen Moment (die Frau, die stirbt, als sie im Boden einsinkt) und etwas gelungenem Spaß (Worfs und Picards Reaktionen auf Datas Suche nach Ratschlägen für Beziehungen).
Data spielt nicht nur Violine, sondern auch Flöte in einem Holzblasorchester, dem auch Keiko und Jenna D'Sora angehören.
Jennas Vater starb, als sie noch jung war. Sie hat einen jüngeren Bruder und sie schenkt Data eine tyrineanische Skulptur. Datas schenkt ihr eine Crystilia, eine Blume von Telemarius 3. Datas Katze (siehe »Data's Day« [»Datas Tag«]) heißt Spot. (Man spricht von einem »Er«, was sich später aber ändert; siehe »Force of Nature« [»Die Raumkatastrophe«].) O'Brien läßt seine Socken auf dem Boden liegen, so daß seine Frau sie aufheben muß. Guinans neuer Drink (den sie auf Prakal 2 entdeckte) besteht aus 87prozentigem saurianischem Brandy, Targmilch und denesianischem Fleisch.
Picard steuert von Shuttle 3 aus die *Enterprise* aus dem Feld dunkler Materie heraus, in dem sie gefangen ist.

Vierte Staffel

100: Der Kampf um das klingonische Reich I (»Redemption I«)

Ausstrahlung USA: 17. Juni 1991
Deutsche Erstausstrahlung: 24. März 1994 (SAT1)
Drehbuch: Ronald D. Moore
Regie: Cliff Bole
Darsteller: Robert O'Reilly, Tony Todd, Barbara March, Gwynyth Walsh, Ben Slack, Nicholas Kepros, J.D. Cullum, Tom Ormeny, Majel Barrett

Die *Enterprise* bringt Picard zum Heimatplaneten der Klingonen, wo er als Unparteiischer die Nachfolge von Gowron bestätigt. Währenddessen versucht Worf das Unrecht, das seiner Familie zugefügt wurde, aus der Welt zu schaffen. Die Duras-Schwestern entdecken einen unehelichen Sohn des toten Klingonen und fechten das Urteil überraschend an, während sie heimlich mit den Romulanern zusammenarbeiten. Worf unterstützt Gowron öffentlich, der ihm die Familienehre zurückgibt, nachdem er den Thron bestiegen hat. Die Föderation zögert, bei dem bevorstehenden Bürgerkrieg im klingonischen Reich Partei zu ergreifen, und Worf, der bei Gowron im Wort steht, quittiert seinen Dienst. Die Duras-Familie plant ihren nächsten Schritt zusammen mit einem romulanischen Commander, der sich als Ebenbild von Tasha Yar entpuppt.

Sternzeit: 44995,3

Fremde neue Welten: Die klingonische Heimatwelt.

Deanna unterbeschäftigt?: Ja, sie wird zu einer Statistin ohne Text reduziert (genau wie Beverly).

Herausragende Dialoge: Picard: »Sie haben die Umstände mit der Geschicklichkeit eines Romulaners manipuliert. Meine Entscheidung wird morgen beim Höchststand der Sonne bekanntgegeben. Ausgezeichneter Tee, meine Damen!«
 Gowron: »Dein Blut wird den Weg in die Zukunft zeichnen.«
 »Du kommst wegen der Ehre deiner Familie zu mir, und jetzt versteckst du dich hinter menschlichen Ausreden. Was bist du, Worf? Zitterst und bebst du aus Angst vor einem bevorstehenden Kampf, in der Hoffnung, dich wie ein Mensch mit Worten vor

einem Gefecht drücken zu können? Oder hörst du den Schrei eines Kriegers, der dich wie einen Klingonen zum Kampf ruft?«

Notizen: »Ihre Entehrung ist eine Farce, um Männer mit weniger Ehre zu beschützen. Es ist eine Lüge. Lügen müssen bekämpft werden.« Eine Rachegeschichte voller höfischer Intrigen von epischen Ausmaßen, die Anleihen bei Shakespeare enthält und dadurch um so bemerkenswerter ist, daß neunzig Prozent der Protagonisten Außerirdische mit lustig geformten Köpfen sind. Ein grausamer Höhepunkt der Handlungen von »Sins of the Father« [»Die Sünden des Vaters«], »Reunion« [»Tödliche Nachfolge«] und »The Mind's Eye« [»Verräterische Signale«], die ohne Rücksicht auf neue Zuschauer erzählt wird. Und ist der Cliffhanger nicht großartig?

Frauen sind im klingonischen Hohen Rat nicht erlaubt. Die Duras-Schwestern, Lursa und B'Etor, planen, den unehelichen Sohn Toral dazu zu benutzen, gemeinsam mit den Romulanern Gowron die Macht zu entreißen. Sie haben in der Nähe von Beta Thoridar eine große Schlachtflotte versammelt.

Worfs Bruder Kurn ist Befehlshaber des klingonischen Schlachtschiffes *Hegh'ta*. Gowron ist der Sohn von M'Rel. Kellicam ist ein klingonisches Längenmaß. »BaH« bedeutet feuern und »Yingtagh« ist ein klingonischer Fluch.

Guinan sagt, sie habe mit Picard eine Wette abgeschlossen, daß sie Worf zum Lachen bringen könnte, bevor er zum Lieutenant Commander befördert wird.

»Wir sollten Jean-Luc noch nicht abschreiben. Er ist ein Mensch, und Menschen haben die Gabe, dann wieder aufzutauchen, wenn man am wenigsten damit rechnet.«

Fünfte Staffel

26 Folgen à 45 Minuten

Nach den Ideen von Gene Roddenberry

Executive Producers:
Rick Berman (101-104, 107-126), Michael Piller (101-104, 107-126), Gene Roddenberry (101-104, 107-126)

Fünfte Staffel

Co-Executive Producers: Rick Berman (105-106),
Michael Piller (105-106), Gene Roddenberry (105-106)
Producers: David Livingston, Herbert J. Wright (113-118)
Co-Producers: Peter Lauritson, Joe Menosky, Ronald D. Moore
Supervising Producer: Jeri Taylor
Associate Producer: Wendy Neuss
Line Producer: Merri D. Howard (115)
Executive Script Consultant: Peter Allan Fields (119-121, 123-126)

Hauptdarsteller: Patrick Stewart (Captain Jean-Luc Picard), Jonathan Frakes (Commander William Riker), LeVar Burton (Lt. Commander Geordi La Forge), Michael Dorn (Lt. Worf), Gates McFadden (Dr. Beverly Crusher), Marina Sirtis (Counselor Deanna Troi), Brent Spiner (Lt. Commander Data), Colm Meaney (Lt. O'Brien, 101-102, 105-106, 115), Rosalind Chao (Keiko O'Brien, 105, 112, 115), Whoopi Goldberg (Guinan, 101, 103, 122-123, 126), Michelle Forbes (Fähnrich Ro Laren, 103, 105, 114-115, 118, 124), Patti Yasutake (Schwester Ogawa, 106, 116, 118, 122, 125), Wil Wheaton (Wesley Crusher, 106, 119), Brian Bonsall (Alexander, 110, 116, 120, 122), Majel Barrett (Lwaxana Troi, 120)

101: Der Kampf um das klingonische Reich II (»Redemption II«)

Ausstrahlung USA: 23. September 1991
Deutsche Erstausstrahlung: 28. März 1994 (SAT1)
Drehbuch: Ronald D. Moore
Regie: David Carson
Darsteller: Denise Crosby, Tony Todd, Barbara March, Gwynyth Walsh, J.D. Cullum, Robert O'Reilly, Michael Hagerty, Fran Bennett, Nicholas Kepros, Timothy Carhart, Jordan Lund, Stephen James Carver

Auf der Sternenbasis 234 schlägt Picard eine Blockade der romulanischen Grenze vor, und einige Besatzungsmitglieder verlassen die *Enterprise*, um auf anderen Schiffen ihren Dienst fortzusetzen. Währenddessen beginnt der klingonische Bürgerkrieg. Worf wird von den Romulanern entführt, unterdessen wird Picard von Commander Sela besucht, die behauptet, Tasha Yars Tochter zu sein. Die

Blockade ist erfolgreich, und ein Versuch, sie zu durchbrechen, wird von Data vereitelt, der die *Sutherland* kommandiert. Die Romulaner lassen ihre klingonischen Verbündeten im Stich. Während Gowron seinen Sieg feiert, entscheidet Worf, daß sein Platz auf der *Enterprise* ist.

Sternzeit: 45020,4

Fremde neue Welten: Gamma Eridon, der Aufenthaltsort der Föderations-Flotte.

Technoblabla: Ein »Tachyonennachweisgitter«, Geordis schlaue Idee, wie man die Romulaner aufspüren kann, wenn sie getarnt sind (warum hat Scotty an so etwas vor neunzig Jahren nicht gedacht?).

Herausragende Dialoge: »Die Duras-Familie wird eines Tages das Imperium beherrschen.« »Vielleicht. Aber nicht heute!«

Notizen: »Der klingonische Bürgerkrieg ist, wie der Name schon sagt, eine interne Angelegenheit.« Etwas enttäuschend nach dem gewaltigen Aufwand. Immerhin gibt es einige großartige Momente (die Picard/Guinan-Szene nach der schockierenden Offenbarung, daß Tasha Yar eine Tochter hat), aber das Nebenthema, als Data sich auf der *Sutherland* mit Vorurteilen konfrontiert sieht, lenkt vom Hauptthema ab. Das Finale ist hervorragend, als Worf sich weigert, Toral zu töten (»Es ist der Weg der Klingonen.« »Ich weiß, aber es ist nicht mein Weg.«).

Der Hinweis darauf, daß die Romulaner in den letzten zwanzig Jahren versuchten, die Allianz zwischen der Föderation und den Klingonen zu untergraben, zeigt, daß die Enterprise C in »Yesterday's Enterprise« [»Die alte Enterprise«] die Geschichte erfolgreich veränderte und daß die in »The Neutral Zone« »[Die neutrale Zone] erwähnte fünfzig Jahre andauernde Funkstille jetzt nie stattgefunden hat.

Sela ist Tasha Yars Tochter. Es gab Gerüchte von Überlebenden auf Narenda 3, die von den Romulanern aufgespürt und nach Romulus gebracht wurden. Ein romulanischer General war von Tasha sehr angetan und ließ die restlichen Überlebenden am Leben, unter der Bedingung, daß sie seine Partnerin wird. Sela wurde ein Jahr später geboren (Picard datiert diese Ereignisse dreiundzwanzig Jahre zurück, Sela ist vierundzwanzig). Tasha wurde bei einem Fluchtversuch exekutiert, als Sela vier Jahre alt war.

Fünfte Staffel

Zu der von Picard aufgestellten Flotte gehören die *Excalibur* (unter dem Kommando von Riker und Geordi), die *Sutherland* (unter dem Kommando von Data), die *Tian An Men*, die *Hermes*, die *Akagi* und die *Hornet*.

102: Darmok (»Darmok«)

Ausstrahlung USA: 30. September 1991
Deutsche Erstausstrahlung: 29. März 1994 (SAT1)
Drehbuch: Joe Menosky,
nach einer Geschichte von Philip Lazebnik, Joe Menosky
Regie: Winrich Kolbe
Darsteller: Richard James, Paul Winfield, Ashley Judd,
Majel Barrett

Die Kinder von Tama sind eine friedliche Rasse, deren Sprache bei den letzten Begegnungen mit Föderationsschiffen nicht verstanden wurde. Ein tamarianischer Captain versucht auf direkte Art und Weise eine Nachricht zu überbringen, indem er sich und Picard auf einen nahegelegenen Planeten beamt. Picard und der außerirdische Captain Dathon versuchen zu kommunizieren, aber die Sprachbarriere scheint unüberwindbar zu sein. Data entdeckt, daß die tamrianische Sprache auf bildhaften Erzählungen ihrer Legenden beruht; Dathon versucht, die Legende von Darmok zu rekonstruieren, einem mythischen Helden, der sich mit einem anderen Krieger verbündet hatte, um einen gemeinsamen Feind zu besiegen. Auf dem Planeten greift ein bösartiges Wesen beide Captains an und verletzt Dathon tödlich, aber zuvor hat Picard die tamarianische Sprache teilweise verstanden. Der *Enterprise* gelingt es, Picard zu retten, der die Tamarianer über das Schicksal ihres Captains informiert.

Sternzeit: 45047,2

Fremde neue Welten: El-Adrel 4.

Neue Lebensformen: Die Kinder von Tama (oder Tamarianer), eine »rätselhafte Rasse«, der Föderationsschiffe in den letzten hundert Jahren sieben Mal begegnet sind. Captain Silvestri von der *Shiku Maru* behauptete, man könne sie »nicht verstehen«. Ihre »seltsame Egostruktur« erlaubt ihnen keine eigene Identität. Sie kommunizieren mit Hilfe von bildhaften Formulierungen, die sich auf ihre mythologisch-historischen Sagen beziehen, und sie scheinen vom Planeten Shantil 3 zu stammen.

Herausragende Dialoge: »Darmok und Jalad auf Tanagra.«

Notizen: »Nach meiner Erfahrung ist die Kommunikation eine Sache von Geduld und Phantasie. Ich möchte gerne glauben, daß wir diese Qualitäten in genügendem Maße besitzen.« Sehr hübsch, eine fast parabelartige Wiedergabe von Gene Roddenberrys Konzept für *Star Trek*, in dem außerirdische Rassen die Barrieren überwinden, um Verständnis zu finden. Wen stört es schon, daß die Geschichte an *Enemy Mine* (»Enemy Mine – Geliebter Feind«) erinnert? Ein kleines Juwel.

In der tamarianischen Sprache bedeutet »Darmok und Jalad auf Tanagra«, Freundschaft zu schließen, indem man einen gemeinsamen Feind bekämpft. Andere verwendete Phrasen sind »Shaka, als die Mauern fielen« (zeigt einen Mißerfolg oder Unfähigkeit), »Sokath, seine Augen unbedeckt« (verstehen), »Temba, mit den Armen weit offen« (geben, oder ein Geschenk teilen), »Cinda, sein Gesicht schwarz, seine Augen rot« (größte Wut), »Chinza im Zustand des Schweigens« (scheinbar »Halt die Klappe!«) und »Darmok auf dem Ozean« (allein sein).

Data erzählt, daß er während seiner Zeit bei der Sternenflotte 1754 nichtmenschlichen Rassen begegnet ist. Im Universalübersetzer sind 47 Eintragungen für das Wort »Darmok« eingespeichert, diese beinhalten einen Eroberer der siebten Dynastie auf Conda 4 und eine Eiswüste auf Tazna 5. »Tanagra« ist eine herrschende Familie auf Galas 2 und ein zeremonielles Getränk von Larici 4.

Picard erzählt Captain Dathon die mesopotamische Legende von Gilgamesch.

103: Fähnrich Ro (»Ensign Ro«)

Ausstrahlung USA: 7. Oktober 1991
Deutsche Erstausstrahlung: 30. März 1994 (SAT1)
Drehbuch: Michael Piller,
nach einer Geschichte von Rick Berman, Michael Piller
Regie: Les Landau
Darsteller: Scott Marlowe, Frank Collison, Jeffrey Hayenga, Harley Venton, Ken Thorley, Cliff Potts, Majel Barrett

Bei einem gefährlichen Auftrag im cardassianischen Gebiet muß sich Picard zusätzlich noch mit dem berüchtigten Fähnrich Ro beschäftigen, einer bajoranischen Offizierin. Eine Gruppe bajoranischer Extremisten, die bei der Besetzung ihres Planeten durch die Cardassianer vertrieben wurde, wird für Angriffe auf Außenposten der Föderation verantwortlich gemacht. Ro, die geheime Befehle von Admiral Kennelly erhalten hat, gerät mit Picard aneinander, aber Guinan überredet Picard, ihr zu trauen. Mit Ros Hilfe gelingt es Picard, mit dem Anführer Kontakt aufzunehmen, der den Angriff abstreitet. Die scheinbare Zerstörung des bajoranischen Schiffes durch die Cardassianer, während es sich in Begleitung der *Enterprise* befand, bestätigt Picard, daß Kennelly die Position des Schiffes preisgegeben hat. Picard offenbart, daß das Schiff leer war, aber auch, daß die Cardassianer selbst die Angriffe auf die Föderation inszenierten. Ro bekommt die Chance, auf der *Enterprise* zu bleiben.

Sternzeit: 45076,3

Fremde neue Welten: Lya Station Alpha, dort trifft sich Picard mit Admiral Kennelly. Solarion 4, ein cardassianischer Außenposten, der (angeblich) von bajoranischen Terroristen zerstört wurde. Das bajoranische Flüchtlingslager Valo 3 (Jaz Holzas Kolonie) und Valo 2 (Keeve Falors Kolonie auf dem südlichen Kontinent).

Neue Lebensformen: Die Bajoraner, deren Heimatplanet vor vierzig Jahren durch die Cardassianer besetzt wurde. Die Bajoraner sind jetzt über die ganze Galaxie verstreut, und es haben sich »terroristische« Gruppen für den Widerstand gegen die Cardassianer gebildet. Picard erwähnt, daß es auf Bajor schon »Architekten, Künstler, Erbauer und Philosophen gab, bevor der Mensch aufrecht gehen konnte«.

Einführung: Ro Laren in ihrem ersten von acht Auftritten.

Herausragende Dialoge: »Wie bequem muß es für Sie sein, die Seufzer von Leidenden hinter einer Linie auf der Landkarte einfach zu ignorieren.«

Ro über Bajoraner: »Sie sind verloren. Besiegt. Ich werde es niemals sein.«

Notizen: »Über Jahrzehnte hinweg habt ihr tatenlos zugesehen, wie die Cardassianer unsere Häuser besetzten und unsere Leute verletzten.« Wütend und brillant, fast schon ein Drehbuch für den Pilotfilm von *Deep Space Nine*, in dem wir erstmals von dem Krieg zwischen den Bajoranern und den Cardassianern erfahren.

Beverly lernte Jaz Holza auf einem Symposium kennen. Sie hält ihn für gemäßigt (und für einen großartigen Tänzer). Ro beschreibt ihn als einen »Vorzeige-Bajoraner« ohne politische Macht.

Mr. Mot, der Friseur der *Enterprise*, gibt Picard und Riker taktische Ratschläge (er erwähnt die Romulaner). Sie nehmen es hin, da er, wie Riker sagt, der beste Friseur in der Sternenflotte ist.

Ro Laren (gemäß bajoranischen Bräuchen wird zuerst der Familiennamen, dann der Vornamen genannt) war vorher Fähnrich auf der *Wellington*. Auf Garon 2 hat sie entgegen den Befehlen gehandelt, was den Tod von acht Mitgliedern der Suchmannschaft bedeutete. Sie wurde vor ein Kriegsgericht gestellt und in das Militärgefängnis auf Jaros 2 geschickt. Als siebenjähriges Kind sah sie, wie ihr Vater von Cardassianern gefoltert und getötet wurde.

Vor langer Zeit geriet Guinan in irgendwelche Schwierigkeiten. Es wird angedeutet, daß Picard ihr geholfen hat. Das Heilmittel von Picards Tante Adele für eine Erkältung war heißer Ingwertee mit Honig.

Die Bajoraner haben Kreuzer der Antaresklasse, die Cardassianer Kriegsschiffe der Galorklasse.

104: Das Recht auf Leben (»Silicon Avatar«)
Ausstrahlung USA: 14. Oktober 1991
Deutsche Erstausstrahlung: 31. März 1994 (SAT1)
Drehbuch: Jeri Taylor, nach einer Geschichte von
Lawrence V. Conley
Regie: Cliff Bole
Darsteller: Ellen Geer, Susan Diol

Als das kristalline Wesen eine Föderationskolonie angreift, wird Dr. Kila Marr, deren Sohn auf Omicron Theta getötet wurde, hingeschickt, um die *Enterprise* bei der Suche nach dem Wesen zu unterstützen. Marr ist von Rachegedanken besessen und mißtraut Data sehr stark, da sein Bruder für den Angriff des Wesens verantwortlich ist. Als sie herausfindet, daß Data alle Erinnerungen der

Kolonisten von Omicron, auch die ihres Sohnes, gespeichert hat, ändert sich ihre Einstellung. Die *Enterprise* holt das Wesen ein, und als gerade eine Kommunikationsverbindung hergestellt wird, verändert Dr. Marr die Frequenz des Energiepulses des Schiffes und zerstört dadurch das Wesen.

Sternzeit: 45122,3

Fremde neue Welten: Melona 4, eine neue Kolonie, die von dem Wesen verwüstet wird. Zur Brechtian-Gruppe gehören zwei bewohnte Planeten. Ein Schiff von Boreal 3 (die *Kallisko*) wird offenbar auch von dem Wesen zerstört. Während eines Angriffs des Wesen auf Forlat 3 versteckten sich die Kolonisten in Höhlen, wurden aber trotzdem vernichtet.

Rikers Eroberungen: Carmen, die dem Tode geweihte Anführerin der Kolonie auf Melona 4. Sie meint, Riker sei ein »Freidenker«. Sie planen ein Abendessen mit getrocknetem Hühnchencurry und Wein in ihrem Zelt. Dann stirbt sie einen schrecklichen Tod. Glückliches Mädchen.

Herausragende Dialoge: »Es will Menschen zu Tausenden schlachten. Es ist nichts anderes als eine Tötungsmaschine.«

Notizen: »Ich habe es für Dich getan.« Ein verdrehter und etwas unbeholfener Blick auf Besessenheit und Rache, der woanders schon besser dargestellt wurde. Der Vorspann allerdings ist großartig.

Es wurde, so Data, keine vorherbestimmte Grenze für seine Existenz gesetzt. Er kann spanische Gitarre spielen.

Bei den elf registrierten Angriffen des Wesens gab es keine Überlebenden. Kila Marr ist eine Xenologin. Nach dem Tode ihres sechzehnjährigen Sohnes Raymond (»Rennie«), einem der Siedler auf Omicron Theta, hat sie ihr Leben der Erforschung des kristallinen Wesens gewidmet. Dr. Clendenning, ein weiterer Siedler von Omicron, verwendete Scans mit Gammastrahlen, um Nebenprodukte in der Antiprotonenspur des Wesens festzustellen.

Parrisses Squares wird wieder erwähnt (siehe »11000110« [»11000110«], »Future Imperfect« [»Gedächtnisverlust«], »The First Duty« [»Ein mißglücktes Manöver«] und »Timescape« [»Gefangen in einem temporären Fragment«]). Die weitgehend hitzebeständigen Metalle Kabonit und Fistrium werden im Gestein auf Melona 4 gefunden.

105: Katastrophe auf der Enterprise (»Disaster«)

Ausstrahlung USA: 21. Oktober 1991
Deutsche Erstausstrahlung: 5. April 1994 (SAT1)
Drehbuch: Ronald D. Moore,
nach einer Geschichte von Ron Jarvis, Philip A. Scorza
Regie: Gabrielle Beaumont
Darsteller: Erika Flores, John Christopher Graas, Max Supera,
Cameron Arnett, Jana Marie Hupp

Als sie von einem Quantenfragment getroffen wird, das einen Riß in der Antimateriekammer verursacht, gerät die *Enterprise* in höchste Gefahr. Picard ist zusammen mit drei Kindern im Turbolift gefangen, Riker, Data und Worf sitzen mit einer schwangeren Keiko O'Brien in Ten Forward fest und Deanna ist der einzige Führungsoffizier auf der Brücke. Während Riker und Data versuchen, einen Weg in den Maschinenraum zu finden, hilft Worf bei der Geburt von Keikos Baby. Geordi und Beverly haben ihr eigenes Problem in einem Frachtraum mit einem radioaktiven Feuer. Troi leitet Energie in den Maschinenraum, und Riker schafft es gerade noch rechtzeitig, die Zerstörung des Schiffes zu verhindern.

Sternzeit: 45156,1

Technoblabla: »Wir haben ein Problem. Die Quantumresonanz des Fragments hat eine Polaritätsverschiebung in der Antimateriekammer verursacht.«

Das Picard-Manöver: Jeder: O'Brien, Ro, sogar Deanna.

Deanna unterbeschäftigt: Ja – dabei führt sie sogar das Kommando!

Herausragende Dialoge: »Sie wollen, daß ich Ihren Kopf abnehme?«
Worf und Keiko sprechen über die einsetzenden Wehen: »Jetzt ist keine gute Zeit, Keiko.« »Das kann ich mir nicht aussuchen!«

Notizen: »Glückwunsch, Sie haben sich auf zehn Zentimeter ausgedehnt. Sie können jetzt gebären.« Dumm, aber brillant, eine Parodie auf Katastrophenfilme mit einigen guten Passagen und einem bewußten, postmodernen Hauch von Selbstironie. Die Worf/Keiko-Szenen sind äußerst witzig.

Worf nahm am Erste-Hilfe-Kurs der Sternenflotte teil. O'Briens Vater heißt Michael, Keikos Hiro. Picard sang »Frère Jacques« in der Schule. Heutzutage singt man »Der lachende Vulkanier und sein Hund«, und er gibt zu, daß er es nicht kennt.

Beverly läßt Geordi für die Aufführung von »Die Piraten von Penzance« vorsprechen.

Zum Notfallplan Alpha 2 gehört, den Computer zu umgehen und die Kontrolle manuell zu übernehmen. Quantum ist eine chemische Substanz, die in Schubeinheiten verwendet wird. Normalerweise ist sie stabil, aber durch Kontakt mit Strahlung wird sie tödlich. Polyduranid wird zur Herstellung von Raumschiffen verwendet. Hyronalin dient zur Behandlung von Strahlungsopfern. Ein großer Bestandteil von Datas Körper besteht aus Tripolymeren (siehe »The Most Toys« [»Der Sammler«]).

106: Gefährliche Spielsucht (»The Game«)

Ausstrahlung USA: 28. Oktober 1991
Deutsche Erstausstrahlung: 6. April 1994 (SAT1)
Drehbuch: Brannon Braga, nach einer Geschichte von
Susan Sackett, Fred Bronson, Brannon Braga
Regie: Corey Allen
Darsteller: Ashley Judd, Katherine Moffat, Diane M. Hurley

Auf Risa entdeckt Riker ein interaktives Spiel, das sich sehr großer Beliebtheit erfreut. Wesley Crusher, der sich auf einem Kurzbesuch von der Akademie befindet, freundet sich mit Fähnrich Robin Lefler an. Sie mißtrauen dem Spiel, das anscheinend abhängig macht und gefährliche Nebeneffekte auslöst. Data, der gegen dieses Spiel immun gewesen wäre, erlebt einen Ausfall seiner Systeme, der durch Riker verursacht wird. Die Crew wird in Wirklichkeit von einer außerirdischen Rasse beeinflußt, die die Eroberung der Föderation mit Hilfe des Spiels plant. Wesley gelingt es jedoch, Data zu reparieren, und der Android entwickelt ein neuro-optisches Gerät, das dem Effekt des Spiels entgegenwirkt. Die Außerirdischen werden gefangengenommen.

Sternzeit: 45208,2

Fremde neue Welten: Die (unerforschte) Phoenix-Gruppe.

Neue Lebensformen: Die Ktarianer, die ein psychotropisch abhängig machendes Spiel verwenden, um die Föderation zu infiltrieren.

Rikers Eroberungen: Etana, die schroffe Ktarianerin. Ein schlechter Zug, sogar für Rikers Standard.

Deanna unterbeschäftigt?: Sie vergeudet eine Szene, um ihr unglaubliches Vergnügen an Schokolade zu beschreiben!

Herausragende Dialoge: »Ein Konflikt ist zwischen dem planetarischen Evolutionsteam und den stellaren Physikern ausgebrochen!«

Notizen: »Wie weit geht dieses Spiel?« »So weit, wie Sie es spielen können.« Ein wenig überzeugendes Durcheinander mit einer lächerlichen Auflösung. Hirnloser Spaß. Die niedliche Robin Lefler (aus »Darmok«) zeigt ihr Interesse an der Liebe in einem guten Zusammenspiel mit Wesley. Es gibt einen netten running Joke über Wesleys Muttermal.

Walter Horne, der Picard kreatives Schreiben auf der Akademie beibrachte, arbeitete immer noch dort und unterrichtet Wesley. Er hat auch Boothby ausgesucht (siehe »The Final Mission« [»Die letzte Mission«] und »The First Duty« [»Ein mißglücktes Manöver«]). Der Gärtner konnte sich nicht mehr an Picard erinnern, bis Wesley ihm ein Foto aus einem alten Jahrbuch zeigte. Er erwischte Picard, als dieser einmal »A.F.« in seine preisgekrönte Ulme schnitzte. Picard erzählt, daß »A.F.« der Grund war, warum er in organischer Chemie durchfiel. Wesleys Latein hat sich verbessert. Er mag tarvokianischen Früchtekuchen (eine klingonische Nachspeise, die Worf zubereitet).

Die *Zhukov* (Barclays altes Schiff, siehe »Hollow Pursuits« [»Ein mißglücktes Manöver«]) wird erwähnt. Die Tochter der O'Briens heißt Molly. Data erwähnt, daß Beverly ihm das Tanzen in »Data's Day« [»Datas Tag«] beibrachte. Genau wie Wesley war er das Opfer für Streiche auf der Akademie (obwohl er scheinbar auch gut austeilen kann). Die Sadie-Hawkins-Tanzveranstaltung findet immer noch alljährlich auf der Akademie statt.

Robin Lefler ist das Kind zweier Plasmaspezialisten der Sternenflotte. Als Kind ist sie viel umhergereist und sagt, daß ihr Freund ein Tricorder war (bei Wesley war es eine Warpspule!). Sie hat Freunde auf der Akademie. Jedesmal, wenn sie etwas lernt, entwickelt sie ein »Gesetz«, um das Gelernte nicht wieder zu vergessen. Sie hat das 102. Gesetz erreicht (das 103. wurde speziell für Wesley entwickelt).

107: Wiedervereinigung I (»Unification I«)

Ausstrahlung USA: 4. November 1991
Deutsche Erstausstrahlung: 7. April 1994 (SAT1)
Drehbuch: Jeri Taylor,
nach einer Geschichte von Rick Berman, Michael Piller
Regie: Les Landau
Darsteller: Leonard Nimoy, Joanna Miles, Stephen Root,
Graham Jarvis, Malachi Throne, Norman Large,
Daniel Roebuck, Erick Avari, Karen Hensel, Mark Lenard

Picard wird über Botschafter Spocks Verschwinden unterrichtet. Spocks Spur wurde bis nach Romulus zurückverfolgt, und die Föderation befürchtet, er könnte übergelaufen sein. Picard bespricht die Vorkommnisse mit Sarek, der im Sterben liegt. Sarek glaubt, daß Spock an der Wiedervereinigung des romulanischen und vulkanischen Volkes arbeitet, und schlägt vor, den fortschrittlichen Senator Pardek aufzusuchen. Picard und Data reisen in einem getarnten Schiff nach Romulus. Unterdessen untersucht die Crew der Enterprise gestohlene vulkanische Maschinen und Schiffe, außerdem begegnet man einem Schiff, das sich selbst zerstört, bevor der Besatzung irgendwelche Fragen gestellt werden können. Picard und Data, die sich als Romulaner verkleidet haben, werden durch Mitglieder von Pardeks Untergrundbewegung gefangengenommen und zu Spock geführt.

Sternzeit: 45233,1

Fremde neue Welten: Vulkan, Romulus. Die Enterprise muß ihre Mission auf Doraf 1 abbrechen und besucht Qualor 2, einen Raumschiffsfriedhof der Föderation.

Neue Lebensformen: Die Zakdorn (siehe »Peak Performance« [»Galavorstellung«]) betreiben Qualor 2.

Notizen: Eine gute Einführungsgeschichte, die von ihrem langsamen Tempo profitiert. Es gibt ein großartiges Zwischenspiel mit Data und Picard auf dem Klingonenschiff, wobei letzterer krampfhaft versucht, auf dem zur Verfügung gestellten Bett (der »Koje«) seine Gereiztheit zu verbergen.

Ein Jahr ist vergangen, seit Picard mit Sarek eine Gedankenverschmelzung eingegangen ist (siehe »Sarek« [»Botschafter Sarek«]). Sarek ist sehr krank und stirbt in dieser Folge. Picard traf Spock einmal vor den Geschehnissen dieser Geschichte (siehe »Sarek« [»Botschafter Sarek«]), doch sein Wissen über ihn stammt hauptsächlich aus historischen Aufzeichnungen. Spock hat Sarek bezüglich seiner Einstellung zum cardassianischen Krieg öffentlich angegriffen. Die vulkanische Minze ist etwas anderes als ihr irdisches Gegenstück. Vulkanische Schiffe werden oftmals aus einer Dentariumlegierung gebaut. Picard bittet Gowron um einen Gefallen (siehe »Reunion« [»Tödliche Nachfolge«] und »Redemption« [»Der Kampf um das klingonische Reich«]), der gerade die Geschichte neu schreibt, um persönliche Vorteile zu erringen. Pardek, ein romulanischer Senator, hat an der Khitomer-Konferenz teilgenommen (siehe »Heart of Glory« [»Worfs Brüder«]) und hat Verhandlungen über Handelsabkommen mit den Barolianern begonnen.

108: Wiedervereinigung II (»Unification II«)
Ausstrahlung USA: 11. November 1991
Deutsche Erstausstrahlung: 8. April 1994 (SAT1)
Drehbuch: Michael Piller,
nach einer Geschichte von Rick Berman, Michael Piller
Regie: Cliff Bole
Darsteller: Leonard Nimoy, Stephen Root, Malachi Throne,
Norman Large, Daniel Roebuck, William Bastiani,
Susan Fallender, Denise Crosby

Picard berichtet Spock vom kürzlichen Tod seines Vaters und fordert den Botschafter auf, seine »Cowboy-Diplomatie« zu stoppen. Spock weigert sich, wird aber von Pardek verraten, der mit Commander

Sela zusammenarbeitet. Spocks Mission wurde von der romulanischen Führung untergraben, die eine ganz andere Wiedervereinigung mit Vulkan plant: eine Invasion mit Hilfe eines trojanischen Pferdes. Die gestohlenen Raumschiffe, in denen sich eine große Anzahl von romulanischen Truppen befinden, sollen sich Vulkan mit einer (holographischen) Nachricht von Spock nähern, in der er von Hoffnung und Aussöhnung spricht. Spock und Data alarmieren die *Enterprise*, die die Schiffe abfängt, die gleich darauf von einem getarnten Warbird zerstört werden. Die Invasion wird vereitelt, und Spock entscheidet sich, auf Romulus zu bleiben, um weiter an der Wiedervereinigung der beiden Völker zu arbeiten.

Sternzeit: 45245,8

Fremde neue Welten: Galorndon Core (siehe »The Enemy« [»Auf schmalem Grat«]) wird erwähnt.

Neue Lebensformen: Die Bar ist voll von ihnen, einschließlich eines fetten Ferengi. Ein bardakianischer Gabelantilopenelch wird erwähnt.

Technologie: Die Romulaner haben vor, ein holographisches Abbild von Spock für ihre Pläne einzusetzen, diese Technologie wird später von Data gegen sie verwendet.

Rikers Eroberungen: Will umwirbt eine sechsarmige, pflaumenköpfige, drahtnasige Pianistin. Dieser Mann ist einfach nicht zu stoppen.

Herausragende Dialoge: Picard, der sich als Romulaner verkleidet hat: »Ich denke, daß ich diese Gelegenheit nutzen werde, um meine Ohren zu entfernen.«

Notizen: Trotz des epischen Aufbaus erweist sich der Zweiteiler als eine durchschnittliche Geschichte über romulanische Tricks, die durch Spocks Beteiligung und eine Hommage an die Kantinenszene in *Star Wars* gewürzt wird. Es ist faszinierend, Spock und Data, sein Gegenstück bei *The Next Generation*, zu vergleichen (der einmal einen Nervengriff anwendet): Spock hat ständig versucht, seine menschliche Seite zu unterdrücken, während Data immer daran interessiert war, *menschlicher* zu werden.

Spock spricht über James Kirk und seine Rolle beim Friedensschluß mit den Klingonen (siehe *Star Trek VI*). Die klingonische Oper ist schrill und hat Ähnlichkeit mit denen von Wagner. »Jolan true« ist ein romulanischer Abschiedsgruß.

109: Der zeitreisende Historiker (»A Matter of Time«)

Ausstrahlung USA: 18. November 1991
Deutsche Erstausstrahlung: 11. April 1994 (SAT1)
Drehbuch: Rick Berman
Regie: Paul Lynch
Darsteller: Matt Frewer, Stefan Gierasch, Sheila Franklin, Shay Garner

Professor Berlinghoff Rasmussen materialisiert auf der Brücke und sagt, daß er aus dem 26. Jahrhundert gekommen sei, um die Crew der *Enterprise* bei einem historischen Ereignis zu beobachten. Rasmussen scheint besonders an den Entwicklungen der letzten zweihundert Jahre interessiert zu sein. Die Versuche des Schiffes, Panthara 4 dabei zu helfen, mit den Auswirkungen eines abstürzenden Asteroiden fertig zu werden, schlagen katastrophal fehl. Glücklicherweise ist Geordis Plan erfolgreich. Picards Verdächtigungen über Rasmussen werden verstärkt, als festgestellt wird, daß einige kleine Ausrüstungsteile vermißt werden. Rasmussen erlaubt Data, ihn in seine Zeitmaschine zu begleiten, wo er zugibt, daß er eigentlich aus der Vergangenheit stammt und die Maschine von einem echten Zeitreisenden gestohlen hat. Er plant, die Ausrüstungsteile mit zurückzunehmen und zu behaupten, er hätte sie erfunden. Er hofft jetzt, auch Data in seine Beutesammlung aufzunehmen. Dies mißglückt, und der Professor sitzt im 24. Jahrhundert fest, als seine Maschine verschwindet.

Sternzeit: 45349,1

Fremde neue Welten: Penthara 4, auf dem ein Asteroid des Typs C auf einem unbewohnten Kontinent aufgeschlagen ist. Eine Stadt heißt auf diesem Planeten New Seattle.

Pokerspiel: Geordi fragt Rasmussen, ob er nach dem Erstellen des Fragebogens einen Blick auf das Pokerspiel der nächsten Woche werfen könnte.

Das Picard-Manöver: Ja, zweimal.

Herausragende Dialoge: »Einige meiner besten Freunde sind Empathen!«
»Was ist, wenn einer von denen, die ich gerettet habe, aufwächst und zum nächsten Adolf Hitler oder Khan Singh wird? Jedem Philosophiestudenten im ersten Jahr wurde diese Frage gestellt, seit die ersten Wurmlöcher entdeckt wurden, aber dies ist keine Lehrstunde in temporaler Logik.«
»Das Leben einer Person, ihre Zukunft, wird durch Tausende von Entscheidungen bestimmt. Sie verlangen von mir zu glauben, daß ich Ihre Vergangenheit verändere, wenn ich eine andere Entscheidung treffe, als in ihren Geschichtsbüchern steht. Nun, Ihre Aufzeichnungen der Vergangenheit sind mir egal. Ihre Vergangenheit ist meine Zukunft, und soweit es mich betrifft, wurde sie noch nicht geschrieben!«

Zukunftsgeschichte: Das 21. Jahrhundert hatte »nukleare Winter«. Im 26. Jahrhundert hat die Menschheit das Zeitreisen entdeckt. Der Warpantrieb und Phaser wurden im 22. Jahrhundert erfunden.

Notizen: »Wie entzückend primitiv!« Lustig und einfallsreich bis zur Schlußszene. Matt Frewer in der Rolle des Gauners ist so ein sympathischer Kerl, daß der Zuschauer hofft, ihm möge die Flucht gelingen. Als er in der Zukunft strandet und Picard ihm ein sarkastisches »Willkommen im 24. Jahrhundert« zuruft, ist das einer der wenigen Momente, in denen die Sternenflotte wie eine faschistische Organisation erscheint. Buh!
Die Außenhaut der Zeitmaschine besteht aus plastizierter Tritaniummasche, die im 24. Jahrhundert unbekannt ist. Für die telurianische Pest gibt es kein Heilmittel. Rasmussens Liste berühmter blinder Männer: Homer, Milton, Bach, Monet, (Stevie) Wonder und... Geordi. Data kann sich hundertfünfzig Musikstücke gleichzeitig anhören; um ihre Ästhetik zu analysieren, beschränkt er sich gewöhnlich auf zehn oder weniger.

110: Die Soliton-Welle (»New Ground«)
Ausstrahlung USA: 6. Januar 1992
Deutsche Erstausstrahlung: 12. April 1994 (SAT1)
Drehbuch: Grant Rosenberg,
nach einer Geschichte von Sara Chamo, Stuart Chamo
Regie: Robert Scheerer
Darsteller: Georgia Brown, Richard McGonagle,
Jennifer Edwards, Sheila Franklin, Majel Barrett

Worfs Sohn Alexander kehrt auf die *Enterprise* zurück. Der Junge hat sich als zu große Belastung für seine menschlichen Großeltern erwiesen, und Worf ist entsetzt zu erfahren, daß sein Sohn lügt und andere Kinder unterdrückt. Ein neues Antriebssystem, die Soliton-Welle, wird auf der Enterprise installiert. Ein erster Testlauf endet verheerend. Beim Versuch, die Geschwindigkeit zu verringern, feuert das Schiff Photonen-Torpedos ab, aber ein Feuer bricht im Biolabor aus, wo Alexander eingeschlossen ist. Worf und Riker retten den Jungen, und Worf entscheidet, daß Alexander bei ihm auf der *Enterprise* bleiben soll.

Sternzeit: 45376,3

Fremde neue Welten: Bilana 3. Lemma 2 (»etwa drei Lichtjahre entfernt«).

Neue Lebensformen: Gilvos sind vom Aussterben bedrohte eidechsenartige Wesen aus den Regenwäldern auf Corvan 2, die auf den geschützten Zoo-Planeten Brentalia transportiert werden. (siehe »Imaginary Friend« [»Die imaginäre Freundin«]).

Einführung: Alexander, der von Brian Bonsall gespielt wird (vergleiche »Reunion« [»Tödliche Nachfolge«] aus der vierten Staffel).

Technoblabla: Die Soliton-Welle, eine Fortbewegungsart, die darauf beruht, daß man eine »sich nicht zerstreuende Welle von Subraum-Verzerrungen« erzeugt, auf der ein Schiff wie ein Surfbrett »reiten« kann.

Herausragende Dialoge: »Klingonische Kinder sind oftmals schwer zu kontrollieren!«

Zukunftsgeschichte: Weiße Nashörner starben auf der Erde im 22. Jahrhundert aus.

Notizen: »Ich glaube, daß ich lieber gegen zehn Bladukkrieger kämpfen würde, als es mit einem kleinen Kind zu tun zu haben.« Eine langweilige Studie von Worfs menschlichen Qualitäten, in der sich nichts Bedeutendes ereignet, außer daß Riker ein paar Gilvos rettet!

Alexander wurde am 43. Tag von Maktag (oder Sternzeit 43205) geboren. (Das sind ungefähr 300 Sternzeiten nach »The Emissary« [»Klingonenbegegnung«] – dauert die Schwangerschaft der Klingonen demnach nur 30 Tage?!) Zephram Cochrane, Erfinder des Warpantriebes (aus der Classic-Episode »Metamorphosis« [»Metamorphose«]), wird erwähnt.

Worf erzählt Alexander die klingonische Legende von den Brüdern Kahless und Morath, die zwölf Tage lang um die Familienehre kämpften. (Siehe »Rightful Heir« [»Der rechtmäßige Erbe«] »Birthright« [»Der Moment der Erkenntnis«] und »First Born« [»Ritus des Aufsteigens«].)

111: Der einzige Überlebende (»Hero Worship«)

Ausstrahlung USA: 27. Januar 1992
Deutsche Erstausstrahlung: 13. April 1994 (SAT1)
Drehbuch: Joe Menosky,
nach einer Geschichte von Hilary J. Bader
Regie: Patrick Stewart
Darsteller: Joshua Harris, Harley Venton, Sheila Franklin,
Steven Einspahr

Data rettet den einzigen Überlebenden der USS *Vico*, ein Kind namens Timothy, das behauptet, daß das Schiff von grausamen Angreifern überfallen wurde. Die Geschichte kann nicht bewiesen werden, und Timothy wird Data immer ähnlicher, indem er die emotionslose Persönlichkeit und das Aussehen des Androiden annimmt. Als die *Enterprise* sich auf den Weg zurück in die Schwarze Gruppe macht, wo der »Überfall« stattfand, bleibt Timothy bei seiner Geschichte, aber als Picard ihn daran erinnert, daß Androiden nicht lügen, gibt er zu, daß die Zerstörung des Schiffes seine Schuld gewesen sei. Obwohl dies nicht stimmt, gibt Timothys Darstellung des Unglücks Data den Hinweis, die Schutzschilde im kritischen Moment zu senken und somit das Schiff davor zu retten, das gleiche Schicksal wie die *Vico* zu erleiden. Timothy legt die Androidenverkleidung ab, möchte aber immer noch Datas Freund sein.

Sternzeit: 45397,3

Fremde neue Welten: Die Schwarze Gruppe, die durch den Zerfall von Protosternen vor neun Milliarden Jahren entstand, ist eines der ältesten Gebilde in der Galaxis und ein gravitationelles Hindernis. Wir hören von der Sternenbasis 514.

Neue Lebensformen: Die Breen sind für ihre Angriffe bekannt, und sie haben Außenposten in der Nähe der Schwarzen Gruppe. Die dokkaranische Kultur war für ihre Harmonie bekannt, einer ihrer Tempel hieß Kural Hanesh.

Technologie: Computer-Verbindungssignale können Notschotte nicht durchdringen. In einem Gebiet mit instabiler Gravitation ist es schwer, ein Tarnfeld aufrechtzuhalten, und Disruptoren, Warpfelder, Sensoren und Phaser verbreiten sich in alle Richtungen. Computerstationen auf dem Schiff können nur von bestimmten Personen bedient werden.

Notizen: Bewundernswerter Inhalt, aber eine langweilige Ausführung.

Tamarianischer Frost ist eine Art Limonade. Tagas der Herrliche ist eine mythologische Figur. Die *Vico* war ein Forschungsschiff. Geordi war mit fünf Jahren für wenige Minuten in einem Feuer gefangen, bevor ihn seine Eltern retten konnten.

112: Geistige Gewalt (»Violations«)

Ausstrahlung USA: 3. Februar 1992
Deutsche Erstausstrahlung: 14. April 1994 (SAT1)
Drehbuch: Pamela Gray, Jeri Taylor, nach einer Geschichte von
Shari Goodhartz, T. Michael Gray, Pamela Gray
Regie: Robert Wiemer
Darsteller: Ben Lemon, David Sage, Rick Fitts, Eve Brenner,
Doug Wert, Craig Benton, Majel Barrett

Fünfte Staffel

Eine Gruppe freundlicher empathischer Historiker trifft auf der *Enterprise* ein, um ihre Techniken, verschüttete Erinnerungen zu wecken, an der Besatzung anzuwenden. Als Deanna, Riker und Beverly ins Koma fallen, werden sie verdächtigt. Die Ullianer beteuern ihre Unschuld, doch als Deanna erwacht und mental untersucht wird, deuten ihre Erinnerungen auf den ullianischen Anführer Tarmin hin. Ein weiterer Angriff auf Deanna durch Tarmins Sohn Jev enthüllt den wahren Schuldigen.

Sternzeit: 45429,3

Fremde neue Welten: Die Enterprise ist auf dem Weg nach Kaldra 4. Die Ullianer haben vorher Melina 2 besucht, zwei Planeten im Nel-System und Hurada 3.

Neue Lebensformen: Die Ullianer, »telepathische Historiker«. Nicht alle haben telepathische Fähigkeiten, und ihre Gabe benötigt jahrelanges Training. Betazoiden können die Ullianer telepathisch nicht »lesen«.

Rikers Eroberungen: Diese Folge gibt die erste Erklärung für das Abkühlen der Riker/Troi-Beziehung. Eines Nachts, nach einem Pokerspiel »vor einigen Jahren« (nach der ersten Staffel, da Riker einen Bart trägt) wird ein Versuch des Paares, sich, ähem, »näherzukommen«, durch Deanna unterbrochen, die fand, daß ihre große beiderseitige Verantwortung so eine Beziehung nicht ratsam erscheinen läßt. Das paßt überhaupt nicht zu dem, was zuvor aufgebaut wurde (und erst recht nicht zu »Second Chances« [»Riker:2=?«], wo behauptet wird, daß Riker die Beziehung bereits abbrach, lange bevor sie zusammen auf der *Enterprise* dienten).

Deanna unterbeschäftigt?: Nein, kann man nicht behaupten, trotz der Tatsache, daß sie über die Hälfte der Episode hinweg im Koma liegt!

Herausragende Dialoge: Geordi: »Haben Sie irgendwelche Erinnerungen, die Sie ausgraben möchten?« Riker: »Keine, die ich mit einem Publikum teilen möchte!«
»Klingonen lassen sich nicht untersuchen!«

Notizen: »Sie sollten ihn nicht auf diese Art in Erinnerung behalten.« Eine sehr schwere Thematik (mentale Vergewaltigung), die mit Taktgefühl (vielleicht mit etwas zuviel) behandelt wird; aber aufgrund von Beverlys erschreckender Alptraumsequenz denkwürdig (einer der furchterregendsten Momente der Serie).

Keikos Großmutter war Malerin. Geordi erhielt sein erstes Haustier, eine carcassianische Katze (siehe »Galaxy's Child« [»Die Begegnung im Weltraum«]), als er acht Jahre alt war.

Das »Beherrschen fremder Gedanken« wurde von den Ullianern vor drei Jahrhunderten verboten. Es zieht eine »extreme Bestrafung« nach sich. Riker verweist auf die Ereignisse in »Shades of Gray« [»Die Kraft der Träume«] und auf Dr. Pulaski.

Ergänzend zu Trois Alptraum erinnert sich Riker an einen Unfall im Maschinenraum, bei dem ein weiblicher Fähnrich namens Keller getötet wurde, und Beverly erinnert sich an den Moment, als Picard (mit Haaren!) sie begleitete, um Jack Crushers Leichnam zu sehen.

Das Iresine-Syndrom ist ein sehr seltenes neurologisches Ungleichgewicht, das zum ersten Mal im 23. Jahrhundert diagnostiziert wurde und durch einen sehr großen Verlust von Histaminen erkannt wird.

113: Das künstliche Paradies (»The Masterpiece Society«)

Ausstrahlung USA: 10. Februar 1992
Deutsche Erstausstrahlung: 15. April 1994 (SAT1)
Drehbuch: Adam Belanoff, Michael Piller,
nach einer Geschichte von James Kahn, Adam Belanoff
Regie: Winrich Kolbe
Darsteller: John Synder, Dey Young, Ron Canada,
Sheila Franklin

Ein aus der Bahn geratenes Bruchstück eines Neutronensterns rast genau auf die abgeschiedene Kolonie auf Moab 4 zu. Dort lebt eine Gruppe genetisch und sozial manipulierter Menschen in einer abgeschlossenen Biosphäre. Als die Kolonisten sich weigern, sich evakuieren zu lassen, beamt Geordi hinunter, um der Wissenschaftlerin Hannah Bates zu helfen: Die Lösung ihres Problems liegt in Geordis Visor, eine Ironie des Schicksals, da ein Blinder in der Biosphäre kein Recht zum Leben hätte. Währenddessen verliebt sich Troi in den Anführer der Kolonie, Aaron Conor. Das stellare Fragment kann umgelenkt werden, Hannah jedoch, die an einem freieren Leben außerhalb der Sphäre interessiert ist, simuliert einen Riß in der Biosphäre, um eine Evakuierung zu erzwingen. Als dies mißglückt, beantragt sie Asyl auf der *Enterprise* und andere folgen ihr. Aaron hält eine lange Rede und bittet diejenigen, die gehen wollen, der Kolonie sechs Monate Zeit zu geben, sie gehen aber trotzdem. Der Verlust könnte die Kolonie genügend destabilisieren, um sie zu zerstören, eine Tatsache, die Picard nur zu genau erkennt.

Sternzeit: 45470,1

Fremde neue Welten: Eine Biosphäre auf dem südlichen Kontinent von Moab 4.

Neue Lebensformen: Menschen, die gezüchtet werden, um spezielle Rollen im Leben zu erfüllen.

Technologie: Im vergangenen Jahrhundert wurden niedrigere Frequenzen für die Kommunikation verwendet. Die *Enterprise* hat das stärkste Materie/Antimaterie-System der Sternenflotte. Ihr Traktorstrahl könnte einen kleinen Mond bewegen. Geordis Visor scannt Frequenzen zwischen 1 Hertz und 100000 Terahertz. Transporter werden seit über einem Jahrhundert verwendet.

Notizen: Gegenüber dieser Folge erscheint Spülwasser noch als aufregend.
  Die oberste Direktive wird bei den Erdkolonien nicht angewendet. Picard ist gegen genetische Versuche. Geordi hat sich noch nie wegen seiner Blindheit geschämt. Troi kennt »Humpty Dumpty«.

114: Mission ohne Gedächtnis (»Conundrum«)
Ausstrahlung USA: 17. Februar 1992
Deutsche Erstausstrahlung: 18. April 1994 (SAT1)
Drehbuch: Barry Schkolnick,
nach einer Geschichte von Paul Schiffer
Regie: Les Landau
Darsteller: Erich Anderson, Liz Vassey, Erick Weiss,
Majel Barrett

Die Begegnung mit einem Schiff läßt die Crew der *Enterprise* ihr Gedächtnis verlieren. Sie erinnert sich nur noch daran, wie man das Schiff steuert. Schließlich kann sie den Computer anzapfen und entdeckt die Besatzungsliste, die in allen wesentlichen Bestandteilen korrekt ist, mit Ausnahme des Ersten Offiziers Kieran MacDuff. Der Computer behauptet außerdem, daß die Föderation im Krieg mit den Lysianern liege und sich die *Enterprise* auf einer geheimen Mission befände, um deren Hauptquartier zu zerstören. Nachdem sie beim Erreichen ihres Ziels ein lysianisches Schiff zerstört haben, weigert sich Picard ihre »Mission« auszuführen. MacDuff versucht das Schiff in seine Gewalt zu bringen, wird aber von Worf und Riker gestoppt. Als Dr. Crusher das Gedächtnis der Crew wiederherstellen kann, wird klar, daß »MacDuff« in Wahrheit ein Außerirdischer ist, ein Satarraner, eine Rasse, die sich mit den Lysianern im Krieg befindet und versuchte, den Konflikt mit fremder Hilfe zu beenden.

Sternzeit: 45494,2

Fremde neue Welten: Das Epsilon-Silar-System, ein unerforschter Sektor der Galaxis. Zu den schönsten Orten des Universums gehören die Himmelsklippen auf Sumiko 4 und der Smaragd-Pool auf Circus 4.

Neue Lebensformen: Die lysianische Allianz und die Satarraner, die sich schon seit Jahrzehnten bekriegen. Weiter ist nichts bekannt, außer daß beide technologisch unterentwickelt sind.

Pokerspiel: Nein. Data und Deanna spielen 3-D-Schach und trotz Datas Schachwissen (er erwähnt das Kriskov-Gambit und das el-Mitra-Opfer) macht Troi ihn fertig, wobei sie sagt, daß Schach nicht nur ein Spiel von Taktiken und Strategien ist, sondern auch von Intuition. Ihre Wette über den Ausgang des Spiels ist ein Samarian Sunset (ein Getränk) »auf traditionelle Weise zubereitet«.

Rikers Eroberungen: Als alle anderen ihr Gedächtnis verlieren, fühlt sich Ro zu Riker hingezogen (sie wartet sogar in seinem Bett mit einem »Komm und hol es Dir, großer Junge«-Ausdruck im Gesicht), während Trois Gefühle für ihn auch noch bestehen. Glückspilz!

Herausragende Dialoge: »Suchen Sie den Operations-Offizier, er soll Ihnen helfen.« »Er ist im Zehn-Vorne und bedient die Gäste!«
»Ich fühle mich, als hätte man mir eine Waffe gegeben, mich in einen Raum geschickt und mir gesagt, ich müßte einen Fremden töten.«

Notizen: »Ich weiß nicht, wer Sie alle sind.« Recht klug, mit einer brillanten Prämisse und Szenen, in denen Personen, die wir genauestens kennen, beim Versuch, sich selbst zu finden, im Dunkeln tappen. Die Folge verliert jedoch durch den grotesken Schluß, als Picard – nachdem die Intrige der Satarraner aufgedeckt wurde – den Lysianern sein »tiefes Bedauern« über den »Verlust« ihres Schiffes ausdrückt (gemeint ist das Schiff, das *von der Enterprise vernichtet wurde*!). Sorry, daß wir eure Leute getötet haben, Jungs, aber wir hatten unser Gedächtnis verloren und dachten, wir wären im Krieg.

Riker entdeckt seine »überraschenden« musikalischen Fähigkeiten, daß er exotisches Essen mag, daß er Bergsteigen liebt und seinen Urlaub auf Risa verbringt. Seine Ausgabe von Keats *Ode an die Psyche* wurde ihm von Deanna geschenkt (»in Liebe«).

Zu den Informationen, die in der Liste der Besatzungsmitglieder kurz zu sehen sind, gehört, daß Beverlys Mädchennamen Howard ist (siehe »Sub Rosa« [»Ronin«]), daß sie 2324 geboren wurde, ihr mittleres Initial »C« ist und daß Wesley – wie sein Vater – das mittlere Initial »R« hat. Picard wurde 2305 geboren, seine Eltern hießen Maurice und Yvette, und er besuchte die Akademie von 2333 bis 2338. Deanna wurde 2336 geboren.

115: Ungebetene Gäste (»Power Play«)
Ausstrahlung USA: 24. Februar 1992
Deutsche Erstausstrahlung: 25. April 1994 (SAT1)
Drehbuch: Rene Balcer, Herbert J. Wright, Brannon Braga,
nach einer Geschichte von Paul Ruben, Maurice Hurley
Regie: David Livingston
Darsteller: Ryan Reid, Majel Barrett

Die Enterprise empfängt den Notruf eines Schiffes, das vor 200 Jahren verlorenging. Während der Untersuchung werden Troi, Data und O'Brien scheinbar von den Geistern der Besatzung übernommen, und als sie auf die *Enterprise* zurückkehren, schließen sie sich zusammen mit einer großen Anzahl von Geiseln im Zehn-Vorne ein. Die »Geister« wollen nur den ewigen Frieden erlangen, aber Picard entdeckt, daß sie eigentlich körperlose Gefangene sind, die versuchen, aus ihrer Strafkolonie zu fliehen. Als er und alle »Geister« gefangen sind, droht er damit, die Schleusen des Frachtraumes zu öffnen und sie somit zu töten, falls die »Geister« nicht in ihr Gefängnis zurückkehren. Kurz darauf sind Troi, Data und O'Brien wieder normal.

Sternzeit: 45571,2

Fremde neue Welten: Die *Enterprise* ist in der Umlaufbahn um den unerforschten Mond von Mab-Bu 6. Er ist angeblich unbewohnt, und elektromagnetische Wirbelwinde ziehen über die Oberfläche des Mondes.

Neue Lebensformen: Die körperlosen Gefangenen wurden vor über 500 Jahren aus dem Ux-Mal-System auf den Mond gebracht. In der Strafkolonie befinden sich Hunderte von Kriminellen, die zur Strafe von ihren Körpern getrennt wurden. Sie hatten vorher versucht, an Bord der *Essex* zu entkommen.

Jat'yln sind klingonische Legenden über Besessenheit.

Das Picard-Manöver: Als er gefangengenommen wird.

Notizen: Eine überaus spannende Geschichte. Sirtis, Spiner und Meaney spielen wie besessen, als sie von den Außerirdischen übernommen werden.

Die Sternenkreuzer der Daedalusklasse wurden vor 172 Jahren außer Dienst gestellt. Die USS *Essex* stand unter dem Kommando von Captain Bryce Shumar: der Erste Offizier war Stephen Mullen, der Sicherheitschef war Lt. Morgan Kelly. Das Schiff – NCC-173 – hatte eine Besatzung von 229 Personen, und Shumar war Admiral Utan Narsu von der Sternenbasis 12 unterstellt (siehe »Conspiracy« [»Die Verschwörung«] und die Folge »Space Seed« [»Der schlafende Tiger«] aus der Classic-Serie). Das Schiff wurde durch die Stürme des Mondes zerstört.

Riker hat sich früher einmal den Arm gebrochen.

116: Die Operation (»Ethics«)

Ausstrahlung USA: 2. März 1992
Deutsche Erstausstrahlung: 26. April 1994 (SAT1)
Drehbuch: Ronald D. Moore,
nach einer Geschichte von Sara Charno, Stuart Charno
Regie: Chip Chalmers
Darsteller: Caroline Kava

Worfs Rückgrat wird durch einen Unfall zerschmettert. Gelähmt und vor einer unehrenhaften Existenz stehend, bittet der Klingone Riker, ihm bei einem rituellen Selbstmord zu helfen. Riker lehnt ab und entdeckt, daß der Sohn des Klingonen bei einer solchen Zeremonie helfen müßte. Worf kann sich fast nicht überwinden, Alexander zu sehen, die Neurospezialistin Dr. Russell jedoch bietet ihm eine noch nie durchgeführte Operation an, die den Klingonen entweder heilt oder tötet. Russells Ansichten über Experimente bringt Dr. Crusher dazu, sie von allen medizinischen Pflichten an Bord der *Enterprise* zu entbinden, schließlich wird aber doch mit der Operation begonnen. Worf stirbt, aber kurz darauf erwacht sein zusätzliches Lebenssystem. Alexander kann jetzt seinem Vater bei der Genesung helfen.

Sternzeit: 45587,3

Fremde neue Welten: Das Transportschiff *Denver* wurde von einer Gravitationsmine getroffen, die aus dem cardassianischen Krieg stammte, und stürzte auf einem Planeten im Mericor-System ab.

Pokerspiel: Worf und Geordi unterhalten sich über ein Spiel, in dem Troi (Sechser-Pärchen) Worf (Buben und Achter) mit einem Bluff täuschte. Geordi sagt, daß er das Infrarotsystem seines Visors verwendet, um sich nach dem Spiel heimlich die Karten anzusehen.

Herausragende Dialoge: Alexander: »Das ist ein Teil von diesem Klingonen-Zeug, nicht wahr? Meine Mutter sagte immer, daß die Klingonen eine Menge dummer Ansichten über Ehre hätten.«
»Sie machen mir angst, Doktor. Sie riskieren das Leben Ihrer Patienten und rechtfertigen das im Namen der Wissenschaft... Sie nehmen Abkürzungen – direkt durch lebendes Gewebe.«

Notizen: »Es mag sein, daß ich Ihre Bräuche respektieren muß, aber ich muß sie nicht mögen.« Ein klassisches Trek-Moralspiel: Wieviel experimentelle Wissenschaft kann verantwortet werden, wenn sie das Leben eines Patienten retten kann? Worfs Tod wird gut gehandhabt, sein vorheriges Zwischenspiel mit seinem Sohn und den anderen bietet der Story einen emotionellen Auftakt, der gebraucht wird, um die heikle ethische Debatte im Gleichgewicht zu halten.

Die *Potemkin* (siehe »Peak Performance« [»Galavorstellung«] und »Legacy« [»Die Rettungsoperation«]) bringt Dr. Russell, eine Neurospezialistin, zur *Enterprise*. Crusher hat erst kürzlich einen Bericht über kybernetische Regenerierung geschrieben. Die Klingonen haben die Thematik des neurologischen Traumas wenig erforscht, da sie einen Patienten in Worfs Situation sterben lassen würden. Russell betrachtet die Klingonen als »überentwickelt«, da ihre Körper 23 Rippen, zwei Lebern, ein Herz mit 8 Kammern und eine doppelwandige neurale Kammer aufweisen. Fast jedes lebenswichtige Organ ist für den Fall eines Ausfalles doppelt vorhanden: die Klingonen bezeichnen es als das Brak'lul. (Crusher spekuliert, daß sie auch für die synaptischen Funktionen ein Notsystem besitzen.) Die Hegh'bat-Zeremonie ist das klingonische Gegenstück zu Seppuku. Ein Familienmitglied sollte dabei helfen, möglichst der älteste Sohn. Alexander ist beim Multiplizieren besser als jeder andere in seiner Klasse.

Riker erzählt, daß er aufgehört hat, die Freunde zu zählen, die gestorben sind, und erwähnt Sandoval (vor zwei Jahren von einem Disruptorstrahl getroffen: sie oder er lebte noch zwei Wochen), Fang-lee, Marla Aster (»The Bonding« [»Mutterliebe«]) und Tasha Yar (»Skin of Evil« [»Die schwarze Seele«]).

117: Verbotene Liebe (»The Outcast«)
Ausstrahlung USA: 16. März 1992
Deutsche Erstausstrahlung: 27. April 1994 (SAT1)
Drehbuch: Jeri Taylor
Regie: Robert Scheerer
Darsteller: Melinda Culea, Callan White, Megan Cole

Die J'naii, eine geschlechtslose Rasse, bitten die *Enterprise* um Hilfe. Riker wird angewiesen, mit Soren zusammenzuarbeiten, und sie fühlen sich zueinander hingezogen. Die J'naii haben jede Form des sexuellen Umgangs strengstens verboten, und als Soren beginnt, »ihre« Gefühle (sie betrachtet sich als weiblich) offen zu zeigen, ergreifen die J'naii Maßnahmen, diese gefährlichen Tendenzen zu »heilen«. Riker riskiert seine Karriere, um Soren zu retten, aber die Behandlung ist bereits erfolgt, und »es« weist alle vorherigen Gefühle für Riker von sich.

Sternzeit: 45614,6

Fremde neue Welten: Die *Enterprise* fliegt in Richtung des Phelan-Systems.

Neue Lebensformen: Die J'naii, eine androgyne Rasse, die eine Aufteilung in Männer und Frauen als primitiv und abnormal betrachten.

Technoblabla: »Null-Raum«: während der Entstehung eines Sternensystems können Gravitationsfelder zu »abnormalen Taschen« kondensieren.

Pokerspiel: Worf, Beverly, Deanna und Data spielen »Federation Day« in dem die Zweier, Sechser und Asse freie Karten sind. Worf betrachtet es als »ein Spiel für Frauen«.

Rikers Eroberungen: Soren, die Riker über seine Vorstellung einer idealen Frau befragt. Riker nennt Intelligenz, Selbstsicherheit, jemanden, mit dem er sich unterhalten kann und dabei »auch etwas zurückkommt«. Am wichtigsten ist, daß sie über seine Witze lachen kann.

Herausragende Dialoge: »Auf diesem Planeten will jeder normal sein.«
»Ich bin weiblich. Ich wurde so geboren.«

Zukunftsgeschichte: Die Föderation wurde 2161 gegründet.

Notizen: »Commander, erzählen Sie mir etwas über ihre Sexualorgane!« Machen Sie sich darauf gefaßt, daß Ihre Intelligenz beleidigt wird... Zuerst die Pluspunkte, die Folge versucht vehement, radikal und ernst zu sein. Aber mit einer Vorschlaghammer-Taktik, offensivem, schmeichelndem Liberalismus und einer patriarchalischen Einstellung zur Bisexualität (die einzige Freude für dieses arme Wesen ist es, sich Will Riker hinzugeben...), ist diese Folge ein hohles Durcheinander. Natürlich kann man uns vorwerfen, am

Thema vorbei zu reden, aber wenn man sich mit einem so umstrittenem Thema beschäftigt, kann man sich dabei nicht auf alte Standpunkte zurückziehen. Deanna wird hier sehr nett charakterisiert. Geordi läßt sich für diese Folge einen Bart stehen (wie er es auch in »The Quality of Life« [»Datas Hypothese«] tut).

Riker hat das Erbsensuppen-Rezept seines Vaters in den Replikator der Enterprise programmiert. »Es hilft dir, in den kalten Nächten Alaskas warm zu bleiben.«

Föderations-Shuttles sind mit zwei 1250 Millicochrane-Warpantrieben und mikronischen Fusionsschubaggregaten ausgestattet, und sie sind normalerweise nicht bewaffnet.

118: Déjà Vu (»Cause and Effect«)
Ausstrahlung USA. 23. März 1992
Deutsche Erstausstrahlung: 28. April 1994 (SAT1)
Drehbuch: Brannon Braga
Regie: Jonathan Frakes
Darsteller: Kelsey Grammer

Die Pokerrunde der Offiziere wird durch einen Notfall unterbrochen, der zu einem Zusammenstoß mit einem anderen Schiff und der Zerstörung der *Enterprise* führt. Als nächstes spielen die Protagonisten weiter Poker, ohne sich an die vorherigen Geschehnisse zu erinnern. Beverly leidet jedoch an einem Fall von *Déjà Vu*, und als sie undeutliche Stimmen in ihrer Kabine hört, zeichnet sie diese auf. Zum Erschrecken der Besatzung entdecken sie, daß sie scheinbar in einer Zeitschlaufe gefangen sind, in der sie die gleichen Vorkommnisse immer und immer wieder durchleben. Die Stimmen sind Echos aus einer früheren Schleife. Data meint, daß er eine Erinnerung zurücklassen kann, die in die nächste Zeitschleife getragen wird. Wieder wird das Schiff zerstört, aber als der Kreis erneut beginnt, finden kleine Veränderungen statt, besonders im Bezug auf die Nummer Drei. Data nimmt an, daß sich die Drei auf den Vorschlag Rikers bezieht (seine Uniform hat drei Rangabzeichen), und der Kreis wird unterbrochen, als die Kollision verhindert wird. Die *Enterprise* stellt fest, daß sie siebzehn Tage gefangen war, im Gegensatz zu dem anderen Schiff, die *Bozeman*, das fast neunzig Jahre lang feststeckte.

Sternzeit: 45652,1 (mehrmals)

Fremde neue Welten: Der weite Raum von Typhon.

Technoblabla: Einmal bittet Geordi um einen gravitronischen Polarimeter. Und eine »temporale Kausalitätsschleife«.

Pokerspiel: Ja, diesmal hat das Pokerspiel eine wichtige Bedeutung für die Geschichte. Riker, Worf, Beverly und Data spielen, Beverly gewinnt, nachdem sie sich an Rikers Bluff erinnert.

Herausragende Dialoge: »Es ist möglich, daß wir das schon tausendmal probiert haben, und es hat nie geklappt.«

Notizen: »Alle Mann von Bord!« Ein Einakter in vier Aufzügen, der wegen des *Déjà Vu* so gut funktioniert, durch das nicht nur die Crew, sondern auch die Zuschauer beeinflußt werden. Der Teaser, in dem das Schiff zerstört wird, ist phantastisch. Aber warum erlebt Beverly das *Déjà Vu*, nicht aber Data oder Deanna, bei denen es eher zu erwarten wäre? Haben eigentlich die Produzenten von *Groundhog Day* [»Und täglich grüßt das Murmeltier«] diese Folge gesehen? Geordi wurde einige Male wegen Kopfschmerzen, die in Verbindung mit seinem Visor stehen, behandelt. Das Heilmittel von Picards Tante Adele gegen Schlaflosigkeit war heiße Milch. Der klingonische Begriff für *Déjà Vu* ist »nlb poh«.
Die *Enterprise* verbrachte 17,4 Tage in der Kausalitätsschleife, ehe sie schließlich freikommt. Die USS *Bozeman*, ein Raumschiff der Soyuzklasse unter dem Kommando von Captain Bateson, steckte seit 2278 fest (rund neunzig Jahre).

119: Ein mißglücktes Manöver (»The First Duty«)

Ausstrahlung USA: 30. März 1992
Deutsche Erstausstrahlung: 29. April 1994 (SAT1)
Drehbuch: Ronald D. Moore, Naren Shankar
Regie: Paul Lynch
Darsteller: Jaqueline Brooks, Ray Walston, Robert Duncan McNeill, Ed Lauter, Richard Fancy, Walker Brandt, Shannon Fill

Ein Mitglied von Wesleys Elitegeschwader auf der Akademie stirbt bei Übungsmanövern. Picard, der sich darauf vorbereitet, bei der diesjährigen Abschlußfeier der Sternenflottenakademie eine Rede zu halten, ist über die Abweichungen zwischen Wesleys Aussage und den vorhandenen Beweismitteln entsetzt. Picard spricht mit Boothby und erfährt, daß das Novageschwader als Teil der Zeremonie die Ausführung eines sehr gefährlichen und verbotenen Flugkunststückes plante. Picard spricht darüber mit Wesley und erklärt, daß, egal, welche Verpflichtungen er gegenüber der Gruppe oder dem charismatischen Anführer Locarno hat, seine oberste Pflicht die Wahrheit sei. Am letzten Tag der Untersuchungen berichtet Wesley, in dem Bewußtsein, daß Picard die Wahrheit enthüllen würde, wenn er es nicht täte, daß sie aufgrund von Locarnos Drängen das Kolvoord-Sternenmanöver geübt hatten, wobei Kadett Albert gestorben war. Locarno wird unehrenhaft aus der Sternenflotte entlassen; Wesley und die anderen erhalten einen formellen Verweis und müssen das letzte Jahr wiederholen.

Sternzeit: 45703,9

Das Picard-Manöver: Als er versucht, Boothby seine Dankbarkeit zu zeigen.

Herausragende Dialoge: Boothby zu Picard: »Was ist mit Ihren Haaren passiert?«

Notizen: Eine nette Veränderung in bezug auf Stimmung und Tempo. Statt auf der *Enterprise* spielt die Folge an der Sternenflottenakademie und gewährt einen tieferen Einblick in Wesleys neues Leben. Es ist gut zu wissen, daß es Studenten auch in der Zukunft nicht immer leicht haben.

Picard muß die diesjährige Abschlußrede an der Sternenflottenakademie halten. Das Flugteam von Wes sollte eine Vorführung in der Nähe des Saturn abhalten, die Aufzeichnungen dieser Übung wurden an die ranghohen Beobachter der Akademie geschickt. Picards Aufseher auf der Akademie war ein Betazoide (Jean-Luc wurde einige Male in sein Büro gerufen); Rikers Aufseher war ein Vulkanier. Picard war einer der Klasse von '27 (wie in »Final Mission« [»Die letzte Mission«] erwähnt) und zeigt ein plötzliches Interesse am Gartenbau (obwohl er sagt, daß er sich das »über die Jahre hinweg« angeeignet hat). Picard hat einen Kampf mit einem Legonianer ausgetragen. Boothby erinnert sich auch an den überraschenden Sieg der Akademie gegen Minsk im Finale des Parrises Squares-Turnier und sagt, daß das Novageschwader ähnlichen Ruhm durch den erst kürzlichen errungenen Sieg beim Rigel-Cup erlangte.

Wes reagiert auf Metorapanbehandlungen allergisch und benötigt deshalb Bicaridinersatz. Die einsitzigen Raumschiffe fliegen mit einer Geschwindigkeit von 80000 Stundenkilometern, sind mit Flugschreibern ausgestattet und haben Nottransporter an Bord (mit einer vergleichbaren Funktion wie ein Schleudersitz). Beim Kolvoord-Sternenmanöver kreuzen sich fünf Schiffe in einem Abstand von nur zehn Metern, wobei sie ihren Plasmaschweif entzünden. Es ist äußerst schwierig und wurde an der Akademie seit über hundert Jahren nicht mehr ausgeführt, da es wegen eines Trainingsunfalls, bei dem alle fünf Kadetten starben, verboten wurde.

In Wesleys Geschwader befindet sich auch Kadett Sito (siehe »Lower Decks« [»Beförderung«]).

120: Hochzeit mit Hindernissen (»Cost of Living«)

Ausstrahlung USA: 20. April 1992
Deutsche Erstausstrahlung: 2. Mai 1994 (SAT1)
Drehbuch: Peter Allan Fields
Regie: Winrich Kolbe
Darsteller: Tony Jay, Carel Struycken, David Oliver,
Albie Selznick, Patrick Cronin, Tracy D'Arcy, George Ede,
Christopher Halsted, Majel Barrett

Lwaxana Troi beamt an Bord und überrascht ihre Tochter mit der Neuigkeit, daß sie jemanden heiraten wird, den sie noch nie zuvor gesehen hat. Noch schlimmer ist, das Lwaxana nicht nackt heiraten wird, wie es die Betazoidenbräuche vorschreiben: Ihr zukünftiger Ehemann, Minister Campio, kommt aus einer sehr autoritären, traditionsbewußten und prüden Kultur. Alexander wird immer aufsässiger und scheint in Lwaxana einen verwandten Geist zu sehen, was Worf und Deanna sehr beunruhigt. Währenddessen beginnen sich die Schiffssysteme aufzulösen, da sie von Parasiten verzehrt werden, die von einem erst kürzlich von der *Enterprise* zerstörten Asteroiden stammen. Als die Lebenserhaltungssysteme ausfallen, bleibt nur noch Data übrig, um das Problem zu lösen. Dies gelingt, und die Hochzeit kann stattfinden, aber Lwaxana erscheint nackt, da sie sich entschieden hat, daß ein angepaßtes Leben nichts für sie ist.

Sternzeit: 45733,6 (am Ende)

Fremde neue Welten: Die *Enterprise* ist auf dem Weg in das Moselina-System. Minister Campio stammt von der bürokratischen Welt Kostolain. Als dritter Minister der Richter-Konferenz steht er dem Königsthron nahe.

Die Parasiten stammen von einem Asteroiden aus dem Pelloris-Feld in der Nähe von Tessen 3. Mrs. Troi und Alexander verbringen viel Zeit in der Holodeck-Simulation der Parallax-Kolonie auf Shiralea 6.

Neue Lebensformen: Unter den anarchistischen Einwohnern der Parallax-Kolonie befindet sich ein Feuer-Bildhauer, ein Gaukler, ein Poet und ein Paar, das ständig streitet. Der Windtänzer ist ein Kopf in einer Blase, der alles bewacht, damit »nur die, deren Herz mit Freude gefüllt ist, eintreten« (Worf bringt die Kreatur zur Weißglut). In der Parallax-Kolonie gibt es eine Stunde des Lachens und einige berühmte Schlammbäder.

Die *Enterprise* wird von organischem »Staub« angegriffen, der Nitrium verspeist und eine Art Gelatine hinterläßt.

Herausragende Dialoge: Merkwürdige Sprüche in der Kolonie, unter anderem »Wenn Sie jemals eine Welt haben – planen Sie voraus. Essen Sie sie nicht.«

Notizen: »Die Erlaubnis einer Hochzeit an Bord ist erteilt, Nummer Eins. Nichts würde mich glücklicher machen, als Mrs. Troi zu verheiraten.« Das Zusammenstoßen von Anarchie und Ordnung (Lwaxana, die dabei ist, eine mit Regeln verbundene Ehe einzugehen, und Alexander dazu ermutigt, ein Abkommen mit seinem Vater zu brechen) ermöglicht es, ihren Charakter noch zu vertiefen. Alles in der an *Wizard of Oz* [»Das zauberhafte Land«] erinnernden Kolonie ist ziemlich merkwürdig, und die Folge ist schon deshalb sehenswert, um Worf in einem Schlammbad zu erleben.

Das Innere der *Enterprise* besteht zu einem Großteil aus Nitrium. Anstelle eines Tees erhält Lwaxana Troi aus dem Replikator eine petrokianische Wurst.

121: Eine hoffnungsvolle Romanze (»The Perfect Mate«)

Ausstrahlung USA: 27. April 1992
Deutsche Erstausstrahlung: 3. Mai 1994 (SAT1)
Drehbuch: Gary Perconte (ein Pseudonym für Reuben Leder), Michael Piller, nach einer Geschichte von René Echevarria, Gary Perconte (Reuben Leder)
Regie: Cliff Bole
Darsteller: Famke Janssen, Tim O'Connor, Max Grodénchik, Mickey Cottrell, Michael Snyder, David Paul Needles, Roger Rignak, Charles Gunning, April Grace, Majel Barrett

Die Vorbereitungen für eine Friedenszeremonie zwischen den sich bekriegenden Planeten Krios und Valt Minor werden gestört, als sich herausstellt, daß die kriosianische »Friedensgabe« ein empathischer Mesomorph ist, die der ideale Partner für jeden Mann sein kann. Der kriosianische Mesomorph Kamala wird von neugierigen Ferengi vorzeitig aus der Stasis befreit und soll Alrik, den Anführer der Valteser, heiraten, was Dr. Crusher als reine Prostitution bezeichnet. Picard läßt die Frau in ihr Quartier sperren, da er sich über die Auswirkungen, die sie auf seine Crew hat, bewußt ist. Durch die Verletzung des Botschafters Briam wird er jedoch gezwungen, sich mit ihr zu treffen, um ihr zu helfen. Er kämpft gegen Kamalas Charme an und versucht ihr zu zeigen, daß sie als Person, abgesehen von ihren besonderen Fähigkeiten, auch innere Werte haben kann. Alrik, der zum Frieden bereit ist und die Symbolik der Eheschließung anerkennt, trifft ein, ist aber nicht an Kamala persönlich interessiert. Kurz vor der Hochzeit erklärt Kamala Picard, daß sie lieber mit ihm eine »Bindung« eingehen würde als mit Alrik, was Alrik jedoch niemals bemerken wird: für das Wohl ihres Volkes wird sie alle ihre Pflichten erfüllen.

Sternzeit: 45761,3

Fremde neue Welten: Krios (ein anderer Planet, als die in »The Mind's Eye« [»Verräterische Signale«] gezeigte klingonische Kolonie?) und Valt Minor führen seit Jahrhunderten Krieg, waren aber einst ein riesiges Imperium unter der Führung zweier Brüder (ebenfalls mit den Namen Krios und Valt) vom Tempel von

Akadar. Sie beide liebten die »außergewöhnliche Frau« Garuth und der Krieg begann, als Krios sie von Valt entführte.

Die *Enterprise* hat gerade einige Bergleute auf Harod 4 gerettet.

Neue Lebensformen: Der weibliche empathische Mesomorph Kamala. Während männliche Mesomorphs häufig vorkommen, wird auf Krios ein weiblicher empathischer Mesomorph nur einmal alle sieben Generationen geboren (Kamala ist die erste seit einhundert Jahren). Wenn man Briam glauben kann, haben die Kriosianer eine lange Lebenserwartung (der Botschafter ist zweihundert Jahre alt). Die Ferengi sind an Kamala sehr interessiert.

Valtesische Hörner klingen angeblich wie targheeische Mondbestien.

Rikers Eroberungen: Riker nähert sich Kamala, sagt aber dann mutig: »Das war sehr lehrreich, aber ich habe den Grundsatz, niemals das Geschenk eines anderen Mannes zu öffnen.« (Er geht daraufhin in das Holodeck, obwohl eine kalte Dusche hilfreicher wäre.)

Deanna unterbeschäftigt?: Sie erscheint in dieser Folge nicht.

Herausragende Dialoge: Qol, der Ferengi, als er im Frachtraum abgeführt wird: »Das ist ein Mißverständnis. Ich war auf der Suche nach dem Friseur.«

Notizen: Einige nette Elemente – die Idee, eine sinnliche Frau auf der sterilen Enterprise loszulassen, ist sehr gut –, aber das Ergebnis ist, wie die meisten Picard-Lovestories, recht langweilig.

Wir sehen Picard und Crusher zusammen beim Frühstück (wie in »Qpid« [»Gefangen in der Vergangenheit«] angesprochen). Picards Frauengeschmack ist anscheinend »unabhängig, mächtig, brillant und abenteuerlich«. Er interessiert sich für uralte ventanische Webkunst, liebt Shakespeares Sonette und erinnert sich an die Gärten von Lesarée, nahe dem Dorf, in dem er aufwuchs. Seine Mutter zwang ihn, das Klavierspiel zu lernen, was er haßte.

122: Die imaginäre Freundin (»Imaginary Friend«)

Ausstrahlung USA: 4. Mai 1992
Deutsche Erstausstrahlung: 4. Mai 1994 (SAT1)
Drehbuch: Edithe Swenson, Brannon Wilkerson,
nach einer Geschichte von Louise Matthias, Ronald Wilkerson,
Richard Fliegel
Regie: Gabrielle Beaumont
Darsteller: Noley Thornton, Shay Astar, Jeff Allin,
Sheila Franklin

Clara Sutter, die Tochter eines Besatzungsmitglieds, hat eine imaginäre Freundin namens Isabella. Als die *Enterprise* einen unbekannten Nebel erforscht, nimmt Isabella vor Clara feste Gestalt an. Zur gleichen Zeit beginnt ein unerklärlicher Energieabfall. Allmählich wird Isabella für immer mehr Menschen sichtbar, und die Crew entdeckt, daß »sie« für den Energieabfall verantwortlich ist, da sie ein Wesen ist, das sich davon ernährt. Clara überredet ihre Freundin, das Schiff zu verlassen.

Sternzeit: 45852,1

Fremde neue Welten: FGC-47, ein Nebel, der sich um einen Neutronenstern gebildet hat.

Neue Lebensformen: »Isabella«, ein außerirdisches Wesen in Gestalt eines kleinen Mädchens. Ihre Spezies ernährt sich von Energieplasma.
Guinan hatte einen imaginären Freund, ein tarcassianisches Klingenbiest mit goldenen Augen. Einmal nahm Worf Alexander mit in den Zoo auf Brentalia (siehe »New Ground« [»Terror auf Rutia Vier«]), um ihm kryonianische Tiger zu zeigen.

Herausragende Dialoge: »Viele Erwachsene haben Schwierigkeiten mit Dingen, die sie nicht sehen können!«

Notizen: »So etwas wie unsichtbare Menschen gibt es nicht.« Etwas wirr und inhaltslos, obwohl es nett ist, die Hauptpersonen einmal aus der Sicht der Kinder zu sehen (Worf ist besonders ernst und furchterregend).

Geordis Eltern arbeiten beide bei der Sternenflotte, sein Vater ist Exobiologe, seine Mutter Führungsoffizier (siehe »Interface« [»Interface«]). Geordi verbrachte seine Kindheit damit, umherzureisen, entweder mit einem der beiden Elternteile, oder mit beiden, und obwohl nicht alles perfekt war, betrachete er es als »einen langen Urlaub« (siehe »Aquiel« [»Aquiel«]).

123: Ich bin Hugh (»I, Borg«)
Ausstrahlung USA: 11. Mai 1992
Deutsche Erstausstrahlung: 5. Mai 1994 (SAT1)
Drehbuch: René Echevarria
Regie: Robert Lederman
Darsteller: Jonathan Del Arco

Die *Enterprise* entdeckt ein abgestürztes Borgschiff mit einem Überlebenden. Die Crew, die ihren gestaltgewordenen Alptraum vor sich sieht, lernt, daß blinder Haß nicht immer einfach ist, als sie den Borg zivilisieren und ihm den Namen Hugh geben. Picard plant, sich Hugh zunutze zu machen, indem er ihm ein Sabotageprogramm einpflanzen lassen und ihn zum Kollektiv zurückschicken will, aber auch er hat diesbezüglich ethische Bedenken. Da Hugh mit Geordi Freundschaft geschlossen hat, möchte er auf der *Enterprise* bleiben und ihm wird Asyl gewährt, aber Hugh weiß, daß die Borg nicht aufhören werden, ihn zu suchen, weshalb er sich entschließt, doch zum Kollektiv zurückzukehren.

Sternzeit: 45854,1

Fremde neue Welten: Die Argolis-Gruppe, sechs Sternensysteme, die zur Kolonisierung vorgesehen sind. Das Borgschiff wird auf einem kleinen Mond, der den vierten Planeten eines dieser Systeme umkreist, gefunden.

Herausragende Dialoge: »Wenn Sie schon diese Person verwenden, um seine Rasse zu vernichten, dann sollten Sie ihm wenigstens einmal in die Augen schauen, bevor Sie es tun.«
Hugh: »Ich glaube, Sie sind einsam.«

Fünfte Staffel

Notizen: »Widerstand ist... nicht zwecklos.« Eine erstaunliche Folge, die das scheinbar Unmögliche vollbringt, indem man versucht, einen Borg menschlich zu machen, die furchterregendsten Bösewichter der Serie. Ein paar Aspekte der Episode sind störend (besonders der liberale Unsinn, den Beverly von sich gibt), aber Picard und Guinan, die guten Grund haben, die Borg zu hassen, zu sehen, wie sie sich mit Hugh befassen, ist erhebend. Eine Folge, die seltsamerweise fröhlich stimmt.

Picard und Guinan fechten mit dem Florett (vergleiche »We'll Always Have Paris« [»Begegnung mit der Vergangenheit«]). Picard ist »viel besser« als Guinan, aber Guinan ist geschickter, sie täuscht eine Verletzung vor, um zu gewinnen.

Die Bezeichnung des Borg ist »Dritter von Fünf«, Geordi tauft ihn Hugh. (Was sich auf das englische »you« bezieht, das genauso ausgesprochen wird. Im Deutschen funktioniert dieses Wortspiel nicht.) Zunächst vergleicht ihn Picard mit einem Versuchstier in einem Labor (wie vor »Jahrhunderten«).

124: So nah und doch so fern (»The Next Phase«)

Ausstrahlung USA: 18. Mai 1992
Deutsche Erstausstrahlung: 6. Mai 1994 (SAT1)
Drehbuch: Ronald D. Moore
Regie: David Carson
Darsteller: Thomas Kopache, Susanna Thompson,
Shelby Leverington, Brian Cousins, Kenneth Messerole

Ein romulanisches Schiff, auf dem ein Bruch des Reaktorkerns bevorsteht, bittet die *Enterprise* um Hilfe. Ein Transporterausfall scheint Geordi und Ro zu töten. Dann wachen sie auf der *Enterprise* auf. Als ihre Freunde eine Totenfeier zu ihren Ehren vorbereiten, entdecken die beiden, daß sie im Gegensatz zum Rest des Schiffes »phasenverschoben« sind, was durch einen neuen experimentellen Tarnschirm auf dem romulanischen Schiff ausgelöst wurde. Die Romulaner haben der *Enterprise* eine Falle gestellt, die das Schiff zerstören wird, wenn es auf Warpgeschwindigkeit geht. Geordi und Ro entdecken, daß Anyonstrahlen sie wieder sichtbar machen, also verfolgen sie Data und erzeugen Chronitonfelder. Schließlich erkennt Data ihre Bemühungen, flutet das Schiff mit Anyonen und holt das Paar auf diese Art in die richtige Phase zurück.

Sternzeit: 45892,4 (laut Ros Todesurkunde).

Fremde neue Welten: Die Enterprise fliegt in Richtung des Garadius-Systems.

Neue Lebensformen: Der bajoranische »Todesgesang« dauert über zwei Stunden. »Borhyas« ist bajoranisch und bedeutet Geist oder Seele. Die bajoranische Religion lehrt, daß die Toten mit ihrem ehemaligen Leben Frieden schließen sollten, bevor sie in das nächste Leben überwechseln.

Technologie: Es wird berichtet, daß die Klingonen mit einer Kombination aus Phasenumkehrer und Tarneinrichtung mit wenig Erfolg experimentierten.

Herausragende Dialoge: »Was ist mit meiner Uniform? Meinem Visor? Wollen Sie sagen, daß ich ein bekleideter blinder Geist bin?«
Ro zu Picard: »Ich glaube es nicht. Ich bin tot, Sie können mich nicht hören und ich werde noch immer von Ihnen eingeschüchtert.«
»Sie denken, wir wären tot und sie feiern eine Party?!«
»Vielleicht sollten wir unser eigenes Interface entwickeln. Wenn es Ro Laren Demut beibringen kann, ist es zu allem fähig.«

Notizen: »Es ist so, als wäre ich hier, aber ich bin nicht hier!« Der phasenverschobene Romulaner, der Ro durch die *Enterprise* (durch Wände) jagt, ist großartig. Die Charaktere werden gut weiterentwickelt.

Picard meint, daß Ro, wenn sie nicht aufgrund des Vorfalls auf Garron 2 (nicht Garron 4, siehe »Ensign Ro« [»Fähnrich Ro«]) degradiert worden wäre, bereits Lieutenant Commander sein könnte. Er lernte Geordi kennen, als dieser sein Pilot bei einer Inspektionstour war: eine beiläufige Bemerkung Picards über die Aggregate des Shuttles veranlaßte Geordi, die ganze Nacht aufzubleiben, um die Fusionstreiber neu einzurichten.

Melakol ist eine romulanische Druckeinheit, Kolam eine Einheit des Energieflusses. Chronitonpartikel sind subatomare Teilchen, die temporale Quanten senden und durch Phasengeneratoren erzeugt werden. Data verwendet den Anyonsender, um sie zu beseitigen.

Der Transporterchef ist Lt. Brossmer (O'Brien scheint im Urlaub zu sein).

125: Das zweite Leben (»The Inner Light«)

Ausstrahlung USA: 1. Juni 1992
Deutsche Erstausstrahlung: 9. Mai 1994 (SAT1)
Drehbuch: Morgan Gendel, Peter Allan Fields,
nach einer Geschichte von Morgan Gendel
Regie: Peter Lauritson
Darsteller: Margot Rose, Richard Riehle, Scott Jaeck,
Jennifer Nash, Daniel Stewart

Bei einer Untersuchung des Parvenium-Systems entdeckt die *Enterprise* eine Sonde. Picard bricht zusammen und wacht im Körper eines anderes Mannes auf. Er ist jetzt Kamin, ein Eisenweber auf dem Planeten Kataan. Obwohl er zunächst versucht, auf die *Enterprise* zurückzukehren, glaubt er schon bald, daß sein Leben als Picard eine von Fieber verursachte Illusion war, und mit der Hilfe seiner Frau Eline wird er seßhaft, hat eine Familie, wird älter und entdeckt, daß der Planet aufgrund einer Dürre stirbt. Mit dem Wissen, daß ihr Planet zum Sterben verurteilt ist, schicken die Kataaner eine Sonde ins All, in der ihr ganzes Wissen gespeichert ist, damit man in der Zukunft von ihnen erfährt. Sie wählten Kamin als die Augen, durch die die Historiker der Zukunft Kataan sehen sollten. Picard wird bewußt, daß dies die Sonde ist, der die *Enterprise* Tausende von Jahren später begegnen wird. Anschließend erwacht er auf der Brücke wieder, nachdem er sprichwörtlich ein anderes Leben durchlebte.

Sternzeit: 45944,1 (und rund ein Jahrtausend vor dem 24. Jahrhundert).

Fremde neue Welten: Kataan (mit Ressik in der nördlichen Provinz), ein unerforschtes System mit sechs Planeten, die zerstört wurden, als ihre Sonne explodierte.

Deanna unterbeschäftigt?: Schon wieder auf Landurlaub?

Herausragende Dialoge: »Du hast wieder von diesem Raumschiff geträumt, nicht wahr?«

»Nutze die Zeit, Meribor. Mach das ›Heute‹ immer zur wichtigsten Zeit. ›Heute‹ wird niemals wiederkehren.«
»Die Letzten von uns sind seit tausend Jahren fort. Wenn Sie sich daran erinnern, wer wir waren und wie wir lebten, dann haben wir wieder zum Leben gefunden.«

Notizen: »Dies ist nicht mein Leben, soviel weiß ich.« *Star Trek* macht auf »Quantum Leap« [»Zurück in die Vergangenheit«]! Wirklich schön und lebensbejahend, eines der besten Drehbücher der Serie. Eine preisgekrönte Folge. Picard durchlebt ein anderes Leben, heiratet, hat Kinder und Enkel, wird alt auf einem sterbenden Planeten, alles in einer Spanne von 20 bis 25 Minuten realer Zeit. Schwer anzusehen ohne einen Frosch im Hals und ein Brennen in den Augen. Ein Meisterstück.

Kamin ist ein guter Flötenspieler (etwas, das er bleibt, als er wieder zu Picard wird). Sein erster holpriger Versuch mit dem Instrument ergibt eine Version von »Frère Jacques« (siehe »Disaster« [»Katastrophe auf der Enterprise«] und »Lessons« [»Der Feuersturm«]).

126: Gefahr aus dem 19. Jahrhundert I (»Time's Arrow I«)

Ausstrahlung USA: 15. Juni 1992
Deutsche Erstausstrahlung: 16. Mai 1994 (SAT1)
Drehbuch: Joe Menosky, Michael Piller,
nach einer Geschichte von Joe Menosky
Regie: Les Landau
Darsteller: Jerry Hardin, Michael Aron, Barry Kivel,
Ken Thorley, Sheldon-Peters Wolfchild, Jack Murdock,
Marc Alaimo, Milt Tarver, Michael Hungerford

Datas Kopf wird in einer fünfhundert Jahre alten Höhle in San Francisco gefunden. Bestimmte Wellenteilchen weisen auf Devidia 2 als den Ursprung des Geheimnisses hin. Auf Devidia findet eine Suchmannschaft ein Zeitportal, Data geht hindurch und gelangt in das San Francisco des 19. Jahrhunderts, wo er eine jüngere Guinan kennenlernt. Ein außerirdisches Paar befindet sich ebenfalls in der Vergangenheit und stielt offenbar die Lebensenergie von unschuldigen Menschen. Picard entscheidet sich, Data in die Vergangenheit zu folgen, und führt eine Suchmannschaft in das Portal.

Sternzeit: 45959,1

Fremde neue Welten: Devidia 2 im Marrab-Sektor. Das Zuhause der mikroskopischen einzelligen Lebensform LB10445.

Neue Lebensformen: Die Devidianer, Formveränderer mit mikrozentrischen Zellmembranen. Ein Ophidian, ein schlangenähnliches Energiewesen.

Technoblabla: Triolische Wellen, deren Nebenprodukte schädliche Auswirkungen auf das meiste lebende Gewebe haben.

Pokerspiel: Data spielt im 19. Jahrhundert (seine Gegenspieler sind unter anderem Frederick La Rouque und der Indianer Falling Hawk). Er riskiert seinen Kommunikator als Einsatz und gewinnt eine beachtliche Summe.

Herausragende Dialoge: Falling Hawk sieht Data: »Bleichgesicht!«
»Ein Mann kommt in seinem Schlafanzug in die Stadt, gewinnt den ganzen Einsatz in einem Pokerspiel, entwickelt damit einen pferdelosen Wagen und verdient so eine Million. Das ist Amerika!«

Notizen: »Irgendwann in der Zukunft werde ich zurück in das 19. Jahrhundert gelangen und dort sterben. Es ist schon passiert. Es wird wieder passieren.« Einige großartige Szenen mit Geordi, Deanna und Riker während der Vorgeschichte von Datas Tod und ein aufregender Cliffhanger als Höhepunkt. Zudem der erste große Einsatz »echter« historischer Figuren in *The Next Generation* (obwohl bis zum zweiten Teil weder Jack London noch Mark Twain mit Namen angesprochen werden).

Die Handlung im 19. Jahrhundert beginnt am 11. August 1893. Data und Geordi scheinen miteinander Schach zu spielen. Datas positronisches Gehirn hat einen »phasenunterscheidenden Verstärker des Typs R« (Lore hat einen vom Typ L). Der Starfleet-Kommunikator ist eine kristalline Mischung aus Silikon, Berilium, Kohlenstoff 70 und Gold.

Der neue Trek-Episodenführer

Sechste Staffel

26 Folgen à 45 Minuten

Nach den Ideen von Gene Roddenberry

Executive Producers: Rick Berman (127-133, 135-137, 139-152),
Michael Piller (128-130, 135-137, 139-146, 148-152)
Co-Executive Producers: Rick Berman (134, 138),
Michael Piller (127, 131-134, 138, 147), Jeri Taylor (127-151)
Producer: Peter Lauritson
Co-Producers:
Ronald D. Moore, Wendi Neuss, Jeri Taylor (152)
Supervising Producers:
David Livingston, Frank Abatemarco (127-139)
Line Producer: Merri D. Howard
Story Editors: Brannon Braga, René Echevarria
Hauptdarsteller: Patrick Stewart (Captain Jean-Luc Picard), Jonathan Frakes (Commander William Riker), LeVar Burton (Lt. Commander Geordi LaForge), Michael Dorn (Lt. Worf), Gates McFadden (Dr. Beverly Crusher), Marina Sirtis (Counselor Deanna Troi), Brent Spiner (Lt. Commander Data), Colm Meaney (Lt. O'Brien, 128, 133), Rosalind Chao (Keiko O'Brien, 133), Hana Hatae (Molly O'Brien, 133), Whoopi Goldberg (Guinan, 127, 133, 148), Michelle Forbes (Fähnrich Ro Laren, 133), Patti Yasutake (Schwester Ogawa, 128-129, 148), Dwight Schulz (Lt. Reg Barclay, 128, 138), Brian Bonsall (Alexander, 133-134), John de Lancie (Q, 132, 141), Siddig el Fadil (Dr. Julian Bashir, 142)

127: Gefahr aus dem 19. Jahrhundert II
(»Time's Arrow II«)

Ausstrahlung USA: 19. September 1992
Deutsche Erstausstrahlung: 17. Mai 1994 (SAT1)
Drehbuch: Jeri Taylor,
nach einer Geschichte von Joe Menosky
Regie: Les Landau
Darsteller: Jerry Hardin, Pamela Kosh, William Bovett, Michael Aron, James Gleason, Mary Stein, Alexander Enberg, Bill Cho Lee, Majel Barrett

Samuel Clemens belauscht ein Gespräch zwischen Data und Guinan und glaubt, sie seien Außerirdische, die die Erde mit zerstörerischen Technologien heimsuchen wollen. Picard und die anderen entdecken die Devidianer, als diese Menschen elektrochemische Energie entziehen und eine Choleraepidemie vortäuschen. Während eines Kampfes in einer Höhle wird Data geköpft und Guinan verletzt. Als das Portal sich schließt, bleibt Picard zurück, aber der neugierige Clemens wird in die Zukunft mitgenommen. Nachdem er sich jedoch von der Integrität der Besatzung der *Enterprise* überzeugt hat, kehrt er in das 19. Jahrhundert zurück und öffnet das Portal für Picard. Es gelingt Geordi, Datas Kopf wieder mit seinem Körper zu verbinden.

Sternzeit: 46001,3

Herausragende Dialoge: Frau Carmichael: »Ich habe euch spitzzüngelnde Teufel bereits gehört!«
Riker, der gerade einen Polizisten verprügelt: »Ich möchte, daß Sie wissen, das ich den größten Respekt vor dem Gesetz habe!«
Clemens: »Diese ganze Technologie dient nur dazu, dem Leben die Freude zu nehmen.«

Zukunftsgeschichte: Deanna erzählt Clemens, daß die Armut auf der Erde »vor langer Zeit« beseitigt wurde.

Notizen: »Ich habe es Ihnen doch schon oft gesagt, es gibt keine Auflösung!« Eine zutreffende Zusammenfassung, dies ist ein Durcheinander mit so vielen unbeantworteten Fragen, daß wir ein weiteres Buch benötigen würden, um sie aufzulisten. Woher bekam die Suchmannschaft die Kleidung des 19. Jahrhunderts? Wer waren die Außerirdischen? Warum benötigten sie die menschliche Energie? Was war ihre »Schlange« und warum hat sich die Schlange als Spazierstock getarnt? Und so weiter.
Es gibt einige großartige Picard/Guinan-Szenen (in beiden Zeitepochen). Jerry Hardin ist gut als Mark Twain, dieser erwähnt seinen neuesten Roman *A Connecticut Yankee in King Arthur's Court* [»Ein Yankee aus Connecticut an König Artus' Hof«] (1888). Die Nebenhandlung mit Jack London erscheint historisch glaubwürdig.
Picard und die Suchmannschaft geben vor, reisende Schauspieler zu sein, die das Stück *A Midsummer Night's Dream* [»Ein Sommernachtstraum«] üben. O'Brien wird erwähnt, taucht aber nicht auf.

128: Todesangst beim Beamen (»Realm of Fear«)

Ausstrahlung USA: 26. September 1992
Deutsche Erstausstrahlung: 18. Mai 1994 (SAT1)
Drehbuch: Brannon Braga
Regie: Cliff Bole
Darsteller: Renata Scott, Thomas Belgrey, Majel Barrett

Barclays Angst vor Transportern wird von Crusher als völlig grundlos angesehen, doch als er auf ein in Not geratenes Forschungsschiff der Sternenflotte gebeamt wird, sieht er ein Wesen im Transporterstrahl. Die USS *Yosemite* ist einer Plasmaschleife zu nahe gekommen, ihre Besatzung ist verschwunden. Barclay, der von einer der Kreaturen gebissen wird, findet heraus, daß die Crew im Transporterstrahl gefangen ist. Als er seine Angst überwindet, zieht er das erste Besatzungsmitglied aus dem Strahl.

Sternzeit: 46041,1

Neue Lebensformen: Eine Art energetische Mikroben leben innerhalb des Verzerrungsfelds der Plasmaschleife.
  O'Brien stieß auf talarianische Hakenspinnen, während er an der Emitterphalanx auf einer Sternenbasis auf Zayra 4 arbeitete. Die Beine der Spinnen sind etwa einen halben Meter lang.

Technoblabla: »Es scheint, als hätte er die molekulare Streuung über den Integritätspunkt hinaus geschoben. Ihre Muster haben sich im Strahl verfangen.« »Die zurückbleibende Energie der Plasmaschleife muß die Ladung im Puffer genügend verstärkt haben, um die Muster vor dem Zerfall zu bewahren.«

Notizen: Trotz einiger Ähnlichkeiten zu »Relics« [»Besuch von der alten Enterprise«] und »Second Chances« [»Riker:2=?«] später in dieser Staffel (Menschen, die im Transporterstrahl am Leben erhalten werden), ist dies eine vergnügliche Geschichte. Es ist immer schön, Reg Barclay zu sehen, und es gibt einige interessante Sequenzen während eines Transportvorgangs. Parallelen zwischen zukünftigen Ängsten vor dem Beamen und unserer eigenen Angst vor dem Fliegen werden geschickt aufgebaut.
  Die Cardassianer greifen Ferengischiffe an. Das Forschungsschiff USS *Yosemite* wurde in den Igo-Sektor geschickt, um eine Plasmaschleife zu beobachten. Barclay hat große Angst vor Trans-

portern (vergleiche Dr. Pulaskis Einstellung in der zweiten Staffel): Er denkt, er leidet unter einer Transporterpsychose. Diese wurde 2209 von Forschern auf Delinia 2 diagnostiziert. Crusher erinnert ihn jedoch daran, daß seit über fünfzig Jahren kein entsprechender Krankheitsfall mehr registriert wurde, und warnt ihn davor, sich Einblicke in die medizinischen Akten zu verschaffen (siehe »Genesis« [»Genesis«]). O'Brien leidet im Gegensatz dazu an Arachnophobie, hält sich jetzt aber eine Tarantel namens Christina als Haustier, die er auf Titus 4 gefunden hat.

129: Der unmoralische Friedensvermittler (»Man of the People«)

Ausstrahlung USA: 3. Oktober 1992
Deutsche Erstausstrahlung: 19. Mai 1994 (SAT1)
Drehbuch: Frank Abatemarco
Regie: Winrich Kolbe
Darsteller: Chip Lucia, George D. Wallace, Lucy Boryer, Susan French, Rick Scarry, Stephanie Erb, J.P. Hubbell, Majel Barrett

Der lumerianische Botschafter Ves Alkar bereitet sich auf der *Enterprise* darauf vor, die Auseinandersetzungen auf dem vom Krieg geschüttelten Planeten Rekag-Seronia zu schlichten. Seine alte Mutter stirbt, nachdem sie Troi eine unheilvolle Warnung gibt. Troi hilft Alkar über seinen Kummer hinwegzukommen, indem sie an der lumerianischen Trauermeditation teilnimmt, aber danach ändert sich ihre Verhaltensweise so, daß sie fast nicht mehr zu erkennen ist. Sie beginnt zu altern, und die Crew der *Enterprise* entdeckt, daß Alkars Erfolg als Vermittler darauf beruht, daß er all seine negativen Emotionen in eine andere Person leitet und die andere Person schließlich stirbt. Seine gealterte »Mutter« war in Wahrheit seine junge vorige Begleiterin, und das gleiche Schicksal erwartet Deanna. Crusher versetzt Troi in ein todesähnliches Koma, das Alkar tötet, als er den Übertragungsprozeß wieder versucht.

Sternzeit: 46071,6

Fremde neue Welten: Die Auswirkungen des Konflikts auf Rekag-Seronia werden allmählich von der Föderation wahrgenommen.

Das Treffen der Regierungsgesandten findet in der neutralen Stadt von Darthan statt.

Neue Lebensformen: Gemäß Ves Alkar sind Lumerianer nur untereinander empathisch. Während die Trauermeditation ein echtes lumerianisches Ritual zu sein scheint, das von Alkar für seine Zwecke mißbraucht wurde, bleibt unklar, ob seine Aussage, daß lumerianische Sitten eine Autopsie verbieten, wahr ist, oder nur einen Versuch darstellen, seine Spuren zu verwischen.

Technoblabla: »Ich habe ungewöhnlich hohe Konzentrationen an Neurotransmitterrückständen in ihrer Gehirnrinde festgestellt.«

Rikers Eroberungen: Riker findet in Trois Kabine einen verlegenen Fähnrich vor und widersteht ihren Annäherungsversuchen, trotz ihres offenherzigen Kleides. Sie zerkratzt ihm vor Wut die Wange.

Deanna unterbeschäftigt?: Dies ist in der Tat eine Troi-Story, die es Sirtis erlaubt, sinnlich, plump erotisch, eifersüchtig und alt und häßlich in einer einzigen Geschichte zu sein.

Notizen: Eine interessante Untersuchung darüber, bis zu welchem Punkt der Zweck die Mittel heiligt, die jedoch durch den unglaubwürdigen Schluß der Geschichte (bei dem Troi »getötet« wird, aber nur für wenige Minuten) und eine seltsame Moral, die Böses mit Sex gleichstellt, beeinträchtigt wird. Zudem erinnert die Handlung sehr stark an die Episode »Sarek« [»Botschafter Sarek«].

Wir sehen Worfs »t'ai chi«-Unterrichtsstunde (die Übungen am nächsten Tag beginnen um 07:00, was darauf schließen läßt, daß diese zu einer anderen Zeit begann). In »Birthright II« [»Der Moment der Erkenntnis II«] wird diese Disziplin Mok'bara genannt.

130: Besuch von der alten Enterprise (»Relics«)
Ausstrahlung USA: 10. Oktober 1992
Deutsche Erstausstrahlung: 20. Mai 1994 (SAT1)
Drehbuch: Ronald D. Moore
Regie: Alexander Singer
Darsteller: James Doohan, Lanei Chapman, Erick Weiss, Stacie Foster, Ernie Mirich, Majel Barrett

Sechste Staffel

Die Enterprise hat einen Notruf der USS *Jenolen* empfangen, die vor fünfundsiebzig Jahren als vermißt gemeldet wurde. Das Schiff stürzte auf der Oberfläche einer riesigen künstlichen Sphäre ab, und Geordi entdeckt, daß es einen Überlebenden gibt, der in einem Transporterpuffer konserviert wurde. Captain Montgomery Scott grüßt seinen Nachfolger auf der *Enterprise*, fühlt sich aber sehr unwohl auf dem neuen Schiff. Erst als die *Enterprise* beinahe innerhalb des Himmelskörpers gefangen wird, werden Scottys Talent und Erfahrung gebraucht: er und Geordi verwenden sein altes Schiff, und zwingen das »Tor« der Sphäre geöffnet zu bleiben und der *Enterprise* die Flucht zu ermöglichen.

Sternzeit: 46125,3

Fremde neue Welten: Die Dyson-Sphäre nach Freeman Dyson benannt, einem Wissenschaftler des 20. Jahrhunderts, eine gigantische hohle Kugel, die um einen Stern des G-Typs herum konstruiert wurde. Die Innenfläche der Hülle ist so groß wie die von 250 Millionen Planeten der Klasse M.

Neue Lebensformen: Die nicht gezeigte unbekannte Rasse, die die Sphäre baute.

Technologie: Die Dyson-Sphäre besteht aus Kohlenstoffneutronium.
 Data erklärt, daß Synthehol synthetischer Alkohol ist, der keine giftigen Nebeneffekte hat. Scotty kann sofort feststellen, daß sein »Scotch« synthetisch ist, und er gibt dem aldebaranischen Whisky den Vorzug, den Picard Guinan mitgebracht hat.

Technoblabla: Was erwarten Sie von einer Scotty/Geordi-Story? »Die Phaseninduzierer sind mit den Emitterphalanxen verbunden... Die Musterpuffer wurden auf einen kontinuierlichen Diagnostikzyklus gestellt.«

Deanna gekürzt: Sie erscheint nur in Scottys Abschiedsszene und erhält nur zwei Worte Dialog (»Auf Wiedersehen«). Anstatt »Wer sind Sie?« zu fragen, küßt Scotty sie auf die Wange. Verkommener alter Lustmolch.

Datas Witze: Data, der gebeten wird, ein alkoholisches Getränk zu identifizieren, untersucht die Flasche, riecht an ihrem Inhalt, macht eine Pause und erklärt souverän: »Es ist grün« (eine Anspielung auf Scottys ähnliche Aussage in der Classic-Episode »By Any Other Name« [»Stein und Staub«]).

Herausragende Dialoge: Scotty, als er dem Computer befiehlt, die alte Enterprise auf dem Holodeck zu generieren: »N-C-C-1-7-0-1. Kein verdammtes A, B, C oder D.«

Notizen: »Der Plasmakühler ist hinüber. Der Antrieb überhitzt sich!« Ein schrulliges Stück Nostalgie, weitgehend frei von übertriebener Sentimentalität. Es ist eine Schande, daß man überhaupt eine Nebenhandlung in die Episode eingebaut hat. Scottys Szene auf der alten Enterprise ist wunderschön, eine kurze Passage der alten Titelmusik erklingt sanft über den plötzlich einsetzenden Soundeffekten der Brücke. Es ist aber etwas seltsam, daß Scotty fünfundsiebzig Jahre in der Zukunft »aufwacht« und offenbar keinerlei Trauer über den Verlust seiner Freunde verspürt.

Scotty war als Passagier an Bord der *Jenolen*, da er sich auf Norpin 2 zur Ruhe setzen wollte. Er berichtet von seinen früheren Abenteuern und erwähnt dabei die Planeten Elas (»Elaan of Troyius« [»Brautschiff Enterprise«]), Argelius (»Wolf in the Fold« [»Der Wolf im Schafspelz«]) und Psi 2000 »The Naked Time« [»Implosion in der Spirale«]). Er wiederholt sogar den legendären Satz: »Man kann die Gesetze der Physik nicht ändern.« Scotty spricht über Jim Kirk, als würde er glauben, dieser wäre noch am Leben (im Film *Star Trek: Generations* [»Treffen der Generationen«] weiß er jedoch, daß Kirk tot ist). Er arbeitete 52 Jahre lang als Ingenieur bei der Sternenflotte, obwohl er zum Rang des Captains aufstieg. Er arbeitete auf elf Schiffen, von Frachtern über Kreuzer zu Großraumschiffen, aber er vermißt nur die (Original-)*Enterprise*. Picard erzählt von der *Stargazer*, nach der er sich manchmal sehnt, trotz der technologischen Überlegenheit der *Enterprise*. Geordi sagt, daß sich die Impulstriebwerke seit über zweihundert Jahren nicht verändert haben, und erzählt Scotty von dem Alien-Baby in »Galaxy's Child« [»Die Begegnung im Weltraum«].

Sechste Staffel

131: In den Subraum entführt (»Schisms«)

Ausstrahlung USA: 17. Oktober 1992
Deutsche Erstausstrahlung: 24. Mai 1994 (SAT1)
Drehbuch: Brannon Braga,
nach einer Geschichte von Louise Matthias, Ron Wilkinson
Regie: Ron Wiemer
Darsteller: Lanei Chapman, Ken Thorley, Angelina Fiordellisi, Scott T. Trost, Angelo McCabe, John Nelson, Majel Barrett

Als sie die Amargosa-Diaspora untersuchen, leiden einige Crewmitglieder (einschließlich Riker, Worf und Geordi) an ständiger Müdigkeit, einer unterbewußten Abneigung gegenüber glatten Objekten und Gedächtnisverlust. Mit Hilfe des Holodecks untersucht Troi die Bilder, die sie bedrängen, und sie kommen zu dem Ergebnis, daß Außerirdische Experimente an ihnen ausüben. Während er schläft, verschwindet Riker vom Schiff und erwacht auf einem Schiff in einer fremden Dimension, wo er von Gestalten in langen Roben beobachtet wird. Riker und ein anderes Besatzungsmitglied kehren durch eine kleine Subraum-Dimensionstasche aus Solanagen zur *Enterprise* zurück. Ein zusammenhängender Gravitonpuls wird verwendet, um den Riß im Subraum zu schließen.

Sternzeit: 46154,2

Neue Lebensformen: Die Aliens aus einer anderen Dimension. Fast nichts wird über sie herausgefunden, außer daß ihre molekulare Struktur auf Solanagen basiert.

Technoblabla: »Das Metall selbst befindet sich gewissermaßen in molekularem Fluß.«
»Räumlich invertierte Tetryonteilchen.« Wie Geordi feststellt: »Etwas, das so tief aus dem Subraum stammt, sollte in unserem Universum nicht existieren.«
Von einem »anapestischem Tetrameter« und einer »tertiären Manifestation des Subraums« gar nicht erst zu sprechen. Dies ist ein Drehbuch von Brannon Braga, richtig?

Das Picard-Manöver: Riker tut es, als er auf der Brücke ist.

Datas Witze: Seine poetischen Vorträge und besonders seine »Ode an Spot« sind äußerst witzig.

Herausragende Dialoge: »Wenn Sie Menschen berühren wollen, konzentrieren Sie sich nicht so sehr auf Reim und Versmaß, denken Sie mehr an das, was Sie sagen wollen, statt darauf, wie Sie es sagen.«
»Ihr Arm wurde amputiert und wieder anoperiert.«

Notizen: »Als wäre es etwas, was ich geträumt habe.« Großartige Regie, die die Außerirdischen gut zur Geltung bringt und fremdartige Kameraeinstellungen benutzt. Picards Satz »Wir stehen noch immer mit einigen unbeantworteten Fragen da« ist eine perfekte Zusammenfassung der Folge.

Beverly empfiehlt Riker den Grog gegen seine Schlaflosigkeit aus heißer Milch von Picards Tante Adele.

Mr. Mot erwähnt, daß sein Kollege im Friseurladen Mr. Setti heißt (es bleibt offen, ob er ebenfalls ein Bolianer ist).

132: Eine echte »Q« (»True Q«)
Ausstrahlung USA: 24. Oktober 1992
Deutsche Erstausstrahlung: 25. Mai 1994 (SAT1)
Drehbuch: René Echevarria
Regie: Robert Scheerer
Darsteller: Olivia d'Abo, John P. Connolly

Amanda Rogers, eine talentierte Medizinstudentin, sammelt praktische Arbeitserfahrung bei Beverly. Heimlich macht sie sich Sorgen über die scheinbar übermenschlichen Kräfte, die sich bei ihr entwickeln, und obwohl sie Riker das Leben gerettet hat, macht sich die Besatzung auch Sorgen. Als man sich über Amanda unterhält, wird ein Treffen der Offiziere durch Q gestört, der behauptet, daß Amanda auch eine Q sei. Q hat vor, sie mit ins Kontinuum zu nehmen, um sie davor zu bewahren »Amok zu laufen«. Picard überläßt Amanda die endgültige Entscheidung, und nachdem sie ihre Kräfte benutzt, um die Luftverschmutzung auf Tagra 4 zu beseitigen, geht sie mit Q, um das Ausmaß ihrer Kräfte zu entdecken.

Sternzeit: 46192,3

Fremde neue Welten: Tagra 4, der ökologisch verwüstete Planet in der Argolis-Gruppe.

Das Picard-Manöver: Picard zweimal, Riker einmal.

Rikers Eroberungen: Amanda fühlt sich zu Riker hingezogen (einmal beamt sie ihn sogar in ein Szenario von Charlotte Brontë), was Q ziemlich anwidert (»Wie verträgst Du diese Behaarung in seinem ganzen Gesicht?«). Außerdem trifft er sich mit einer unbekannten Frau im Zehn-Vorne.

Herausragende Dialoge: Q über Beverly: »Mit jedem Jahr wird Crusher immer schriller.« (Hört, hört.)
»Was haben Sie sonst noch gemacht? Telekinese? Teleportation? Spontane Verbrennung von jemandem, den Sie nicht mochten?«

Notizen: »Alles war normal, und dann schienen alle Gesetze der Physik ihre Gültigkeit verloren zu haben.« Und so erging es wohl auch dem Verstand, wie? Laßt uns das einmal klarstellen: Eine Q wächst zum Teenager heran, ohne etwas von ihren Kräften zu bemerken? Klar doch! Amandas Gesten, wenn sie coole Dinge à la Q macht, erinnern an Samantha in *Bewitched* (»Verliebt in eine Hexe«). Es gibt einige versteckte Hinweise auf *The Wizard of Oz* [»Das zauberhafte Land«] (Amanda wurde in Kansas geboren).

Auf der Erde existiert eine Wetterkontrolle, die Ereignisse wie den »Tornado«, der Amandas Eltern tötete, verhindern soll. Es gibt Hinweise auf »Encounter at Farpoint« [»Der Mächtige« und »Mission Farpoint«], einschließlich der ersten verschleierten Andeutung, daß die Verhandlung, die Q dort führt, noch nicht zu Ende sein könnte (siehe »All Good Things...« [»Gestern, Heute, Morgen«]).

133: Erwachsene Kinder (»Rascals«)

Ausstrahlung USA: 31. Oktober 1992
Deutsche Erstausstrahlung: 26. Mai 1994 (SAT1)
Drehbuch: Allison Hoch, nach einer Geschichte von
Ward Botsford, Diana Dru Botsford, Michael Piller
Regie: Adam Nimoy
Darsteller: David Tristan Birkin, Megan Perlan, Caroline Junko King, Isis J. Jones, Mike Gomez, Tracy Walter, Michael Snyder, Morgan Nagler, Majel Barrett

Ro, Guinan, Keiko und Picard befinden sich auf dem Rückweg von einem Landurlaub. Dabei werden sie aus einem defekten Shuttle gebeamt und kommen als Kinder zurück auf die *Enterprise*. Obwohl ihre Körper sich verjüngt haben, ist ihr Geist intakt geblieben. Als die *Enterprise* einen medizinischen Notruf auffängt und Ligos 7 erreicht, wird sie von abtrünnigen Ferengi überfallen. Ein Großteil der Besatzung wird auf den Planeten gebeamt, aber die Kinder des Schiffes (einschließlich Picards Gruppe) werden als Geiseln gefangengehalten. Mit Alexanders Hilfe gelingt es den jungen Erwachsenen, einige Ferengi in eine Falle zu locken und die Kontrolle des Schiffes wieder an sich zu reißen. Der Defekt des Transporters wird behoben, und Picard und die anderen kehren dankbar zu ihrer normalen Form und Größe zurück.

Sternzeit: 46235,7

Fremde neue Welten: Marlonia (»der schönste Planet im Quadranten«), Ligos 7 (reich an Venderite-Mineral, häufige Vulkanausbrüche), Suvin 4 (wo Dr. Langford eine archäologische Ausgrabungsstätte hat).

Einführung: Molly, die Tochter der O'Briens (zum ersten Mal in »The Game« [»Gefährliche Spielsucht«] erwähnt).

Technoblabla: Eine großartige Szene, als Riker in einem totalen Kauderwelsch zu dem Wissenschaftsoffizier der Ferengi spricht.
Beverly schwafelt über eine »Rybo-viroxische Kernstruktur« und ein »molekularisches Umkehrfeld«.

Das Picard-Manöver: Der junge Picard ist noch ein größerer Zappler als seine ältere Version.

Herausragende Dialoge: »Miles Edward O'Brien, ich bin immer noch deine Ehefrau.« »Genaugenommen ja!«
»Woher haben Sie die Idee, daß klein und ungeschickt zu sein, eine wundervolle Begabung sei?«
»Das ist das Wunderbare an Buntstiften, sie können einen an mehr Orte bringen als ein Raumschiff!«

Notizen: »Es gibt Leute, die finden es schwer, einen zwölfjährigen Captain zu akzeptieren.« Sehr amüsant, mit einer unheimlichen Vorstellung von David Tristan Birkin (Picards Neffe in »Family« [»Familienbegegnung«]), der das Verhalten und die Sprechweise von Jean-Luc nachahmt. Zusammengeflickt, aber lustig.

Guinans Vater ist siebenhundert Jahre alt. Ro nahm an einem Botanikkurs auf der Akademie teil. Picard hat dreißig Jahre an Bord von Raumschiffen verbracht. Als man ihm den Vorschlag unterbreitet, zur Akademie zurückzukehren, erschrickt er vor dem Gedanken, er könnte Wesley Crushers Zimmerpartner werden. Es wird auch angedeutet, daß er zum jüngsten Admiral in der Geschichte der Sternenflotten werden könnte.

Es sind 1014 Menschen auf der Enterprise (siehe »Remember Me« [»Das Experiment«]). Die Ferengi verwenden gestohlene klingonische Bird of Preys (der B'rel-Klasse). Sie nehmen ihre Kinder nicht mit auf Raumschiffe. Draebidium Froctus und Calimus gehören zur marlonianischen Fauna.

134: Eine Handvoll Datas (»A Fistful of Datas«)
Ausstrahlung USA: 7. November 1992
Deutsche Erstausstrahlung: 27. Mai 1994 (SAT1)
Drehbuch: Robert Hewitt Wolfe, Brannon Braga,
nach einer Geschichte von Robert Hewitt Wolfe
Regie: Patrick Stewart
Darsteller: John Pyper-Ferguson, Joy Garrett, Jorge Cereva jr.,
Majel Barrett

Worf, Alexander und Troi genießen einen entspannenden Schußwechsel in einer Wildwest-Holodecksimulation. Währenddessen versuchen Geordi und Data ein neues Interface zwischen dem Androiden und dem Schiff zu bauen. Energiefluktuationen bewirken, daß verschiedene Computerfunktionen Aspekte von Datas Persönlichkeit annehmen – am bedrohlichsten ist, daß die Figuren des Holodeckprogrammes sämtliche Fähigkeiten von Data erhalten haben, und Worf mit den anderen in der Simulation gefangen ist. Eine gründliche Speicherreinigung behebt jedoch das Problem.

Sternzeit: 46271,5

Fremde neue Welten: Deinonychus 7, wo die *Enterprise* das Vorratsschiff *Biko* treffen soll.

Deanna unterbeschäftigt?: Nein, aber die Lederhose, die sie als Durango trägt, wäre glatt eine eigene Kategorie wert.

Herausragende Dialoge: »Wurden Sie so geboren, oder hat Ihre Mutter ein Gürteltier geheiratet?«
»Die Replikatoren auf Decks vier bis neun produzieren nichts anderes als Katzenfutter.«

Notizen: »Was ist unsere Funktion hier?« »Du bist der Sheriff, und ich bin der Deputy!« *Star Trek* macht auf »Westworld«. Einfallsreich (Stewarts Regie ist superb) und sehr amüsant, eine großartige Worf-Episode. Die eröffnende »Picard kann keine Sekunde Frieden bekommen«-Szene ist sehr gut gemacht.

Alexander und Barclay haben das Deadwood-Programm geschrieben. Picard spielt Mozart auf der ressikanischen Flöte (siehe »The Inner Light« [»Das zweite Leben«] und »Lessons« [»Der Feuersturm«]). Beverlys neues Theaterstück heißt *Something for Breakfast*. Sie möchte, daß Picard den Butler spielt (zwei Zeilen Text!). Will Riker spielt mit (siehe »Frame of Mind« [»Phantasie oder Wahrheit«]). Als der Computer das Stück löscht, ersetzt er es durch Datas »Ode an Spot« (siehe »Schisms« [»In den Subraum entführt«]). Data hat für Spot 147 Zusätze für das Katzenfutter entwickelt. Erst kürzlich hat er die Werke Anton Dvoraks analysiert. Troi liebt Western (ihr Vater hat sie ihr immer vorgelesen). Worf mag klingonischen Feuerwein.

135: Datas Hypothese (»The Quality of Life«)
Ausstrahlung USA: 14. November 1992
Deutsche Erstausstrahlung: 30. Mai 1994 (SAT1)
Drehbuch: Naren Shankar
Regie: Jonathan Frakes
Darsteller: Ellen Bry, J. Downing, Majel Barrett

Die Crew der Enterprise erprobt Dr. Farallons experimentelle Bergbautechniken. Data beginnt zu glauben, daß die Exocomp-Roboter lebendig sein könnten, da sie einen starken Selbsterhaltungstrieb zeigen, aber Tests widerlegen diese Vermutung. Schließlich wird Data doch bestätigt, als ein Exocomp sich selbst opfert, um die Crew der *Enterprise* zu retten.

Sternzeit: 46307,2

Fremde neue Welten: Tyrus 7A, wo eine neue Bergbautechnologie, die Teilchenquelle, erprobt wird. Falls die Tests erfolgreich verlaufen, könnte sie auf Carema 3 eingesetzt werden.

Neue Lebensformen: Die Exocomps, auf gewöhnlichen industriellen Servomechanismen basierend, durch Boridium-Energiekonverter verstärkt, aus axionischen Chipnetzwerken und Mikroreplikationssystemen bestehend. Die Krönung ist, daß sie bei ihrer Arbeit lernen und immer das richtige Werkzeug zur Hand haben.

Für Klingonen ist der Bart ein Zeichen von Mut.

Technoblabla: Viel Gelaber über die Rechengeschwindigkeit von Datas positronischem Netzwerk, die früher durch die physikalische Trennung der positronischen Verbindungen eingeschränkt wurde, während sein Sequenzer nun asynchron arbeitet. »Wie haben Sie die Signalfragmentierung gelöst?« »Der Sequenzer ist bidirektional. Er kompensiert die Verzerrung des Asynchronverhaltens, die durch das Resonanzfeld erzeugt wird.«

Pokerspiel: Riker, Crusher, Geordi und Worf spielen »Seven Card Stud«. Nach einer Diskussion über Bärte (einschließlich Geordis Bart; siehe auch »The Outcast« [»Verbotene Liebe«]) werden die Einsätze so festgesetzt, daß die Männer ihre Bärte abrasieren, falls Crusher gewinnt, während Crusher sich die Haare (brünett) färbt. Bedauerlicherweise wird das Spiel nicht beendet.

Deanna unterbeschäftigt?: Sie ist in einer Szene zu sehen.

Notizen: »Neues Leben zu entdecken, welche Form es auch immer hat, ist die Hauptaufgabe dieses Schiffes.« Eine Standard-Geschichte, die sich auf harmlose Art mit der Definition des Lebens und Datas Einstellung zur Menschlichkeit beschäftigt.

Worf und Crusher haben einen Kampf mit einem Bat'telh ausgetragen.

136: Geheime Mission auf Celtris Drei I (»Chain of Command I«)

Ausstrahlung USA: 12. Dezember 1992
Deutsche Erstausstrahlung: 31. Mai 1994 (SAT1)
Drehbuch: Ronald D. Moore,

nach einer Geschichte von Frank Abatemarco
Regie: Robert Scheerer
Darsteller: David Warner, Ronny Cox, Natalija Nogulich, John Durbin, Lou Wagner, Majel Barrett

Picard, Crusher und Worf werden auf eine gefährliche Mission nach Celtris 3 geschickt, dort wird ein cardassianisches Labor vermutet, in dem eine metagenische Waffe entwickelt wird. Währenddessen übernimmt Commander Jellico die Kontrolle über die *Enterprise*. Zwar können Crusher und Worf entkommen, Picard wird jedoch von den Cardassianern gefangengenommen.

Sternzeit: 46357,4

Fremde neue Welten: Celtris 3, eine unbewohnte Welt im cardassianischen Raum, auf der ein geheimes Forschungslabor der Cardassianer vermutet wird. Bei Tormen 5 trifft die *Enterprise* DaiMon Solok.

Neue Lebensformen: Lynars sind angeblich eine Art celtranische Fledermaus.

Technologie: Die Sternenflotte glaubt, daß die Cardassianer eine metagenische Waffe entwickelt haben, ein genetisch hergestelltes Virus, das ein ganzes Ökosystem zerstören kann. Das Virus würde dann zerfallen, den Planeten und dessen Technologie jedoch unbeschädigt lassen, so daß dieser »erobert« werden kann. Es wird vermutet, daß die Cardassianer an einem »sicheren« Träger für das Virus arbeiten: eine Subraumwelle, die leblose Materie transportiert.

Ein Phaser auf Stufe 16 kann Granit zum Schmelzen bringen.

Das Picard-Manöver: Direkt bevor er (widerwillig) Jellicos Hand schüttelt und zu seiner Mission aufbricht.

Herausragende Dialoge: Jellico: »Oh, und entfernen Sie diesen Fisch aus meinem Raum.«

Notizen: Großartiges Drama: Gegen Ende gibt es einen Zusammenstoß zwischen dem schroffen, autoritären Jellico und der restlichen Crew, und die Geschichte zeigt Picard, Beverly und Worf bei einer geheimen Mission.

William T. Riker gehörte der Klasse von '57 an und schloß als achtbester seiner Klasse ab. Er wurde von der Sternenflotte fünfmal ausgezeichnet, und es wurde ihm mehr als einmal ein Schiff angeboten (siehe »The Arsenal of Freedom« [»Die Waffenhändler«], »The Icarus Factor« [»Rikers Vater«], »The Best of Both Worlds I« [»In den Händen der Borg«] und »The Pegasus« [»Das Pegasus-Projekt«]). Er diente fünf Jahre als Picards Erster Offizier. Während seiner Zeit auf der *Stargazer* beaufsichtigte Picard Tests mit Thetaband-Trägerwellen.

Die cardassianischen Streitkräfte, die sich von *Deep Space Nine* (siehe »Emissary« [»Der Abgesandte«] bei *DS9*) zurückgezogen haben, haben sich entlang der Föderationsgrenze neu versammelt. Edward Jellico war an der Aushandlung des Waffenstillstandsabkommens mit den Cardassianern vor zwei Jahren (siehe »The Wounded« [»Der Rachefeldzug«]) beteiligt. Biologische Waffen wurden »vor Jahren« verboten und sogar die Romulaner halten sich daran. Das gezeigte cardassianische Schiff ist die *Reklar*.

137: Geheime Mission auf Celtris Drei II (»Chain of Command II«)

Ausstrahlung USA: 19. Dezember 1992
Deutsche Erstausstrahlung: 1. Juni 1994 (SAT1)
Drehbuch: Frank Abatemarco
Regie: Les Landau
Darsteller: David Warner, Ronny Cox, John Durbin, Heather Lauren Olsen, Majel Barrett

Picard, seiner Würde und seiner Rechte beraubt, wird von dem cardassianischen Folterer Gul Madred auf brutale Art und Weise verhört. Zu Madreds wachsendem Verdruß weigert er sich, die Verteidigungspläne der Föderation für Minos Korva, die auch die *Enterprise* einschließen, zu verraten. Auf der *Enterprise* ruft Jellicos autoritärer Führungsstil zunehmende Spannungen hervor, am meisten bei Riker, der von seinem Posten abgesetzt wird. Madred verwandelt die Folter in einen Willenskampf, aber dieser wird abgebrochen, als die *Enterprise* die Invasionspläne der Cardassianer aufdeckt.

Sternzeit: 46360,8

Fremde neue Welten: Der Treffpunkt, an dem das Team von der *Enterprise* abgeholt werden soll, liegt im Lyshan-System. Die cardassianische Invasionsflotte versteckt sich im McAllister-Nebel.

Der Cardassia am nächsten liegende neutrale Planet ist Tohvun 3. Laut Gul Madred gibt es auf Cardassia einige der ältesten und prächtigsten Ruinen der Galaxis. Die herrlichen Grabkammern der ersten hibitanischen Zivilisation wurden vor 200 Jahren ausgegraben und beinhalteten viele schöne aus Jevonite hergestellte Gegenstände. Die Gräber wurden geplündert, um die cardassianische Kriegsführung zu finanzieren.

Neue Lebensformen: Wompats sind cardassianische Haustiere. Ein gekochtes Taspar-Ei ist eine cardassianische Spezialität.

Die Cardassianer waren einst ein friedliebendes, spirituelles Volk, obwohl viele von ihnen hungerten. Seit das Militär an der Macht ist, wurden Hunderttausend getötet. Jedoch ermöglichten die neuen, durch Kriege erlangten Ressourcen den Wiederaufbau und den Start landwirtschaftlicher Programme, wodurch die Bevölkerungsmassen Lebensmittel und Häuser erhielten. Lakat ist eine cardassianische Stadt.

Technologie: Madred hat ein sehr unangenehmes Foltergerät.

Herausragende Dialoge: »Es – sind – vier – Lichter!«

Notizen: »Ich glaubte daran, fünf Lichter zu sehen.« Eine hervorragende Episode, ein unverhüllter und scharfer Blick auf die Folter und die Behandlung politischer Gefangener, der *1984* viel zu verdanken hat. (Auf Patrick Stewarts Vorschlag hin wurde Amnesty International bei den Folterszenen zu Rate gezogen.) Stewart und Warner sind großartig. Besonders gut ist, daß der Konflikt zwischen Riker und Jellico nicht beendet wird. Picards Geständnis an Troi – daß er am Schluß wirklich fünf Lichter gesehen hätte – wäre bei Kirk undenkbar gewesen. Eine Episode, die man Freunden zeigen kann, die meinen, *TNG* sei etwas für Kinder.

Der Mädchenname von Picards Mutter war Yvette Gessard, und die Familie sang während des sonntäglichen Essens. Die beiden anderen Captains mit Thetaband-Erfahrung sind nicht mehr bei der Sternenflotte. Jellico und Geordi begannen beide ihre Karriere als Shuttle Piloten auf der Jovian Strecke, dem täglichen Pendelflug zwischen Jupiter und Saturn. Eine Abkürzung führt an Titan vorbei.

Die Abkommen von Seldonis 4 regelt die Behandlung von Kriegsgefangenen, einschließlich des Verbots der Folter.

138: Das Schiff in der Flasche (»Ship in a Bottle«)

Ausstrahlung USA: 23. Januar 1993
Deutsche Erstausstrahlung: 2. Juni 1994 (SAT1)
Drehbuch: René Echevarria
Regie: Alexander Singer
Darsteller: Daniel Davis, Stephanie Beacham, Clement Von Franckenstein, Majel Barrett

Barclay ruft versehentlich das Moriarty-Programm auf. Der Professor ist über Picards Verrat erzürnt und schwört, er würde entweder das Holodeck verlassen oder das Schiff bei dem Versuch zerstören. Zur Picards Verwunderung verläßt er das Holodeck und behauptet, er sei ein lebendiges Wesen. Moriarty möchte auch seine Verlobte, Gräfin Regina Bartholomew, in die reale Welt bringen. Picard bezweifelt, daß das möglich ist, bittet Data aber, die Möglichkeit zu überprüfen. Experimente mit Transportern schlagen fehl, dann entdeckt Data, daß sie alle sich in Wahrheit noch innerhalb des Holodecks befinden, das von Moriarty neu programmiert wurde. Picard stellt Moriarty eine vielschichtige Falle und bietet ihm einen vermeintlichen Fluchtweg von der *Enterprise*, in Wirklichkeit befindet er sich jedoch ebenfalls noch innerhalb des Holodecks. Moriarty und die Gräfin werden in einem Programm gespeichert, das genügend Speicherkapazität für lebenslange Abenteuer hat.

Sternzeit: 46424,1 (vier Jahre nach »Elementary, Dear Data« [»Sherlock Data Holmes«]).

Fremde neue Welten: Die *Enterprise* beobachtet den Zusammenprall zweier gigantischer Gasplaneten im Detrian-System (»eine sich selbst erhaltende Fusion«).
Meles 2 ist der nächstliegende bewohnte Planet (die Menschen dort sind »freundlich«).

Neue Lebensformen: Moriarty und Gräfin Regina, zumindest in der Theorie (holographische Wesen mit eigenem Selbstbewußtsein).

Technoblabla: »Entkoppelt die Heisenberg-Kompensatoren.«

Herausragende Dialoge: »Wenn dies vorbei ist, werden Sie aus diesem Raum in die reale Welt gehen, sich um Ihre eigenen Angele-

genheiten kümmern und werden mich hier zurücklassen, gefangen in einer Welt, von der ich weiß, daß sie nichts als eine Illusion ist. Das kann ich nicht ertragen«
»Polizisten. Ich würde sie in jedem Jahrhundert erkennen!«
»Mein Gott, wir fliegen in den Himmel.«
»Ich muß betonen, daß kriminelles Verhalten im 24. Jahrhundert genauso inakzeptabel ist, wie es das im 19. Jahrhundert war. Und es ist viel schwerer, damit durchzukommen.«
»Ich bin ein Mann außerhalb meiner Zeit.«
»Er ist ein Erzkrimineller!« »Nur weil er so beschrieben wurde!«
»Unsere Realität mag der ihren sehr ähnlich sein, und all das könnte eine sorgfältig erarbeitete Simulation sein, die sich in einem kleinen Gerät abspielt, das bei irgend jemandem auf dem Tisch steht.«
Und der klassische Schlußsatz: »Computer, Programm beenden!«

Notizen: »Ich bin nur eine fiktive Figur. Ich habe nichts zu verlieren.« Die langerwartete Fortsetzung von »Elementary, Dear Data« [»Sherlock Data Holmes«]. Dies ist ein Triumph intelligenter Winkelzüge, brillanter Dialoge und eines labyrinthartigen Plots (Holodecks innerhalb des Holodecks), auch wenn Moriartys Rolle ihn mehr zu einer Art Super-Gangster macht. Und es gibt in dieser Geschichte einen Schauspieler mit dem Namen Clement Von Franckenstein!

Barclay war noch nie in Afrika. Moriarty durchlebte kurze schreckliche Momente, in denen er sich seiner körperlosen Existenz während seiner vierjährigen Gefangenschaft in dem Programm (»Es kam mir viel länger vor«) bewußt wurde. Er zitiert Descartes (»Ich denke, also bin ich«).

Der Transporter und das Holodeck wandeln Materie in der gleichen Weise um, obwohl Datas, Geordis und Barclays Experimente, Holodeckmaterie außerhalb des Gitters zu stabilisieren, nicht erfolgreich waren.

139: Aquiel (»Aquiel«)
Ausstrahlung USA: 30. Januar 1993
Deutsche Erstausstrahlung: 3. Juni 1994 (SAT1)
Drehbuch: Brannon Braga, Ronald D. Moore,
nach einer Geschichte von Jeri Taylor

Regie: Cliff Bole
Darsteller: Renee Jones, Wayne Grace, Reg E. Cathey, Majel Barrett

Geordi leitet die Untersuchung eines Todesfalles auf einer Relaisstation in der Nähe der klingonischen Grenze. Bei der Überprüfung der Beweismittel vertieft er sich zunehmend in das persönliche Logbuch von Lt. Aquiel Uhnari. Ihre Abneigung ihrem kommandierenden Offizier Rocha gegenüber ist völlig offensichtlich. Verdächtigt werden jedoch die Klingonen, da deren Patrouilleflüge dicht an der Station vorbei führten, aber ihre Unschuld wird erwiesen. Geordi muß mit Uhnari über sein umfangreiches Wissen sprechen, da sie nun plötzlich nicht mehr ein Opfer, sondern der Täter zu sein scheint. Der wahre Schurke wird bald entlarvt: ein formverändernder Organismus, der zuerst Rocha und dann Uhnaris Hund infizierte. Die Kreatur wird getötet.

Sternzeit: 46461,3

Neue Lebensformen: Lt. Aquiel Uhnari ist eine Haliianerin und somit teilweise telepathisch. Haliianer verwenden ein Gerät namens Canar, um ihre Telepathie zu verstärken und zu vereinen.
Der fremde Organismus hat Rocha im Triona-System infiziert.

Deanna unterbeschäftigt?: Sie ist in einer Szene zu sehen.

Notizen: Eine kitschige Liebesgeschichte wandelt sich zu einem Plot, der an *Das Ding aus einer anderen Welt* erinnert. Die Story ist etwas vorhersehbar, aber ganz erträglich.
Seit sieben Jahren hat es keinen Überfall der Klingonen auf Einrichtungen der Föderation mehr gegeben. Muskanischer Kernpunsch wird erwähnt. »Lu Pivos« ist eine klingonische Beleidigung, ebenso »Pahtk«, womit die Sternenflotte und/oder die Föderation verächtlich bezeichnet werden. Laut Aquiel lesen »heutzutage« nicht mehr viele Leute Schauergeschichten (zu ihren Büchern gehören unter anderem *Kalter Mond über schwarzem Wasser* und *Verhängnisvolle Rache*). LaForges Familie reiste während seiner Jugend viel umher (siehe »Imaginary Friend« [»Die imaginäre Freundin«]), wobei er sich einige Sprachen aneignete, darunter Haliianisch.

140: Das Gesicht des Feindes (»Face of the Enemy«)

Ausstrahlung USA: 6. Februar 1993
Deutsche Erstausstrahlung: 6. Juni 1994 (SAT1)
Drehbuch: Naren Shankar,
nach einer Geschichte von René Echevarria
Regie: Gabrielle Beaumont
Darsteller: Scott MacDonald, Carolyn Seymour, Barry Lynch,
Robertson Dean, Dennis Cockrum, Pamela Winslow,
Majel Barrett

Deanna wacht mit verändertem Gesicht auf einem romulanischem Schiff auf, ohne etwas über ihre »Mission« zu wissen. Troi wird befohlen, die Identität von Major Rakal des Tal Shiar anzunehmen, und stößt sofort auf Widerstand bei dem mißtrauischen Commander Toreth. Die *Enterprise* fliegt zur Forschungsstation 75, um Fähnrich Stefan DeSeve abzuholen, einen Mann, der vor vielen Jahren zu den Romulanern übergelaufen ist. Er überbringt eine Nachricht von Botschafter Spock, die sich auf dessen »Cowboy-Diplomatie« bezieht. Das Schiff befördert eine »wichtige« Fracht (in Wirklichkeit Vize-Prokonsul M'ret und zwei Gehilfen, die in Stasis gehalten werden und überlaufen wollen). Dank Deannas kühlem Kopf werden die Überläufer sicher an die Föderation übergeben.

Sternzeit: 46519,1

Fremde neue Welten: Deanna nahm an einem Neuropsychologieseminar auf Borka 6 teil, ehe sie entführt wurde.

Neue Lebensformen: Die Corvallen werden als Söldner bezeichnet.

Technoblabla: Erwähnt werden das Gravitationssensorennetz der Föderation und die Tachyonen-Subraum-Überwachungsposten.

Das Picard-Manöver: Beim Verhör von Fähnrich DeSeve und bei der Begrüßung der »romulanischen« Troi.

Notizen: Endlich erhält Troi eine Geschichte fast für sich alleine, und Sirtis meistert sie hervorragend. Das Zwischenspiel mit dem romulanischen Commander ist wunderbar. Romulus – früher eine platte Parodie Nazi-Deutschlands (oder des Deutschlands der

80er Jahre, so wie in »Unification« (»Wiedervereinigung«) – wird plötzlich zur Sowjetunion mit einer Gruppe von Dissidenten. Der Tal Shiar ist der imperiale Geheimdienst. Toreths Schiff ist die *Khazara*. Der Frachter der Corvallen ist ein Schiff der Antares-Klasse.

141: Willkommen im Leben nach dem Tode (»Tapestry«)
Ausstrahlung USA: 13. Februar 1993
Deutsche Erstausstrahlung: 7. Juni 1994 (SAT1)
Drehbuch: Ronald D. Moore
Regie: Les Landau
Darsteller: Ned Vaughan, J.C. Brandy, Clint Carmichael, Rae Norman, Clive Church, Marcus Nash, Majel Barrett

Nachdem er vor einem Konferenzraum von Lenerianern angegriffen wurde, wird Picard zurück auf die *Enterprise* gebeamt, stirbt aber auf dem Operationstisch. Q erscheint, befördert Picard zurück in seine Vergangenheit und gibt ihm die Chance, dort etwas zu ändern. Picard zerstört die Beziehung zu einer Freundin, indem er Sex mit ihr hat, und versucht, einen Streit mit den Nausicaaner zu vermeiden, der dazu geführt hat, daß ihm ins Herz gestochen wurde und er ein künstliches Herz erhielt. Q zeigt ihm dann seine neue Zukunft: Er ist ein Niemand. Picard durchlebt seine Vergangenheit noch einmal, diesmal so, wie sie wirklich war – und erwacht auf der *Enterprise*, deren Captain er wieder ist.

Sternzeit: Wird nicht genannt.

Neue Lebensformen: Die Nausicaaner, die häßlichen, schlecht gelaunten Außerirdischen, die sich mit dem jungen Picard prügeln und ihn mit einem Dolch in den Brustkorb stechen. Sie spielen beim Dom-Jot falsch. Picard hatte auch in seinem Abschlußjahr Kontakt mit den Nausicaanern, als er auf Morricom 7 in der Nähe eines nausicaanischen Asteroidenaußenpostens stationiert war.

Technologie: Picards tödliche Wunden wurden durch einen komprimierten Terionstrahl erzeugt. Dom-Jot ist eine High-Tech Variante des Billard.

Herausragende Dialoge: Picard zu Q: »Ich weigere mich zu glauben, daß Sie das Leben nach dem Tode beherrschen. Das Universum kann nicht so grausam sein!«

Q, nachdem Picard weiter über die Veränderung der »Geschichte« spricht: »Bitte ersparen Sie mir Ihre überheblichen Gedanken über Ihre wichtige Rolle in der Geschichte. Nichts, was Sie tun, wird die Föderation zum Kollaps oder Galaxien zum Explodieren bringen. Um es einfach auszudrücken, so wichtig sind Sie nicht.«

Q als Blumenlieferant: »Ist ein John-Luck Pickerd hier?«

Notizen: »Willkommen im Leben nach dem Tode, Jean-Luc. Sie sind tot!« Eine geschickte Verschmelzung von Elementen aus *It's a Wonderful Life* [»Ist das Leben nicht schön?«] und »*A Matter of Life and Death*« [»Irrtum im Jenseits«] ergibt eine der bisher besten Folgen. Sie ist randvoll mit witzigen Sprüchen und schauspielerischen Glanzleistungen gespickt, und sie ist schon allein wegen der Szene mit Picard und Q in einem Bett ihr Geld wert. Es gibt einige interessante Betrachtungen darüber, wie wichtig es ist, sich seiner eigenen Sterblichkeit bewußt zu sein, und die Notwendigkeit, mal im Leben Risiken einzugehen und sie mal zu vermeiden. Zuzusehen, wie Picard in der Vergangenheit seine Freundschaften zerstört (eine durch Sex) und seine Fähigkeiten und Würde als Offizier mit niedrigem Dienstgrad verliert, ermöglicht einen genauen Blick auf seinen Charakter. Das Ganze ist genau konstruiert (Picards Gelächter, nachdem er verletzt wird), wäre aber ohne den Schluß noch besser. Trotzdem wird nicht alles verdorben, indem man eine definitive Erklärung für die Geschehnisse bringt.

Wir erfahren die genauen Umstände, wie Picard sein künstliches Herz bekam (siehe »Samaritan Snare« [»Das Herz eines Captains«]) und Einzelheiten über sein Leben nach dem Abschluß an der Akademie. Seine Freunde während dieser Zeit waren Corey Zweller und Marta Batanides, und Picard wurde »Jonny« genannt. Seine früheren Freundinnen sind Penny vom Planeten Rigel und Corlena. Picards Vater wird gezeigt, der ihn ermahnt, die Akademie nicht zu verlassen. In der alternativen Zukunft ist Picard Lieutenant, Junior Grade, und ein assistierender Offizier der Astrophysik. Die *Enterprise* wird von Captain Thomas Halloway kommandiert. Wichtige Ereignisse in Picards Karriere bei der Sternenflotte waren die Führung einer Suchmannschaft auf Milika 3, um einen Botschafter zu retten, und die Übernahme des Kommandos über die *Stargazer*, nachdem ihr Captain getötet wurde.

142: Der Moment der Erkenntnis I (»Birthright I«)

Ausstrahlung USA: 20. Februar 1993
Deutsche Erstausstrahlung: 8. Juni 1994 (SAT1)
Drehbuch: Brannon Braga
Regie: Winrich Kolbe
Darsteller: James Cromwell, Cristine Rose, Jennifer Gatti, Richard Herd

Als die *Enterprise* an der Station *Deep Space 9* andockt, verliert Data das Bewußtsein und erlebt einen Traum, in dem Dr. Soong vorkommt. Er beginnt zu malen, um zu versuchen, sich selbst auszudrücken, und entdeckt, daß die Träume das Ergebnis von ruhenden neuralen Schaltkreisen sind, die zuvor von Dr. Soong implantiert wurden. Währenddessen erfährt Worf, daß sein Vater das Khitomermassaker vielleicht überlebt haben könnte, und macht sich auf den Weg zu einem romulanischen Lager, wo noch klingonische Gefangene eingesperrt sind.

Sternzeit: 46578,4

Fremde neue Welten: Das »Kriegsgefangenenlager« am Rande des romulanischen Gebietes im Carraya-Sektor.

Neue Lebensformen: Der Yridianer, der Worf darüber informiert, daß sich sein Vater in einem romulanischen Kriegsgefangenlager befindet.

Worf erklärt, daß Klingonen lieber sterben würden, als in einer Schlacht gefangengenommen zu werden (die Entehrung, die das nach sich ziehen würde, würde drei Generationen lang andauern).

Der Hammer symbolisiert verschiedenes: Macht (Klingonen), Herd und Heim (der Takwah-Stamm von Naygor) und sexuelle Tapferkeit (Ferengi).

Notizen: Die Nebenhandlung – Datas surreale Traumsequenzen und seine atemberaubenden Malereien – sind interessanter als das angebliche Hauptthema (Worfs Suche nach seinem Vater).

Die *Enterprise* hat an *DS9* angedockt, um bei dem Wiederaufbau von bajoranischen Aquädukten zu helfen, die während der cardassianischen Besatzung beschädigt wurden. Dr. Crusher sagt, daß es in den Holosuiten der Station ein Entspannungsprogramm von Alture

7 gibt. Eins von Geordis Lieblingsgerichten ist Pasta al Fiorella, und er ist von der fast perfekt erhaltenen Plasmaspirale aus dem 21. Jahrhundert, die sich im ktaranischen Antiquitätenladen befindet, begeistert. Data kann die Geschwindigkeit steuern, mit der seine follikalischen Systeme arbeiten (sein Haar wächst), hat aber bisher noch keinen Grund gehabt, dessen Länge zu verändern. Er hat auch ein funktionsfähiges Atmungssystem, das es ihm ermöglicht, die »thermische Kontrolle der inneren Systeme« aufrechtzuerhalten (er kann sich geraume Zeit in einem Vakuum aufhalten und muß deshalb auch seinen inneren Druck senken können), und er besitzt einen »Puls« (sein Kreislauf erzeugt biochemische Schmiermittel und reguliert die mikrohydraulische Energie). Data schaltet sich täglich für eine bestimmte Zeit »ab«, um träumen zu können. Worf hat eine Narbe, die er sich zuzog, als er bei einer rituellen Jagd, an der er als kleiner Junge teilnahm, »das Biest« mit seinen bloßen Händen zu bezwingen versucht hat. Später arrangierten seine Adoptiveltern seine Teilnahme an den Riten von MajQa, eine tiefe Meditation in den Lavafeldern von No'Mat, wo die Hitze Halluzinationen erzeugt.

143: Der Moment der Erkenntnis II (»Birthright II«)
Ausstrahlung USA: 27. Februar 1993
Deutsche Erstausstrahlung: 9. Juni 1994 (SAT1)
Drehbuch: René Echevarria
Regie: Dan Curry
Darsteller: Christine Rose, James Cromwell, Sterling Macer Jr., Alan Scarfe, Jennifer Gatti, Richard Herd

Worf erreicht eine Welt, in der die Romulaner und Klingonen in Harmonie leben, sowohl die Überlebenden von Khitomer als auch deren romulanische »Wärter«. Die älteren Klingonen, die durch ihre Rückkehr nach Hause entehrt würden, und die Romulaner sind jetzt Abtrünnige. Obwohl sich Worf zu dem Mädchen Ba'el hingezogen fühlt, ist er von dem Unwissen der jungen Klingonen über ihr wirkliches Erbgut schockiert und verärgert die Alten, indem er den Jugendlichen Lieder beibringt und ihnen zeigt, wie man die traditionellen Waffen benutzt. Worf wird eingesperrt und wegen seines störenden Einflusses zum Tode verurteilt, aber die jungen Leute sind bereit, mit ihm zu sterben. Den Älteren wird bewußt, daß sie sie nicht mehr bei sich halten können, und sie finden einen Weg, um ihre Kinder zurück zu ihren Heimatplaneten zu bringen.

Sternzeit: 46759,2

Fremde neue Welten: Das Aquincia- und das Aquaya-System werden erwähnt, als die *Enterprise* auf der Suche nach Worf ist.

Neue Lebensformen: Ba'el, halb Romulanerin, halb Klingonin, auch bekannt als Worfs Eroberung.

Deanna unterbeschäftigt?: Deanna fehlt mal wieder ohne Entschuldigung.

Notizen: Eine ermüdende, sich wiederholende und faschistische klingonische Version von *Dead Poets Society* [»Der Club der toten Dichter«]. Worfs Handlungen, obwohl sie sehr zu seinem Charakter passen, zerstören den bestehenden Frieden zwischen den Klingonen und Romulanern in dem »Gefangenenlager«. Und die Handlung ist so löchrig wie ein Schweizer Käse. (Warum beispielsweise haben die Yridianer mit Worf Kontakt aufgenommen? Und würde nicht Worfs Geschichte über den Absturz des Shuttles in sich zusammenfallen, sobald die Klingonen sie überprüfen?)

Worfs Vater ist tatsächlich in der Schlacht von Khitomer gestorben. Der Pintok-Speer und D'k Tahg (ein Dolch) sind beides klingonische Waffen, und die Kathwa ist die rituelle Jagd. Ihr Gegenstück zu T'ai Chi ist als Mok'bara bekannt, und ein klingonisches Mädchen erhält ein Jinag (ein Schmuckstück), sobald es erwachsen wird.

144: In der Hand von Terroristen (»Starship Mine«)

Ausstrahlung USA: 27. März 1993
Deutsche Erstausstrahlung: 10. Juni 1994 (SAT1)
Drehbuch: Morgan Gendel
Regie: Cliff Bole
Darsteller: David Spielberg, Marie Marschal, Tim Russ, Glenn Morshower, Tom Nibley, Tim deZarn, Patricia Tallman, Arlee Reed, Alan Altshuld, Majel Barrett

Die *Enterprise* hat an der Remmler-Station angedockt, um sich einer Baryonreinigung zu unterziehen, die die Entstehung gefährlicher Partikel neutralisiert. Auf einer von »Hutch« auf der Akaria-Basis organisierten Veranstaltung schwelgt Data in seiner neuen Leidenschaft, Small Talk zu betreiben. Picard kehrt auf die verlassene *Enterprise* zurück, um seinen Sattel zu holen, wird aber von einigen gefährlichen Verbrechern gefangengenommen, die Trilithiumharz, ein sehr giftiges und tödliches Nebenprodukt der Triebwerke, stehlen wollen. Picard gibt vor, der Friseur Mr. Mot zu sein, und entkommt, indem er seine Raffinesse einsetzt, um den Terroristen zu entgehen. Währenddessen werden Riker und die anderen gefangengehalten, legen aber ihre Bewacher herein und stoppen die Baryonreinigung im letzten Moment, bevor Picard ihr zum Opfer fällt.

Sternzeit: 46682,4

Fremde neue Welten: Hutch sagt, daß er einen Captain Edwell kannte, der auf Gaspar 7 geboren wurde. Tyrellia ist einer von nur drei bekannten Planeten ohne magnetische Pole und nur einer von sieben ohne jegliche Atmosphäre.

Neue Lebensformen: Die arkarianische Gesellschaft ist egalitär aufgebaut (d.h., sie beruht auf der Gleichheit aller Mitglieder). Von den Sheliak (siehe »The Ensigns of Command« [»Die Macht der Paragraphen«] wird behauptet, daß sie es lieber haben, wenn sich ihre Körpertemperatur der Raumtemperatur angleicht, nicht umgekehrt. Laut Hutch sind die Paarungsgewohnheiten der arkarianischen Hornhühner »sehr interessant«.

Datas Witze: Eine Erklärung für seinen »Small Talk«: »Ich versuche einen ruhigen Moment mit unbedeutender Konversation zu füllen.«

Notizen: *Die hard* [»Stirb Langsam«] im Weltall! Dies ist eine vergnügliche, anspruchslose Abenteuergeschichte, in der Picard den Löwenanteil der Action bekommt.

Laut Data sind fünf Tyrellianer an Bord der *Enterprise*. Sternenbasis G7 ist laut Hutch »ein schlimmer Ort«.

Weder Deanna noch Geordi sind an Ornithologie interessiert. Picard scheint eine Art Nervengriff an einem der Terroristen anzuwenden. Er hat einen eigenen Sattel, den er über die Jahre »eingeritten« hat.

145: Der Feuersturm (»Lessons«)

Ausstrahlung USA: 3. April 1993
Deutsche Erstausstrahlung: 13. Juni 1994 (SAT1)
Drehbuch: Ronald Wilkerson, Jean Louise Matthias
Regie: Robert Wiemer
Darsteller: Wendy Hughes, Majel Barrett

Lt. Commander Nella Daren kommt an Bord der *Enterprise*, und aufgrund ihres beharrlichen Interesses an Picards musikalischen Fähigkeiten entwickelt sich eine Anziehung zwischen den beiden, ungeachtet Picards Grundsatz, sich nicht mit einem Mitglied der Crew einzulassen. Als sich Riker unter Druck gesetzt fühlt, für Daren Sonderregeln zu schaffen, erklärt Picard, er würde weder sich selbst noch einem anderen erlauben, sie anders zu behandeln. Gemäß dieser Worte erlaubt er Daren, sich dem Außenteam anzuschließen, das an einer Rettungsmission auf Bersallis 3 beteiligt ist. Als sie nicht zurückkommt, befürchtet Picard das Schlimmste und kann sich damit nicht abfinden. Daren überlebt die Rettungsmission zwar, aber sie und Picard kommen zu dem Ergebnis, daß sie wegen der tiefen Gefühle füreinander nicht länger auf demselben Schiff arbeiten können.

Sternzeit: 46693,1 (als die *Enterprise* vor Bersallis 3 eintrifft).

Fremde neue Welten: Auf Bersallis 3 gibt es einen Außenposten der Föderation. Solare Strahlung reagiert mit Plasma in der Atmosphäre und erzeugt Feuerstürme, die einen siebenjährigen Zyklus durchwandern. Die Basis ist so konstruiert, daß sie den meisten Stürmen widerstehen kann, aber nicht einem so ungewöhnlich heftigen (200 Stundenkilometer schnelle und 300 Grad Celsius heiße Winde).
Am Anfang will Picard mit Professor Mowray sprechen, der an einer archäologischen Ausgrabung auf Landris 2 arbeitet. Picard entdeckt eine wunderbare Wüste auf Thelka 4. Data leitete einst ein Geogologenteam, das einen Plasmageysir auf Melnos 4 beobachtete.

Neue Lebensformen: Laut Daren haben kerelianische Tenöre einen riesigen vokalen Bereich, mit auralen Nuancen, die nur von ihrer eigenen Art wahrgenommen werden können.

Technoblabla: Picard, als er versucht, Crusher zu erklären, warum er Darens Arbeit so faszinierend findet, obwohl er ihr in Wahrheit nur an die Unterwäsche will: »Das Ganze wird durch eine mathematische Konstruktion ermöglicht, die auf fraktaler Teilchenbewegung basiert... Die Modellierung selbst wird durch die Eingabe von gravimetrischen Wellen bewerkstelligt.«

Das Picard-Manöver: Als er mit Troi in seinem Raum redet.

Rikers Eroberungen: Keine, aber seine Machohaltung in der ersten Szene, als er neben Data steht, muß erwähnt werden.

Herausragende Dialoge: Daren zu Picard, über seine musikalischen Fähigkeiten: »Sie sind es nicht gewohnt, mit jemanden zu spielen, nicht wahr?«

Picard: »Als ich glaubte du wärst tot, habe ich einfach begonnen abzuschalten... Ich war hier in meinem Quartier und das einzige, worauf ich mich konzentrieren konnte, war meine Musik und daß sie mir niemals mehr Freude bereiten würde.«

Notizen: Eine Folge mit sehr guter Regieführung und guten schauspielerischen Leistungen, der es gelingt, wirklich anrührend zu sein, ohne auf eine lächerliche Sentimentalität zurückgreifen zu müssen. Wendy Hughes ist als Daren wunderbar.

Nella Daren kam bei Sternenbasis 218 an Bord der *Enterprise*, zusammen mit weiteren neuen Crewmitgliedern, einschließlich einer (nichtgezeigten) neuen Entbindungsschwester namens Beck. Darens Studien beinhalten die ungewöhnlichen radioaktiven Emissionen des Borgolis-Nebels. Sie, Data und Fähnrich Cheney spielen Chopins *Trio in g-moll* im Zehn-Vorne. Picard spielte Klavier, als er jünger war, bezeichnet sich selbst aber als musikalischen Amateur. Er spielt die ressikanische Flöte (siehe »The Inner Light« [»Das zweite Leben«]) schon längere Zeit und erzählt Daren, daß ein solches Instrument nicht mehr hergestellt wird. Sie hat ein zusammenklappbares Piano von Mataline 2. Sie spielen Bachs drittes *Brandenburgisches Konzert* und »Frère Jacques«. Laut Daren ist die vierte Kreuzung in der Jeffries-Röhre 25 »der akustisch perfekteste Platz auf diesem Schiff«. Während sie dort sind, spielt sie die Mondscheinsonate und Picard spielt »eine alte Volksmelodie« von Kataan: er erwähnt traurig, daß die Sonne dieses Planeten vor 1000 Jahren zur Nova wurde.

Picard sagt, daß Riker für die Hilfsmittel und die Einteilung der Besatzung zuständig ist.

146: Das fehlende Fragment (»The Chase«)
Ausstrahlung USA: 24. April 1993
Deutsche Erstausstrahlung: 14. Juni 1994 (SAT1)
Drehbuch: Joe Menosky,
nach einer Geschichte von Ronald D. Moore
Regie: Jonathan Frakes
Darsteller: Salome Jens, John Cothran Jr., Maurice Roeves,
Linda Thorson, Norman Lloyd, Majel Barrett

Die *Enterprise* ist auf einer dreiwöchigen Mission, bei der sie Protosterne im Voltaira-Nebel beobachtet, als Picard Professor Richard Galen, seinen ehemaligen Archäologielehrer, wiedertrifft. Galen bietet Picard die Möglichkeit, ihn auf seinem letzten und wichtigsten Forschungsabschnitt zu begleiten, nach gründlicher Überlegung lehnt Picard aber ab. Galens Tod bewegt Picard jedoch dazu, die Arbeit des alten Mannes nochmals zu überprüfen. Heraus kommen uralte Codes, die innerhalb der DNS einiger humanoider Rassen existieren. Die Besatzung der *Enterprise* ist jedoch bei dem Versuch, die Teile des Puzzles zusammenzusetzen, nicht alleine: Die Klingonen, die Cardassianer und die Romulaner sind ebenfalls hinter dem uralten Geheimnis her. Der fertiggestellte Code ist nichts anderes als eine Grußbotschaft von einer alten Zivilisation, die die genetische Entwicklung von vielen Lebensformen der Galaxis veränderte.

Sternzeit: 46731,5

Fremde neue Welten: Die Crew der *Enterprise* hätte an einer Konferenz auf Atalie 7 teilnehmen sollen, statt dessen reist sie nach Deep Space 4, Kea 4 und Indri 8 (wird mit einer klingonischen Waffe angegriffen, die die Atmosphäre zerstört). Das Indri-System wurde erstmals von der Föderation vor sechzig Jahren identifiziert: sein achter Planet ist (oder eher: war) Klasse L (mit pflanzlichem aber ohne tierisches Leben). Ruah 4 ist ein Planet der Klasse M, zu dessen Lebensformen Humanoide in einem Frühstadium gehören. Loren 3 könnte einmal Leben hervorbringen. Der Cardassianer Gul Ocett wird durch einen Trick dazu gebracht, in das Rahm-Izad-System zu fliegen. Die Jagd endet im Vilmoran-System: Der zweite Planet war einst bewohnt, aber jetzt gibt es dort nur noch Flechten. Kurlan Naiskos ist weit außerhalb des Föderationgebietes.

Galen war erst kürzlich dort und hat einige keramische Proben aus der Dritten Dynastie zurückgebracht (ca. 12000 Jahre alt). Die Zivilisation war ihrer Zeit um dreihundert Jahre voraus. Ya'seem ist eine mit Troja vergleichbare archäologische Ausgrabungsstätte: Sie wurde von einer klingonischen Frau namens M'Tell entdeckt.

Neue Lebensformen: Vor vier Milliarden Jahren »besamte« die alte Zivilisation von Vilmor die ursprünglichen Meere vieler Planeten mit genetischem Material, das eine Nachricht über die Entwicklung beinhaltete. Dies erklärt die humanoide Form der meisten Wesen der Galaxis.

Die mit Informationen handelnden Yridianer (siehe »Birthright« [»Der Moment der Erkenntnis«]) greifen Galens Shuttle an. Die Klingonen suchen nach einer Waffe, die Cardassianer (die DNS-Informationen von den Yridianern kauften) vermuten, daß das Geheimnis eine unerschöpfliche Energiequelle ist. Die Mutter des Klingonen hat scheinbar ein gutes Rezept für Brötchen. B'aht Qul ist eine klingonische Aufforderung die physische Kraft zu messen (Datas Kräfte sind sogar im klingonischen Imperium bekannt). Tash Kota spricht über Klingonen, die brüderlich zusammen sterben.

Die Satarraner von Sothis 3 (siehe »Conundrum« [»Mission ohne Gedächtnis«]) verachten Geheimnisse. Statt »Gute Nacht« wünschen die Yash-El: »Träume nicht von heute«.

Das Picard-Manöver: Viel Herumzupfen an der Uniform im Bereitschaftsraum.

Herausragende Dialoge: Nu Daq, nachdem der Plot erklärt wurde: »Ist das alles?«

Notizen: »Was auch immer dieses Programm enthält, könnte die bedeutendste Entdeckung unserer Zeit sein. Oder die gefährlichste.« Eine von *Star Trek*s absurdesten Geschichten. Obwohl es schön ist, die Klingonen, die Cardassianer und die Romulaner in einer Geschichte zu sehen, steuert die Auflösung beständig auf einen Antihöhepunkt zu.

Datas obere Rückgratstütze besteht aus einer Polylegierung. Sein Schädel besteht aus Kortenid und Duranium. Siebzehn Leute auf der *Enterprise* stammen nicht von Föderations-Planeten.

147: Phantasie oder Wahrheit (»Frame of Mind«)

Ausstrahlung USA: 1. Mai 1993
Deutsche Erstausstrahlung: 15. Juni 1994 (SAT1)
Drehbuch: Brannon Braga
Regie: James L. Conway
Darsteller: David Selburg, Andrew Prine, Gary Werntz,
Susanna Thompson, Allan Dean Moore

Rikers Hauptrolle in Beverlys Produktion des Theaterstücks »Frame of Mind« macht ihn nervös. Er ist unzufrieden mit einigen psychologischen Aspekten des Stückes und stellt fest, daß ein paar fiktive Situationen auf das reale Leben übergreifen. Riker ist auch für eine Rettungsmission auf Tilonius 4 in naher Zukunft eingeteilt. Während er das Stück vorträgt, befindet sich Riker plötzlich in einer tilonianischen Anstalt, dort wird ihm gesagt, daß er kein Sternenflotten-Offizier sei, und daß er kürzlich einen Mann ermordet habe. Ständiges Wechseln der Perspektiven zwischen der Vorführung des Spiels und der Anstalt machen Riker unsicher, was Wirklichkeit ist und was nicht. Schließlich entdeckt Riker, daß er von den Tilonianern gefangengehalten wird, und erkämpft seinen Weg in die Freiheit.

Sternzeit: 46678,1 (gegen Ende der Episode genannt; die Ereignisse fanden vermutlich in den Tagen zuvor statt).

Fremde neue Welten: Tilonus 4 (befindet sich in einem Zustand der Anarchie, nachdem erst kürzlich der Premierminister ermordet wurde).

Neue Lebensformen: Die Tilonianer haben fanatische politische Gruppen, Nervenheilanstalten, faschistische tyrannische Wachen und Löffel. Dünne Lappenfische sind ein tilonianisches Gericht. »Nishroh« ist ein Zeremonienmesser, das von tilonianischen Händlern verkauft wird.

Das Picard-Manöver: Zweimal.

Rikers Eroberungen: Tja, Deanna wandte »Entspannungstechniken« bei ihm an. Sie scheinen bei ihm nicht zu wirken.

Herausragende Dialoge: »Manchmal ist es gesund, die dunklere Seite der Psyche zu erforschen. Jung nennt es ›seinen eigenen Schatten besitzen‹.«

Notizen: »Lassen Sie sich von ihnen nicht einreden, daß Sie verrückt sind.« Ein Hitchcock-Film, (wer sagte *Spellbound* [»Ich kämpfe um dich«]?) der auf vier Akte reduziert wurde und einige äußerst ausgefallene Spezialeffekte (die »zertrümmerten« Realitäten) enthält. Jonathan Frakes liefert eine wirklich hervorragende schauspielerische Leistung. Besonders gefällt uns an dieser Episode, daß sich jedes Standardklischee als Farce herausstellt (besonders die kühne Rettungsaktion von Data und Worf, ein Spiegelbild der Ereignisse in »The Best of Both Worlds II« [»Angriffsziel Erde«]). Eine Geschichte, die Rikers gesamten Charakter erhellt, indem sie zeigt, daß er in jeder Hinsicht ein Schauspieler ist. Enthüllend und furchterregend.

Wills erstes Jahr auf der Akademie war problematisch (er scheint aus dieser Zeit noch immer ein paranoides Gefühl behalten zu haben). Das Theaterstück »Frame of Mind« handelt von Wahnsinn, Nervenheilanstalten und der Folterung durch Ärzte.

148: Verdächtigungen (»Suspicions«)
Ausstrahlung USA: 8. Mai 1993
Deutsche Erstausstrahlung: 16. Juni 1994 (SAT1)
Drehbuch: Joe Menosky, Naren Shankar
Regie: Cliff Bole
Darsteller: Tricia O'Neil, Peter Slutsker, James Horan, John S. Ragin, Joan Stuart Morris, Majel Barrett

Beverly, der eine unehrenhafte Entlassung aus der Sternenflotte droht, erzählt Guinan von ihrem Interesse an der Arbeit des Ferengi-Wissenschaftlers Dr. Reyga. Seine metaphysische Abschirmungstechnologie gegen die Hitze einer Sonne hat sie genügend beeindruckt, um ihn und einige andere Wissenschaftler auf die *Enterprise* einzuladen, um seine Ideen zu diskutieren. Jo'Bril, ein Takaraner, hat sich angeboten, ein abgeschirmtes Shuttle in eine Sonnenkorona zu steuern, um die Theorien zu testen, aber der Außerirdische stirbt unter rätselhaften Umständen. Kurz darauf wird Reyga tot aufgefunden, doch seine Familie verweigert die Erlaubnis für eine Autopsie. Beverly führt die Autopsie trotzdem durch, kann aber nichts entdecken. Dadurch hat sie jedoch einen diplomatischen Vorfall ausgelöst und nun machen alle lange Gesichter. Guinan ermutigt Crusher, die Untersuchungen weiterzuführen, und Beverly steuert das Shuttle selbst in die Sonne, um zu demonstrieren, daß die Schutzschilder sabotiert wurden. Jo'Bril ist in Wirklichkeit am Leben und hat sich in dem Shuttle versteckt. Er hat vor, den Schutzschild zu stehlen und als Waffe zu benutzen. Beverly kämpft gegen ihn, und er stirbt. Das Shuttle fliegt mit Erfolg in die Sonne, und Beverly wird rehabilitiert.

Sternzeit: 46830,1

Fremde neue Welten: Vaytan, eine Sonne mit einer instabilen Korona. Wir hören von der Sternenbasis 23.

Neue Lebensformen: Takaraner, grünhäutig mit blauen Venen, ohne gesonderten Organen, die die Physiologie auf zellularer Ebene steuern.

Das Todesritual der Ferengi schreibt vor, daß der Körper vor der Beerdigung nicht untersucht werden darf (vergleiche aus *DS9* »The Nagus« [»Die Nachfolge«]).

Es passiert sehr selten, daß die Ferengi einen Wissenschaftler hervorbringen, und die Klingonen respektieren ihre Wissenschaftler nicht.

Technologie: Anapropalin ist eine medizinische Droge. Kortikale Stimulatoren dienen dazu, einen Patienten zu reanimieren. Ein Metaphasen-Schild ermöglicht es einem Schiff, tief in die Korona einer Sonne einzudringen. Ein Plasmainfusor kann eine tödliche Waffe sein. Es ist gefährlich, sich Tetrionfeldern auszusetzen.

Deanna unterbeschäftigt?: Sie darf in dieser Folge knapp zwei Sätze sagen.

Notizen: Diese Geschichte erklärt nie glaubwürdig, warum ein Schiffarzt eine wissenschaftliche Konferenz dieser Art veranstalten sollte. Interessiert sich Geordi nicht dafür?

T'Pan ist seit fünfzehn Jahren die Direktorin der vulkanischen Wissenschaftsakademie: Sie stellt eine Legende auf dem Gebiet der Subraum-Morphologie dar. Admiral Brooks ist Leiter der medizinischen Abteilung der Sternenflotte auf der Erde. Auf der Altine-Konferenz werden Subraum-Technologien besprochen.

Guinan konsultiert immer Crusher, wenn sie ein medizinisches Problem hat. Sie mußte noch nie eine formelle Befragung über sich ergehen lassen, und sie spielt kein Tennis.

Eines der Shuttles der Enterprise heißt *Justman*.

149: Der rechtmäßige Erbe (»Rightful Heir«)

Ausstrahlung USA: 15. Mai 1993
Deutsche Erstausstrahlung: 17. Juni 1994 (SAT1)
Drehbuch: Ronald D. Moore,
nach einer Geschichte von James E. Brooks
Regie: Winrich Kolbe
Darsteller: Alan Oppenheimer, Robert O'Reilly, Norman Snow,
Charles Esten, Kevin Conway, Majel Barrett

Worf leidet darunter, daß sein Glaube nachläßt, und wird von Picard beurlaubt, um nach Borath zu fliegen, wo die klingonischen Hohen Priester noch immer auf die Rückkehr ihres großen Führers Kahless warten. Worf entdeckt, daß Kahless am Leben ist, und die *Enterprise* ist unterwegs, um ihn zurück auf den Heimatplaneten der Klingonen zu bringen, als Gowron eintrifft. Nachdem Gowron Kahless zu einem Kampf herausfordert und gewinnt, geben die Geistlichen zu, daß Kahless ein Klon mit implantierten Erinnerungen ist, aber Worf warnt Gowron, daß ein Bürgerkrieg unvermeidlich wäre, wenn der Betrug aufgedeckt würde. Worf schlägt vor, Kahless zum Imperator zu ernennen, daß die Macht aber weiterhin in den Händen des Rates liegen soll. Widerwillig stimmt Gowron zu.

Sternzeit: 46852,2

Fremde neue Welten: Boreth, die eisige Klingonenwelt, wo die Anhänger von Kahless seine Rückkehr erwarten. Mit dem Shuttle braucht man etwa zwölf Tage, um sie vom Alawanir-Nebel aus zu erreichen.

Neue Lebensformen: Es hat seit dreihundert Jahren keinen klingonischen Imperator mehr gegeben. Das Messer von Kirom, an dem das Blut von Kahless klebt, wird in einer heiligen Kammer aufbewahrt. Kahless einte die Klingonen und hat sie vor 1500 Jahren verlassen; er versprach jedoch, wieder zurückzukehren, und befahl ihnen, ihn auf einem bestimmten Stern zu suchen (um den Boreth kreist). Molor wurde mit einem Bat'telh, dem Schwert der Ehre, getötet. (Siehe »New Ground« [»Die Soliton-Welle«], »Birthright« [»Der Moment der Erkenntnis«], »First Born« [»Ritus des Aufsteigens«] und die Originalepisode »The Savage Curtain« [»Seit es Menschen gibt«].)

Deanna unterbeschäftigt?: Sie fehlt komplett.

Notizen: Diese Folge ist wundervoll, voller Dramatik und Realpolitik, in der auch auf das Thema Religion recht schonungslos eingegangen wird.

Klingonen begeben sich in einen hypnotischen Zustand und blicken in das Feuer, um Visionen von Kahless zu sehen. Worf hatte als Kind eine solche Vision in den Höhlen von No'Mat (siehe »Birthright I« [»Der Moment der Erkenntnis I«]). Kahless sagte ihm, daß er etwas tun würde, was noch kein Klingone getan hätte. Warnog ist ein klingonisches Getränk, Sto-Vo-Kor ist das Leben nach dem Tode, wo sich Kahless befindet. Der klingonische Heimatplanet hat einen Vulkan bei Kri'stak, in der Nähe vom Lusorsee. Es gibt eine Stadt namens Quin'lat.

Worfs Quartier befindet sich auf Deck 7. Offiziere der Sternenflotte aktivierten Data auf Omicron Theta, und er glaubt daran, daß er mehr als eine Maschine ist.

150: Riker:2=? (»Second Chances«)

Ausstrahlung USA: 22. Mai 1993
Deutsche Erstausstrahlung: 20. Juni 1994 (SAT1)
Drehbuch: René Echevarria,
nach einer Geschichte von Michael A. Medlock
Regie: LeVar Burton
Darsteller: Dr. Mae Jemison

Vor acht Jahren leitete Riker die Evakuierung von Nervala 4. Jetzt kommt die *Enterprise* dort an, um Daten zu sichern. Als sich Riker auf den Planeten beamt, findet er zu seiner Überraschung dort einen weiteren Riker vor, ein Transporterduplikat, das während der Evakuierung entstand. Der andere Riker, ein Lieutenant, der noch immer in Deanna verliebt ist, wendet sich mit seinen eigenen Plänen, wie die Daten gesichert werden können, direkt an Picard, was Commander Riker erzürnt. Er genießt ein romantisches Verhältnis mit Troi und erhält einen anderen Posten auf einem anderen Schiff, doch als er sie bittet, ihn zu begleiten, lehnt sie ab. Die beiden Rikers versuchen ein letztes Mal, an die Daten zu gelangen, und retten sich gegenseitig das Leben. Der neue Riker – der seinen mittleren Namen Thomas annimmt – verläßt das Schiff, um seinen neuen Posten anzutreten, und bittet Will Riker, auf Deanna aufzupassen. Will gibt Thomas seine Posaune als Abschiedsgeschenk.

Sternzeit: 46915,2

Fremde neue Welten: Nervala 4, dort verhindern Verzerrungsfelder die Verwendung von Transportern. Lediglich alle acht Jahre ist das Beamen möglich, wenn die Sonne die Verzerrungsfelder beeinflußt. Mindestens ein Planet im Lagana-Sektor, vier Monate entfernt, benötigt Terraforming.

Technologie: Klonen verursacht geringe genetische Veränderungen (vergleiche »Up the Long Ladder« [»Der Planet der Klone«]). Die Organisationsmuster des Gehirns sind so einmalig wie Fingerabdrücke.

Pokerspiel: Riker gewinnt zwei Spiele hintereinander, eines gegen Worf und Data, und eines, bei dem sich sein Ebenbild dazugesellt.

Rikers Eroberungen: Lieutenant Riker führt Deanna auf die Suche nach einem Schatz aus Blumen und Schokolade.

Zukunftsgeschichte: Vor acht Jahren evakuierte die USS *Potemkin* die Forschungseinrichtung der Sternenflotte auf Nervala 4.

Notizen: Diese Episode ist großartig, ein wundervolles Drehbuch, und Frakes schafft es, dem neuen Riker einen eigenständigen Charakter zu verleihen. Und sie vermeidet den erwarteten Schluß.

Lt. Riker hat Deanna zum letzten Mal bei den Janaran-Fällen auf Betazed gesehen, einen Tag, bevor er mit der *Potemkin* wegflog. Aufgrund seines Mutes während der Evakuierung wurde er befördert und mußte sich von ihr trennen, so verpaßte er das mit Deanna vereinbarte Rendezvous sechs Wochen später auf Raisa. Sie haben sich nicht mehr gesehen, bis zu den Ereignissen von »Encounter at Farpoint« [»Der Mächtige« und »Mission Farpoint«] die jetzt sechs Jahre zurückliegen. In diesen zwei Jahren haben sie sich entfremdet. (Vergleiche mit einigen Episoden der ersten Staffel.) Commander Riker spielt die Jazzposaune und versucht seit zehn Jahren, sein Solo in *Nightbird* zu perfektionieren. Er wollte vor dem fünfunddreißigsten Lebensjahr Captain werden (nachdem er schon drei Angebote abgelehnt hat, als Captain ein eigenes Schiff zu bekommen, könnte man diese Vorgehensweise als etwas eigenartig bezeichnen!). Commander Riker hat den Namen Thomas nie richtig gemocht. Lieutenant

Riker übernimmt einen Posten auf der USS *Ghandi*, die zu einer Terraforming-Mission in den Lagana-Sektor fliegt. Nach sechs Monaten wird es ihm gestattet, Familienmitglieder an Bord zu bringen.

Troi und Crusher treffen sich zum Mok'bara (der Schritt namens KoH'-ma-ara ist dem »Kran«-Block im T'ai Chi ähnlich) sowie Aerobic. Troi trinkt valerianischen Wurzeltee.

151: Gefangen in einem temporären Fragment (»Timescape«)

Ausstrahlung USA: 12. Juni 1993
Deutsche Erstausstrahlung: 21. Juni 1994 (SAT1)
Drehbuch: Brannon Braga
Regie: Adam Nimoy
Darsteller: Michael Bofshever, John DeMita, Joel Fredericks

Nach einer Konferenz kehren Picard, Troi, Geordi und Data mit einem Shuttle zur *Enterprise* zurück. Während des Fluges stellen sie fest, daß der Weg zurück zum Schiff mit Anomalien temporaler Instabilität übersät ist. Die *Enterprise* hängt in der Zeit fest und befindet sich scheinbar in einer Schlacht mit einem romulanischen Warbird. Im Maschinenraum stellt Data jedoch fest, daß die Zeit sich lediglich verlangsamt hat. Ein Bruch im Warpkern beginnt zu entstehen, der das Schiff in neun Stunden zerstören wird. Die *Enterprise* überträgt Energie zum Warbird, die den Riß verursacht. Die Romulaner sind dabei, ihr Schiff zu evakuieren. Der Antriebskern der Romulaner ist übersät mit dunklen Punkten, die sich als organisches Leben herausstellen. Der Energieschub eines Tricorders bringt die Zeit dazu, vorwärts zu schnellen, und die *Enterprise* explodiert, doch läuft die Zeit unmittelbar danach wieder rückwärts. Geordi wird von einem Außerirdischen angegriffen, der wie ein Romulaner gekleidet ist. Das Wesen benutzt schwarze Löcher als Nest für seine Jungen und verwechselte die romulanische Energiequelle mit einer solchen Singularität. Picard versucht mit dem Trikorder den Kernbruch an der romulanischen Energiequelle zu verhindern, doch Data wird von einem weiteren verkleideten Außerirdischen angegriffen. Picard unterbricht den Energietransfer mit dem ferngesteuerten Shuttle, und die Zeit verläuft wieder normal.

Sternzeit: 46944,2

Fremde neue Welten: Die *Enterprise* verwendet Subraum-Schutzschirme auf Davidia 2.

Neue Lebensformen: Extra-temporale formverändernde Wesen, deren Junge in schwarzen Löchern nisten. Katarianer sind eine intelligente Spezies.

Technologie: Die Berührung eines Plasmafeldes ist etwas, was nicht sehr oft gemacht wird. Es ist möglich, nach temporalen Anomalien zu scannen. Wie in *DS9* haben Shuttles einen Warpantrieb und messen niedrigere Geschwindigkeiten in Metern pro Sekunde. Not-Transporter-Armbänder haben Subraum-Relais für die Kommunikation und Schutzschirme. Die Romulaner versorgen ihre Schiffe mit Energie aus einer künstlichen Quanteneinheit.

Technoblabla: Temporale Narkose. Wenn man sich in einem anderen Zeitrahmen befindet, wird das Gehirn beeinflußt.

Datas Witze: Er führt ein Experiment durch, um herauszufinden, ob »ein Topf, den man beobachtet, länger braucht, um Kochtemperatur zu erreichen«.

Notizen: Sorry, Leute, der Autor war mit seinen Gedanken nicht richtig bei der Episode. Er hat statt dessen darüber nachgedacht, ob er noch einige Heidelbeermuffins essen sollte. Na gut, lassen wir das.
 Data hat einen inneren Chronometer. Parrises Squares wird wieder erwähnt (siehe »11001001« [»11001001«] und andere). Riker haßt Katzen und wird von Spot angegriffen, Beverly liebt sie. Auf der Konferenz über die psychologischen Auswirkungen von Langzeit-Missionen waren Dr. Vassbinder (Physignonomie), Prof. Wagner (Philobiologie) und der Katarianer Dr. Mizan (Paarung zwischen verschiedenen Rassen).

152: Angriff der Borg I (»Descent I«)
Ausstrahlung USA. 19. Juni 1993
Deutsche Erstausstrahlung: 22. Juni 1994 (SAT1)
Drehbuch: Ronald D. Moore,
nach einer Geschichte von Jeri Taylor
Regie: Alexander Singer

Sechste Staffel

Darsteller: John Neville, Jim Norton, Natalija Nogulich, Brian J. Cousins, Professor Stephen Hawking, Richard Gilbert-Hill, Stephen James Carver

Die Borg attackieren einen Außenposten der Föderation. Als die Suchmannschaft ihnen begegnet, scheinen sie zu Individuen geworden zu sein. Data stellt beunruhigt fest, daß er während des Kampfes plötzlich primitive Emotionen verspürt. Später, als er mit einem gefangenen Borg spricht, wird er vor die Wahl gestellt, einen Freund zu töten, oder weitere Emotionen zu erleben. Kurz darauf entdeckt die Crew, daß Data das Schiff mit dem Borg namens Crosis in einem Shuttle verlassen hat. Die *Enterprise* folgt dem Shuttle zu einem unerforschten Planeten. Fast die gesamte Crew beamt auf den Planeten hinunter, Beverly bekommt das Kommando über das Schiff übertragen. Picard, Geordi und Deanna werden von den Borg gefangengenommen und lernen ihren neuen Anführer Lore kennen. Data erscheint neben seinem Bruder und sagt, die Söhne Soongs hätten sich vereint.

Sternzeit: 46982,1

Fremde neue Welten: Ohniaka 3, die Neu Berlin-Kolonie und die MS1-Kolonie –alles Außenposten der Föderation. Ein namenloser Planet, 65 Lichtjahre von der Föderation entfernt und durch eine Transwarpverbindung erreichbar.

Pokerspiel: Data spielt auf dem Holodeck mit einem zornigen Sir Isaac Newton, einem umgänglichen Albert Einstein und einem (echten) Stephen Hawking, der das Spiel gewinnt.

Das Picard-Manöver: Dr. Crusher zupft ihre Uniform zurecht, als sie das Kommando über die *Enterprise* hat.

Herausragende Dialoge: »In den vergangenen sechs Stunden habe ich versucht, emotionale Reaktionen hervorzurufen, indem ich mich verschiedenen Stimulierungen aussetzte. Ich habe mir einige Opern angehört, die für ihre erbauende Wirkung bekannt sind, sah mir drei humorvolle Holodeck-Projektionen an und ich unternahm vier Versuche, sexuelles Verlangen zu erregen, indem ich erotische Darstellungen betrachtete.« »Was ist passiert?« »Nichts!«

Crosis über das Töten: »Klingone: zerschmettere den Schädel

am tritizipalen Lappen. Der Tod tritt sofort ein... Mensch: Durchtrenne das Rückgrat am dritten Wirbel. Der Tod tritt sofort ein.«

Notizen: »Ich habe keine Bezeichnung. Mein Name ist Crosis ... Er wurde mir von dem Einen gegeben.« Gute Einsichten in den Konflikt, den Picard mit sich selbst austrug, als er Hugh in »I, Borg« [»Ich bin Hugh«] zum Borg-Kollektiv zurückschickte (Admiral Necheyevs unsympathisch faschistische Einstellung in dieser Sache ist aufschlußreich). Es ist auch eine großartige Data-Story, obwohl es auch alberne Löcher in der Geschichte gibt (warum beamt man 99 Prozent der Crew auf den Planeten hinunter, und warum sind drei Führungsoffiziere in einem vierköpfigen Team?). Es gibt ein fantastisches Stück Kontinuität, als sich Picard Szenen aus Hughs Verhör in »I, Borg« [»Ich bin Hugh«] ansieht – die genannte Sternzeit (45855,4) stimmt mit dem Zeitpunkt dieser Geschichte überein.

Es befinden sich 15 Föderationsschiffe in der Nähe, dazu gehören die *Gorkon*, die *Crazy Horse* und die *Agamemnon*. Ferengi-Handelsschiffe werden erwähnt. Da sich Picard, Riker, Data, Worf und Geordi auf der Planetenoberfläche befinden, geht das Kommando an Beverly (siehe »Thine Own Self« [»Radioaktiv«]).

Siebte Staffel

24 Folgen à 45 Minuten, 1 Folge à 90 Minuten

Nach den Ideen von Gene Roddenberry

Executive Producers: Rick Berman, Michael Piller, Jeri Taylor
Producers: Peter Lauritson, Ronald D. Moore
Co-Producers: Brannon Braga, Wendy Neuss
Supervising Producer: David Livingston
Consulting Producer: Peter Lauritson (166-177)
Line Producer: Merri D. Howard
Executive Story Editor: René Echevarria
Story Editor: Naren Shankar

Siebte Staffel

Hauptdarsteller: Patrick Stewart (Captain Jean-Luc Picard), Jonathan Frakes (Commander William T. Riker), LeVar Burton (Lt. Commander Geordi La Forge), Michael Dorn (Lt. Worf), Gates McFadden (Dr. Beverly Crusher), Marina Sirtis (Counselor Deanna Troi), Brent Spiner (Lt. Commander Data), Patti Yasutake (Schwester Ogawa, 163, 167, 171, 177), Dwight Schultz (Lt. Reg Barclay, 171), Majel Barrett (Lwaxana Troi, 159), Wil Wheaton (Fähnrich Wesley Crusher, 163, 172), Armin Shimerman (Quark, 173), Michelle Forbes (Lt. Ro, 176), John de Lancie (Q, 177), Colm Meaney (O'Brien, 177), Denise Crosby (Yar, 177)

153: Angriff der Borg II (»Descent II«)

Ausstrahlung USA: 18. September 1993
Deutsche Erstausstrahlung: 23. Juni 1994 (SAT1)
Drehbuch: René Echevarria
Regie: Alexander Singer
Darsteller: Jonathan Del Arco, Alex Datcher, James Hordan, Brian Cousins, Benito Martinez, Michael Reilly Burke

Lore hat Data die langersehnten Gefühle gegeben, aber dafür soll Data nun seine Freunde quälen und töten. Beverly wird gezwungen, die *Enterprise* aus der Umlaufbahn zu bringen, als ein Borgschiff auftaucht, obwohl sie später zurückkehrt, um den Großteil der Crew von der Planetenoberfläche zu holen. Worf und Riker sind einer rebellierenden Borggruppe unter der Führung des verbitterten Hugh begegnet, der die *Enterprise* für den verzweifelten Zustand seines Volkes verantwortlich macht, der erst zur Machtergreifung von Lore führte, da der versprach, die Borg nach seinen Ideen zu formen. Trotzdem stimmt Hugh zu, Worf und Riker in das Borghauptquartier zu führen, als er erfährt, daß Geordi unter den Gefangenen ist. Lore, der sich nicht sicher ist, ob er die volle Kontrolle über Data besitzt, befiehlt seinem Bruder, Picard zu töten. Nachdem Data dazu nicht fähig ist, versucht Lore, Data zu töten. Dies wird gerade noch rechtzeitig von Hugh, Worf und Riker verhindert. Während des folgenden Gefechts besiegt Data Lore und schaltet ihn endgültig ab. Er besitzt nun den offenbar beschädigten Emotionschip, den Dr. Soong für ihn entwickelte.

Sternzeit: 47025,4 (am Schluß genannt).

Picard-Manöver: Beverly zupft wieder einmal an ihrem Oberteil.

Datas Witze: Lore: »Vielleicht sollten wir an deinem Sinn für Humor arbeiten.«

Notizen: »Ich bin nicht mehr deine Marionette.« Wieder einmal (in der dritten Staffel in Folge) ein enttäuschender Schluß nach einem exzellenten Anfang. Die Szenen, in denen Beverly das Kommando über das Schiff hat, sind wirklich gut gelungen, obwohl sie durch die Nebenhandlung mit dem spießigen, anmaßenden Fähnrich Tait gestört werden, was die Nerven des Zuschauers beansprucht. Datas (emotionale wie auch physische) Folterungen seines besten Freundes Geordi sind einfach entsetzlich, die ganze Folge wirkt sehr ziellos, und die abschließenden Szenen sind entsprechend rätselhaft. Data und Geordi unternehmen einmal eine Bootsfahrt zusammen auf dem Navalosee. Datas Schwimmversuche endeten damit, daß er sofort im See versank und eine Meile auf dem Grund zum Ufer zurücklaufen mußte.

154: Indiskretionen (»Liaisons«)
Ausstrahlung USA: 25. September 1993
Deutsche Erstausstrahlung: 24. Juni 1994 (SAT1)
Drehbuch: Jeanne Carrigan Fauci, Lisa Rich,
nach einer Geschichte von Roger Eschbacher, Jaq Greenspoon
Regie: Cliff Bole
Darsteller: Barbara Williams, Eric Pierpoint, Paul Eiding,
Michael Harris, Rickey D'Shon Collins

Die *Enterprise* spielt den Gastgeber für drei eyaranische Botschafter. Deanna und Riker werden ausgewählt, sie zu begleiten, aber einer von ihnen besteht darauf, Worf als Begleiter zu erhalten, und macht dann Worf das Leben zur Hölle mit seinen ständigen boswilligen Neckereien. Deannas Gast scheint unterdessen nur daran interessiert zu sein, sich den Magen vollzuschlagen. Picard reist mit dem dritten Botschafter in einem Shuttle nach Eyar, aber dieses stürzt auf einem ungastlichen Planeten ab. Picard wird verletzt von einer gestrandeten Terranerin namens Anna gefunden. Die Dinge sind jedoch nicht so, wie sie scheinen: Die Eyaraner sind an den verschiedensten menschlichen Emotionen interessiert und halten Picard absichtlich fest, um die Liebe zu untersuchen. Ähnlich werden Deanna und Worf mit anderen Gefühlsregungen getestet. Die Eyaraner scheinen damit zufrieden zu sein, was sie daraus gelernt haben.

Sternzeit: Nicht genannt, irgendwo zwischen 47025,4 und 47215,5 (sieben Jahre nach 40812).

Fremde neue Welten: Der eyaranische Heimatplanet hat einige der schönsten Kristallformationen der Galaxis.

Neue Lebensformen: Die Eyaraner pflanzen sich durch »post-zellulare Zusammensetzung« fort (sie schlüpfen völlig ausgewachsen aus Geburtskokons). Die Terellianer haben vier Arme.

Pokerspiel: Riker, Deanna und Worf spielen mit den Botschaftern Byleth und Loquel. Das Ganze endet in einem handfesten Streit.

Datas Witze: Worf: »Botschafter Byleth ist fordernd, launenhaft und unhöflich.« Data: »Sie teilen all diese Eigenschaften in großem Umfang mit ihm.«

Herausragende Dialoge: »Das ist eine unglaublich unmoderne und sexistische Bemerkung. Ich bin über Sie erstaunt. Sie sehen übrigens gut aus in einem Kleid!«
Deannas Reaktion auf Papellasaft: »Lecker!«
»Wenn Sie kein Botschafter wären, würde ich Sie auf der Stelle ausweiden.«

Notizen: »Ich werde ihn mit meinen bloßen Händen töten.« Ziemlich simpel, trotz der Worf-Nebengeschichte.
Die Maschinenabteilung der Enterprise erstreckt sich über zwölf Decks des sekundären Rumpfes. Auf Deck 42 ist die Antimaterie-Lagereinrichtung.
Laut Worf zögern Klingonen nicht. Hitarianischer Schokoladenkuchen ist eine von Deannas Lieblingsspeisen. Er wird aus siebzehn verschiedenen Schokoladensorten hergestellt (dieses Schokoholic-Zeug ist ja sicher ganz lecker, aber weiß Deanna denn nicht, daß dieser Überfluß an Milchprodukten womöglich Herzkrankheiten und Akne bei ihr auslösen könnte?).

155: Interface (»Interface«)
Ausstrahlung USA: 2. Oktober 1993
Deutsche Erstausstrahlung: 27. Juni 1994 (SAT1)
Drehbuch: Joe Menoksy
Regie: Robert Wiemer
Darsteller: Madge Sinclair, Warren Munson, Ben Veeren

Ein neues »Virtual Reality-Interface«, das auf Geordis Gehirnmuster abgestimmt ist, soll bei einer Mission eingesetzt werden, um der *Rhamon* zu helfen. Aber dann erhält Geordi die schreckliche Nachricht, daß das Schiff seiner Mutter verlorengegangen ist. Er fährt mit dem Interface-Experiment fort, aber auf der *Rhamon* sieht er plötzlich seine Mutter, die ihm sagt, daß ihre Crew in der unteren Atmosphäre des nahen Planeten gefangen sei. Trotz der Warnung Picards, nicht weiter zu experimentieren, macht Geordi mit Datas Hilfe weiter. Er entdeckt, daß das Bild seiner Mutter eigentlich von einer unbekannten Art von Subraumkreaturen auf der *Rhamon* stammt.

Sternzeit: 47215,5

Fremde neue Welten: Mardgny 7, ein Gasriese.

Neue Lebensformen: Die Subraumkreaturen, die in der unteren Atmosphäre des Planeten leben. Die Ferengi werden nebenbei erwähnt.

Technoblabla: Die *Hera* verwendete »trionische Starter in der Warpspirale«. Beverly schlägt vor, eine »Umkehrung der Warpreaktionen« herzustellen.

Picard-Manöver: Einmal.

Notizen: »Sie ist der Captain eines Raumschiffs. Sie hat sich bereits in unmögliche Situationen hinein und wieder heraus gebracht.« Eine gute Geordi-Folge mit vielen exzellenten Charakteraspekten. Geordis enges Verhältnis zu seiner Mutter wird gut dargestellt. Die Auflösung ist raffiniert, die ganze Folge lang scheinen alle Anzeichen den Zuschauer dazu zu verleiten, einen ganz anderen Ausgang zu erwarten, als er dann tatsächlich bekommt.

Geordis Mutter ist seit sieben Monaten Captain der *Hera*, ein Schiff mit einer hauptsächlich aus Vulkaniern bestehenden Crew. Man sagt, sie sei eine großartige Menschenkennerin. Die *Excelsior* und die *Noble* befinden sich auf der Suche nach der vermißten *Hera*.

Geordi hat auch eine Schwester namens Areana. Riker hatte als Kind Probleme damit, den Tod seiner Mutter zu akzeptieren.

Admiral Marcus Holt ist auf DS3 stationiert. Data studiert gerade uralte uzidarianische Poesie, die hauptsächlich aus langen Pausen besteht (manchmal dauern sie mehrere Tage lang!), in denen der Poet und die Zuhörer dazu ermutigt werden sollen, die Leere der Erfahrung anzuerkennen.

Wie Worf in »Reunion« [»Tödliche Nachfolge«] hat jetzt auch Geordi einen Eintrag wegen Mißachtung von Befehlen in seiner Akte (Data vermutlich auch).

156: Der Schachzug I (»Gambit I«)

Ausstrahlung USA: 9. Oktober 1993
Deutsche Erstausstrahlung: 28. Juni 1994 (SAT1)
Drehbuch: Naren Shankar,
nach einer Geschichte von Christopher Hatton, Naren Shankar
Regie: Peter Lauritson
Darsteller: Richard Lynch, Robin Curtis, Caitlin Brown,
Cameron Thor, Alan Altshuld, Bruce Gray, Sabrina Le-Beauf,
Stephen Lee, Derek Webster

In der schäbigen Umgebung einer deskianischen Bar entdecken Riker, Deanna, Worf und Beverly, daß Picard offensichtlich getötet wurde. Als Riker entführt wird, während er eine Suchmannschaft anführt, um eventuell doch noch eine Spur des Captains zu entdecken, übernimmt Data das Kommando. Riker findet sich auf einem Söldnerschiff wieder, das archäologische Artefakte schmuggelt. Das Crewmitglied Galen stellt sich als Picard heraus, dem es gelingt, Riker (neben öffentlich geäußerten Morddrohungen) in einem stillen Moment mitzuteilen, daß sein »Tod« das Ergebnis eines neuen Transporters sei. Die beiden fahren mit ihrem Doppelspiel fort, in der Hoffnung, den Plan der Söldner herauszufinden, in dem scheinbar bestimmte romulanische Artefakte eine Rolle spielen, während die *Enterprise* sie verfolgt.

Sternzeit: 47135,2

Fremde neue Welten: Desika 2, wo Picard »stirbt«. Die Söldner waren auf dem Weg in das Borada-System, das einen Planeten der

M-Klasse aufweist, den Planeten Boradas 3, der vor 2000 Jahren von den De Brun als Außenposten verwendet wurde. Andere potentielle Ziele der Söldner sind Calder 2, Draykin 4 und Yadala Prime.

Neue Lebensformen: Die De Brun, ein uralter Ableger der Romulaner.

Picard-Manöver: Während Picards Abwesenheit macht es jeder. Riker, Data (als er das Kommando hat) und sogar Worf.

Herausragende Dialoge: Riker zu einem Außerirdischen: »Großartige Geschichte, ich werde daran denken, wenn ich das nächste Mal in eine Messerstecherei verwickelt werde.«
»Es geht hier nicht um Rache, es geht um Gerechtigkeit. Der Captain starb ohne jeden Grund bei einem Kampf in einer Bar. Jemand muß dafür bezahlen. Dann kann ich trauern.«

Notizen: »Ich hatte recht, Sie leben wirklich gerne gefährlich.« Großartiger Vorspann (ein weiterer Tribut an die Kantinenszene in *Star Wars* [»Krieg der Sterne«]?) und eine gute, leidenschaftliche Deanna/Riker-Konfrontation nach Picards »Tod«, die aber rasch in einem Zuviel Handlung versackt.

Rikers Sternenflottennummer ist 231/427. Picard verwendet das Pseudonym »Galen« (nach seinem archäologischen Mentor, siehe »The Chase« [»Das fehlende Fragment«]. Während Rikers ersten Verhörs auf dem Söldnerschiff erwähnt »Galen«, daß Riker damals während des cardassianischen Zwischenfalls auf Minos Cauber vom Dienst suspendiert wurde und eine Akte wegen Gehorsamsverweigerung auf der *Hood* existiert, obwohl er das wahrscheinlich leugnen würde. Die in *DS9* so oft genannte universelle Währung »goldgepreßtes Latinum« erscheint in der *Next Generation* zum ersten Mal.

157: Der Schachzug II (»Gambit II«)

Ausstrahlung USA: 16. Oktober 1993
Deutsche Erstausstrahlung: 29. Juni 1994 (SAT1)
Drehbuch: Ronald D. Moore,
nach einer Geschichte von Naren Shankar
Regie: Alexander Singer
Darsteller: Richard Lynch, Robin Curtis, Caitlin Brown, Cameron Thor, James Worthy, Sabrina LeBeauf, Martin Goslins

Siebte Staffel

Die Suche nach den Artefakten wird fortgesetzt, Riker ist anscheinend zum Verräter geworden. Picard glaubt, daß es tatsächlich ein altes vulkanisches Relikt namens »Stein von Gal« gibt. Die Söldner verschaffen sich einen zweiten Teil des Relikts von der *Enterprise*, eine Aktion, die Picard und Riker initiiert haben: Data spielt bei ihrer Farce mit. Die Suche endet auf Vulkan, wo sich die Söldnerin Tellara als Mitglied einer vulkanischen Extremistengruppe entpuppt. Der »Stein von Gal« wird wieder zusammengesetzt, aber das positive Denken der *Enterprise*-Crew macht die tödliche Waffe harmlos.

Sternzeit: 47160,1 (von Data genannt).

Herausragende Dialoge: Deanna, nachdem Picard Riker angeschossen hat: »Er ist nur bewußtlos.« Data: »Ich gebe zu, ich empfinde ein ähnliches Gefühl.«

»Sie wurden für tot erklärt, Sie können hier keine Befehle geben.«

Notizen: »Das ist die Kraft des Geistes.« Es gibt eine wirklich gute Szene mit Data (als Captain), als er Worf (als Ersten Offizier) dafür gehörig tadelt, seine Befehle in Frage zu stellen, das führt zu einer Unterhaltung über Führungsstile, die Rolle des Ersten Offiziers und Freundschaft. Es gibt auch gute schauspielerische Leistungen von den Hauptdarstellern, aber das Ende ist lächerlich, und die Schlußszenen wirken mehr kitschig als amüsant. Eine große Enttäuschung.

Worf hat die Replikatoren auf klingonischen Blutwein programmiert (siehe »A Fistful of Datas« [»Eine Handvoll Datas«]). Die Romulaner haben »Arbeitslager«. Riker spricht von »fünfzehn Jahren technischen Wissens über die Sternenflotte«, obwohl das vermutlich die Zeit einschließt, die er auf der Akademie verbrachte (siehe: »The Pegasus« [»Das Pegasus-Projekt«]). Tellara behauptet, ein im Untergrund arbeitender vulkanischer Sicherheitsoffizier (Vi'shar) namens T'Par zu sein.

Während Vulkans grausamer Vergangenheit wurde die Telepathie als Waffe verwendet. Man glaubte, der »Stein von Gal« – ein psyonischer Resonator – sei (von den Göttern) während »des Erwachens« (der Zeit, als die Vulkanier ihre Vergangenheit abwarfen und sich der Logik zuwandten) zerstört worden.

Picard zitiert Sir Walter Scotts *Marmion*.

158: Traumanalyse (»Phantasms«)
Ausstrahlung USA: 23. Oktober 1993
Deutsche Erstausstrahlung: 30. Juni 1994 (SAT1)
Drehbuch: Brannon Braga
Regie: Patrick Stewart
Darsteller: Gina Ravarra, Bernard Kates, Clyde Kusatsu, David L. Crowley

Data hat Alpträume voller eigenartiger Bilder. Als diese mit der Realität verschmelzen, sucht er bei Deanna Rat und schließlich auch bei Sigmund Freud via eines Holodeckprogrammes. Als er Deanna im Turbolift mit einem Messer angreift, erklärt er seine Affekthandlung damit, daß er einen »Mund« auf ihrer Schulter sah. Tests ergeben, daß viele der Crewmitglieder unsichtbare Parasiten an sich haben. Picard und Geordi nehmen an einer Simulation eines Traums von Data teil und deuten einige Traumbilder. Sie stellen fest, daß das Schiff von einem gefährlichen Organismus verseucht wurde. Data verwendet einen sonischen Ton, um die Parasiten zu zerstören.

Sternzeit: 47225,7 (neun Monate nach »Birthright«).

Fremde neue Welten: Thonado 7, wo der Warpkern der Enterprise hergestellt wurde.

Neue Lebensformen: Für das bloße Auge unsichtbare, blutegelähnliche Organismen, die sich von den neuralen Verdauungszellen der Crewmitglieder ernähren und in einem interphasenartigen Zustand existieren.

Picard-Manöver: Ja, dreimal.

Herausragende Dialoge: Data bittet Worf, sich um Spot zu kümmern: »Er muß einmal am Tag gefüttert werden. Er bevorzugt den Katzenfutterzusatz 25. Er benötigt Wasser, und Sie müssen ihm eine Box mit Streu zur Verfügung stellen. Sie müssen mit ihm sprechen. Sagen Sie ihm, daß er ein schöner und guter Kater ist...« »Worf: Ich werde ihn füttern!«

Beverly, als sie Rikers Gehirn mit einem Strohhalm aussaugt: »Wollen Sie etwas? Es ist köstlich!«

Data: »Was würde Dr. Freud über die Symbolik, sich selbst aufzuessen, sagen?« Deanna: »Manchmal ist eine Torte nur eine Torte!«

Siebte Staffel

Notizen: »Eigenartig ist kein ausreichendes Adjektiv, um das Erlebnis zu beschreiben.« Merkwürdig, irritierend und sehr lustig (oftmals alles auf einmal). Obwohl das Thema zu schnell in Erklärungen steckenbleibt, bleiben die Bilder von Deanna als Torte und die entsetzliche Liftszene dem Zuschauer im Gedächtnis. Die Szene, in der Data Worf bittet, sich um die Katze zu kümmern, ist ein komödiantischer Hochgenuß.

Picard wurde auf das jährliche Admiralsbankett der Sternenflotte eingeladen. Ihm ist es gelungen, sich in den letzten sechs Jahren immer wieder davor zu drücken (diesmal aber mehr durch zufälliges Glück, als durch Absicht). Data hat seit »Birthright« [»Der Moment der Erkenntnis«] 111 Träume erlebt. Er scheint in seiner Uniform ins Bett zu gehen (samt den Stiefeln).

Riker hat Alexander ein Jazz-Musikprogramm geschenkt. Worf beschwert sich darüber, daß er es die »ganze Nacht« spielt.

159: Ort der Finsternis (»Dark Page«)

Ausstrahlung USA: 30. Oktober 1993
Deutsche Erstausstrahlung: 1. Juli 1994 (SAT1)
Drehbuch: Hilary J. Bader
Regie: Les Landau
Darsteller: Norman Large, Kirsten Dunst, Amick Byram, Andreana Weiner

Die Kerhenen sind eine freundliche Rasse reiner Telepathen, die der Förderation beitreten möchten. Lwaxana Troi hilft ihnen, das Konzept der gesprochenen Sprache zu verstehen. Durch den Kontakt zu einem kerhenischen Kind erwacht jedoch ein schreckliches Trauma aus Lwaxanas Vergangenheit in ihr, und sie fällt in ein Koma. Mit Hilfe der Kerhenen dringt Deanna in die Psyche ihrer Mutter ein und entdeckt Lwaxanas Geheimnis: Deanna hatte eine ältere Schwester, die tragisch ums Leben kam. Der Heilungsprozeß beginnt, als Lwaxana aus dem Koma geholt werden kann.

Sternzeit: 47254,1

Neue Lebensformen: Die Kerhenen, eine empathische Rasse, die keinerlei gesprochene Kommunikationsform kennt.

Herausragende Dialoge: Lwaxana: »Wollen Sie sich nicht unter die Menge mischen, Mr. Worf?« Worf: »Für Telepathen habe ich nichts übrig. Sie wirken auf mich beunruhigend.«
»Halten Sie sich von meiner Tochter fern!«

Notizen: »Schlechte Gedanken tun ihr weh. Dieser finstere Ort!« Bei weitem die beste Story um Lwaxana. Zum zweiten Mal hintereinander wird die Psyche erforscht, obwohl dies eine viel dunklere und intensivere Geschichte ist als »Phantasms« [»Traumanalyse«], die von Data handelt. Deanna wird durchgehend sehr hübsch in Szene gesetzt.

Ian und Lwaxana Troi heirateten in dem Jahr, das der Sternzeit 30620 entspricht. Sie lebten am Alnarsee auf Betazed, als Deanna ein Baby war. Es war Deanna nicht bekannt, daß sie eine ältere Schwester namens Kestra hatte, die etwa sechs Jahre vor ihr geboren wurde. Kestra starb (die genauen Umstände werden nicht genannt, obwohl behauptet wird, daß sie ertrank, als sie dem Hund der Familie nachlief), als Deanna noch ein Baby war. Lwaxana hat sich selbst immer die Schuld an der Tragödie gegeben, was sogar soweit ging, daß sie alle Aufzeichnungen löschte, die Kestra betrafen.

Deanna war sieben, als ihr Vater starb. Als Kind war sie gut in Sprachen. Sie zitiert John Milton.

Die Juwelenpflanze von Tholar 3 stößt ein Harz ab, das zu einem Edelstein aushärtet.

160: Kontakte (»Attached«)

Ausstrahlung USA: 6. November 1993
Deutsche Erstausstrahlung: 30. Juni 1994 (SAT1)
Drehbuch: Nicholas Sagan
Regie: Jonathan Frakes
Darsteller: Robin Gammell, Lenore Kasdorf, J. C. Stevens

Während der Beurteilung einer Bitte von den Kes vom Planeten Kes-Prit 3, in die Föderation aufgenommen zu werden, werden Picard und Beverly von den xenophobisch veranlagten Prit entführt und telepathisch miteinander verbunden. Sie entkommen, können sich aber nicht weit voneinander trennen und entdecken ihre wahren Gefühle füreinander. Riker zwingt die Kes und die

Prit, sich zu treffen, und versucht, einen Dialog zwischen den beiden Gruppen in Gang zu bringen, als Picard und Beverly zum Schiff zurückkehren. Ihre Beziehung scheint noch nicht vorbei zu sein.

Sternzeit: 47304,2 (sieben Jahre nach »Encounter at Farpoint« [»Der Mächtige« und »Mission Farpoint«]).

Fremde neue Welten: Kes-Prit 3, eine geteilte Welt.

Neue Lebensformen: Die Kes, von Verdächtigungen, Unruhe und Paranoia verzehrt. Die Prit, eine äußerst xenophobische veranlagte Rasse. Es ist fast schon ein Jahrhundert her, seit die beiden Volksgruppen den letzten formellen Kontakt hatten.

Deanna gekürzt: Sie fehlt gänzlich, genau wie Geordi.

Herausragende Dialoge: »Einer von uns ist hungrig.« »Das wäre dann wohl ich.« »Macht es dir etwas aus, an etwas anderes zu denken – du machst mich hungrig!«
»Warum hast du mir nie gesagt, daß du mich liebst?« »Du warst mit meinem besten Freund verheiratet.«

Zukunftsgeschichte: Die Weltregierung wurde 2150 gegründet.

Notizen: »Es scheint so, als würden wir miteinander feststecken.« *The Thirty-Nine Steps* [»Die 39 Stufen«] mit psychischer Bindung statt Handschellen! Eine Geschichte, wie sie für die erste Staffel typisch war, mit einer sinnlosen dreiminütigen Sequenz über Picards und Beverlys Versuch, die sie verfolgenden Wächter abzuhängen, zur gleichen Zeit verhandelt Riker über ihre Freilassung. Stellenweise gut, speziell was die Beziehung zwischen Picard und Beverly betrifft, die in »Encounter at Farpoint« [»Der Mächtige« und »Mission Farpoint«] und anderen Folgen (besonders in »The Naked Now« [»Gedankengift«]) angedeutet wird, schließt sich der Kreis (siehe auch »All Good Things...« [»Gestern, Heute, Morgen«]).
Beverly erzählt von Schwester Ogawa und Fähnrich Marksen. Sie hat Höhenangst. Ihre Großmutter macht eine gute Gemüsesuppe. Sie sagt, daß ihre große Klappe sie immer in Schwierigkeiten brachte. Sie hatte einmal ein Verhältnis mit einem Jungen namens Tom Norris.
Picard mag Kaffee und Croissants zum Frühstück.

161: Die Raumkatastrophe (»Force of Nature«)

Ausstrahlung USA: 13. November 1993
Deutsche Erstausstrahlung: 5. Juli 1994 (SAT1)
Drehbuch: Naren Shankar
Regie: Robert Lederman
Darsteller: Michael Corbet, Margaret Reed, Lee Arenberg, Majel Barrett

Die *Enterprise* durchsucht den Hekaris-Korridor nach einem vermißten Schiff namens *Fleming*. Der Korridor bildet einen Durchgang durch ein Gebiet voller Tetrionenfelder, die den Warpantrieb stören. Das Schiff begegnet einem Ferengischiff, das von einer Mine beschädigt wurde, die den Warpantrieb überlädt. Dessen Besatzung informiert Picard über den Kurs der *Fleming*, die *Enterprise* folgt ihm bis zu einem Trümmerfeld. Darin befindet sich eine als Boje getarnte Sonde, die die *Enterprise* lahmlegt. Ein kleines Schiff trifft ein, und Dr. Rabal und Dr. Serova beamen an Bord. Sie haben die Sonden postiert, denn ihre Forschungen lassen darauf schließen, daß ihre Welt durch die Warpantriebe gefährdet ist, die das Raum-Zeit-Gewebe des Weltraums innerhalb des Korridors zu dünner werden lassen. Geordi ist skeptisch, aber im Austausch gegen Hilfe für die *Enterprise* verspricht Picard weitere Untersuchungen. Als sie die *Fleming* erreichen, ist Serova besorgt wegen des Mißtrauens gegenüber ihren Untersuchungen, stiehlt ein Shuttle und opfert sich mit einem beabsichtigten Warpkernriß. Ein Spalt öffnet sich und saugt die beiden Schiffe hinein. Als die *Fleming* ihren Warpantrieb benutzt, um zu entkommen, kann die *Enterprise* nur überleben, indem sie auf der Verzerrungswelle mitsurft. In vierzig Jahren könnte der Korridor zu einem einzigen Subraumspalt werden, deshalb verfügt die Föderation ein Tempolimit für den Warpantrieb.

Sternzeit: 47310,2

Fremde neue Welten: Der Hekaris-Korridor, ein Durchgang durch ein warphemmendes Tetrionfeld, der von der Föderation erstellt wurde und eine Länge von zwölf Lichtjahren aufweist. Hekaris 2 befindet sich in dem Korridor.

Neue Lebensformen: Die Hekarianer, Humanoide mit Kämmen auf der Stirn, die den Warpantrieb besitzen.

Technologie: Biomimetisches Gel ist wertvoll. Ein Verteronimpuls kann ein Raumschiff lahmlegen. Raumschiffe bestehen aus Duranium und Polykompositionen. Der Logbuchrekorder eines Schiffes kann dessen Zerstörung überleben. Den Warpantrieb gibt es seit 300 Jahren. Die Langstreckensensoren haben eine Reichweite von 0,3 Lichtjahren, eine Entfernung, deren Bewältigung bei Impulsgeschwindigkeit Wochen dauern würde.

Technoblabla: Die ganze Geschichte...

Picard-Manöver: Er zupft zweimal, während er mit den Ferengi spricht.

Deanna unterbeschäftigt?: Zwei Sätze.

Datas Witze: »Spot reagiert nicht auf verbale Befehle.« »Geordi... ich kann doch meine Katze nicht betäuben.«

Notizen: Am Ende der Geschichte müssen sich alle Föderationsschiffe aufgrund von Umwelteinflüssen auf Warp fünf beschränken, eine Schlußfolgerung, die – zusammen mit der Unbeholfenheit der Charaktere im Stile der ersten Staffel – den Verdacht nahelegt, daß der Autor die Serie nicht verstanden hat. Sicherlich sollte *The Next Generation* soziale Trends erkennen, was sie ja auch tut, aber bei Trek geht es um die Reise an entfernte Orte und um die Erforschung. Unser Bestreben sollte grenzenlos, und wenn schon, dann nur von der Realität begrenzt sein, nicht aber von Anfang an eingeschränkt. Sicherlich bringt uns diese Sicht auf die Seite einiger schrecklicher Republikaner, aber der einzige Grund für eine Geschwindigkeitsbegrenzung in einer Phantasie über Geschwindigkeit und Freiheit wäre die Realität dieser Phantasie. Die Anhänger von Trek sind die Leute, die bereits Rohstoffe sparen, in der Hoffnung, das menschliche Abenteuer weiterzuführen. Sie brauchen keine weiterführenden Lektionen über Umweltbewußtsein oder eine sich fortsetzende Metapher darüber, daß Amerika jetzt beginnt, daran zu zweifeln, daß es nichts mehr gibt, wohin man gehen kann. Ihre Visionen sind größer als ein Land, und sie brauchen keine Geschwindigkeitsbegrenzung für ihre Träume.

Ferengi-Transportschiffe der De-Kora-Klasse haben eine Besatzung von 450 Ferengi. Die Ferengi werden von einem Rat regiert (vergleiche bei *DS9* »The Nagus« [»Die Nachfolge«]), und ein Rat überwacht auch die Wissenschaftspolitik der Föderation. Commander Donald Kaplan ist Chefingenieur auf der USS *Intrepid*. Geordi steht in einer freundschaftlichen Rivalität mit ihm. Geordis Schwester hat ihre Katze trainiert. Spot ist weiblich (sie ist offensichtlich ein Zwitter, da sie bisher bei jedem Auftritt ein »er« war). Surfing ist noch immer eine Freizeitaktivität.

162: Soongs Vermächtnis (»Inheritance«)
Ausstrahlung USA: 20. November 1993
Deutsche Erstausstrahlung: 6. Juli 1994 (SAT1)
Drehbuch: Dan Koeppel, René Echevarria,
nach einer Geschichte von Dan Koeppel
Regie: Robert Scheerer
Darsteller: Fionnula Flanagan, William Lithgow

Einer der Wissenschaftler, die die Crew der *Enterprise* bei der Wiederverflüssigung des Kerns von Atrea 4 unterstützen, ist Dr. Juliana Tainer, Datas Mit-Entwicklerin und Noonian Soongs Frau. Datas Erinnerung an sie und an seine Kindheit wurden gelöscht. Sie verließ Soong vor Jahren, ist aber unglücklich darüber, von seinem Tod zu erfahren. Als sie sich näher kennenlernen, erzählt Tainer Data, daß sie aufgrund ihrer Angst vor einer erneuten schlechten Erfahrung wie mit Lore, Soong dazu überredete, Data zurückzulassen, als das Kristallwesen die Kolonie angriff. Tainer und Data spielen zusammen Violine. Dann wird die geologische Arbeit durch einen Höhleneinsturz unterbrochen. Die beiden beamen hinunter, um eine Ausrüstung zurückzuholen, dabei sind sie gezwungen, einen Abgrund hinunterzuspringen, um ihr Leben zu retten. Tainers Arm reißt ab: sie ist ein Android. Data sucht den Rat von Soong auf dem Holodeck, indem er einen Informationschip aus dem Gehirn der bewußtlosen Tainer verwendet. Tainer wurde nach einer realen, mittlerweile toten Frau gestaltet und weiß nicht, daß sie ein Android ist. Data ist damit einverstanden, es ihr nicht zu sagen.

Sternzeit: 47410,2

Fremde neue Welten: Atria 4, ein Planet mit einem sterbenden Kern. Terlina 3 und Murvala 4 werden erwähnt.

Neue Lebensformen: Die Atrianer, Humanoide mit großen Ohren. Ein carvalenischer Händler wird erwähnt.

Technologie: Musterverstärkende Pfosten werden benötigt, um von einem unterirdischen Ort fortgebeamt zu werden. Ein Fouriersystem wird verwendet, um Datas Lidschlag eine gewisse Zufälligkeit zu verleihen.

Notizen: Ganz nett und zum Glück bei weitem nicht so zuckersüß, wie es hätte sein können.
Dr. Juliana Tainer, geborene O'Donnell, heiratete Dr. Noonian Soong auf Murvala 4, bevor die dortige Regierung gestürzt wurde. Sie entwickelten Data auf Omicron Theta, nach drei zerstörten Prototypen und Lore, der wegen seiner fehlerhaften emotionalen Funktionsweise zerlegt wurde. Data wurde absichtlich mit abgeschalteten Prozessoren vor dem Angriff des Kristallwesens auf Omicron Theta zurückgelassen (siehe »DataLore« [»Das Duplikat«]), so daß er keine Erinnerung an seine »Kindheit« mehr besaß, die er teilweise damit verbrachte, nackt umherzulaufen. Er sollte eigentlich ein weiblicher Android werden, wurde dann doch mit seinem Sexualitätsprogramm ausgestattet und ist anatomisch jetzt so, wie er sein sollte. Soong und Tainer reisten in das Terlina-System, wo Data Soong in »Brothers« [»Die ungleichen Brüder«] traf, und dort trennten sie sich schließlich. Data wiegt etwa 100 Kilogramm und ist fähig, alle bekannten Stile der Malerei zu meistern. Er beherrscht ein Violinenstück von Händel.

163: Parallelen (»Parallels«)

Ausstrahlung USA: 27. November 1993
Deutsche Erstausstrahlung: 7. Juli 1994 (SAT1)
Drehbuch: Brannon Braga
Regie: Robert Weimer
Darsteller: Mark Bramhall, Majel Barrett

Worf kehrt von einem Bat'telh-Turnier auf die *Enterprise* zurück, wo eine Überraschungsgeburtstagsfeier für ihn stattfindet. Im Verlauf des Tages fallen ihm kleine Abweichungen in seinem normalen Tagesablauf auf, und Worf stellt fest, daß sich die *Enterprise* verändert. Durch seinen Irrtum erleidet Geordi eine schwere Verletzung.

Worf kehrt zurück in seine Kabine, um dort eine auf ihn wartende Deanna vorzufinden. Sie behauptet, seine Frau zu sein. Worf durchläuft tatsächlich eine Vielzahl von Parallel-Universen, die jeweils etwas anders strukturiert sind. Er findet sich auf einer *Enterprise* wieder, auf der Riker Captain ist, das Schiff bekommt es mit einem Riß im Raum-Zeit-Gefüge und einer Vielzahl von parallelen *Enterprisen* zu tun. Ein Weg wird gefunden, wie Worf in sein Universum zurückkehren und der Riß repariert werden kann.

Sternzeit: 47391,2 (Worfs Geburtstag).

Fremde neue Welten: Worf hat an einem Bat'telh-Turnier auf Forgas 3 teilgenommen. Er gewann, während »einige seiner Gegner verstümmelt wurden«.

Neue Lebensformen: Alexander hat einen dalvinischen Zischkäfer als Haustier. Klingonen haben kein Wort für »lustig«.

Technoblabla: Massenweise. »Es scheint ein Quantenriß im Raum-Zeit-Gefüge zu sein.«
»Das Ungewißprinzip zeigt, daß die Zeit in dieser Gleichung eine Variable ist.«

Picard-Manöver: Worf tut es.

Herausragende Dialoge: »Ich glaube, daß mich Datas Malerei schwindelig macht.«
Riker: »Sie können sich daran nicht mehr erinnern, nicht wahr?«
Worf: »Ich erinnere mich schon. Ich erinnere mich nur anders.«
»Bei dieser Geschwindigkeit wird der Sektor innerhalb von drei Tagen gänzlich voll von *Enterprisen* sein!«
»Captain, wir erhalten 285.000 Funksprüche.« »Ich wünschte, ich wüßte, was ich antworten soll.«
»Ich wußte, daß Klingonen an ihrem Geburtstag alleine sein wollen. Sie wollen wahrscheinlich meditieren, oder sich mit einem Schmerzstab schlagen.«

Notizen: »Dinge verändern sich.« Komplex und höchst vergnüglich. Der Höhepunkt dieser schönen Folge besteht darin, einen kleinen Blick auf das zu erhalten, was hätte sein können. Wir möchten mehr von der Zeitlinie sehen, in der Riker Captain ist und Lieutenant Wesley Crusher das Schiff rettet!
Datas Geschenk für Worf ist sein Bild von der Schlacht von

Horos. Worf fliegt das Shuttle *Curie*. Laut Worf hat Kurn keine Tapferkeit beim Kampf mit dem Bat'telh bewiesen. Wie in »Ethics« [»Die Operation«], als er Deanna bittet, Alexanders Erziehung zu übernehmen, falls er bei der Operation sterben sollte, bittet er hier darum, daß Troi Alexanders Stiefmutter (Soh Chim) wird, falls ihm irgend etwas zustoßen sollte. Dies würde sie nach menschlichen Gesetzen zu seiner Stiefschwester machen. Sie fragt ihn, ob ihm bewußt ist, daß dies Lwaxana zu seiner Stiefmutter machen würde, woran er nicht gedacht hat.

Die Argus-Station (siehe »The Nth Degree« [»Die Reise ins Ungewisse«]) wurde in einigen der Parallel-Universen durch die Cardassianer neu programmiert, um Informationen über wichtige strategische Einrichtungen der Föderation zu erhalten, wie z. B. Deep Space 5, Sternenbasis 47, die Irridawa-Kolonie und (für die Entwicklung neuer Raumschiffe) die Werft Utopia Planitia (siehe »Eye of the Beholder« [»Der Fall ›Utopia Planitia‹«].

In einem Paralleluniversum stirbt Geordi bei einer Plasmaexplosion. Auf einer *Enterprise* ist Worf mit Deanna verheiratet (in einer anderen haben sie zwei Kinder). Sie sind seit zwei Jahren verheiratet, nachdem sie sich nach »Ethics« [»Die Operation«] verliebten. Sechs Monate später fragte Worf Riker um Erlaubnis, Deanna heiraten zu dürfen (er dachte, es wäre ehrenhaft, das zu tun).

Schwester Ogawa ist eine Ärztin auf einer *Enterprise*. Auf einer anderen ist Worf Erster Offizier unter Captain Riker, da Picard in »The Best of Both Worlds« [»In den Händen der Borg« und »Angriffsziel Erde«] starb. Wesley Crusher ist Sicherheitsoffizier. Die Bajoraner eroberten das cardassianische Reich und zeigen offen ihre Feindseligkeit gegenüber der Föderation.

Schließlich haben die Borg in einem Universum die Föderation überrannt. Die *Enterprise* ist eines von wenigen übriggebliebenen Schiffen, und die Besatzung will nicht zurückkehren!

164: Das Pegasus-Projekt (»The Pegasus«)
Ausstrahlung USA: 4. Dezember 1993
Deutsche Erstausstrahlung: 8. Juli 1994 (SAT1)
Drehbuch: Ronald D. Moore
Regie: LeVar Burton
Darsteller: Nancy Vawter, Terry O'Quinn, Michael Mack

Vor zwölf Jahren ging die *Pegasus* unter dem Kommando von Captain Eric Pressman und mit einem jungen Fähnrich namens Will Riker an Bord verloren und von der Besatzung überlebten nur eine Handvoll Menschen. Jetzt kommt Admiral Pressman mit Befehlen auf die *Enterprise*, die das Schiff in die neutrale Zone beordern, um die *Pegasus* zu suchen. Riker lehnt es ab, mit Picard über die Ereignisse um den Verlust des Schiffes zu sprechen, gibt später aber zu, daß sich eine Meuterei der Offiziere an Bord ereignete. Trotz der Aufmerksamkeit eines romulanischen Schiffes findet die *Enterprise* die *Pegasus*, die in einem Asteroiden begraben liegt. Pressman und Riker gehen an Bord der *Pegasus* und bringen eine wissenschaftliche Apparatur zurück, die Riker als eine experimentelle Tarnvorrichtung enthüllt. Sie entkommen aus dem Asteroiden, Picard informiert die Romulaner über die Existenz der illegalen Vorrichtung und verhaftet Pressman und Riker, der Erste Offizier wird aber später freigelassen.

Sternzeit: 47457,1

Fremde neue Welten: Die *Enterprise* führt Beobachtungen über den Energieausstoß des Macorea-Quasars durch. Sie wird in das Delovin-System geschickt und entdeckt die *Pegasus* im Asteroiden Gamma 601.

Picard-Manöver: Einmal.

Deanna unterbeschäftigt?: Fehlt gänzlich.

Herausragende Dialoge: »Vor zwölf Jahren brauchte ich einen Offizier, auf den ich mich in Krisenzeiten verlassen konnte. Jemanden, der meine Entscheidungen mittragen und gehorchen würde, ohne Fragen zu stellen... Und dieser jemand war Will Riker.«
»Ich war sieben Monate aus der Akademie entlassen, mein Kopf dröhnte immer noch von den Worten ›Pflicht‹ und ›Ehre‹. Als sie sich gegen ihn wandten, dachte ich, sie seien eine Bande selbstsüchtiger unloyaler Offiziere, also nahm ich meinen Phaser und verteidigte meinen Captain.«

Notizen: »Ich war kein Held und Sie ebenfalls nicht. Was Sie taten, war falsch, und es war falsch von mir, Ihnen zu folgen, aber ich war zu jung und zu dumm, es zu bemerken!« Nach einer großartigen Worf-Episode eine großartige Riker-Episode, sie zeigt *Star Trek* auf den Spuren von *A Few Good Men* [»Eine Frage der Ehre«] und wirft einen zynischen Blick darauf, was aus der Sternenflotte geworden ist. Jonathan Frakes' Nachahmung von Picard ist eher amüsant als treffend.

Der Captain-Picard-Tag ist ein Kunstwettbewerb für die Kinder der *Enterprise*. Warpgeschwindigkeitsbeschränkungen werden erwähnt (siehe »Force of Nature« [»Die Raumkatastrophe«]). Die Sternenflotte hat einen Agenten im romulanischen Hohen Rat. Worf bricht Riker eine Rippe in einem Bat'telh-Wettbewerb.

Riker sagt, daß er seinen Bart seit »etwa vier Jahren hat« (es sind eher sechs Jahre). Er war es leid, ständig hören zu müssen, wie jung er aussehe. Lieutenant Boylan (auf der *Pegasus*) nannte ihn »Fähnrich Babyface«. Das Abkommen von Algeron (siehe »The Defector« [»Der Überläufer«]) verbietet der Föderation, Tarntechnologien zu entwickeln. Picard sagt, daß dieses Abkommen der Grund sei, warum die Föderation seit sechzig Jahren Frieden mit den Romulanern habe.

Picard erzählt Pressman, daß er Riker als Ersten Offizier wählte, ohne ihn persönlich kennengelernt zu haben, wegen der in seiner Akte erwähnten Eigenverantwortlichkeit in einer Angelegenheit mit Captain De Soto auf Altair 3 (siehe »Encounter at Farpoint« [»Der Mächtige« und »Mission Farpoint«].

Diese Folge gibt Aufschluß über Rikers Karriere: Er verließ die Akademie vor fast dreizehn Jahren (Klasse von '57: siehe »Chain of Command« [»Geheime Mission auf Celtris Drei«]), verbrachte sieben Monate auf der *Pegasus*, wo ihm sein Heldentum eine Beförderung zum Lieutenant auf der *Potemkin* einbrachte (siehe »Peak Performance« [»Galavorstellung«] und »Second Chances« [»Riker:2=?«]). Danach war er Erster Offizier auf der *Hood*, wo er sein erstes Kommando ablehnte (siehe »The Arsenal of Freedom« [»Die Waffenhändler«]). Wenn diese Zeitrechnung stimmt und Riker seit sieben Jahren auf der *Enterprise* ist, dann stieg er die Karriereleiter von der Akademie bis kurz vor den Rang eines Captains in etwas mehr als fünf Jahren hinauf. Phänomenal, sogar nach Picards Standard.

165: Die oberste Direktive (»Homeward«)

Ausstrahlung USA: 11. Dezember 1993
Deutsche Erstausstrahlung: 11. Juli 1994 (SAT1)
Drehbuch: Naren Shankar,
nach einer Geschichte von Spike Steingasser
Regie: Alexander Singer
Darsteller: Penny Johnson, Brian Markinson, Edward Penn,
Paul Sorvino, Susan Christy, Majel Barrett

Worfs Stiefbruder Nikolai ist ein Kulturbeobachter der Föderation auf dem primitiven Planeten Boral 2. Die Atmosphäre des Planeten löst sich auf, aber Picard weigert sich, einzugreifen und die Boralaner zu retten. Nikolai beamt ein gesamtes Dorf in eine Holodecksimulation ihrer Heimat. Picard ist wütend, hat aber keine Alternative, als Nikolais Plan zu folgen und für die Boralaner eine neue Heimat zu suchen. Worf begleitet Nikolai auf das Holodeck, um den Dorfbewohnern auf ihrem ›Zug‹ zu einem neuen Zuhause behilflich zu sein. Probleme tauchen auf, als einer der Dorfbewohner versehentlich das Holodeck verläßt, aber schließlich findet die *Enterprise* eine unbewohnte Welt und beamt die Dorfbewohner hinunter. Nikolai entscheidet sich dafür, bei ihnen zu bleiben.

Sternzeit: 47423,9 (es ist vier Jahre her, seit Worf und Nikolai sich zuletzt gesehen haben).

Fremde neue Welten: Boral 2, wo plasmodische Reaktionen die Atmosphäre zerstören. Drago 4, der Vorschlag für das neue Zuhause der Borallaner, mit einer großen gemäßigten Zone, der aber fallengelassen wird, da er nahe an cardassianischem Gebiet liegt. Vacus 6 im Kabral-Sektor wird schließlich ausgewählt.

Neue Lebensformen: Die Borallaner, ein einfaches Volk mit einer »reichen und schönen Kultur«.

Picard-Manöver: Picard zupft einmal, Riker ebenfalls!

Herausragende Dialoge: »Machen Sie sich keine Sorgen, es ist ein Omen... Das Zeichen von La Forge!«
   Beverly: »Er wäre sowieso gestorben.« Picard: »Er wäre aber nicht allein und verängstigt gestorben.«

Siebte Staffel

Notizen: »Ich werde diese Menschen nicht sterben lassen, nur weil dein Captain damit anfängt, Dogmen der Föderation zu zitieren.« Ein kleiner Klassiker, der zeigt, wie engstirnig die oberste Direktive sein kann (Picard stammelt eine Menge Unsinn über »sich nicht einmischen«, wenn eine Welt gerade untergeht). Sogar dem tragischen Schicksal des Geschichtsschreibers Voren wird etwas Gewicht beigemessen.

Nikolai Rozhenko wurde zum ersten Mal in »Heart of Glory« [»Worfs Brüder«] erwähnt. Er verließ die Akademie im ersten Jahr, unfähig, sich an die Richtlinien zu halten. Worf meint, daß er viele gute Qualitäten hatte.

Atmosphärische Auflösung wird als recht selten bezeichnet.

166: Ronin (»Sub Rosa«)
Ausstrahlung USA: 18. Dezember 1993
Deutsche Erstausstrahlung: 4. Juli 1994 (SAT1)
Drehbuch: Brannon Braga,
nach einer Geschichte von Jeri Taylor
Regie: Jonathan Frakes
Darsteller: Michael Keenan, Shay Duffin, Duncan Regehr,
Ellen Albertini Dow

Nach dem Tod ihrer Großmutter arrangiert Beverly deren Beerdigung in der nach schottischem Vorbild geprägten Kolonie von Caldos. Ein gutaussehender Fremder auf der Beerdigung scheint Beverly zu folgen, während sie herausfindet, daß ihre Großmutter einen jungen Liebhaber namens Ronin hatte. Bald darauf erklärt Beverly, daß sie plant, auf Caldos zu bleiben. Picard läßt Geordi und Data seltsame Energieschwankungen auf dem Planeten verfolgen und stößt auf Ronin, einen »Geist«, der seit vielen Jahrhunderten bei den Frauen der Howard-Familie lebt. Bei Ronin handelt es sich um eine anaphasische Energieform, die die Biochemie der Damen Howard benötigt, um zu überleben. Beverly tötet Ronin und kehrt zur *Enterprise* zurück.

Sternzeit: Wird nicht genannt (vermutlich zwischen 47458 und 47566).

Fremde neue Welten: Caldos, eines der ersten Terraforming-Projekte der Föderation vor fast einem Jahrhundert. Der Eckstein eines jeden Gebäudes wurde von Edinburgh, Glasgow oder Aberdeen mitgebracht, da die Gründer Schottland im All nachbauen wollten.

Neue Lebensformen: Die anaphasische Energielebensform, die sich als 800 Jahre alter Geist verkleidete.

Herausragende Dialoge: »Sie haben nicht verstanden. Er versucht uns alle zu töten!«

»Du hast... meine ganze Familie seit Jahrhunderten ausgenutzt.« »Und ich liebte euch alle!«

Zukunftsgeschichte: Glamis Castle existiert im 24. Jahrhundert immer noch.

Notizen: »Für morgen ist ein Baumstammwerfen vorgesehen!« Nachdem in »Up the Long Ladder« [»Der Planet der Klone«] auf »Planet der Iren« gemacht wurde, ist hier der »Planet der Schotten« an der Reihe. Ziemlich albern, mit vielen unerklärlichen Elementen, aber auch romantisch (die Szene mit der von Nebel verhüllten Brücke der *Enterprise*...). Die Beverly/Deanna-»Mädchengespräche« sind exzellent.

Die größte Inkonsequenz: Ronin liebt »die Howard-Frauen«, aber nach der ersten hätte keine Howard genannt werden dürfen (wie Felisia und Beverly es wurden), außer die Familie besteht aus einer langen Linie unverheirateter Mütter. Keine dieser Frauen hätte männliche Howards heiraten können, da es diese bestimmte Biochemie ist, die Ronan benötigt.

Beverlys Großmutter Felisia wurde über einhundert Jahre alt. Beverlys Mutter starb, als sie sehr jung war (Beverly erinnert sich daran, wie sie aussah, sonst an kaum etwas) und sie wurde von ihrer Großmutter auf Arvada 3 (siehe »The Arsenal of Freedom« [»Die Waffenhändler«]) und dann auf Caldos erzogen, wo Felisia eine »Heilerin« war. Felisias Mutter scheint nur wenige Jahre zuvor gestorben zu sein.

Ronin sagt, er sei 1647 in Glasgow geboren. Nachdem er »starb«, habe er ein Heim bei Jesso Howard gefunden,: »ein schönes Mädchen mit... roten Haaren und Augen wie Diamanten«. Er lebte bei ihr, bis sie starb, und dann bei ihren Nachfahren. Beverly spekuliert darüber, daß die Biochemie ihrer Nachkommen mit Ronins Energiematrix kompatibel war, wie es das uralte Erbstück – ein Kerzenhalter, in dem er »lebte« – auch war.

167: Beförderung (»Lower Decks«)

Ausstrahlung USA: 5. Februar 1994
Deutsche Erstausstrahlung: 12. Juli 1994 (SAT1)
Drehbuch: René Echevarria, nach einer Geschichte von
Ronald Wilkinson, Jean Louise Matthias
Regie: Gabrielle Beaumont
Darsteller: Dan Gauthier, Shannon Fill, Alexander Enberg,
Bruce Beatty, Don Reilly

Es ist Zeit für die Karrierebeurteilungen der Besatzung, und eine Gruppe junger Offiziere im Zehn-Vorne spekuliert über ihre Chancen zur Beförderung. Kurz danach wird ein mysteriöser Behälter auf die Enterprise gebracht. Einigen der jungen Crewmitgliedern wird befohlen, nichts über das, was sie gesehen haben, zu verbreiten: einen Cardassianer. Nach einer Reihe von komplizierten Prüfungen wird Fähnrich Sito von Picard informiert, daß sie für eine gefährliche Mission auserwählt wurde. Sie soll den Cardassianer, einen Spion der Föderation, als dessen angebliche Geisel zurück in das cardassianische Gebiet begleiten. Die Mission ist erfolgreich, aber Sito wird bei der »Flucht« getötet. Ihre Freunde schließen sich Worf bei beim Gedenken an sie an.

Sternzeit: 47566,7 (drei Jahre nach »The First Duty«].

Fremde neue Welten: Das Ogea-System, in der Nähe des cardassianischen Gebietes.

Neue Lebensformen: Die Vedeks des Janlin-Ordens singen auf einer Benefizveranstaltung zugunsten der Bajoraner rund um die Uhr.

Technoblabla: Dr. Nils Diaz experimentierte mit Warpfeldintegritätstechniken im tallianischen Labor für Fortbewegung.

Pokerspiel: Zwei! Im ersten unterhalten sich Ben, Taurik, Sito, Lavelle und Ogawa über die älteren Offiziere, den Behälter und die Beförderungen. Ben gewinnt und geht anschließend zum Spiel der »großen Jungs«. In diesem unterhalten sich Worf, Riker, Beverly, Deanna und Geordi über Lieutenant Powells Treulosigkeit und die mögliche Beförderung von Lavelle und Sito. Riker gewinnt.

Herausragende Dialoge: »Denken Sie, daß Worf sie zermürbt?« »Nee, er hat immer diesen Blick!«

Notizen: »Ich habe gerade bei einigen jungen Offizieren abgeräumt und dachte, hier könnte ich das gleiche tun!« Äußerst ungewöhnlich und effektiv, eine Geschichte, die hauptsächlich aus der Sicht von fünf »Ersatzleuten« für Riker, Worf, Geordi, Beverly und Guinan erzählt wird. Gut inszeniert (die Zuschauer haben genauso wie die jungen Offiziere über die Hälfte der Folge lang kaum Überblick über das, was eigentlich passiert) und ein trauriges, aber gutes Ende. Picards führt das erste Gespräch mit Sito auf schockierend ungerechte Art und Weise, obwohl es sich später als Test herausstellt.

Eine Bewertung der Crew findet alle drei Monate statt. Botschafter Spock wird erwähnt. Riker trinkt trakianisches Ale. Er hat mit dem Pokern angefangen, um bei dem Spiel der Offiziere an Bord der *Potemkin* mitmachen zu können. »Gi'tahl« heißt auf klingonisch »bis zum Tode«.

Sam Lavelle ist dem jungen Riker ähnlich (was jeder sofort bemerkt, außer dem Ersten Offizier natürlich). Er hat einen kanadischen Großvater und wird zum Lieutenant befördert. Sein Zimmerpartner Taurik ist ein vulkanischer Techniker. Sito Jaxa (siehe »The First Duty« [»Ein mißglücktes Manöver«]) ist ein bajoranischer Sicherheitsoffizier und Worfs beste Schülerin. Sie ist seit sieben Monaten an Bord der *Enterprise* (Picard hat speziell sie angefordert, damit sie sich nach dem Locarno-Zwischenfall bewähren kann). Sie spricht klingonisch. Schwester Alicia Ogawa ist mit Lieutenant Andrew Powell verlobt (siehe »Genesis« [»Genesis«]). Beverly wird sie für eine Beförderung vorschlagen. Ben (Nachname unbekannt) ist ein ziviler Beschäftigter in Ten Forward.

168: Radioaktiv (»Thine Own Self«)
Ausstrahlung USA: 12. Februar 1994
Deutsche Erstausstrahlung: 13. Juli 1994 (SAT1)
Drehbuch: Ronald D. Moore,
nach einer Geschichte von Christopher Hatton
Regie: Winrich Kolbe
Darsteller: Ronnie Claire Edwards, Michael Rothhaar,
Kimberly Cullum, Michael G. Hagerty, Andy Kossin,
Richard Ortega-Miró, Majel Barrett

Siebte Staffel

Eine Sonde der Föderation stürzt auf den Planeten Barkon 4 ab, und Data wird losgeschickt, um das radioaktiv verseuchte Material zurückzuholen. Es scheint eine einfache Mission zu sein, obwohl ein Kontakt mit der präindustriellen Gesellschaft auf dem Planeten vermieden werden soll. Die nahegelegene Stadt wird jedoch bald von einem bleichen Fremden besucht, der seine Identität verloren hat. Datas Erinnerungen beginnen teilweise zurückzukehren, aber es ist ihm nicht bewußt, daß das von ihm mitgebrachte Metall radioaktiv verseucht ist. Es werden Schmuckstücke für die Dorfbewohner daraus hergestellt, die negative Auswirkungen auf die Gesundheit der Träger haben. Auf der *Enterprise* versucht Deanna, ihre Offizierprüfung zu bestehen, ist aber bei einer wichtigen Simulation nicht erfolgreich. Erst als Deanna in einer Holodecksimulation den holographischen Geordi bittet, sich zu opfern, um das Schiff zu retten, besteht sie den Test. Währenddessen stößt sich Data an den allgmein anerkannten wissenschaftlichen Weisheiten der Barkonianer und wird zum Träger einer Seuche abgestempelt. Kurz nachdem er das Gegenmittel in den Wasservorrat der Stadt gegeben hat, wird er getötet. Er wird aber wenig später gefunden und von Crusher und Riker reaktiviert.

Sternzeit: 47611,2

Fremde neue Welten: Barkon 4, auf den die Sonde rund hundert Kilometer von der nächsten Siedlung abstürzt.
Die Torenko-Kolonie benötigt medizinische Vorräte von der *Lexington*.

Neue Lebensformen: Die Barkonier sind intelligente Humanoide, mit den Menschen des Mittelalters vergleichbar. Ihre Maßeinheit ist der Saltan (1 Kilometer entspricht etwa 2 Saltans), und ihre Währungseinheit ist der Dorik. Die Berge, in denen die Sonde abstürzte, sind als das Veloriangebirge bekannt, und man glaubt, daß es dort Raubtiere gibt (einschließlich der Eismänner, daher glauben sie, daß Data einer von ihnen ist). Die Barkonianer definieren Gestein, Feuer, Himmel und Wasser als ihre Grundelemente.

Technoblabla: »Basierend auf der zwischenräumlichen Transparenz und Integrität der Membranen glaube ich jedoch nicht, daß es eine Infektion oder igendeine andere Form einer übertragbaren Krankheit ist.«

Deanna unterbeschäftigt?: Sie ist gerade von einem dreitägigen Klassentreffen auf Sternenbasis 231 zurückgekehrt.

Notizen: Eine exzellente Story, die ihre Einflüsse – Kaspar Hauser und *Frankenstein* – großartig in Szene setzt. Es ist eine Schande, daß nicht mehr Zeit für Datas Konflikte mit den allgemein anerkannten Weisheiten der Barkonier auf Kosten der langweiligen »Deanna-macht-ihre-Prüfung-Nebengeschichte« verwandt wurde. Und am Ende der Folge muß man sich die Frage stellen:»Oberste Direktive, was nun?« (Egal wie zufällig Datas Kontakte mit der barkonischen Kultur auch waren.)

Am Anfang der Folge sehen wir Crusher als Brückenoffizier im Rang eines Commanders, zusätzlich zu ihrem Status als Schiffsarzt (siehe »Descent« [»Angriff der Borg«]). Nach eigenen Aussagen begann sie sich vor acht Jahren darüber Gedanken zu machen, die Offiziersprüfung abzulegen (es wird aber nicht erwähnt, wann sie sie genau ablegte). Troi hat sich mit dem Gedanken getragen, sich für die Zukunft zu bewerben, seit sie in »Disaster« [»Katastrophe auf der Enterprise«] hatte und es dermaßen vermasselte.

169: Der Komet (»Masks«)
Ausstrahlung USA: 19. Februar 1994
Deutsche Erstausstrahlung: 14. Juli 1994 (SAT1)
Drehbuch: Joe Menosky
Regie: Robert Wiemer
Darsteller: Rickey D'Shon Collins

Kurz nachdem die *Enterprise* einem Ausreißer-Kometen begegnet, erscheinen eigenartige Zeremonienobjekte auf dem Schiff. Data modelliert eine außerirdische Maske aus Ton, und esoterische Symbole erscheinen auf den Computerbildschirmen. Die Phaser des Schiffes schmelzen das Eis um den Kern des Kometen, wodurch sich ein außerirdisches Archiv enthüllt. Die »Bibliothek« verwendet den Sensorenstrahl der *Enterprise* als Trägerwelle, um Informationen in den Computer und in die Replikatoren zu übertragen.

Data wird von mehreren fremden Persönlichkeiten übernommen, die davor warnen, daß Masaka, eine halbmythische böse Königin, erwacht. Nur Korgano kann sie stoppen, aber er verfolgt Masaka nicht mehr. Sogar die Baustoffe, aus denen die *Enterprise* besteht, verwandeln sich in Elemente einer uralten Kultur, aber Picard vollzieht die uralten Rituale als Korgano, und Masaka wird besiegt.

Sternzeit: 47615,2

Fremde neue Welten: Der 87 Millionen Jahre alte Komet in Sektor 1156 hat angeblich seinen Ursprung im Darsee-System. Darin befindet sich eine außerirdische »Bibliothek«, bestehend aus Fortanium und verschiedenen unbekannten Materialien.

Neue Lebensformen: Obwohl es kein Leben innerhalb des Darsee-Systems gibt, ist das Archiv ein Zeichen für eine fortgeschrittene, ritualisierte Kultur.

Herausragende Dialoge: »Geordi, wie fühlt man sich, wenn man verrückt wird?«
»Vielleicht sollten wir uns besser hier draußen unterhalten. Der Aussichtsraum hat sich in einen Sumpf verwandelt.«
»Nun, Data, Sie mögen vielleicht nie vollkommen menschlich werden, aber Sie hatten eine Erfahrung, die den menschlichen Aspekt übersteigt – Sie waren eine gesamte Zivilisation.«

Notizen: »Masaka erwacht!« Diese dunkle, surreale Geschichte ist der Alptraum eines Semiologen und besticht durch eine überraschend gute Regie. Spiners Schauspielkunst, die unglaublichen Designs und Effekte und eine wunderbare »ethnische« Musik tragen alle zu dieser einnehmenden Fabel bei. Die einzige Enttäuschung stellt das schwache Ende dar.
Crusher sagt, daß Worf ihnen einige Mok'bara-Wurftechniken zeigen wird. Zu Datas schizoiden Charakteren gehören ein Feigling, ein alter Mann, der sich als Masakas Vater herausstellt und der böse Ehot, der aus Masaka-City stammt.

170: Der Fall »Utopia Planitia« (»Eye of the Beholder«)

Ausstrahlung USA: 26. Februar 1994
Deutsche Erstausstrahlung: 15. Juli 1994 (SAT1)
Drehbuch: René Echevarria,
nach einer Geschichte von Brannon Braga
Regie: Cliff Bole
Darsteller: Mark Rolston, Nancy Harewood, Tim Lounibes, Johanna McCloy, Nora Leonhardt, Dugan Savoye, Majel Barrett

Ein Besatzungsmitglied nimmt sich das Leben, indem es sich in das Plasmaabflußsystem stürzt. Deanna und Worf starten eine Untersuchung. Der Mann schien sehr glücklich zu sein, und nichts deutet auf einen Grund für Selbstmord hin. Sie stellen lediglich fest, daß er beim Bau der *Enterprise* vor acht Jahren dabei war. Deanna hat plötzlich eine Vision von einem Ereignis, das mit einem Mord zu tun zu haben scheint, der während des Baus der *Enterprise* stattfand. Es wird schließlich festgestellt, daß die psychischen Muster der Straftat zurückgeblieben sind, und daß Empathen besonders empfindlich darauf reagieren. Worf rettet Deanna davor, ebenfalls Opfer dieser Musterung zu werden.

Sternzeit: 47622,1 (in Lieutenant Kwans Logbuch genannt). Picards erster Eintrag war 47623,2 (acht Jahre nach 40987).

Fremde neue Welten: Die *Enterprise* ist auf dem Weg nach Barson 2, wo es einen medizinischen Notfall gab.

Pokerspiel: Worf behauptet, daß Deanna niemals blufft (eigentlich nicht wahr; siehe »Ethics« [»Die Operation«]).

Rikers Eroberungen: Lieutenant Correll, eine bezaubernde Blondine im Zehn-Vorne. Nummer Eins weiß noch nicht so recht, ob er es ernst mit ihr meint oder nicht, aber wir halten jede Wette, daß er Spaß dabei haben wird, es herauszufinden.

Notizen: »Etwas Schreckliches passierte in diesem Raum. Ich spüre es.« Eine gute Mordgeschichte mit einigen ungewöhnlichen Verwicklungen und einer engagierten Nebenhandlung, die sich mit Selbstmord beschäftigt. Der erste Kuß zwischen Worf und Deanna auf dem Bildschirm scheint der Auftakt für eine heiße

Nacht mit einem speziell ausgeklügelten Trainingsprogramm für Körperübungen zu sein (obwohl uns die intimen Details wieder einmal vorenthalten werden).

Datas erste bewußte Monate waren schwierig, da sein neurales Netzwerk darum kämpfte, sich anzupassen. Er erwog öfter, sich selbst abzuschalten, was Geordi mit Selbstmordgedanken gleichsetzt.

Die Beschränkungen der Warpgeschwindigkeit bei der Sternenflotte werden wieder angesprochen (siehe »Force of Nature« [»Die Raumkatastrophe«]). Dan Kwans Mutter war eine Napianerin (eine zum Teil empathische Rasse). Er hatte ein Verhältnis mit Fähnrich Calloway, die in der Medizinischen Abteilung eingesetzt ist. Er arbeitete an dem Bau der *Enterprise* auf Utopia Planitia vor acht Jahren (siehe »Parallels« [»Parallelen«]) mit.

Walter Pierce (dessen Großmutter mütterlicherseits eine Betazoidin war) und Marla Finn, zusammen mit einem nicht genannten männlichen Freund, wurden während des Baus der *Enterprise* durch eine Plasmaexplosion getötet (es war eigentlich Mord und Selbstmord).

Deanna war schon als Kind empathisch (was eigentlich den Angaben in »Tin Man« [»Der Telepath«] widerspricht). Ihr Großvater erzählte ihr am Feuer Geschichten auf telepathische Art. Zuvor hat es unter Picards Kommando noch nie einen Selbstmord gegeben.

171: Genesis (»Genesis«)

Ausstrahlung USA: 19. März 1994
Deutsche Erstausstrahlung: 18. Juli 1994 (SAT1)
Drehbuch: Brannon Braga
Regie: Gates McFadden
Darsteller: Carlos Ferro, Majel Barrett

Data und Picard kehren von einer dreitägigen Suche nach einem Photonentorpedo zurück und stellen fest, daß sich während ihrer Abwesenheit einiges verändert hat. Die Crew der *Enterprise* hat sich anscheinend in prähumanoide Lebensformen zurückentwickelt, und Data muß eine Lösung finden. Picard ist bald ebenfalls von dem regressiven Virus befallen, er muß außerdem noch den Angriffen des gepanzerten Killers ausweichen, zu dem Worf geworden ist.

Sternzeit: 47653,2

Rückentwickelte Lebensformen: Riker wurde in einen Urmenschen verwandelt, Deanna in ein Meerestier, Spot in einen Leguan, Barclay in eine Spinne und Worf entwickelt giftigen Speichel, bevor er sich in einen stachligen, gepanzerten *Alien*-Ableger verwandelt. Picard scheint sich in einen Lemuren zu verwandeln.

Technoblabla: Data sagt, daß sich Deannas DNS in einem Zustand des ribosiatischen Flusses befindet.

Rikers Eroberungen: Riker ist Rebecca Smith, dem neuen Taktikoffizier, im botanischen Garten nähergekommen. Danach fand er sich aufgespießt auf einem sypherianischen Kaktus wieder.

Notizen: »Captain, ich glaube, die Crew entwickelt sich zurück.« Eine charmante Anfangsszene in der Krankenstation entwickelt sich zu einer fesselnden Story, die einige wirklich schockierende Momente enthält. Wie bei jedem anderen Horrorfilm ist die Prämisse letztlich recht albern, aber wenn man in der richtigen Stimmung ist, ist es ein sehr vergnügliches Spielchen. Worfs Pyjama ist zum Schreien komisch.

Barclays Hypochondrie läßt ihn glauben, daß er am terellianischen Todessyndrom oder zumindest am symbelischen Blutbrennen leidet. In Wirklichkeit hat er die yridianische Grippe. Die für Barclays Behandlung verwendete synthetische T-Zelle entwickelt einen Intronenvirus, was sich als sehr folgenreich herausstellt: dieser Zustand wird für alle Zeiten als »Barclays Protomorphose-Syndrom« bekannt sein.

Alysa und Spot sind beide schwanger. Data weiß nicht, mit wem sich Spot gepaart hat, sie ist schon des öfteren aus seinem Quartier ausgebrochen, und Data hat vor, mit einem DNS-Test herauszufinden, welcher der 12 sich an Bord befindlichen Kater die »ruchlose Tat« auf dem Gewissen hat, sobald die Kätzchen geboren sind. Spot kommt mit Barclay gut aus, ist aber den anderen Crewmitgliedern gegenüber feindselig (siehe »Timescape« [»Gefangen in einem temporären Fragment«]).

Die Waffen und Taktiksysteme der *Enterprise* werden auf den neuesten Stand gebracht (die Zieleinrichtung der Photonentorpedos wurde verbessert und die Sprengkraft wurde um 11 Prozent gesteigert). Picard bezeichnet sich selbst als einen durchschnittlichen Shuttlepiloten. (siehe »In Theory« [»Datas erste Liebe«]).

Troi ißt unzillanischen Kaviar.

Siebte Staffel

172: Am Ende der Reise (»Journey's End«)
Ausstrahlung USA: 26. März 1994
Deutsche Erstausstrahlung: 19. Juli 1994 (SAT1)
Drehbuch: Ronald D. Moore
Regie: Corey Allen
Darsteller: Tom Jackson, Natalija Nogulich, Ned Romero,
George Aguilar, Richard Poe, Eric Menyuk, Doug Wert

Die *Enterprise* wird gebeten, eine Kolonie von amerikanischen Ureinwohnern, die sich auf der falschen Seite der cardassianischen Grenze befindet, zu verlegen, aber die Siedler haben sich gut eingelebt und weigern sich zu gehen. Wesley Crusher kehrt von der Sternenflottenakademie zurück, wo er schlechte Ergebnisse erzielt hat, und beleidigt seine Mutter und viele Freunde auf arrogante Weise. Wesley sucht nach Antworten auf seine tiefgründigen Fragen über die Riten der amerikanischen Ureinwohner und entdeckt, daß er sich der Zeit entziehen kann. Der Reisende wird ihn auf einer fantastischen Reise begleiten: Das ist seine wahre Bestimmung, nicht die Sternenflotte. Picard, der sich der Rolle der »Weißen« bei der Unterjochung der »Indianer« bewußt ist, reagiert schockiert, als die Auseinandersetzung beinahe zu Feindseligkeiten zwischen der Föderation und den Cardassianern führt. Ein Kompromiß wird jedoch erreicht, der es den Indianern erlaubt zu bleiben, solange sie die cardassianische Herrschaft anerkennen.

Sternzeit: 47751,2

Fremde neue Welten: Dorvan 5, auf der cardassianischen Seite des Grenzlinienabkommens gelegen. Einige aus Nordamerika stammende Indianer haben eine Siedlung in einem kleinen Tal auf dem südlichen Kontinent errichtet. Sie leben seit etwa zwanzig Jahren dort. Ihre Vorfahren verließen die Erde vor zweihundert Jahren, um ihre kulturelle Unabhängigkeit zu bewahren.

Zukunftsgeschichte: New Mexico existiert auch noch im 24. Jahrhundert.

Notizen: »Sie haben einen sehr alten Blutfleck beseitigt.« *The Next Generation* verabschiedet sich von Wesley, der glücklicherweise nicht zu einem Starfleet-Faschisten wird, und setzt sich ernsthaft mit der großen amerikanischen Schuld auseinander. Während die Originalserie einen entsetzten Blick nach Vietnam warf, erinnert diese Folge mit Trauer an die versuchte Ausrottung der Indianer.

Picard hat ein Treffen mit Admiral Nechayev auf Sternenbasis 310 (siehe »Chain of Command« [»Geheime Mission auf Celtris Drei«] und »Descent« [»Angriff der Borg«]), bei dem es um Wesley geht. Zwischen Picard und Nechayev gibt es »eine gewisse Spannung«. Picards Vater glaubte sehr stark an die Familie und die Bedeutung, die Familiengeschichte weiterzugeben. Picards Familienwurzeln in Westeuropa gehen zurück bis in die Zeit von Charlemagne. Einer von Picards Vorfahren, Alvarez Marebona Picard, war 1680 in die blutigen spanischen Racheakte nach den Aufständen der Indianer in New Mexico verwickelt. (Das liegt über 700 Jahre – oder dreiundzwanzig Generationen – zurück.)

Der Reisende von Tau Ceti kann mit seinen Gedanken Warpfelder kontrollieren (siehe »Where No One Has Gone Before« [»Der Reisende«]). Er erzählte Picard, daß Wesley sehr wichtig sei, »so wie Mozart«, für etwas ganz anderes bestimmt »als wir«. Wesley wird eine neue Form der Existenz erfahren, die nur wenige Menschen bisher erlebt haben.

Ein Cochran ist die Maßeinheit für Warpfelddruck (siehe »New Ground« [»Die Soliton-Welle«] und die Folge »Metamorphosis« [»Metamorphose«] der Originalserie).

173: Ritus des Aufsteigens (»Firstborn«)
Ausstrahlung USA: 2. April 1994
Deutsche Erstausstrahlung: 20. Juli 1994 (SAT1)
Drehbuch: René Echevarria,
nach einer Geschichte von Mark Kalbfeld
Regie: Jonathan West
Darsteller: James Sloyan, Brian Bonsall, Gwynyth Walsh, Barbara March, Joel Swetow, Colin Mitchell, Michael Danek, John Kenton Shull, Rickey D'Shon Collins, Majel Barrett

Worf, der schon wegen Alexanders fehlendem Interesse, ein Krieger zu werden, entmutigt wurde, ist noch mehr betrübt, als ein Berater des Hauses von Mogh Worfs Kompetenz als Vater anficht.

Eine Waffe, die mit der Duras-Familie verbunden ist, trägt ein ungewöhnliches Familienwappen und veranlaßt den Berater, zuzugeben, daß er Alexander sei. Er ist in der Zeit zurückgereist, um die Vergangenheit zu verändern. Gelingt ihm dies nicht, wird Worf auf dem Boden der großen Ratskammer getötet, weil Alexander zu schwach war, ihn zu beschützen. Anstatt ein Krieger zu werden, wurde Alexander ein Diplomat und entschied sich, daß das Haus von Mogh das erste sein würde, das die Kämpfe beendet. Der junge Alexander soll jedoch selbst entscheiden, wer er sein möchte.

Sternzeit: 47779,4

Fremde neue Welten: Picard hat vor, die uralten Ruinen im hatarianischen System zu besuchen. Ein Magnesit-Lager (siehe die Originalfolge »Friday's Child« [»Im Namen des jungen Tiru«]) im Kolus-System gehört den Pakleds (siehe »Samaritan Snare« [»Das Herz eines Captains«]). Das Magnesit wurde an einen yridianischen Händler im Ufandi-System weiterverkauft.

Der Alexander aus der Zukunft erzählt, daß er im Kember-System einen Mann kennenlernte, der ihm die Fähigkeit für Zeitreisen vermittelte.

Neue Lebensformen: Die *Enterprise* hält ihre Position bis zu ihrem Treffen mit den Kiersars.

Herausragende Dialoge: Quark über die Duras-Schwestern: »Viel Gerede, wenig Trinkgeld.«

Notizen: »Mutter sagte immer, daß ich dieses ganze Klingonenzeug nicht machen müßte, wenn ich nicht will.« Je nach Standpunkt ist dies entweder ein ungeheurer Unsinn, oder ein letzter herzlicher Blick der *Next Generation* auf die Klingonen. Die Geschichte über das Zeitreisen ist etwas suspekt, so wie auch der kurze Auftritt der Duras-Schwestern, aber die Story spielt geschickt mit den Erwartungen bezüglich Worfs Reaktionen und seiner Einstellung seinem Sohn gegenüber.

Worf glaubt, daß es für Alexander an der Zeit ist, sich für den ersten Ritus des Aufsteigens vorzubereiten (der zweite beinhaltet den Schmerzstab; siehe »The Icarus Factor« [»Rikers Vater«]). Die

Prüfungen hierfür beinhalten Geschicklichkeit im Kampf und das Wissen um die Lehren von Kahless. Kor T'vo-Kerzen stellen die Feuer dar, die im Herzen eines Kriegers brennen: Wenn man eine entzündet, bedeutet das, daß man den Willen zeigt, ein Krieger zu werden. Diese Zeremonie muß vor dem dreizehnten Lebensjahr stattfinden, sonst kann ein Klingone kein wahrer Krieger mehr werden. Das Kote B'vall-Festival wird auf dem klingonischen Außenposten auf Maranga 4 gefeiert. Es beinhaltet die Rekonstruktion des zwölftägigen Kampfes zwischen Kahless und dem tyrannischen Molor, mit dem Kahless Molor für eine Lüge bestrafte. (Es scheint in dieser Geschichte eine Verwechslung zwischen dem tyrannischen Molor (»Rightful Heir« [»Der rechtmäßige Erbe«]) und Kahless' verlogenem Bruder Morath (»New Ground« [»Die Soliton-Welle«]) zu geben.) Y'nara Kor ist die klingonische Prozedur, die unfähige Eltern ereilt. Auf Ogat gibt es ein klingonisches Trainingslager.

Alexander war drei Jahre alt, als seine Mutter starb (was mit der Zeitrechnung von »The Emissary« [»Klingonenbegegnung«], »Reunion« [»Tödliche Nachfolge«] und »New Ground« [»Die Soliton-Welle«] nicht übereinstimmt). Worfs Bruder hat keinen männlichen Erben. Sein Haus liegt an einem sehr sauberen See. Alexander war noch nie auf dem Heimatplaneten der Klingonen. Die Duras-Schwestern wurden »vor Monaten« auf Deep Space 9 gesehen, als sie versuchten, Belitriumsprengstoff zu verkaufen (siehe »Past Prologue« [»Die Khon-ma«] bei *DS9*).

Laut Quark war Riker der einzige Mann, der es geschafft hat, an seinen Tischen beim Dabo dreimal zu gewinnen. Quark hatte nicht genügend Latinum (zwölf Barren), um dessen Gewinne zu decken, deshalb hat er Riker mit Gutscheinen bezahlt, die nur bei Quark's eingelöst werden können!

Stellare Dynamiker erforschen den Vodree-Nebel.

174: Boks Vergeltung (»Bloodlines«)
Ausstrahlung USA: 9. April 1994
Deutsche Erstausstrahlung: 21. Juli 1994 (SAT1)
Drehbuch: Nicholas Sagan
Regie: Les Landau
Darsteller: Ken Olandt, Lee Arenberg, Peter Slutsker,
Amy Pietz, Michelan Sisti, Majel Barrett

DaiMon Bok erscheint auf der *Enterprise* und behauptet, daß Picard einen Sohn hat. Die mörderischen Absichten des Ferengi sind offensichtlich und der junge Mann – Jason Vigo – wird rasch gerettet. DNS-Tests beweisen das scheinbar Undenkbare: Vigo ist Picards Kind. Vigos genetische Abweichung überzeugt schließlich jedoch Crusher, daß seine DNS von Bok verändert wurde, und die Pläne der Ferengi werden vereitelt.

Sternzeit: 47829,1 (sechs Jahre nach »The Battle«) (»Die Schlacht von Maxia«).

Fremde neue Welten: Vigo wurde auf New Gaul geboren (vergleiche die New France-Kolonie, die bei *DS9* in »The Forsaken« [»Persönlichkeiten«] erwähnt wird). Kaymore 5 ist ein karger Planet, auf dem die Landwirtschaft nur auf dem südlichen Kontinent möglich ist.

Picard-Manöver: Als er mit seinem »Sohn« spricht und während anderer peinlicher Momente.

Herausragende Dialoge: Picard zu Jason: »Ob es dir gefällt, oder nicht, ich bin dein Vater. Ich weiß nicht, was das bedeutet... Eines aber ist klar: Du wirst deinen Haarwuchs niemals wieder auf die gleiche Art betrachten.«

Notizen: Obwohl das gleiche Thema wie in »The Battle« [»Die Schlacht von Maxia«] behandelt wird, ist Picards Reaktion auf seinen Sohn einfach wunderbar anzusehen.

Picard lernte die Botanikerin Miranda Vigo vor fünfundzwanzig Jahren während eines Landurlaubs über einen Freund kennen. Die folgenden zwei Wochen waren »romantisch« und »intensiv«. Sie blieben noch eine Weile in Kontakt, aber sahen sich nie wieder. Jason Vigo und Miranda verließen die Erde vor zwölf Jahren und zogen nach Kaymore 5, wo sie mit Kindern arbeiten, die durch den cardassianischen Krieg zu Waisen geworden sind. Miranda wurde einige Jahre später von Dieben ermordet. Jason ist jetzt dreiundzwanzig Jahre alt und hat ein langes Strafregister: drei Anklagen wegen geringfügigen Diebstahls, zwei wegen Erregung öffentlichen Ärgernisses, »einige Dutzend« wegen Landfriedensbruch (als er seiner Leidenschaft des Höhlenkletterns nachging). Picard bezeichnet sich als »nicht unerfahrenen« Kletterer. Vigo leidet angeblich unter dem Forrester-Trent-Syndrom, einer degenerativen und sehr seltenen neurologischen Störung, die, wenn sie nicht behandelt wird, Lähmungen oder sogar den Tod verursacht. Obwohl sie vererbbar ist, ist sein Zustand das Ergebnis seiner DNS-Veränderung durch Bok.

Bok erkaufte sich vor zwei Jahren seine Freiheit aus dem Rog-Gefängnis und wurde zuletzt in der Doryas-Gruppe gesehen (in der sich über zwanzig Sonnensysteme befinden). Wieder einmal wird Boks Plan enthüllt und seine Untertanen kommen zu dem Ergebnis, daß »es hier keinen Profit für uns gibt«.

Picard besitzt einige archäologische Gegenstände (einen sylvanischen Glyphstein, einen gorlanischen Gebetsstab), die er im Tausch für saurianischen Brandy erhielt.

175: Neue Intelligenz (»Emergence«)
Ausstrahlung USA: 16. April 1994
Deutsche Erstausstrahlung: 22. Juli 1994 (SAT1)
Drehbuch: Joe Menosky,
nach einer Geschichte von Brannon Braga
Regie: Cliff Bole
Darsteller: David Huddleston, Vinny Argiro,
Thomas Kopache, Arlee Reed

Nach der Begegnung mit einem magnaskopischen Sturm spielen die Systeme der *Enterprise* sehr seltsame Spielchen mit der Crew. Das Holodeck verbindet viele seiner Programme zu einer einzigen, selbst kreierten Simulation. Data, Worf und Riker betreten das Holodeck und werden von diversen Personen informiert, daß das Ziel des Zuges, in dem sie sich befinden, »Keystone City« ist. Nach und nach wird deutlich, daß die *Enterprise* Virtiformpartikel, ein Nebenprodukt des Sturmes, verwendet, um eine neue Lebensform zu erschaffen. Nachdem das gelungen ist, verläßt das dabei entstandene Wesen das Schiff.

Sternzeit: 47869, 2

Fremde neue Welten: Tambor Beta 6, ein weißer Zwergstern. Der McPherson-Nebel, das Überbleibsel einer Supernova. Dylcon Alpha, ein Pulsar der Klasse 9.

Neue Lebensformen: Mit der Hilfe von Virtiformpartikeln, ist eine neurale Matrix von »Knoten«, die durch den magnoskopischen Sturm erzeugt wurden, in der Lage, ein elementares neurales Netz zu formen.

Technoblabla: Virtiformpartikel werden von weißen Zwergsternen erzeugt und sind sehr selten. Geordi »stellt sie her«, indem er einen Photonentorpedo in einem Pulsar explodieren läßt.

Herausragende Dialoge: »Ich hatte Recht, er wollte sich mit meinem Ziegel aus dem Staub machen!«

Notizen: »Das Schiff hat sich wieder selbst beschützt.« Wissenschaftlich lächerlich! Die Holodeckszenen sind amüsant (obwohl sie oftmals unverständlich sind).

Datas Lieblingsholodecksequenz ist Prosperos Monolog aus *The Tempest* [»Der Sturm«] (Akt VI). Als das Schiff die Kontrolle übernommen hat, erscheinen mindestens sieben voneinander getrennte Holodeckprogramme, einschließlich der Orient Express-Simulation von Beverly, anscheinend einer von Alexanders Western, eine Dixon Hill-Story und eine Simulation mit einem Androiden.

176: Die Rückkehr von Ro Laren (»Preemptive Strike«)

Ausstrahlung USA: 23. April 1994
Deutsche Erstausstrahlung: 25. Juli 1994 (SAT1)
Drehbuch: René Echevarria,
nach einer Geschichte von Naren Shankar
Regie: Patrick Stewart
Darsteller: John Franklyn-Robbins, Natalia Nogulich,
William Thomas jr., Shannon Cochrane, Richard Poe

Immer neue Angriffe des Maquis auf cardassianische Schiffe innerhalb der entmilitarisierten Zone veranlassen Admiral Nechayev, Picard zu bitten, eines seiner Crewmitglieder beim Maquis einzuschleusen. Ro Laren, die erst kürzlich von einer taktischen Trainingsschule zurückgekehrt ist, wird auserwählt und reist in den cardassianischen Sektor nach Onaga, einer Festung des Maquis. Obwohl ihre Loyalität zu Picard stark ausgeprägt ist, hilft Ro dem Maquis, und anstatt ihn in eine Falle zu locken, verrät sie die Föderation und verbündet sich mit den Gesetzlosen.

Sternzeit: 47941,4

Fremde neue Welten: Onara, eine Festung des Maquis.

Neue Lebensformen: Man glaubt, daß die Cardassianer im Besitz von biogenischen Waffen sind (siehe »Chain of Command« [»Geheime Mission auf Celtris Drei«]). Über die Pakleds, Ferengi und Yridianer wird gesagt, daß sie in der entmilitarisierten Zone Handel betreiben.

Faraiga und Hasperat sind bajoranische Gerichte (das letztere ist eine würzige Art von Gulasch). Bolarianische Canapés machen angeblich sehr dick. Das Clarion ist ein bajoranisches Musikinstrument (Ros Vater spielte es).

Rikers Eroberungen: Kleine Anzeichen einer Beziehung mit Ro (als sie überläuft, nennt sie ihn Will, nicht Commander).

Herausragende Dialoge: »Sogar die Sympathie geht nur bis zu einem gewissen Punkt.«

»Es gibt schlimmere Dinge, die jemand tun könnte, als einen Cardassianer zu töten.«

Notizen: »Ich dachte nie, daß wir auf unsere eigenen Leute feuern würden, um ein cardassianisches Schiff zu schützen.« Diese wirklich gut aufgebaute Folge greift die Themen aus »Journey's End« [»Am Ende der Reise«] und dem Zweiteiler mit dem Maquis in *DS9* wieder auf. Ros Rückkehr ist angenehm, obwohl ihre an Elektra erinnernde Beziehung zu Picard und Macias durch einen großen weißen Pfeil angezeigt wird. Und Ros Überlaufen zu dem Maquis scheint unvermeidlich: Kennt man ihren Hintergrund, ist es eher überraschend, daß sie ihn nicht schon seit Jahren anführt.

Ro studiert seit einem Jahr taktisches Training und wurde zum Lieutenant befördert. Picard erwähnt, daß der Kurs sehr schwierig ist und jährlich die halbe Klasse scheitert. Deannas Beförderung in »Thine Own Self« [»Radioaktiv«] wird angesprochen.

Vor einer Woche zerstörten bewaffnete cardassianische Zivilisten einen jourctanischen Frachter in der entmilitarisierten Zone (siehe »The Best of Both Worlds« [»In den Händen der Borg« und »Angriffsziel Erde«]). Ro weist auf den Tod ihres Vaters und auf ihren Gefängnisaufenthalt auf Jaros II hin (siehe »Ensign Ro« [»Fähnrich Ro«]).

Siebte Staffel

177: Gestern, Heute, Morgen (»All Good Things…«)

90 Minuten
Ausstrahlung USA: 30. April 1994
Deutsche Erstausstrahlung (in zwei Teilen):
26. Juli / 27. Juli 1994 (SAT1)
Drehbuch: Ronald D. Moore, Brannon Braga
Regie: Winrich Kolbe
Darsteller: Andreas Katsulas, Clyde Kusatsu, Pamela Kosh,
Tim Kelleher, Alison Brooks, Stephen Matthew Garvin,
Majel Barrett

Vergangenheit, Gegenwart und Zukunft verschmelzen für Picard, er durchwandert drei verschiedene Zeitzonen in plötzlichen Wechseln: eine alternative Farpoint-Mission, die Gegenwart und eine Zukunft, in der die Crew der *Enterprise* viele Veränderungen durchgemacht hat. Eine Anomalie im Weltraum, die in zwei der Zeitzonen vorhanden ist, verwirrt Picard, während in der Zukunft ein gealterter Picard seine Besatzung zum letzten Mal versammelt, um die Ursache zu finden. In der Vergangenheit landet Picard derweil erneut in Qs Gerichtssaal, wo über die Zukunft der Menschheit entschieden wird. Obwohl er so verspielt wie immer ist, erzählt Q Picard, daß der Captain selbst für die Vernichtung der ganzen Menschheit verantwortlich sein wird, und gibt ihm weitere Hinweise, während Picard durch die Zeit hin und her wandert. Schließlich errät Picard, daß die *Enterprise* der Zukunft die Anomalien verursacht. Alle drei *Enterprisen* vereinen ihre Kräfte, um den Riß in der Zeit zu schließen. Q erzählt Picard, daß er erfolgeich war, und Picard findet sich in der Gegenwart wieder. Er schließt sich seinen Offizieren bei einem Pokerspiel an und erzählt ihnen, der Himmel sei das Limit.

Sternzeit: 47988. Und 41153 (sieben Jahre zuvor, in einer alternativen Zeitlinie). Und über fünfundzwanzig Jahre in der Zukunft.

Fremde neue Welten: Das Devron-System in der Nähe der neutralen Zone.

Technoblabla: »Ein multiphasisches temporales Zusammentreffen im Weltraumkontinuum.« »Im Klartext, Data?« »Eine Eruption von Antizeit!«

Pokerspiel: Beverly, Riker, Data, Geordi und Worf spielen. Riker gewinnt (wie immer) und behauptet, daß er schummelt. Deanna gesellt sich zu ihnen, ebenso Picard, der einmal ein guter Kartenspieler war. »Ich hätte das schon vor langer Zeit machen sollen.« »Sie waren immer willkommen.«

Picard-Manöver: Ja. In allen drei Zeitzonen.

Rikers Eroberungen: Er versagt kläglich gegen Worf, als es darum geht, Deanna zu einem Abendessen zu überreden.

Herausragende Dialoge: »Das war ein unglaubliches Programm!«
Qs Zusammenfassung der Serie: »Vor sieben Jahren sagte ich Ihnen, daß wir Sie beobachten würden, und das taten wir auch, in der Hoffnung, daß Ihre affenartige Rasse irgendeine Art von Entwicklung zeigen würde... Aber was haben wir statt dessen gesehen? Wie Sie sich Sorgen um Commander Rikers Karriere machen! Wie sie sich Counselor Trois pathetisches Psychogebrabbel anhören! Wie Sie Data bei seinen witzlosen Ergründungen der Menschlichkeit unterstützen!«

Notizen: »Nun ist es Zeit, Ihren Zug zu den Sternen zu beenden!« Ein kompliziertes Drehbuch, das von den Darstellern hervorragend umgesetzt wird. Die letzte Szene, die (in unfähigeren Händen) schrecklich hätte werden können, ist wirklich süß und charmant geworden. Q als Beobachter einzusetzen, schließt eine Klammer um die gesamte Serie, ebenso wie der geänderte Verlauf der Ereignisse zur Zeit von »Encounter at Farpoint« [»Der Mächtige« und »Mission Farpoint«] (einschließlich Trois Haarschnitt und Minirock). Epische Themen vermischen sich mit Themen wie »Freundschaft« und den Auswirkungen der Zeit auf eine Beziehung.

Worf nimmt Deanna auf einen Holodeckspaziergang am Strand in der Nähe des Schwarzen Meeres mit [»sehr stimulierend«]. Deanna glaubt, daß ihm der Katariasee auf Betazed gefallen würde.

In der alternativen Vergangenheit wird bestätigt, daß O'Brien von Anfang an ein Mitglied der Besatzung war. Er verbrachte seine Kindheit mit dem Bauen von Raumschifftriebwerken. Deanna sagt, sie und Will hatten »vor einigen Jahren eine Beziehung«

(vergleiche »Encounter at Farpoint« [»Der Mächtige« und »Mission Farpoint«], »Second Chances« [»Riker:2=?«], »Violations« [»Geistige Gewalt«] und den größten Teil der ersten Staffel).

Peredoxin ist ein Medikament, das zur Behandlung des Irumodischen Syndroms verwendet wird (obwohl es keine Heilung gibt). Alyssa Ogawa ist während der Folge schwanger (siehe »Genesis« [»Genesis«]), verliert das Baby aber wegen der Zeitverzerrungen.

In der zukünftigen Zeitlinie hat Geordi (künstliche?) Augen. Er ist mit Leah Brahms verheiratet (die gerade zum Leiter des Daystrom-Instituts ernannt wurde). Sie haben drei Kinder (Brett, Alandra und Sydney) und leben auf Rigel 3. Geordi ist mittlerweile Schriftsteller geworden. Picard hat sich zur Ruhe gesetzt, nachdem er Botschafter der Föderation war. Er leidet am Irumodischen Syndrom, einer neurologischen Krankheit, im letzten Stadium und wohnt in den Weingärten seiner Familie in Frankreich. Er heiratete Beverly, aber sie ließen sich später wieder scheiden.

Data hält den Luckasischen Lehrstuhl an der Universität von Cambridge und lebt in Isaac Newtons früherem Haus. Er hat sich graue Strähnen ins Haar gefärbt (um »distinguierter« zu wirken!) und hält sich immer noch (einige) Katzen. Riker ist Admiral geworden, der auf Sternenbasis 247 stationiert ist. Die *Enterprise* ist sein Flaggschiff. Deanna ist (unter nicht genannten Umständen) gestorben. Riker und Worf haben seit der Beerdigung kaum miteinander gesprochen. Worf war ein Mitglied des klingonischen Rates und ist jetzt Gouverneur der Hatoria-Kolonie. Beverly Picard (sie hat ihren Ehenamen beibehalten) ist Captain des Forschungsschiffes *Pasteur*.

Es gibt keine neutrale Zone mehr, die Klingonen haben das romulanische Imperium übernommen und die Grenzen für alle Föderationsschiffe geschlossen. Vor kurzem brach die terrelianische Pest auf Romulus aus. Föderationsschiffe haben jetzt Tarnvorrichtungen (siehe »The Pegasus« [»Das Pegasus Projekt«]). Warp 13 scheint eine erlaubte Geschwindigkeit zu sein (siehe »Force of Nature« [»Die Raumkatastrophe«]).

Der neue Trek-Episodenführer

Star Trek – Deep Space Nine
Erste Staffel

18 Folgen à 45 Minuten, 1 Folge à 90 Minuten.

Created by Rick Berman, Michael Piller
Based an *Star Trek*, created by Gene Roddenberry

Executive Producers: Rick Berman, Michael Piller
Producer: Peter Lauritson
Co-Producer: Peter Allan Fields (2-19)
Associate Producer: Steve Oster
Supervising Producers: Ira Steven Behr (2-19), David Livingston
Line Producer: Robert della Santina (10, 13, 19)

Hauptdarsteller: Avery Brooks (Commander Sisko), René Auberjonois (Odo), Siddig el Fadil (Dr. Bashir), Terry Farrell (Lt. Dax), Cirroc Lofton (Jake Sisko), Colm Meaney (Chief O'Brien), Armin Shimerman (Quark), Nana Visitor (Major Kira), Aron Eisenberg (Nog, 1, 3, 10, 13-14), Max Grodénchik (Rom, 1[4], 3, 6, 10-11), Andrew Robinson (Garak, 2), Marc Alaimo (Gul Dukat, 1, 18), Rosalind Chao (Keiko O'Brien, 3, 15, 19), Hana Hatae (Molly O'Brien, 3, 15), Patrick Stewart (Captain Jean-Luc Picard, 1), Majel Barrett (Lwaxana Troi, 16)

---

[4] Im Abspann der ersten Folge als »Ferengi Pit Boss« bezeichnet

1 und 2: Der Abgesandte (»Emissary«)

90 Minuten
Ausstrahlung USA: 2. Januar 1993
Deutsche Erstausstrahlung: 28. Januar 1994 (SAT1)
Drehbuch: Michael Piller, nach einer Geschichte von
Rick Berman, Michael Piller
Regie: David Carson
Darsteller: Camille Saviola, Felecia M. Bell, Joel Swetow,
Stephen Davies, Steve Ranklin, Lily Mariye, Cassandra Byram,
John Noah Hertzler, April Grace, Keven McDermott, Parker
Whitman, William Powell-Blair, Frank Owen Smith,
Lynnda Ferguson, Megan Butler, Stehen Rowe,
Thomas Hobson, Donald Hotton, Gene Armor, Diana Cignoni,
Judi Durand, Majel Barrett

Benjamin Sisko wird auf eine ehemalige cardassianische Raumstation namens *Deep Space Nine* im Orbit von Bajor versetzt, einen Außenposten, der plötzlich sehr wichtig für die Föderation wird, als in der Nähe ein stabiles Wurmloch entdeckt wird, das direkt zum weit entfernten Gamma-Quadranten führt. Sisko ist sich noch nicht sicher, ob er das Kommando annehmen soll. Nach einem Treffen mit der Kai, der bajoranischen spirituellen Führerin, fliegt Sisko in das Wurmloch und begegnet darin einem mysteriösen außerirdischem Bewußtsein. Die Cardassianer entwickeln ebenfalls Interesse an dem Wurmloch, aber O'Brien gelingt es, die ganze Station in die Nähe des Wurmlochs zu manövrieren. Als ein cardassianisches Schiff im Wurmloch verschwindet, wird *DS9* von den restlichen drei cardassianischen Kriegsschiffen bedroht – bis Sisko mit seinem Shuttle zurückkehrt. Das cardassianische Schiff zieht er mit einem Traktorstrahl hinter sich her. *DS9* bleibt in der Nähe des Wurmlochs stationiert und wird als Basis von Bajor die Schiffe beobachten und versorgen, die durch das Wurmloch in den Gamma-Quadranten fliegen. Commander Sisko, der durch die Begegnung im Wurmloch nun endlich von seinen quälenden Erinnerungen befreit wurde, erkennt, daß er als Commander von *DS9* am richtigen Platz ist.

Sternzeit: 46379,1 (das Stationslogbuch beginnt mit 46388,2).

Fremde neue Welten: Das nächste System am anderen Ende des

Wurmloches ist Idran (weniger als fünf Lichtjahre entfernt). Es ist ein trinäres System, bestehend aus Zwillingssternen des Typs O und besitzt keinen Planeten der M-Klasse. Eine Analyse wurde im 22. Jahrhundert durch die Quadros-1-Sonde durchgeführt, die den Gamma-Quadranten erforschte. Idran ist 70000 Lichtjahre von Bajor entfernt.

Innerhalb des Wurmlochs scheint sich ein Planet mit atembarer Atmosphäre zu befinden.

Neue Lebensformen: Die körperlosen Wesen, die das Wurmloch erschufen. Sie kennen keinen linearen Zeitablauf. Von den Bajoranern werden sie als »Propheten« verehrt.

Einführung: Der Ferengi-Junge Nog, die einzige Person auf der Station, die etwa im gleichen Alter wie Siskos Sohn Jake ist.

Gul Dukat, Präfekt der Station vor dem Abzug der Cardassianer von Bajor.

Das Picard-Manöver: Als Picard mit Sisko spricht und herausfindet, daß Sisko Locutus beim Kampf gegen die Borg begegnete.

Bashirs (mißlungene?) Eroberungen: Natürlich Jadzia Dax. Es macht ihm offensichtlich nichts aus, daß sie einen wurmähnlichen Symbionten beherbergt.

Quarks Bar: Das populärste Spiel ist »Dabo«, ein dem Roulette ähnliches Spiel, das von nur leicht bekleideten und zumeist außerirdischen Damen bedient wird. (Sollte jemand gewinnen, was in Quarks Bar recht selten vorkommt, schreit man »Dabo!«).

Herausragende Dialoge: Odo über die Tatsache, daß ausgerechnet Quark zum Oberhaupt der Gemeinde wurde: »Sie haben alle Charaktereigenschaften eines Politikers.«

Quark: »Ich liebe die Bajoraner. Solch eine zutiefst spirituelle Kultur, aber sie brauen ein furchtbares Bier.«

Kira zu Bashir: »Sie können sich nützlich machen, wenn Sie Ihre Föderationsmedizin den ›Eingeborenen‹ bringen. Oh, Sie werden feststellen, daß sie ein freundliches, einfaches Volk sind.«

Sisko zu den Außerirdischen. »Es ist das Unbekannte, das unsere Existenz bestimmt.«

Sisko, nachdem die Propheten ihm gezeigt haben, daß er wegen Jennifers Tod noch immer an einem Trauma leidet: »Ich habe das Schiff nie verlassen. Ich lebe hier.«

Erste Staffel

Quark über Kira: »Oh, ich liebe Frauen in Uniform.«

Notizen: »Eine Ironie des Schicksals – jemand, der gar nicht hier sein möchte, wird zum Abgesandten.« Das bisher vielversprechendste Trek-Debüt überhaupt, ein fehlerloses Beispiel dafür, wie man Geschichten im großen Stil erzählt. Schon von den verblüffenden Anfangsszenen an ist alles ein ungetrübtes Vergnügen. Und es ist wunderbar, endlich eine akzeptable Titelmusik zu hören.

Die *Saratoga* wurde bei Sternzeit 43997 während der Schlacht bei Wolf 359 von den Borg zerstört (siehe »The Best of Both Worlds 2« [»Angriffsziel Erde«]). Der kommandierende Offizier war Vulkanier, der Taktikoffizier Bolianer. Lt. Commander Benjamin Sisko und sein Sohn Jake waren unter den wenigen Überlebenden; seine Frau Jennifer starb. Während der letzten drei Jahre hat Sisko auf der Utopia Planitia-Werft gearbeitet. Benjamin lernte Jennifer am Gilgo-Strand kennen, kurz nachdem er an der Sternenflotten-Akademie seinen Abschluß gemacht hatte, und hielt vor rund fünfzehn Jahren um ihre Hand an. Sisko wurde auf der Erde geboren, sein Vater war Gourmetkoch und besaß ein berühmtes Rezept für Aubergineneintopf. Er wurde auf der Erde geboren.

Die Cardassianer hielten Bajor 56 Jahre lang besetzt und plünderten die Bodenschätze des Planeten, zogen sich aber vor rund 2 Wochen zurück. Bajor kann sich selbst nicht mehr versorgen, und die politische Situation ist chaotisch, seit es plötzlich keinen gemeinsamen Feind mehr gibt. Nur Kai Opaka – die spirituelle Führerin der Bajoraner – hält das Volk noch zusammen.

Im bajoranischen Glauben ist die spirituelle Lebenskraft als »Pagh« bekannt. Neun heilige Drehkörper, die Tränen der Propheten, sind in den letzten 10000 Jahren am Himmel über Bajor erschienen. Die Drehkörper formten die Religion der Bajoraner und stärkten ihren Glauben an den Himmelstempel (die »Welt« im Innern des Wurmlochs) und die Propheten (die Wesen im Inneren des Wurmlochs, die ihn erschufen). Mönche untersuchten die Drehkörper, seit der erste erschien, aber jetzt sind alle, bis auf einen, im Besitz der Cardassianer (siehe jedoch »The Storyteller« [»Die Legende von Dal'Rok«] und »The Circle« [»Der Kreis«]). Das Ende des Wurmlochs bei *DS9* befindet sich innerhalb des Denorios-Gürtels (ein aktives Plasmafeld). Im 22. Jahrhundert saß ein Schiff mit Kai Taluno an Bord innerhalb des Denorios-Gürtels einige Tage fest, und es wurden dort 5 Drehkörper gefunden. Es gibt auch 23 Berichte über ungewöhnliche Neutrinostörungen innerhalb des Gürtels.

Die provisorische bajoranische Regierung bat um die Anwesenheit der Sternenflotte in diesem Gebiet. Die Cardassianer hinterließen die Raumstation als halbes Wrack und töteten vier Bajoraner, die ihre Läden schützen wollten. Die erste Gruppe von Sternenflottenpersonal, zu der auch Miles O'Brien gehört, traf zwei Tage vor der regulären Übergabe ein, um mit Reparaturen zu beginnen. Die *Enterprise* fliegt bei Sternzeit 46390,1 in Richtung Lapola-System ab, nachdem sie drei Shuttles abgeladen hat (die *Rio Grande*, die *Yangtzee*, und ein weiteres Shuttle, das in der nächsten Geschichte genannt wird) und kehrt bei Sternzeit 46393,1 wieder zurück, so daß diese Ereignisse zwischen den *Next Generation*-Episoden »Chain of Command« [»Geheime Mission auf Celtris Drei«] und »Ship in a Bottle« [»Das Schiff in der Flasche«] stattfinden.

Miles O'Briens bevorzugter Transporterraum auf der *Enterprise* war die Nr. 3. Keiko O'Briens Mutter lebt in Kumomoto in Japan (siehe »Dax« [»Der Fall Dax«]). Miles erwähnte das Setlik-Massaker während der Grenzkriege (siehe »The Wounded« [»Der Rachefeldzug«]). Kira, die Vertreterin der bajoranischen Regierung, kämpfte für die bajoranische Unabhängigkeit »seit ich alt genug war, einen Phaser in die Hand zu nehmen«, und verbrachte einige Zeit in einem Flüchtlingslager. Jadzia Dax, ein Trill, ist Wissenschaftsoffizier der Station. Ihr Symbiont ist etwa dreihundert Jahre alt, der Gastkörper etwa achtundzwanzig Jahre (dieses Alter wird in »Dax« [»Der Fall Dax«] bestätigt). Der vorherige Gastkörper war Curzon, den Sisko als alten Mann gekannt hatte. Dr. Julian Bashir ist der siebenundzwanzigjährige medizinische Offizier, er hatte die Möglichkeit, sich jeden Job in der Sternenflotte auszusuchen. Odo ist der rätselhafte formwandelnde Sicherheitsoffizier. Er wurde im Denorios-Gürtel gefunden und bei Menschen aufgezogen, die er fast exakt nachahmen kann. Er weiß nichts über seine Herkunft und ist der Sicherheitschef der Station (er wird als »Constable« bezeichnet, spätere Folgen stellen klar, daß dies mehr einen Spitznamen als eine echte Rangbezeichnung darstellt). Er erlaubt keine Waffen auf dem Promenadendeck, wo der Ferengi Quark eine Bar besitzt. Es scheint, als sei er seit über vier Jahren auf der Station (vergleiche »Profit and Loss« [»Profit und Verlust«]).

Erste Staffel

3: Die Khon-Ma (»Past Prologue«)

Ausstrahlung USA: 9. Januar 1993
Deutsche Erstausstrahlung: 30. Januar 1994 (SAT1)
Drehbuch: Kathryn Powers
Regie: Winrich Kolbe
Darsteller: Jeffrey Nordling, Gwynyth Walsh, Barbara March,
Susan Bay, Vaughn Armstrong, Richard Ryder

Der Terrorist Tahna Los, von den Cardassianern in den bajoranischen Raum verfolgt, wird auf *DS9* gebeamt. Der Bajoraner, der Kira bekannt ist, bittet um Asyl, aber die Cardassianer verlangen seine Auslieferung. Die provisorische Regierung hat ihr eigenes Interesse an dem Mann, da sie glaubt, daß er ein Mitglied der verbotenen Khon-Ma-Gruppe ist. Das unerwartete Erscheinen der Duras-Schwestern auf *DS9* zeigt, daß Tahna Los' Tage als Terrorist vielleicht doch noch nicht vorbei sind, obwohl er dies behauptete. Kira erkennt und vereitelt Tahnas Plan, das Wurmloch mit einer Bombe zu zerstören, die er von den Duras-Schwestern gekauft hat, in der Hoffnung, daß die Cardassianer und die Föderation dadurch ihr Interesse an Bajor verlieren würden.

Sternzeit: Nicht angegeben.[5]

Fremde neue Welten: Es gibt sechs Kolonien auf Bajor 8.

Neue Lebensformen: Offensichtlich versteckt sich der joranianische Strauß, indem er seinen Kopf ins Wasser steckt, mitunter sogar solange, bis er dabei ertrinkt.

Einführung: Garak, ein »schlichter, einfacher« cardassianischer Schneider. Julian nimmt an (vermutlich zu Recht!), daß er noch immer Kontakt zur cardassianischen Führungsspitze hat.

Technologie: Ein Zylinder voll Bilitrium soll durch die Duras-Schwestern an Tahna geliefert werden, und zwar auf der dunklen Seite des unteren Mondes von Bajor 8. Bilitrium ist ein seltenes kristallines Element, das durch die Koppelung mit einem Antimateriekonverter zu einer unglaublich starken Energiequelle gemacht

---

[5] Viele Deep Space Nine-Folgen geben keine Sternzeit an. Die Sternzeiten, die auf dem Cover der Videos angegeben werden, sind nicht verbindlich.

werden kann. (Tahna hat einen Konverter von den Cardassianern gestohlen.)

Notizen: »Mein Name ist Tahna Los. Ich bitte um politisches Asyl.« Eine weitere Terroristen-Story (vergleiche »The High Ground« [»Terror auf Rutia Vier«]). Die Hauptdarsteller zeigen, wie schnell sie sich in ihre Rollen eingelebt haben.

Die »Khon-Ma« sind eine bajoranische Terroristengruppe, die vor einem Monat einen bajoranischen Premierminister ermordete. Siskos derzeitiger Vorgesetzter in der Sternenflotte ist Admiral Rollman. Er erwähnt die Beteiligung der Duras-Schwestern an den Geschehnissen von »Redemption« [»Der Kampf um das klingonische Reich«] und gibt an, daß sie dringend finanzielle Unterstützung bräuchten. Das dritte Shuttle wird *Ganges* genannt (der volle Name des zweiten ist *Yangtzee Kiang*).

Bashir trinkt tarkeleanischen Tee. Kira hat immer noch Alpträume von den Angriffen auf den Haru-Außenposten. Die Währung »goldgepreßtes Latinum« wird von den Duras-Schwestern und Garak erwähnt.

4: Unter Verdacht (»A Man Alone«)

Ausstrahlung USA: 16. Januar 1993
Deutsche Erstausstrahlung: 6. Februar 1994 (SAT1)
Drehbuch: Michael Piller,
nach einer Geschichte von Gerald Sanford, Michael Piller
Regie: Paul Lynch
Darsteller: Edward Lawrence Albert, Peter Vogt, Stephen James Carver, Tom Klunis, Scott Trost, Patrick Cupo, Kathryn Graf, Diana Cignori, Judi Durand

Odo befiehlt Ibudan, einem ehemaligen Schwarzmarkthändler, die Station zu verlassen, der Mann wird aber später tot in einer von Quark's Holosuiten aufgefunden. Es scheint, als wäre Odo die einzige Person, die den Mord hätte verüben können, und erste Verdächtigungen entwickeln sich rasch zu regelrechten Feindseligkeiten. Schließlich eskaliert die Situation, als eine aufgebrachte Menge nach sofortigen Maßnahmen gegen den Formwandler verlangt, dem sie nun auch eine Zusammenarbeit mit den Cardassianern vorwirft. Bashir entdeckt jedoch, daß es sich bei der Leiche ledig-

Erste Staffel

lich um einen Klon von Ibudan handelt. Alles wurde nur arrangiert, um gegen Odo zu intrigieren.

Sternzeit: 46421,5 (am Ende der Geschichte; Ibudans persönliches Logbuch gibt das Datum mit 46385 falsch an).

Neue Lebensformen: Nog besitzt eine Schachtel mit garanarianischen Boliten, die bei Menschen einen Juckreiz und eine Veränderung der Hautfarbe verursachen.

Curzon und ein junger Sisko gingen einst zu einem rujianischen Hindernisrennen, begleitet von ein paar »prächtigen« 2 Meter 15 großen rujianischen Zwillingsschwestern.

Trill haben kalte Hände.

Einführung: Quarks Bruder Rom, Vater von Nog. (Rom wird in der ersten Folge nur kurz gezeigt, wird hier aber erstmals mit Namen genannt.)

Bashirs (mißlungene?) Eroberungen: Wieder mal Dax: Er versucht, sie mit einem altonianischen Denkspiel zu beeindrucken (das auf Neuro-Theta-Wellen reagiert), das sie schon seit 140 Jahren zu beherrschen versucht. Er versagt dabei hoffnungslos.

Quarks Bar: Quark hat für Bashir eine Flasche trockenen Champagner von Koris 1 gefunden.

Herausragende Dialoge: Odo über die Eheschließung: »Sie wollen das Karo-Netz-Turnier sehen, sie will Musik hören, also schließt ihr einen Kompromiß: Ihr hört Musik. Sie mögen Jazz von der Erde, sie bevorzugt klingonische Opern, also schließt ihr einen Kompromiß: Ihr hört euch klingonische Opern an. Also, da waren Sie bereit, sich einen schönen Abend mit einem Karo-Netz-Match zu machen und das Ende der Geschichte ist, daß Sie einen höchst schmerzlichen Abend damit verbringen, sich klingonische Opern anzuhören.«

Notizen: Eine gute, nicht sehr anspruchsvolle Geschichte, obwohl die Sequenz mit den Boliten am besten ignoriert werden sollte.

Ibudan brachte immer Schwarzmarktwaren auf die Station. Odo war an seiner Verhaftung aufgrund des Mordes an einem Cardassianer beteiligt. Ibudan saß in der Kran-Tobal-Haftanstalt ein und kehrte von dem Raumhafen Alderaan auf die Station zurück.

Odo bezeichnet sich zum ersten Mal als Formwandler. Er muß

alle achtzehn Stunden in seine ursprüngliche Form zurückkehren, um sich zu regenerieren. Er zieht sich dann in einen Eimer in einer Ecke seines Büros zurück. Odo hat sich noch nie, wie es Quark so vorsichtig bezeichnet, »gepaart«. Dax mag gedünstete Azna. Benjamin glaubt, daß Jadzia der sechste Gastkörper ist (siehe »Equilibrium« [»Das Equilibrium«]). Curzon Dax hat Benjamin regelmäßig beim Juro-Counter-Punch geschlagen, wo mit bloßen Fäusten gekämpft wird. Siskos Vater hat seine neuen Rezepte immer von den Kindern probieren lassen.

Keiko ist Botanikerin. Molly ist etwa drei Jahre alt.

In der Yadozi-Wüste gibt es wenig Wasser, was nicht weiter überraschend ist.

5: Babel (»Babel«)

Ausstrahlung USA: 23. Januar 1993
Deutsche Erstausstrahlung: 13. Februar 1994 (SAT1)
Drehbuch: Michael McGreevey, Naren Shankar,
nach einer Geschichte von Sally Caves, Ira Steven Behr
Regie: Paul Lynch
Darsteller: Jack Kehler, Matthew Faison, Ann Gillespie,
Geraldine Farrell, Bo Zenga, Kathleen Wirt, Lee Brooks,
Richard Ryder, Frank Novak, Todd Feder

O'Brien, der unter dem großem Druck steht, die ganzen Systeme auf *DS9* möglichst schnell zu reparieren, beginnt plötzlich völligen Unsinn zu stammeln, was nicht nur am Streß liegt. Bashir kommt zu dem Ergebnis, daß O'Brien unter Aphasie leidet, und kurz darauf wird auch Kira von der Krankheit befallen. Ein Gerät der Terroristen, das eingesetzt wurde, als die Cardassianer die Station betrieben, hat die Replikatoren der Kommandoebene mit einem absolut tödlichen Virus infiziert – und Quark verwendete diese Replikatoren heimlich statt seiner eigenen beschädigten Geräte. Bashir beginnt an einem Gegenmittel zu arbeiten und Kira erfährt, daß der bajoranische Erfinder des Virus, Dekon Elig, vor einigen Jahren in einem Gefängnis starb. Die Situation eskaliert, als das Virus so mutiert, daß es sich über die Luft überträgt, und Bashir ebenfalls von ihm befallen wird. Kira sieht sich dazu gezwungen, alles nur Menschenmögliche zu versuchen, um sich die Mitarbeit von Dr.

Surmak Ren zu sichern, dem einzigen Mann, der in der Lage ist, die Krankheit zu heilen. Odo und Quark müssen mit dem ungeduldigen Frachtkapitän Jaheel fertig werden, dessen Wunsch, *DS9* zu verlassen, die Sicherheit der Station gefährdet.

Sternzeit: 46423,7

Fremde neue Welten: Captain Jaheel transportiert eine Ladung Tamen Sahsheer für Largo 5. Als Beispiel für die technischen Fehler von *DS9* erwähnt Kira, daß sie um die Sternenkarte für den argosianischen Sektor gebeten hat und statt dessen eine für den Glessene-Sektor erhielt.

Neue Lebensformen: Das Asphasie auslösende Virus verlegt synaptische Bahnen nach dem Zufallsprinzip. Ferengi und Formenwandler scheinen immun oder sehr resistent dagegen zu sein.

Technologie: Das Gerät, das das genetisch hergestellte Virus enthält, hat einen Standard-Diboridiumkern als Energiequelle, was auf die Herstellung durch die Cardassianer selbst hinweist. Das Asphasiegerät wurde jedoch vom bajoranischen Untergrund entwickelt.

Quarks Bar: Replikatorenfehler führen hier dazu, daß Quark sehr schlechten kohlanesischen Eintopf serviert. Quark bietet Dax und Kira einen l'danian-Gewürzpudding mit einer doppelten Portion Sahne an und erhält unautorisierten Zutritt zu einem (funktionierenden) Replikator, um einen Ferengi-Stardrifter (ein Getränk) herzustellen.

Herausragende Dialoge: Einiges einfallsreiches »Babel-Gebrabbel«, angefangen mit: »Sie kreiert blumige Einheiten über den Jungen aus sich selbst heraus« und erreicht solche Höhen wie »Major fehlt echter Pfeffer... Laßt Vögel noch mehr frei – eventuell... Schrei leichtes Spiel... Um die turbulente Schnelligkeit herum!«

Odo über Quarks Behauptung, daß Rom den Replikator repariert hätte: »Rom ist ein Idiot. Er könnte keinen Strohhalm richten, selbst wenn er nur abgeknickt wäre.«

Quark, der gerade Odo beamen will: »Ich muß diese Prozedur wohl schon hundert Mal gesehen haben.«

Notizen: Eine hervorragende Geschichte, die sich zu einem ergreifenden Höhepunkt entwickelt. Es gibt einige schöne Szenen mit Odo und Quark, besonders am Schluß, als sie scheinbar die einzigen sind, die nicht von dem Virus betroffen sind. Achten Sie auf eine Szene, in der ein Blick auf einen Computerbildschirm aus der Sicht einer von Aphasie befallenen Person geworfen wird.

DS9 ist 18 Jahre alt und war ursprünglich eine cardassianische Bergbaustation. Dekon Elig, ein Mitglied der Higa-Metar-Sekte des bajoranischen Untergrunds, hat das Virus entwickelt. Er starb in dem Internierungslager auf Velos 7. Die Computerdaten über Dr. Surmak Ren zeigen, daß er an der Universität von Bajor promovierte, ein Mitglied der »Akira-Forschungseinheit für fortgeschrittene Genetik« ist und verdächtigt wird, die Khon-Ma zu unterstützen (siehe »Past Prologue« [»Die Khon-Ma«]). Er ist jetzt Hauptverwalter im ilvianischen Medizinkomplex im nordöstlichen Distrikt. Ren erwähnt auch das Gran-Tobal-Gefängnis.

Dax war seit über 80 Jahren keine Frau mehr (siehe »Equilibrium« [»Das Equilibrium«]). Quark diente acht Jahre lang auf einem Ferengi-Frachter.

6: Tosk, der Gejagte (»Captive Pursuit«)

Ausstrahlung USA: 30. Januar 1993
Deutsche Erstausstrahlung: 20. Februar 1994 (SAT1)
Drehbuch: Jill Sherman Donner, Michael Piller,
nach einer Geschichte von Jill Sherman Donner
Regie: Corey Allen
Darsteller: Gerrit Graham, Scott MacDonald, Kelly Curtis

Die erste Lebensform aus dem Gamma-Quadranten kommt durch das Wurmloch – und sie ist auf der Flucht. O'Brien versucht sich mit dem Außerirdischen anzufreunden, der nur reagiert, wenn man ihn Tosk nennt, und beginnt mit den Reparaturen an dessen Schiff, das scheinbar von irgendeiner Waffe getroffen wurde. Tosk weigert sich, darüber zu sprechen, wer sein Schiff angegriffen hat, wird aber von Odo dabei ertappt, wie er am Sicherheitssystem herumpfuscht. Ein weiteres Schiff kommt durch das Wurmloch, und es gelingt seiner Besatzung, auf die Promenade zu beamen. Sie sind auf der Suche nach Tosk, fangen ihn ein wie ein Tier und erklären, daß die Jagd nun beendet sei. Sisko protestiert gegen diese Art von Jagd, wird aber informiert, daß Tosks nur für diesen Zweck geschaffen werden. O'Brien, der die oberste Direktive weniger akzeptiert als Sisko, will seinem Freund wenigstens die Möglichkeit eines ehrenhaften Todes lassen und ermöglicht ihm die Flucht. Die Jäger verlassen die Station und O'Brien wird von Sisko ermahnt.

Sternzeit: Nicht angegeben.

Neue Lebensformen: Tosk, der reptilienähnliche Humanoide (der sich unsichtbar machen kann und somit im Besitz einer Art persönlicher Tarnvorrichtung ist). Er benötigt nur siebzehn Minuten Schlaf »pro Zyklus« und kann Flüssigkeit in seinem Körper speichern. Tosks – eher ein allgemeiner Name für die gejagten Wesen als ein persönlicher Name – legen einen Eid des Schweigens ab und sprechen nicht über die Jagd. Die größte Demütigung für einen Tosk ist es, lebend gefangen zu werden und als schlechtes Beispiel für andere hingestellt zu werden. Sie haben nur ein Bewußtsein, weil die Jäger sie so erschaffen haben.

Die Schiffe der Jäger geben eine Strahlung ab, die die Schilde von *DS9* lahmlegen kann, und sie sind mit einer Art Transportertechnologie ausgestattet. Die Jäger tragen Helme, die die Tosk sichtbar machen, und ihre Schutzschirme können Phaserfeuer absorbieren. Außerdem teilen sie bestimmte körperliche Eigenheiten mit den Tosk.

Technologie: Tosks Schiff benutzt einen Coladriumfluß als Energiequelle, von dem O'Brien noch nie gehört hat. Das Schiff nimmt Materie aus dem All auf und verwandelt sie in Treibstoff.

Die Cardassianer bauten die Röhren der Station aus einer zwei Meter dicken Duraniummischung. O'Brien hat bisher noch keinen Scanner gesehen, der diese durchdringen kann, die Scanner der Jäger können es.

Quarks Bar: Quarks Verträge mit den Dabo-Girls beinhalten eine Klausel, die dem Eigentümer sexuellen Kontakt mit den Mädchen erlaubt.

Notizen: Eine kraftvolle Allegorie auf Fuchsjagden, gespickt mit einigen guten Action-Szenen.

In dieser Geschichte wird gesagt, daß Bajor 90000 Lichtjahre vom Gamma-Quadranten entfernt liegt (vergleiche »Emissary« [»Der Abgesandte«]). Durchschnittlich fünf bis sechs Schiffe passieren das Wurmloch pro Woche: Tosk ist der erste Besucher von der anderen Seite. Obwohl andere Wesen ähnliche Fuchsjagden haben, war der Gebrauch von speziell dafür geschaffenen Wesen Sisko bis dahin nicht bekannt.

Waffen werden im Habitatring von *DS9* gelagert (Ebene 5, Sektion 3), und man benötigt Sicherheitsstufe sieben und höher, um an sie zu gelangen. Odo verwendet nie einen Phaser (und, wie erstmals in »Emissary« [»Der Abgesandte«] gezeigt, erlaubt er sie auf der Promenade nicht).

7: »Q«-Unerwünscht (»Q-Less«)

Ausstrahlung USA: 6. Februar 1993
Deutsche Erstausstrahlung: 27. Februar 1994 (SAT1)
Drehbuch: Robert Hewitt Wolfe,
nach einer Geschichte von Hannah Louise Shearer
Regie: Paul Lynch
Darsteller: Jennifer Hetrick, John de Lancie, Van Epperson, Tom McCleister, Laura Cameron

Dax kehrt mit einem Shuttle nach *DS9* zurück, dessen Energiezellen fast leer sind. Mit an Bord ist die Archäologin Vash, die die letzten zwei Jahre damit verbracht hat, den Gamma-Quadranten zu erforschen, obwohl sie noch nie von dem Wurmloch hörte. Vash überredet Quark dazu, eine Auktion für die Schätze, die sie zurückgebracht hat, zu organisieren. O'Brien ist schockiert, Q auf der Station zu sehen. Er warnt Sisko, der versucht, mit einem plötzlich auftretenden Energieverlust auf *DS9* fertig zu werden. Sisko macht Q dafür verantwortlich, die Station bis an den Rand der Zerstörung zu treiben, aber Q beteuert, daß er nichts damit zu tun habe, obwohl er wütend auf Vash ist, weil sie ihn verlassen will. Dax findet die Ursache für den Energieverlust – ein embryonisches Wesen in einem von Vashs Schätzen. Als es ins All freigelassen wird, ist *DS9* wieder einmal sicher.

Sternzeit: 46531,2

Fremde neue Welten: Q versucht Vash zu weiteren Reisen zu überreden, indem er von der Teletis-Gruppe, dem Lantar-Nebel, zu dem Hoek 4 mit seinen Sampalo-Relikten gehört, und dem »schönen« Vadris 3 erzählt. Auf Erriakang 7 brachte Q Vash beinahe um. Auf Brax ist er als Gott der Lügen bekannt.

Erste Staffel

Neue Lebensformen: Das embryonische »Ei« enthält ein strahlenähnliches Wesen aus dem Gamma-Quadranten.

Vash hat einen Platz auf einem mulzirakischen Transporter gebucht. Sie sagt, daß einige der Kulturen im Gamma-Quadranten Millionen von Jahren alt sind. Das erste Versteigerungsobjekt in Vashs Auktion kommt aus dem Verath-System, dessen Zivilisation ihren Höhepunkt vor 30000 Jahren erreichte und sich über 25 Systeme erstreckte, die untereinander mit einem hochentwickelten Handels- und Kommunikationsnetz verbunden waren. Die betreffende Statue stellt Drolock aus der 19. Dynastie dar.

Q erwähnt die Sterntänzer in Mandahla und droht Vash mit einem Insektenbiß von Aramus Cri (zu den Nebenwirkungen scheint Haarausfall zu gehören).

Vash ist sehr gut beim oo-mox (siehe »Ménage à Troi« [»Die Damen Troi«]).

Technoblabla: Q behauptet: »Picard und seine Lakaien hätten all dieses Technoblabla schon vor Stunden gelöst.«

Bashirs (mißlungene?) Eroberungen: Er scheint ein williges Publikum für seine medizinische Anmache zu haben (siehe Notizen), wird aber unterbrochen.

Quarks Bar: Macht einen guten Couscous und serviert einen leicht giftigen Gamzain-Wein.

Herausragende Dialoge: O'Briens Einschätzung von Picards »Frauengeschmack« und seiner Beziehung zu Vash: »Der Captain mag eine gute Herausforderung, Sir.«

O'Brien sieht Q: »Pest und Hölle – verdammter Teufel!«

Q zu Sisko: »Sie haben mich *geschlagen*. Picard hat mich nie geschlagen.«

Q beschreibt die Erde: »Ein todlangweiliger Ort...Verstehen Sie mich nicht falsch – vor tausend Jahren hatte sie Charakter: Kreuzzüge, die spanische Inquisition, Watergate. Jetzt ist sie nur langweilig.«

Notizen: Die erste von einigen Begegnungen zwischen der Dunkelheit von *Deep Space Nine* und der vergleichsweisen Helligkeit von *TNG*. Q funktioniert weniger gut in diesem Rahmen, und obwohl sie gut geschrieben ist, ist die Episode nicht sehr gelungen.

Das Untersuchungsbüro wird als der sicherste Ort auf *DS9* bezeichnet. Die Sternenflotte veranstaltete vor zwei Jahren eine Besprechung über Q, an der Sisko teilnahm. Tritrium ist in hoher Konzentration giftig, aber Dax schlägt die Verwendung von ionisiertem Tritriumgas vor, um der Ursache des Energieverlustes nachzugehen.

Bashir hat die Eröffnungsansprache seines Jahrgangs an der medizinischen Fakultät gehalten, er hätte sogar die hohe Ehre gehabt, die Abschlußrede halten zu dürfen, wenn er nicht eine preganglionische Faser mit einem post-ganglionischen Nerv während der mündlichen Medizin-Abschlußprüfung der Sternenflotten verwechselt hätte. (Er behauptet, es sei eine Fangfrage gewesen). Wissenschaftler am Daystrom-Institut auf der Erde, einschließlich Professor Woo, sind besonders an Vashs Erlebnissen im Gamma-Quadranten interessiert. Zweimal wurde Vash aus dem Archäologischen Rat des Instituts wegen illegalen Verkaufs von Gegenständen ausgeschlossen. Ihr wird auch der Zutritt zum Royal Museum auf Epsilon Hydra 7 verwehrt, sie ist eine »unerwünschte Person« auf Betazed, und auf Myrmidon wurde die Todesstrafe über sie verhängt, weil sie die Krone der »Ersten Mutter« gestohlen hat. Vash war in den letzten zwölf Jahren nicht mehr auf der Erde und entscheidet sich auch jetzt dafür, nicht mehr zurückzukehren, statt dessen beabsichtigt sie nach Tartaras 5 zu gehen, wo die Ruinen einer Provinzhauptstadt von Rokai entdeckt wurden.

Quark versucht Odo mit einem Anzug aus feinster andoranischer Seide, einem Ring aus purem Sorax, einem kompletten Set von Tanesh-Tonwaren und einem latinumbeschichteten Eimer, in dem er schlafen kann, zu bestechen. Quarks Cousin heißt Stol.

8: Der Fall Dax (»Dax«)
Ausstrahlung USA: 13. Februar 1993
Deutsche Erstausstrahlung: 6. März 1994 (SAT1)
Drehbuch: D.C. Fontana, Peter Allan Fields,
nach einer Geschichte von Peter Allan Fields
Regie: David Carson
Darsteller: Gregory Itzin, Anne Haney, Richard Lineback,
Fionnula Flanagan

Einige Außerirdische mit detailliertem Wissen über die Sicherheitseinrichtungen der Station versuchen erfolglos, Dax zu entführen, und präsentieren dann einen Haftbefehl für die Trill. Sie wird auf

Klaestron 4 wegen Verrat und Mord gesucht. Die angeblichen Straftaten fanden zu der Zeit statt, als Curzon Dax dort Vermittler war. Curzon wird beschuldigt, einen Hinterhalt arrangiert zu haben, um den General, mit dem er befreundet war, zu töten. Sisko weiß, daß zwar ein Auslieferungsabkommen zwischen der Föderation und den Klaestron besteht, aber keine Absprache mit Bajor existiert, und so kann die Angelegenheit an ein bajoranisches Schiedsgericht übergeben. Dax weigert sich jedoch, eine Aussage zu machen. Ilon Tandro, der Sohn des Generals, besteht darauf, daß Jadzia Dax für die Straftaten von Curzon Dax zur Verantwortung gezogen wird. Sisko versucht mit allen Mitteln zu beweisen, daß Jadzia Dax und Curzon Dax zwei völlig verschiedene Personen sind, doch ein zweifelsfreier Beweis für diese Behauptung ist schwer zu erbringen. Sisko schickt Odo nach Klaestron, um die Witwe des Generals aufzusuchen. Ihre Aussage auf Deep Space 9 beweist, daß Dax unschuldig ist, und zum Entsetzen ihres Sohnes erklärt sie, daß Jadzia die Aussage verweigerte, weil sie und Curzon damals eine Affäre miteinander hatten.

Sternzeit: 46910,1

Fremde neue Welten: Vor dreißig Jahren gab es einen Bürgerkrieg auf Klaestron 4.

Neue Lebensformen: Die Klaestron sind Verbündete der Cardassianer. Vor einigen Jahren schüttete ein argosianischer Lieutenant seinen Drink in Siskos Gesicht (er hat noch immer eine Narbe von Curzon Dax' Ringfinger, als der Trill ihn zurückhalten wollte).

Quarks Bar: Dort wird Raktajino (klingonischer Kaffee) serviert.

Notizen: Eine interessante Geschichte, deren Gerichtsszenen leicht an die von Data in »The Measure of a Man« [»Wem gehört Data?«] erinnern.

Miles und Keiko sind auf die Erde gereist, um den hundertsten Geburtstag von Keikos Mutter zu feiern (es scheint im 24. Jahrhundert für Frauen üblich zu sein, noch in hohem Alter Kinder zu bekommen). Sisko kennt Dax seit zwanzig Jahren, aber Curzon starb vor zwei Jahren: Jadzia, der neue Gastkörper, ist achtundzwanzig. Der Wettbewerb für den zukünftigen Wirt ist hart, weil es eine sehr große Ehre darstellt, einen Symbionen zu erhalten. Normalerweise erhalten Gastkörper ihren Symbionten mit Mitte

Zwanzig und sind nach 93 Stunden nach der Vereinigung voneinander abhängig (siehe aber »Invasive Procedures« [»Der Symbiont«]). Jadzia Dax erklärt, daß ihre Blutgruppe, Kreislauffunktionen und Gehirnströme von Curzons abweichen. Sie besitzt akademische Grade in Exobiologie, Zoologie, Astrophysik und Exoarchäologie. Sisko beschreibt Curzon Dax als einen sehr an Frauen interessierten Mann, der auch einen guten Drink zu schätzen wußte.

Dax denkt, daß ein Teil der Technologie auf *DS9* von den Romulanern stammt.

9: Der Parasit (»The Passenger«)

Ausstrahlung USA: 20. Februar 1993
Deutsche Erstausstrahlung: 13. März 1994 (SAT1)
Drehbuch: Morgan Gendel, Robert Hewitt Wolfe,
Michael Piller, nach einer Geschichte von Morgan Gendel
Regie: Paul Lynch
Darsteller: Caitlin Brown, James Lashly, Christopher Collins,
James Harper

Kira und Bashir kommen einem Schiff, das durch ein Feuer beschädigt wurde, zur Hilfe. Darin befinden sich ein kobliadischer Wissenschaftler, der andere tötete, um sein Leben zu verlängern, und eine Sicherheitsoffizierin, die ihn seit zwanzig Jahren verfolgt. Der Häftling, Rao Vantika, versucht Bashir zu erwürgen, stirbt dann aber, bevor er auf *DS9* gebeamt werden kann. Die Offizierin, Ty Kajada, ist davon überzeugt, daß der Mann noch lebt, da er sich schon oft der Verhaftung entzogen hat. Eine Autopsie zeigt, daß Vantika wirklich tot ist, aber der Computer der Station wird manipuliert, und Quark arbeitet mit einem Mann zusammen, bei dem es sich durchaus um Vantika handeln könnte. Vantika hat in der Tat die Zerstörung des Schiffes überlebt, indem er seine codierten, neuralen Muster mit Hilfe eines mikroskopischen Gerätes in das Gehirn von Bashir übertrug, aber die Pläne des Kriminellen werden bald aufgedeckt.

Sternzeit: Nicht genannt.

Fremde neue Welten: Auf Rigel 7 hatte Rao Vantika die Computerspeicher gelöscht.

Neue Lebensformen: Die Kobliaden. Sie sind eine sterbende, humanoide Rasse, und sie benötigen Deuridium, um ihre Zellstruktur zu stabilisieren, was ihre Lebenserwartung verlängert. Die Föderation hat sie mit Deuridium versorgt, aber nicht einmal die neuentdeckten Vorkommen im Gamma-Quadranten reichen aus, um die gesamte Bevölkerung zu versorgen.

Bashir sagt, daß die Methode der Übertragung von synaptischen Mustern sonst nur bei den Vulkaniern benutzt wird.

Technologie: Vantika benutzte Drogen und Gefangene, um sein Leben zu verlängern (auf eine nicht näher erklärte Art und Weise).

Technoblabla: »Bestätigen Sie, daß jeder Verteilungsverstärker mit einer Ausgangsleistung von 100 Prozent arbeitet... Aber das wird nichts nützen, wenn die Steuerungsausgänge der Energiewellen ausfallen. Überprüfen Sie sie nochmal.«

Quarks Bar: Serviert auch tiefgekühlten Raktajino (siehe »Dax« [»Der Fall Dax«]).

Herausragende Dialoge: Bashir über Tricorder: »Sehr genau an lebenden Person, nicht so genau an toten.«

Bashir über sich selbst: »Ich scheine nur ein Talent zu besitzen, nehme ich an. Eine Vision, die an dem Offensichtlichen vorbei, um das Weltliche herum, genau in das Ziel sieht. Das Schicksal gab mir eine Gabe, Major – die Gabe, ein Heiler zu sein.«

Notizen: Eine gute Bashir-Geschichte, die einen auch noch rätseln läßt. Und es ist schön zu hören, daß *Star Trek* auch Musiktitel von Iggy Pop verwendet.

Die erste von zwei Storys, die den Sternenflottensicherheitsoffizier Lieutenant George Primmin zeigt. Bashirs Zugangscode ist 4121.

10: Chula – Das Spiel (»Move Along Home«)

Ausstrahlung USA: 13. März 1993
Deutsche Erstausstrahlung: 20. März 1994 (SAT1)
Drehbuch: Frederick Rappaport, Lisa Rich, Jeanne Carrigan-Fauci, nach einer Geschichte von Michael Piller
Regie: David Carson
Darsteller: Joel Brooks, James Lashly, Clara Bryant

Deep Space Nine

Eine neue Rasse aus dem Gamma-Quadranten kommt auf die Station und geht direkt in Quark's Bar. Als die Wadi von Quark betrogen werden, bitten sie ihn, daß sie ihr eigenes Spiel spielen dürfen, in dem es darum geht, vier Spielfiguren durch ein Labyrinth zum Ziel zu bringen. Unterdessen finden sich Sisko, Dax, Kira und Bashir in einer eigenartigen und sich ständig verändernden Umgebung wieder, ihr Leben scheint in Gefahr zu sein. Als Quark über die vermißten Offiziere informiert wird, beginnt er einen Zusammenhang zwischen dem Spiel und dem Schicksal der Vermißten zu vermuten und ist entsetzt, als er gebeten wird, eine Spielfigur zu opfern. Als er verliert, ziehen die Wadi fröhlich ab; das ganze Spiel war nur eine Illusion.

Sternzeit: Nicht genannt.

Neue Lebensformen: Die Wadi, denen man zum ersten Mal im Gamma-Quadranten vor drei Wochen begegnet ist. Sie spielen gerne Spiele und versuchen, Quark mit ein paar Klon Paegs (Stöcken) und Alpha-Current Nektar (ein »unbezahlbarer« Saft) zu beeindrucken. (Glücklicherweise haben sie auch eine Ladung Edelsteine dabei.)

Ihr halbreales Rollenspiel wird Chula genannt und ist eine Kombination aus dreidimensionalem Schach mit Würfeln und *The Crystal Maze* (eine beliebte Fernsehshow). Ein Mädchen namens Chandra erscheint auf dem zweiten Shap (Level), einer Art Hüpfspiel. Zum dritten Shap gehören erstickender Rauch und ein Gegenmittel in Form eines Getränkes. Der vierte zeigt die Lichter, die Bashir »töten«; der fünfte (Thialo) verlangt ein Opfer, damit die beiden letzten Spieler leben dürfen (und sogar eine Abkürzung zum letzten Zug erhalten). Auf Shap sechs gibt es ein Erdbeben, mehr bekommen wir von dem Spiel nicht zu sehen.

Quarks Bar: Sisko ißt Ferengi-Lokarbohnen. Andolianischer Brandy ist in der Bar auch erhältlich (besonders wenn die Angestellten bei Betrügereien erwischt wurden).

Notizen: Eine exzellente und fesselnde Episode, die ihren Surrealismus klug einsetzt, um eine sehr fremde Kultur darzustellen. Anscheinend gibt es jedoch einige Menschen da draußen, die gerade erst wieder aus der Anstalt entlassen wurden, die wirklich meinen, daß diese Folge die schlechteste der Staffel sei.

Weite Kleidung ist wieder Mode auf Bajor. Captain B. McCullough ist der Autor von »Erstkontakt-Maßnahmen für die Sternenflotte« (überarbeitete Neuauflage).

11: Die Nachfolge (»The Nagus«)

Ausstrahlung USA: 20. März 1993
Deutsche Erstausstrahlung: 27. März 1994 (SAT1)
Drehbuch: Ira Steven Behr,
nach einer Geschichte von David Livingston
Regie: David Livingston
Darsteller: Lou Wagner, Barry Gordon, Lee Arenberg,
Tiny Ron, Wallace Shawn

Eine Ferengikonferenz über den Gamma-Quadranten findet bei Quark statt, an der auch der große Ferengiführer Nagus Zek teilnimmt. Der Nagus informiert die Anwesenden, daß Quark der nächste Nagus wird, eine Entscheidung, die mit Empörung aufgenommen wird, besonders von Zeks Sohn Krax. Unmittelbar danach wird Quark von den anderen Ferengi bedroht und unter Druck gesetzt, und als Zek stirbt, ernennt Nagus Quark Rom zu seinem Leibwächter. Rom und Krax versuchen jedoch gerade, Quark zu ermorden, als Zek zurückkehrt; er hat seinen Tod nur vorgetäuscht, um seinen Sohn zu testen, und wie er es vermutet hat, hat der die Prüfung nicht gut bestanden. Quark ist froh, mit dem Leben davongekommen zu sein und stellt sicher, daß sein Bruder diesen besonderen Fall des Verrates nie vergessen wird.

Sternzeit: Nicht genannt.

Fremde neue Welten: Tarahong, ein Planet, dessen Bewohner Quark als »unfaßbar leichtgläubig« bezeichnet. Es wird erwähnt, daß Quark seinen Cousin Barbo an die Behörden verraten hat, nachdem dieser defekte Warpantriebe verkauft hatte (siehe die sechste Erwerbsregel). Barbo wurde vor kurzem aus einem Arrestzentrum auf Tarahong entlassen. Auf Vochok Prime gibt es Ladehäfen und im Clarus-System Raffinerien für den Arcybitbergbau. Die einschläfernde Harmonie der Gezeiten auf Balosnee 6 kann Halluzinationen auslösen. Krax und Rom behaupten, daß der Nagus Handelsabsprachen mit Stakoron 2 im Gamma-Quadranten über dessen großes

Aufkommen an Mizainiterz aufgenommen hatte, dies aber Teil eines Planes war, um Quark zu töten. Das Dankbarkeitsfest ist Bajors größter Feiertag. Jake möchte dort die Feuerhöhlen besuchen.

Neue Lebensformen: Ein andorianischer Frachter mit einer Ladung Antigravitationstraktoren wird für eine Generalüberholung erwartet. »Kleinohr« ist für einen Ferengi eine Beleidigung, und eine Infektion der Timpanikmembrane kann für einen Ferengi chronisch werden. Wenn bedeutende Ferengi – wie der Nagus – sterben, wird ihr Körper automatisch vakuumverpackt, getrocknet und in Glasdosen als »Sammlerstück« verkauft. Grand Nagus Zek beschreibt rizeanische Frauen als »wollüstig«. Maihar'du, Zeks Diener, ist ein Hupyrianer, und wie alle Hupyrianer ist auch er seinem Meister treu ergeben.

Technologie: Die Lokalisierungsbomben der Ferengi sprechen auf die Pheremone der Opfer an.

Technoblabla: »Entschuldige, daß ich mich verspätet habe, aber der Transporter auf der Ops hatte eine kleine Einstellung der oberen Molekülabbildungsscanner nötig.«

Ferengi-Erwerbsregeln: Erste Regel: Wenn Sie ihr Geld einmal haben, dann geben Sie es niemals wieder zurück.
Sechste Regel: Gestatte niemals, daß Verwandte einer günstigen Gelegenheit im Wege stehen.

Quarks Bar: Der Nagus mag besonders Rohrwürmer.

Herausragende Dialoge: Die Pointe zu einem von Quarks Witzen: »Also sagt der Andorianer: ›Ihr Bruder? Ich dachte, es wäre Ihre Frau!‹«
Quark: »Sag mir, ist der Nagus geschäftlich hier, oder zum Vergnügen?« Krax: »Gibt es da einen Unterschied?«
Der Nagus: »Ich bin alt. Das Feuer wird schwächer. Ich bin einfach nicht mehr so gierig wie früher einmal.«

Notizen: Lustig und verstrickt.
Miles ist von der Erde zurückgekehrt, Keiko bleibt noch zwei Wochen dort. Dax und Sisko spielen jokarianisches Schach. Dax war dreimal Mutter und zweimal Vater. Der Nagus hat seinen Tod vorgetäuscht, indem er in eine dolbargyanische Schlaftrance gefallen ist.

12: Der Steinwandler (»Vortex«)

Ausstrahlung USA: 17. April 1993
Deutsche Erstausstrahlung: 3. April 1994 (SAT1)
Drehbuch: Sam Rolfe
Regie: Winrich Kolbe
Darsteller: Cliff De Young, Randy Oglesby, Gordon Clapp, Kathleen Garrett, Leslie Engleberg, Majel Barrett

Eines von Quarks Geschäften geht total daneben, als ein miradornischer Zwilling von einem Kriminellen getötet wird, der aus dem Gamma-Quadranten stammt. Der verbleibende Zwilling schwört Rache. Odo ist von den Erzählungen des Gefangenen über Formwandler fasziniert. Der Mann, Croden, wird auf Rakhar gesucht, erzählt Odo aber, daß er weiß, wo eine Kolonie von Formwandlern lebt, und zeigt ihm einen Anhänger, eine Art Stein, der ebenfalls seine Erscheinungsform ändern kann. Als Sisko Odo bittet, Croden nach Rakhar zu bringen, weichen sie dem wartenden Miradornschiff aus, und Odo entdeckt, daß die Formwandlerkolonie in Wahrheit ein Asteroid ist, auf dem sich Crodens Tochter Yareth befindet, die zu ihrer eigenen Sicherheit dort in Tiefschlaf gehalten wird. Trotz der Enttäuschung ist Odo empört darüber, was er über Crodens Welt erfährt, und sorgt mit seinem Sinn für Gerechtigkeit dafür, daß man sich um das Mädchen kümmert. Das Miradornschiff wird zerstört, Odo bringt die beiden auf ein vulkanisches Schiff, offiziel gilt Croden als tot.

Sternzeit: Nicht genannt.

Fremde neue Welten: Rakhar im Gamma-Quadranten, die unterdrückte Welt, von der Croden stammt. Im selben Sektor existiert ein Nebel, der als Chamra Vortex bekannt ist, in dem sich Millionen von Asteroiden befinden. Im Vortex gibt es auch dichte Gaswolken, die den Rakhari als Toh-Maire bekannt sind.

Neue Lebensformen: Miradornzwillinge wie Ah-Kel und Ro-Kel sind zwei Hälften eines Wesens und können nicht richtig existieren, wenn der andere tot ist. Sie besitzen einen wertvollen Gegenstand, der vermutlich von einem Vanobentransporter gestohlen wurde, obwohl sie behaupten, ihn von einem altorianischen Händler gekauft zu haben.

Rakhari – wie Croden – scheinen polygam zu sein. Er trägt einen Ferengi-Phaser und nennt Odos Rasse Formwandler. Er behauptet, daß es vor Jahrhunderten Formwandler auf Rakhar gegeben hat, sie dann aber verfolgt und fortgetrieben wurden. Sie waren ein stolzes, moralisches Volk, das sich weigerte, sich »anzupassen« (gemeint ist: eine humanoide Gestalt anzunehmen). Croden dachte, daß die Geschichte über Formwandler nur Mythen seien, da er noch nie einen gesehen hatte. Ein rigelianischer Frachter hilft dabei, Odos und Crodens Abflug in einem Shuttle zu tarnen.

Technologie: Der seine Form verändernde Anhänger, den Croden besitzt, hat mit den Formwandlern gar nichts zu tun, er wurde statt dessen von einem akarianischen Händler gekauft. Es handelt sich um den Schlüssel zu der Kammer, in der Yareth festgehalten wird.

Quarks Bar: Langer ist eines der besten Getränke in Quarks Bar. Der walroßartige Außerirdische, der öfter in der Bar zu sehen ist, erhält endlich einen Namen – Morn.

Herausragende Dialoge: Quark zu Odo: »Sie denken, daß das gesamte Universum Intrigen gegen Sie plant, nicht wahr? Paranoia muß ein Teil des Erbguts Ihrer Spezies sein, Odo. Vielleicht ist das der Grund, warum niemand jemals einen Formwandler gesehen hat, sie verstecken sich alle.«

Notizen: Eine exzellente Geschichte, obwohl ein schlechter Schnitt dafür verantwortlich ist, daß das ausgezeichnete Make-up, das für die miradornischen Zwillinge verwandt wurde, in der fertiggestellten Folge kaum zu sehen ist. Der Handlungsablauf führt von trickreichen Hinweisen über Odos Herkunft zu einem feinfühligen Porträt eines politischen »Umstürzlers«. Der Schluß ist hervorragend.
Das vulkanische Forschungsschiff ist die *T'Van*.

13: Die Prophezeiung (»Battle Lines«)

Ausstrahlung USA: 24. April 1993
Deutsche Erstausstrahlung: 10. April 1994 (SAT1)
Drehbuch: Richard Danus, Evan Carlos Somers,
nach einer Geschichte von Hilary Bader
Regie: Paul Lynch
Darsteller: Camille Saviola, Paul Collins, Jonathan Banks,
Majel Barrett

Erste Staffel

Kai Opaka kommt nach *DS9*, und Sisko lädt sie zu einem Shuttle-Flug in den Gamma-Quadranten ein. Die Kai, die eine Prophezeiung auf ihren Wahrheitsgehalt hin überprüfen will, entwickelt Interesse an einem Mond auf der anderen Seite des Wurmlochs. Das Schiff, in dem sie, Kira und Sisko reisen, wird von einem Satelliten angegriffen, dabei stürzt es ab, und die Kai stirbt. Sisko und Kira werden sofort in die auf der Oberfläche wütenden Kampfhandlungen verwickelt und sind bald über die Entdeckung schokkiert, daß die Kai scheinbar von den Toten zurückgekehrt ist. Auf ähnliche Weise werden tote Mitglieder der hier lebenden Ennis und Nol-Ennis ständig »wieder zum Leben erweckt«. Die beiden Gruppen wurden auf den Mond verbannt, den sie – und jetzt auch die Kai – niemals mehr verlassen können. Obwohl die Ursache des Konflikts vergessen wurde und der Tod keine Bedeutung mehr hat, bleiben die Qual und der Schmerz des Kampfes bestehen. Die Kai entscheidet, daß es ihr Schicksal ist, zu versuchen, Frieden zwischen den Ennis und Nol-Ennis zu stiften.

Sternzeit: Nicht genannt.

Fremde neue Welten: Die lunare Strafkolonie, die von einem Satellitennetz umgeben ist, befindet sich in einem unerforschten binären Sternensystem, in dem es verschiedene Planeten, etwa 25 Monde und einen Asteroidengürtel, gibt. (Der sechste Planet hat drei Monde, der dritte hat einen – die Strafkolonie – und der siebte scheint keinen zu haben.)

Technologie: Die Kämpfenden und die wiederauferstandene Kai weisen eine biochemische »Lebensform« auf zellularer Ebene auf, die ihre metabolischen Prozesse direkt steuert. Diese künstlichen Mikroben sind umweltabhängig, was bedeutet, daß die Menschen auf dem Mond nie getötet werden können, sie aber sterben, sobald sie ihn verlassen.

Herausragende Dialoge: »Wenn Sie den Tod nicht mehr fürchten, dann ändern sich die Regeln des Krieges.«
    Dax: »Ich habe noch nie von einem Differentialmagnetomer gehört. Wie funktioniert er?« O'Brien: »Ich lasse es Sie wissen, sobald ich mit dem Bau fertig bin.«

Notizen: Der Tod der Kai löst viele Konflikte aus, die dem Ende dieser Staffel und den späteren Folgen eine spezielle Würze geben; die Geschichte selbst ist fesselnd.

Kai Opaka hat Bajor vorher noch nie verlassen. Es wird nochmals gesagt, daß *DS9* 70000 Lichtjahre vom Gamma-Quadranten entfernt ist (wie in »Emissary« [»Der Abgesandte«], vergleiche »Captive Pursuit« [»Tosk, der Gejagte«]). Das schnellste Raumschiff würde ohne das Wurmloch mehr als 67 Jahre benötigen, um dorthin zu gelangen. Obwohl Opaka auf dem Mond bleibt, sagt sie, daß ihr und Siskos Pagh sich wieder kreuzen werden.

Das Shuttle *Yangtzee Kiang* wird in dieser Folge zerstört.

14: Die Legende von Dal'Rok (»The Storyteller«)

Ausstrahlung USA: 1. Mai 1993
Deutsche Erstausstrahlung: 17. April 1994 (SAT1)
Drehbuch: Kurt Michael Bensmiller, Ira Steven Behr,
nach einer Geschichte von Kurt Michael Bensmiller
Regie: David Livingston
Darsteller: Laurence Monoson, Kay E. Kuter, Gina Philips,
Jim Jansen, Jordan Lund, Amy Benedict

Die bajoranische Regierung bittet Sisko um Hilfe bei einem Grenzkonflikt. Er soll zwischen den beiden rivalisierenden Gruppen, den Paqu und den Navot, schlichten, da dieser Disput einen Bürgerkrieg auslösen könnte. Sein Job wird nicht gerade dadurch erleichtert, daß die Anführerin der Navot ein Mädchen ist, das kaum älter ist als Jake. O'Brien fliegt Bashir unterdessen zu einem bajoranischen Dorf, das medizinische Unterstützung benötigt. Es wird von einem Geschichtenerzähler regiert, dem Sirah, der im Sterben liegt. O'Brien wird zum neuen Geschichtenerzähler ernannt, eine wichtige Rolle und hohe Ehre, da es die Geschichten sind, die das »Dal'Rok« abwehren, ein monströses Energiewesen, das einmal jährlich erscheint. O'Briens eigene Versuche, die Geschichte zu erzählen, schlagen jedoch fehl, und er ist erleichtert, die Aufgabe einem jungen Mann übergeben zu können, der sich als fähiger neuer Sirah erweist.

Sternzeit: 46729,1

Fremde neue Welten: Die Grenze zwischen den Paqu und den Navot bildet der bajoranische Fluß Glyrhond, der in einem der rauhesten Gebiete des Planeten liegt. Die Cardassianer veränderten das Flußbett aufgrund von Bergbaumaßnahmen während ihrer Besetzung.

Neue Lebensformen: Das Dal'Rok ist ein Himmelswesen, das angeblich das bajoranische Dorf jedes Jahr nach der Ernte bedroht. Es kann nur durch das Erzählen einer Geschichte durch den Sirah in fünf aufeinanderfolgenden Nächten vertrieben werden. In Wahrheit wird das Dal'Rok durch ein Fragment von einem der Drehkörper aus dem Himmelstempel erzeugt, das den Ängsten der Dorfbewohner eine physische Form gibt. Mit den Jahren hat der Sirah das Wesen und die Geschichte benutzt, um die Dorfbewohner zu einen.

Die Paqu vermeiden Kontakt zu Außenstehenden.

Ferengi-Erwerbsregeln: Neunte Regel: Gelegenheit und Instinkt ergeben Profit.

Quarks Bar: Der Anführer der Navot erklärt, daß die Replikatoren der Cardassianer einen guten Larish-Kuchen herstellen. Quark serviert den Teilnehmern von Siskos Minikonferenz zwei bajoranische Synthales, ein Glas gamzainischen Wein (siehe auch »Q-less« [»Q-unerwünscht«]) und einen trixianischen Blasensaft [»für die kleine Dame«]. Kira bestellt bei Quark einen doppelten Stardrifter.

Zukunftsgeschichte: Nog erwähnt, daß man auf der Erde vor Hunderten von Jahren aufgehört hat, Baseball zu spielen (siehe »If Wishes Were Horses« [»Macht der Phantasie«]). Jake meint, daß Buck Bokai (siehe »The Big Goodbye« [»Der große Abschied«]) der beste Werfer aller Zeiten war.

Notizen: »Wenn er stirbt, sterben wir alle.« Es gibt ein gutes Zusammenspiel zwischen O'Brien und Bashir in dieser reizenden Geschichte über die große Verantwortung einer Führungsposition (besonders in bezug auf ihre Auswirkungen auf die jungen Leute), und eine Neuauflage des alten Themas »Land und Leute sind eins«.

In der Hierarchie der Station steht Bashir über O'Brien.

15: Mulliboks Mond (»Progress«)
Ausstrahlung USA: 8. Mai 1993
Deutsche Erstausstrahlung: 24. April 1994 (SAT1)
Drehbuch: Peter Allan Fields
Regie: Les Landau
Darsteller: Brian Keith, Nicholas Worth, Michael Bofshever,
Terrence Evans, Annie O'Donnell, Daniel Riordan

Während Nog und Jake versuchen, nutzlose Yamok-Sauce zu Latinum zu machen, wird Kira befohlen, einen bajoranischen Farmer von einem Mond zu holen, der sich weigert, diesen zu verlassen. Kira landet auf Jeraddo und fühlt sich zu Mullibok hingezogen, kann ihn aber nicht davon überzeugen, daß es im Interesse von Bajor liegt, wenn er geht. Mullibok wird bei dem Versuch einer Zwangsevakuierung verletzt, und Kira entscheidet sich zu bleiben und sich um ihn zu kümmern, obwohl sie weiß, daß ihre Arbeit für die bajoranische Regierung damit beendet sein dürfte. Sisko folgt ihr auf den Mond und versteht ihr Dilemma, erinnert sie aber an die übergeordneten Verpflichtungen. Voller Bedauern überwacht Kira die Abreise des Farmers.

Sternzeit: 46844, 3

Fremde neue Welten: Jeraddo ist der fünfte Mond von Bajor. Dessen Kern wird für Bajors ersten Versuch, Energie in großem Maße zu gewinnen, angezapft.

Neue Lebensformen: Der lissepianische Captain handelt mit den Cardassianern. Kira behauptet, Mullibok würde wie ein Rastapod laufen. Mullibok sagt, Kira würde sich wie eine zweiköpfige Malgorianerin anhören.

Technologie: Sogar O'Brien hat noch nie einen »selbstdichtenden Schaftbolzen« gesehen. Nog und Jake erwerben 100 Gros davon.

Quarks Bar: Quark besitzt über 5000 Packungen »Cardassianische Yamok-Sauce« (ein Überschuß, der aus dem massiven Rückgang der cardassianischen Gäste in seiner Bar resultiert).

Notizen: »Sie hat uns keine Erklärung gegeben, Sir. Sie hat einfach ihre Uniform ausgezogen und angefangen zu... bauen.« Eine großartige Geschichte, die zeigt, wie gut die Autoren Kira in dieser ersten Staffel sich entwickeln und wachsen lassen: Mit Hilfe der

Kai in »Battle Lines« [»Die Prophezeiung«] wird ihr ihre innere aufgestaute Wut gegenüber den Cardassianern bewußt; hier wird ihr klar, daß sie auf der Seite des Unterdrückers steht (oder zumindest auf der Seite der Mächtigen). Es folgt ein exzellentes Ende, da der Zuschauer über Mulliboks Schicksal und die Beziehung zu Kira mitentscheiden kann. Das ergreifende moralische Dilemma wird mit dem Spaß über Jake und Nogs Geldgeschäfte gut ausgeglichen.

Mullibok hat auf Jeraddo Katterpods (eine Art Bohnen) angepflanzt. Das Flächenmaß auf Bajor heißt Tessipate, Jake und Nog kaufen sieben Tessipates Land (oder »Dreck«, wie es Nog bezeichnet). Als Kira jung war, wuchs ein »ekelhafter alter Baum« vor ihrem Schlafzimmerfenster.

16: Macht der Phantasie (»If Wishes Were Horses«)

Ausstrahlung USA: 15. Mai 1993
Deutsche Erstausstrahlung: 1. Mai 1994 (SAT1)
Drehbuch: Nell McCue Crawford, William L. Crawford,
Michael Piller, nach einer Geschichte von
Nell McCue Crawford und William L. Crawford
Regie: Robert Legato
Darsteller: Keone Young, Michael John Anderson

Direkt hintereinander erwachen drei Phantasiegestalten zum Leben: Rumpelstilzchen, Baseball-As Buck Bokai und eine hingebungsvolle Dax, die von Julian verzaubert ist. Eine tückische Weltraumwellenformation bedeutet eine zusätzliche Gefahr, eine ähnliche Erscheinung zerstörte ein ganzes System, als man versuchte, sie zu scannen. Die »Phantasien« entpuppen sich als eine außerirdische Rasse auf einer ausgedehnten Forschungsreise durch die Galaxis. Sie mögen Menschen, haben aber Schwierigkeiten mit deren Konzept der Phantasie. Das Weltraumwellenphänomen stellt sich als ein harmloses Thoronfeld heraus.

Sternzeit: 46853,2

Neue Lebensformen: Die namenlosen, mächtigen Aliens. Ein baneriamischer Falke ist ein Raubvogel. Ein Gunji Jackdaw ist ein straußenähnlicher Vogel.

Bashirs (mißlungene?) Eroberungen: Ein Junior Lieutenant auf Captain Stallios Empfang und eine Gesandte von Betazed (ein »kaum ansprechender« Ersatz für Dax). Und eine (gehorsame) Phantasieversion von Dax.

Herausragende Dialoge: »Zuviele Menschen träumen von Orten, wohin sie nie gehen werden, von Dingen, die sie nie besitzen werden, anstatt ihrem wahren Leben die entsprechende Aufmerksamkeit zu widmen.«
 Odo: »Sie sind widerlich«. Quark: »So ist das Leben!«
»Es schneit auf dem Promenadendeck.«
»Meine Damen und Herren... Und alle geschlechtslosen Kreaturen.«
»Diese Phantasie, die Sie haben – es ist schwer für uns, sie zu begreifen, Ben!«

Notizen: »Es scheint, als würde unsere Phantasie mit uns durchgehen.« Eine großartige Comedy-Folge (Odos Phantasie ist Quark hinter Gittern), mit einigen überraschend gehässigen Momenten (Kiras Pyro-Alptraum).
 Schiffe vermieden viele Jahre lang den Denorios-Gürtel (siehe »Emissary« [»Der Abgesandte«]). Das larosianische Virus geht um. Ein ähnlicher Subraum-Bruch wurde im 23. Jahrhundert im Hanoli-System gemeldet. Das System wurde zerstört, nachdem ein vulkanisches Schiff einen Pulswellentorpedo detonieren ließ.
 Herman »Buck« Bokai war ein Baseballspieler bei den London Kings. 2036 schlug er Joe DiMaggios Rekord an Homeruns (siehe »The Big Goodbye« [»Der große Abschied«]). Er war Mitglied des Teams, das die World Series 2042 gewann. Zu dieser Zeit waren die großen Zeiten des Baseball als Zuschauersport vorbei (nur 300 Zuschauer sahen dieses Spiel).
 Quark schätzt die Kunst und hat eine große Sammlung von tartaranischen Landschaftsbildern.

17. Persönlichkeiten (»The Forsaken«)
Ausstrahlung USA: 22. Mai 1993
Deutsche Erstausstrahlung: 8. Mai 1994 (SAT1)
Drehbuch: Don Carlos Dunaway, Michael Piller,
nach einer Geschichte von Jim Trombetta

Regie: Les Landau
Darsteller: Constance Towers, Michael Ensign, Jack Shearer, Benita Andre

Lwaxana Troi kommt als Teilnehmerin einer Delegation von Botschaftern der Föderation nach *DS9*. Sisko bittet Bashir, sich um sie zu kümmern, aber Julian wird durch ihre ständigen Beschwerden immer gereizter. Lwaxana dagegen ist zufrieden, sie meint, Odo sei ihr bevorzugter Typ von Mann. Währenddessen kommt eine Sonde durch das Wurmloch und O'Brien speichert deren Daten in den Computer von *DS9*. Die Persönlichkeit des Computersystems der Station beginnt sich zu verändern. Der Computer führt zwar O'Brien Wünsche aus, erzeugt aber scheinbar ständig kleinere Katastrophen, um ihn auf der Ops zu halten. Einer dieser »Unfälle« hält Lwaxana und Odo im Turbolift gefangen, was dem Constable große Sorgen bereitet, da er bald in seinen flüssigen regenerativen Zustand zurückkehren muß. O'Brien kommt zu dem Ergebnis, daß die Probleme der Station durch ein wißbegieriges, nicht biologisches Wesen innerhalb des Computersystems der Station ausgelöst werden. Er läßt es in einem Nebenprogramm »spielen«, wo es keinen weiteren Schaden anrichten kann. Bashirs rasche Auffassungsgabe bringt ihm letztendlich den Respekt der Botschafter ein.

Sternzeit: 46925,1

Fremde neue Welten: Lwaxana Troi empfiehlt den vierten Mond von Andevian um zwei Uhr im Morgengrauen. Die Nehru-Kolonie, die New France-Kolonie und die Corado 1-Funkstation werden im Zusammenhang mit der Errichtung einer Computerdatenbasis über Wurmlochaktivitäten genannt.

Neue Lebensformen: Die nichtbiologische Lebensform (von O'Brien mit dem Spitznamen »Pup« versehen), die mit Hilfe einer Sonde aus dem Gamma-Quadranten den Computer von *DS9* befällt.

Die Föderationsbotschafter mit der Mission, das Wurmloch zu untersuchen, bestehen aus einer arbazanischen Frau, einem bolianischen Mann, einem Vulkanier und der Betazoidin Lwaxana Troi. Odo beschreibt Lwaxanas Aufmerksamkeit als so groß wie die eines Wanoni-Jagdhundes.

Dopterianer sind Verwandte der Ferengi. Odo nimmt keine Nahrungsmittel zu sich.

Technologie: Die Sonde besteht aus einer Corundiumlegierung.

Herausragende Dialoge: Lwaxana Troi zu Odo: »Auf dieser Station repräsentieren Sie den schmalen Grat zwischen Ordnung und Chaos.«

Odo über Romanzen: »Die Zeugung benötigt keine Veränderung des Geruchs, das Schreiben schlechter Poesie oder das Opfern verschiedener Pflanzen zum Zeichen der Zuneigung.«

Bashir über die Föderationsbotschafter: »Nichts stellt sie zufrieden. Sie sind die Unzufriedenheit in Person, und sie verbreiten diese Unzufriedenheit, wohin auch immer sie gehen. Sie sind die Botschafter der Unzufriedenheit!«

Notizen: Diese Geschichte beschreibt Lwaxana Troi wie keine andere, mit einigen wunderbaren Szenen zwischen Mrs. Troi und Odo, die zunächst lustig und dann schließlich auch sehr rührend sind.

Curzon Dax hat oftmals Sisko damit beauftragt, VIP-Gäste zu betreuen. (Sisko hat einen einmal geschlagen. Auf der anderen Seite wird Julian, trotz seiner Nörgelei, für eine Auszeichnung vorgeschlagen.) Odo hat seine Frisur der des Wissenschaftlers nachempfunden, der ihm in den Forschungslabors zugeteilt wurde (siehe »The Alternate« [»Metamorphosen«]). Er imitierte Stühle und Klingenkatzen, um die Leute zu unterhalten. O'Brien hatte einmal einen Welpen.

Lwaxana Trois Latinumhaarspange befindet sich seit über 36 Generationen im Familienbesitz und wird als »unbezahlbar« bezeichnet. Lwaxana Troi deutet an, daß sie mit DaiMon Tog in »Ménage à Troi« [»Die Damen Troi«] intim geworden ist. Sie hat dunkles »normales« Haar und viele Perücken. Sie gesteht, daß vor Odo noch nie jemand sie mit ihren »echten Haaren« gesehen hätte.

18: Meuterei (»Dramatis Personae«)
Ausstrahlung USA: 29. Mai 1993
Deutsche Erstausstrahlung: 22. Mai 1994 (SAT1)
Drehbuch: Joe Menosky
Regie: Cliff Bole
Darsteller: Tom Towles, Stephen Parr, Randy Pflug, Jeff Pruitt

Kira verweigert einem valerianischen Transporter die Erlaubnis für das Andocken an *DS9*, aber Sisko widerruft ihren Befehl. Obwohl die Valerianer die Cardassianer in der Vergangenheit mit Dolamid beliefert haben, gibt es keine Beweise, daß sie es noch immer tun. Das klingonische Schiff *Toh'Kaht* kehrt einen Monat früher als vorgesehen aus dem Wurmloch zurück und explodiert unmittelbar darauf. Der Verrat und die gegenseitigen Kämpfe, die das Logbuch des Schiffes enthüllt, zeigen Ähnlichkeit mit den sich plötzlich entwickelnden Ereignissen auf DS9, als Kira versucht, Odo auf ihre Seite zu bringen und O'Brien sich auf Siskos Seite schlägt. Odo bleibt unbeeinflußt und verfolgt die sich ständig verstärkende Kraft bis zu Energiesphären zurück, die von den Klingonen im Gamma-Quadranten entdeckt wurde.

Sternzeit: 46922,3

Fremde neue Welten: Die Klingonen beschlossen, daß der fünfte Planet eines Systems innerhalb des Gamma-Quadranten für eine Besiedelung nicht geeignet sei.

Der valerianische Transporter *Sherval Das* hat Fahleena 3, Mariah 4 und das Dolamidreinigungswerk auf Ultima Thule besucht.

Neue Lebensformen: Die Saltah'na sind das uralte Volk, das die Energiesphären erschuf, die von den Klingonen auf dem Planeten im Gamma-Quadranten gefunden wurden. Die Energiesphäre enthielt ein telepathisches Archiv, das den Machtkampf beschreibt, der offenbar die Zivilisation der Saltah'na zerstörte.

Während der Besetzung von Bajor lieferten die Valerianer waffenfähiges Dolamid an die Cardassianer, außerdem handeln sie oft mit der Föderation.

Technologie: Dolamid wird in Generatoren, Reaktoren und Kurzstreckentransportern verwendet. Bei entsprechender Reinheit kann es zur Herstellung von Waffen verwendet werden.

Quarks Bar: Quark bereitet einen »Modela Aperitif« für Dax zu.

Notizen: Die bislang schlechteste DS9-Folge, aber sie ist immer noch recht gut. Die Handlung orientiert sich an *TNG*, komplett mit albernem Schluß, der dem jüngeren Ableger aufgezwungen wird, obwohl das Ergebnis in der Tat sehr unbefriedigend ist. Es ist eigenartig, daß es einen mehr beunruhigt, die Crew der *DS9* zu sehen, wie sie sich gegenseitig an die Kehlen geht, als es bei den vergleichbaren *TNG*-Folgen der Fall war (»Sarek« [»Botschafter Sarek«], »Power Play« [»Ungebetene Gäste«], und weitere). Und natürlich war es hier auch viel schwieriger, die Zusammenhänge aufzudecken.

Keiko hat elf Kinder zu einer Besichtigung eines Kornverarbeitungszentrums in Lasuma auf Bajor mitgenommen. Dax erwähnt einen Vorfall, als Curzon und Benjamin von einer Gruppe Kaleaner auf Aldeira 3 in die Ecke getrieben wurden. Dax wurde nach seiner ersten Mission von einem vulkanischen Admiral ausgezeichnet.

19: Der undurchschaubare Marritza (»Duet«)

Ausstrahlung USA: 12. Juni 1993
Deutsche Erstausstrahlung: 29. Mai 1994 (SAT1)
Drehbuch: Peter Allan Fields,
nach einer Geschichte von Lisa Rich, Jeanne Carrigan-Fauci
Regie: James L. Conway
Darsteller: Harris Yulin, Robin Christopher, Norman Large,
Tony Rizzoli, Ted Sorel

Ein Transportschiff bringt einen Passagier, der ärztliche Hilfe benötigt. Kira entdeckt, daß der cardassianische Patient an dem Kalla-Nohra-Syndrom leidet, das man sich nur bei einem Minenunfall in dem Gallitep-Arbeitslager hatte zuziehen können. Sie läßt ihn sofort als Kriegsverbrecher verhaften, obwohl der Cardassianer behauptet, Aamin Marritza zu sein, ein Schriftführer, der noch nie in Gallitep war. Er leide an dem Pottrik-Syndrom, das dem Kalla-Nohra-Syndrom sehr ähnlich sei und mit demselben Medikament behandelt werde. Bashir bestätigt jedoch, daß Marritza an Kalla-Nohra leidet. Nach einer Befragung gibt Marritza in seiner Zelle neben einem pöbelnden Bajoraner zu, daß er auf Gallitep war, dementiert aber Kiras Version der Geschichte. Es habe keine Massenexekutionen gegeben. Fotografische Beweise über die Zustände im Lager zeigen unerwartet, daß Marritza in Wirklichkeit Gul Darhe'el ist, der brutale Kommandant, der als Schlächter von

Gallitep berüchtigt ist. Er fängt an, Kira mit den Einzelheiten seiner Verbrechen zu provozieren, aber als Sisko die Sache mit Gul Dukat bespricht, wird er informiert, daß Darhe'el vor einigen Jahren gestorben ist. Der Körper des Häftlings enthält große Mengen eines dermatologischen Plastizins, ein Hautregenerierungsmittel, das nach kosmetischen Eingriffen zur Erhaltung der Spannkraft der Haut verwendet wird. Marritza änderte vor fünf Jahren sein Aussehen in das von Darhe'el. Als Marritza nach *DS9* kam, hoffte er darauf, gefangen und exekutiert zu werden, da er sich noch immer wegen der Vorgänge im Lager schuldig fühlt, die er damals nicht verhindern konnte. Als einfacher Schriftführer war er zu verängstigt, aber jetzt will er mit seiner Exekution bewirken, daß seine eigenen Leute ihr Gewissen prüfen. Als Marritza abgeführt wird, ersticht ihn der bajoranische Häftling, da dieser noch immer der Meinung ist, er sei der Schlächter von Gallitep.

Sternzeit: Nicht genannt.

Fremde neue Welten: Zunächst behauptet Marritza, ein militärischer Verwaltungsangestellter auf Kora 2 gewesen zu sein.

Neue Lebensformen: Marritza kommt auf einem kobheerianischen Frachter nach *DS9*.

Quarks Bar: Marritza meint, daß der vom Replikator hergestellte Sem'hal-Eintopf etwas Yamok-Sauce vertragen könnte. Es sei eine Schande, daß Quark keine mehr vorrätig habe (siehe »Progress« [»Mulliboks Mond«]). Odo gibt Kira ein »moraltianisches Seev-Ale« aus Quarks Privatvorrat, um ihre Nerven zu beruhigen.

Herausragende Dialoge: »Was Sie als Völkermord bezeichnen, bezeichne ich als Arbeitsalltag.«

Notizen: »Wie kann es Kriegsverbrechen geben, wenn es keinen Krieg gegeben hat?« Die Spitzenfolge der Staffel, eine gut entwickelte, auf den Nationalsozialismus anspielende Folge, in der es um das »Simon-Wiesenthal-Zentrum«, die Neufassung des 2. Weltkrieges durch Neo-Nazis oder sogar die aktuelle Situation in Bosnien gehen könnte. Obwohl es nicht gerade ideal war, diese Folge direkt nach »Dramatis Personae« [»Meuterei«] zu plazieren (Kira, die Sisko zu hintergehen scheint, um zu erreichen, was sie will), machen die Qualität des Drehbuchs und die Leistungen der Schauspieler das alles mehr als wett. Harris Yulin überragt alle in der Rolle als Feigling, der die Schuld eines ganzen Volkes auf sich nimmt. Dieses kraftvolle Drama entspricht auch sehr den Ideen von Roddenberry: Kira wird gerade noch vor dem geschickten, unvermuteten Ende bewußt, daß die Tatsache, daß Marritza ein Cardassianer ist, nicht Grund genug sein darf, um ihn zu töten.

In Gallitep wurden Mütter vor ihren Kindern vergewaltigt, Männer bis zur Unkenntlichkeit geschlagen und alte Menschen lebendig begraben, als sie nicht mehr arbeiten konnten. Kira half als Mitglied der Shakaar-Widerstandsgruppe dabei, das Lager zu befreien und erwähnt, daß die Überlebenden von Gallitep für die Bajoraner schon immer ein Symbol für Kraft und Mut waren. Darhe'el starb an einer massiven koleibrischen Blutung und als das Minenunglück geschah, war er auf Cardassia und erhielt die Tüchtigkeitsmedaille.

Kira fing im Alter von zwölf Jahren zu kämpfen an. Als Jadzia noch jung war, schlug sie nachts zusammen mit anderen Jugendlichen Fensterscheiben ein.

Odo spielte einmal kalevianisches Montar mit Gul Dukat. Dukat schummelte.

20: Blasphemie
(»In the Hands of the Prophets«)

Ausstrahlung USA: 19. Juni 1993
Deutsche Erstausstrahlung: 5. Juni 1994 (SAT1)
Drehbuch: Robert Hewitt Wolfe
Regie: David Livingston
Darsteller: Robin Christopher, Philip Anglim, Louise Fletcher, Michael Eugene Fairman

Die bevorstehende Wahl des neuen Kai auf Bajor führt zu Ereignissen, die sich auch auf *DS9* bemerkbar machen, als Vedek Winn, die Anführerin einer orthodoxen Sekte, Keiko den Vorwurf macht, ihr Unterricht in der *DS9*-Schule sei blasphemisch. Winn gehört zu den aussichtsreichsten Kandidaten für die Position des nächsten Kai, und sie scheint absichtlich Ärger zu machen. Die Bajoraner

Erste Staffel

der Station werden zunehmend feindseliger gegenüber der Sternenflotte und der Schule, trotz Siskos Versuch, die Dinge mit Vedek Winn und dem moderateren Vedek Bareil, dem Favoriten im Wettbewerb um die Wahl zum nächsten Kai, zu besprechen. In der Schule explodiert eine Bombe, und O'Brien und Odo entlarven einen Plan, in dem versucht wird, Vedek Bareil auf *DS9* zu ermorden. Zunächst kann Vedek Winn nicht direkt mit dem Komplott in Verbindung gebracht werden.

Sternzeit: Nicht genannt, obwohl erwähnt wird, daß die Crew sich seit sieben Monaten auf *DS9* befindet.

Technologie: Das Wurmloch wird durch einmalige, sich selbst erhaltende Partikel aufgebaut, die Verteronen genannt werden. Cabrodin und Infernit sind leicht erhältliche Sprengstoffe.

Technoblabla: Scheinbar benötigt man einen EJ7-Verschluß, um ein Sicherheitssiegel zu schließen. Ein EJ7 hat eine unabhängige Tritanuimquelle.

Ferengi-Erwerbsregeln: Eine freie Auslegung der siebten Regel besagt: »Halte deine Ohren offen«.

Herausragende Dialoge: »Man sollte nie in die Augen der eigenen Götter sehen.«
  Keiko: »Ich lehre keine Philosophie. Was ich zu lehren versuche, ist reine Wissenschaft.« Kira: »Einige könnten sagen, daß reine Wissenschaft, die ohne spirituellen Inhalt gelehrt wird, *auch* eine Philosophie ist, Mrs. O'Brien.«

Notizen: »Die Lehrerin hat den Himmelstempel entehrt. Wenn sie nicht widerruft, dann kann ich nicht für die Konsequenzen garantieren.« *DS9* nimmt Bezug auf die Rushdie-Affäre, obwohl Keiko zu kämpferisch ist, um ein »Märtyrer« der Humanität sein zu können. Der verspätete Konflikt zwischen einer toleranten, atheistischen Föderation und den tief spirituellen, manchmal sogar fanatischen Bajoranern wird in einer Folge gezeigt, die mit den Intrigen der Papstnachfolge verknüpft ist.
  Der Name von Vedek Winns orthodoxer Sekte wird nicht

genannt, aber Kira scheint Sympathie für ihre Ansichten zu haben. Winn hat nicht genug Unterstützung durch die Vedek-Versammlung, um die nächste Kai zu werden.

Miles mag Jumjasticks gerne, dabei handelt es sich um Lutscher aus dem Saft der Jumja-Bäume. Bareil züchtet eine Pflanze namens »Felorum Bromiliads« auf Bajor.

Zweite Staffel

26 Folgen à 45 Minuten

Created by Rick Berman, Michael Piller
Based on *Star Trek*, created by Gene Roddenberry

Executive Producers: Rick Berman, Michael Piller
Co-Executive Producer: Ira Steven Behr
Producers: Peter Allan Fields, Peter Lauritson (20-34)
Associate Producer: Steve Oster
Supervising Producers: James Crocker, David Livingston
Consulting Producer: Peter Lauritson (35-45)
Line Producer: Robert della Santina (26, 36)
Story Editor: Robert Hewitt Wolfe (23-45)

Hauptdarsteller: Avery Brooks (Commander Sisko), Rene Auberjonois (Odo), Siddig el Fadil (Dr. Bashir), Terry Farrell (Lt. Dax), Cirroc Lofton (Jake Sisko), Colm Meaney (Chief O'Brien), Armin Shimerman (Quark), Nana Visitor (Major Kira), Max Grodénchik (Rom, 20, 22, 26-27, 30), Marc Alaimo (Gul Dukat, 20, 24, 27, 39-40), Rosalind Chao (Keiko O'Brien, 22, 24, 30, 32-33, 44), Hana Hatae (Molly O'Brien, 22)/Hana White (Molly O'Brien, 33), Aron Eisenberg (Nog, 22, 29, 45), Andrew Robinson (Garak, 24, 27, 41-42)

Zweite Staffel

21: Die Heimkehr (»Homecoming«)
Ausstrahlung USA: 25. September 1993
Deutsche Erstausstrahlung: 29. August 1994 (SAT1)
Drehbuch: Ira Steven Behr, nach einer Geschichte von
Jeri Taylor, Ira Steven Behr
Regie: Winrich Kolbe
Darsteller: Richard Beymer, Michael Bell, Marc Alaimo, Leslie
Bevis, Paul Nakauchi

Kira erfährt, daß der totgeglaubte bajoranische Widerstandskämpfer Li Nalas in einem cardassianischen Arbeitslager gefangengehalten wird. Sisko stimmt einer Rettungsaktion für ihn zu, und sei es nur, um Bajor wieder Hoffnung zu geben, das gerade von internen Kämpfen der religiösen Parteien erschüttert und von der Terrorgruppe »der Kreis« bedroht wird. Obwohl er erfolgreich befreit wird, scheint Li nicht so ganz der große Führer zu sein, für den ihn jeder hält (seine kühnen Heldentaten und sein legendärer militärischer Heldenmut während der cardassianischen Besetzung sind stark übertrieben worden), und er versucht, die Station unbemerkt zu verlassen. Sisko ist felsenfest der Meinung, daß Li noch immer eine Rolle in Bajors Zukunft spielen kann, ist aber schockiert, als Minister Jaro Li zum neuen Verbindungsoffizier von *DS9* macht. Kira wird nach Bajor abkommandiert.

Sternzeit: Nicht genannt.

Fremde neue Welten: Das cardassianische Arbeitslager befindet sich auf Hutep. Kira tarnt ihre Rettungsmission, indem sie behauptet, daß sie nach Lamenda Prime fliegt, um von dort Mineralfragmente zurückzubringen.

Neue Lebensformen: Quark erwähnt, daß ein zubbitischer Frachter defekte isolineare Stäbe schmuggelt. Kiras Schiff ist als lissepianischer Transporter getarnt (siehe »Progress« [»Mulliboks Mond«]). Li Nalas versucht, sich auf dem in Richtung Gamma-Quadranten startklaren tygarianischen Frachter Nanak zu verstecken (der tygarianische Captain ist ein reptilienartiger Humanoide).

Technoblabla: »Ich könnte die Leistung des Antriebs modulieren, das Schutzschildgitter neu konfigurieren, Feldpuffer um die Subraumausgabespirale installieren...«

Ferengi-Erwerbsregeln: Sechsundsiebzigste Regel: Erkläre ab und zu den Frieden (wie Quark sagt: »Es verwirrt den Feind total.«].

Quarks Bar: Führt ein Getränk mit dem Namen »Schwarzes Loch«.

Notizen: Mit Ausnahme der packenden »Ausbruch aus Stalag Cardassia«-Sequenz, ist dies eher eine ruhige Episode, die die neue Staffel einleitet. Die Geschichte des verschwiegenen Helden Li Nalas ist faszinierend, und es ist liebenswert humorvoll, wie Kira sich als Prostituierte ausgibt.

Seit dem Tod der Kai (siehe »Battle Lines« [»Die Prophezeiung«]) gab es ständig religiöse Ausschreitungen auf den südlichen Inseln von Bajor. Eine Extremistengruppe ist besonders mächtig geworden: die »Allianz für die Globale Einheit«, auch als der Kreis bekannt. Die Mitglieder glauben an die Maxime: »Bajor den Bajoranern« und daß daran andere Spezies den Bajoranern untergeordnet sind und den Planeten verlassen sollten.

Die cardassianische oberste Direktive 2645 beinhaltet die Rückkehr bajoranischer Kriegsgefangener. Li erhält den Titel »Navareh« (siehe »The Circle« [»Der Kreis«]) und wird (vorläufig) bajoranischer Verbindungsoffizier auf *DS9* anstelle von Kira.

In Kiras Kabine befindet sich eine Art Altar. Als sie von einem cardassianischen Schiff abgefangen wird, behauptet sie, eine Sendung Rulatsamen für den (fiktiven) »Gul Morain« an Bord zu haben. Jake hat sich entschieden, sich mit Layra, einem bajoranischen Mädchen, zu verabreden. Sisko bestellt einen Raktajino, eine Jackaryn Schale und einen Hyperberry Tort.

Die Crew befindet sich seit rund einem Jahr auf *DS9*.

22: Der Kreis (»The Circle«)
Ausstrahlung USA: 2. Oktober 1993
Deutsche Erstausstrahlung: 30. August 1994 (SAT1)
Drehbuch: Peter Allan Fields
Regie: Corey Allen

Zweite Staffel

Darsteller: Richard Beymer, Stephen Macht, Bruce Gray, Philip Anglim, Louise Fletcher, Mike Genovese, Eric Server, Anthony Guidera

Kira versucht, in Vedek Bareils Kloster auf Bajor Ruhe zu finden, und fühlt sich immer mehr zu dem Mann hingezogen. Sisko versucht herauszufinden, warum das bajoranische Militär nur so zögernd gegen den Kreis vorgeht, besonders da Grund zu der Annahme besteht, daß der Kreis von den Cardassianern mit Waffen versorgt wird. Kira wird von dem Kreis (der von Minister Jaro angeführt wird) gefangengenommen, dann aber von Sisko und den anderen befreit. Das bajoranische Militär hat jedoch angeordnet, daß alle Nichtbajoraner die Station verlassen müssen: Der Kreis ist dabei, die Macht auf *DS9* mit Gewalt zu übernehmen.

Sternzeit: Nicht genannt.

Fremde neue Welten: Es wird erwähnt, daß Bajor Architektur auf »zahllose Planeten« gebracht hat. Das Hauptquartier des Kreises befindet sich in Höhlen unterhalb der bajoranischen Perichean-Halbinsel.

Neue Lebensformen: Es wird behauptet, daß die Krisari den Kreis mit Waffen versorgt haben, obwohl sie selbst kein Militär besitzen.

Herausragende Dialoge: Jaro, Anführer des Kreises: »Sie können sich nicht einmal darüber einigen, ob es eine Regierung gibt, deshalb nennen sie sie ›provisorisch‹. Es ist nur ein anderer Begriff für ›machtlos‹.«

Notizen: Es gibt nette Szenen, z. B. als jeder kommt, um sich von Kira zu verabschieden, was die raffinierte Politik und die ständigen Intrigen an anderer Stelle ausgleicht. Die Szenen mit Bareil und Kira im Kloster sind einfach schön.

Zu den verschiedenen Funktionen und Fähigkeiten eines »Navarchen« gehört auch der »Empfang der Führung durch die Propheten«. Wie bereits angedeutet, scheint ein »Vedek« das Oberhaupt eines Ordens zu sein (Jaro gehört zu Winns Orden). Der dritte

Drehkörper befindet sich im Kloster und ist als Drehkörper der Prophezeihung und Veränderung bekannt (vermutlich wurden wenigstens einige Drehkörper seit »Emissary« [»Der Abgesandte«] zurückgebracht, siehe auch: »The Storyteller« [»Die Legende von Dal'Rok«]). Kira hat schon immer davon geträumt, einmal die »Tränen der Propheten« zu sehen.

Sisko erstattet Admiral Chekote vom Oberkommando der Sternenflotte Bericht.

Dax hat sich Kiras epitalische Hautlotion geliehen. Kiras bevorzugtes Synthale ist Budda. Sie war eine sehr schlechte Malerin, als sie jung war.

23: Die Belagerung (»The Siege«)

Ausstrahlung USA: 9. Oktober 1993
Deutsche Erstausstrahlung: 31. August 1994 (SAT1)
Drehbuch: Michael Piller
Regie: Winrich Kolbe
Darsteller: Steven Weber, Richard Beymer, Stephen Macht,
Philip Anglim, Louise Fletcher, Katrina Carlson

DS9 wird evakuiert, aber Sisko will nicht so schnell aufgeben. Er hat eine spezielle kleine Überraschung arrangiert: einige bewaffnete Personen verstecken sich in den Serviceschächten von *DS9* und werden die »erobernden« bajoranischen Streitkräfte erwarten. Währenddessen versuchen Kira und Dax zur Abgeordnetenkammer auf Bajor vorzudringen, um dort die bestehenden Verbindungen der Cardassianer mit dem Kreis darzulegen. Sie stürzen auf Bajor ab, schaffen es aber dennoch, die Kammer zu erreichen, wo sie den beiden Verschwörern Winn und Jora gegenüberstehen. Winn distanziert sich von ihrem ursprünglichen Vorhaben, als die bajoranischen Soldaten von *DS9* zurückbefohlen werden, aber Li wird getötet, als er Siskos Leben rettet.

Sternzeit: Nicht genannt:

Fremde neue Welten: Als *DS9* evakuiert wird, fliegt die *Rio Grande* in Richtung der Hanolin-Kolonie und die *Ganges* in Richtung Kurat-System.

Vor zehn Jahren versteckte Li einige Subimpulsjagdschiffe auf Lunar 5.

Neue Lebensformen: Li Nalas erwähnt ängstlich cardassianische Wühlmäuse. Vulakoo sind eßbare Spinnen, den Kreaturen ähnlich, die auch auf den Monden von Bajor nicht selten sind.
Insektenbisse können die biochemischen Verbindungen zwischen dem Trill-Gastkörper und dem Symbionten stören.

Technologie: Der Kreis flutet die Schächte mit giftigem, betäubendem Gas.

Ferengi-Erwerbsregeln: Einunddreißigste Regel: Verspotte niemals die Mutter eines Ferengi. (Quark erfindet diese Regel selbst, oder?)

Herausragende Dialoge: Dax (sehr verängstigt, als sie durch Höhlen kriecht): »Was ist das? Ist das eine Spinne oder ein Hund?«

Notizen: »Nach allem doch aus dem Schneider.« Stellt man statistische Erwägungen an und bedenkt die Tatsache, daß die Fortsetzungen der meisten *TNG*-Zweiteiler wirklich schlecht waren, hätte diese letzte Folge des ersten DS9-Dreiteilers ein absoluter Verlierer sein müssen. Statt dessen ist sie einfach umwerfend, mit einigen großartigen, aufeinander aufbauenden Szenen, die in einem ergreifenden Höhepunkt gipfeln. Mal wieder eine Art kosmisches *Die hard* [»Stirb Langsam«], nur diesmal mit vielen Menschen. Keiko jammert endlos, wie gewöhnlich.
Die *Orinoco* wird als Nachfolgerin der *Yangtzee Kiang* vorgestellt.
Die Vedekversammlung wählt den Kai.
Dax beschreibt »ihren« zweiten Gastkörper, den Mann mit dem Namen Tobin, als jemanden, der »kaum ein Sexleben und keine Phantasie hatte, sich aber mit Phasenspiralumwandlern wie kein anderer auskannte«. Kira sagt, daß sie vor einem Jahr (sie meint wahrscheinlich vor mehr als einem Jahr, siehe »The Homecoming« [»Die Heimkehr«]) in einem der Mondkolonie ähnlichen Lager lebte. O'Brien behauptet, Feldverpflegung zu mögen, sie sei das einzige, was er am cardassianischen Krieg vermisse.

24: Der Symbiont (»Invasive Procedures«)

Ausstrahlung USA: 16. Oktober 1993
Deutsche Erstausstrahlung: 1. September 1994 (SAT1)
Drehbuch: John Whelpley, Robert Hewitt Wolfe,
nach einer Geschichte von John Whelpley
Regie: Les Landau
Darsteller: John Glover, Megan Gallagher, Tim Russ,
Steve Rankin

DS9 wurde von einer heftigen Plasmastörung getroffen und vorübergehend evakuiert, was genau die Situation darstellt, die der verzweifelte Trill Verad benötigt. Er zwingt Bashir dazu, Dax aus Jadzias Körper zu entfernen und den Symbionten in seinen eigenen Körper zu transplantieren. Sisko erklärt Mareel, Verads Partnerin, daß er nach der Operation nicht mehr derselbe sein wird, mit dem Hinweis, daß sich seine Gefühle für sie ändern könnten. Als Teil eines dreisten Rettungsplanes täuscht Quark ein Ohrenleiden vor. Als die klingonischen Mitstreiter Verads überwältigt sind und weil Mareel den ursprünglichen Verad bevorzugt, wird der Symbiont an Jadzia zurückgegeben.

Sternzeit: 47182,1

Fremde neue Welten: Mareel sagt, daß sie auf den Straßen von Kafka 4 aufgewachsen ist.

Neue Lebensformen:
Ein »gehirnloser Tigla« scheint ein klingonisches Opfertier zu sein.

Notizen: Diese Folge direkt hinter der vorherigen zu plazieren, ist eine unglückliche Entscheidung, da in beiden Storys nur wenige Charaktere der Besatzung mitspielen – und natürlich Quark, dem die Evakuierung gar nicht gefällt. (Viel besser wäre es gewesen, wenn die restliche Besatzung noch nicht seit den Ereignissen von »The Siege« [»Die Belagerung«] zurückgekehrt wäre.) Die Geschichte selbst ist recht interessant, und Quark kann ein richtiger Held sein (und natürlich trotzdem der alte Gauner bleiben).

Das Auswahlgremium für Symbionten wird erwähnt (siehe »Playing God« [»Der Trill-Kandidat«]), Jadzia behauptet, »daß es keine Schande ist, nicht ausgewählt zu werden«. Nur einer von zehn Bewerbern wird als Trill-Wirtskörper zugelassen, und weder Jadzias Eltern noch ihre Schwester unterzogen sich der Symbiose. Verad fühlt sich jedoch zu einem Leben der Mittelmäßigkeit verdammt. Ein Trill-Wirtskörper stirbt, nachdem er sich einmal verbunden hat, normalerweise innerhalb von wenigen Stunden ohne seinen Symbionten (ohne vernünftig erklärten Grund überlebt Verad mysteriöserweise).

Sisko sagt, daß Dax die Erinnerungen von acht Leben besitzt (siehe »Shadow Play« [»Die Illusion«], »Equilibrium« [»Das Equilibrium«]), nennt aber nur Jadzia, Curzon und Tobin (siehe »The Siege« [»Die Belagerung«]). Sisko und Curzon Dax trafen sich erstmals auf der Galileo-Station, unternahmen eine Reise zu den Höhlen von Bole und verbrachten einige Monate an Bord der *Livingston* (in dieser Zeit verputzte Wissenschaftsoffizier Krystanovich acht Portionen andoreanisches Redbet). Dax war auf Siskos Junggesellenfeier und Hochzeit.

Mareel gibt O'Brien etwas synarianische Eierbrühe, und Quark kann einen degorainischen Schließmechanismus öffnen.

O'Brien hat zwei Brüder.

25: Die Konspiration (»Cardassians«)

Ausstrahlung USA: 23. Oktober 1993
Deutsche Erstausstrahlung: 2. September 1994 (SAT1)
Drehbuch: James Cocker,
nach einer Geschichte von Gene Wolande, John Wright
Regie: Cliff Bole
Darsteller: Marc Alaimo, Robert Mandan, Terrence Evans,
Vidal Peterson, Dion Anderson, Sharon Conley, Karen Hensel,
Jillian Ziesmer

Rugal, ein cardassianisches Adoptivkind, das von Bajoranern erzogen wurde, kommt nach *DS9* und attackiert Garak auf brutale Weise. Gul Dukat hört von diesem Vorfall und bietet an, die leiblichen Eltern des Jungen aufzusuchen, obwohl Garak seinen Motiven mißtraut. Dukat war für die Evakuierung von Bajor verantwortlich, und die Cardassianer würden niemals jemanden »versehentlich« zurücklassen. Dukat findet heraus, daß Rugal der Sohn eines wichtigen cardassianischen Politikers ist, und verlangt seine Rückkehr. Garak übergibt Bashir bajoranische Aufzeichnungen über die vielen cardassianischen Kriegswaisen und es wird klar, daß Dukat die Rückkehr des Jungen plante, um einen seiner Gegner zu diskreditieren und sich selbst vor einem cardassianischen Tribunal, das die Besetzung von Bajor untersucht, in ein positiveres Licht zu rücken. Sisko steht jedoch immer noch vor der schwierigen Entscheidung, was nun mit Rugal geschehen soll. Schließlich entscheidet er, daß Rugal nach Cardassia geschickt wird.

Sternzeit: 47177,2 (was diese Geschichte vor »Invasive Procedures« [»Der Symbiont«] stellt).

Neue Lebensformen: Die O'Briens und Rugal essen (oder eher »stochern in«] Gulasch aus cardassianischem Zabufleisch.

Quarks Bar: Bashir trinkt tarkalianischen Tee; Garak trinkt Racassasaft [»Der Duft ist unverwechselbar«].

Notizen: »Die Familie ist alles.« Eine exzellente Erforschung der Waisenproblematik und der tiefsitzenden Vorurteile eines »noblen« cardassianischen Politikers. Sisko wird mit einem Dilemma konfrontiert und der »schlichte, einfache Bürger Garak« wird mit jeder Minute mysteriöser. Eine kleine Zweideutigkeit: Keiko verliert noch mehr Sympathien der Zuschauer, indem sie nicht nur den cardassianischen Jungen rücksichtslos zum Essen zwingt, sondern auch noch ihre eigene Familie dazu drängt, cardassianisches Essen zu sich zu nehmen. (Miles verlor viele Freunde während des Krieges (siehe »Tribunal« [»Das Tribunal«] und »The Wounded« [»Der Rachefeldzug«] aus *TNG*), und der Junge mag sowieso keine cardassianische Nahrung.)

Zehn Millionen Bajoraner wurden während der cardassianischen Besatzungszeit ermordet. Gul Dukats Kommandoposten *DS9* war als Terek Nor bekannt. Einige junge Cardassianer wurden zurückgelassen, als die Streitkräfte Bajor verließen, und werden jetzt auf Bajor als Waisen versorgt.

Waisen haben in der cardassianischen Gesellschaft keine Bedeutung. Zivile Führer der Cardassianer haben keine direkte Macht über das Militär.

Die Lehren der bajoranischen Propheten scheinen körperliche Bestrafungen für Kinder auszuschließen.

Molly O'Brien ist jetzt vier Jahre alt und lebt bei den Petersons (siehe auch »Tribunal« [»Das Tribunal«]).

26: Das »Melora«-Problem (»Melora«)

Ausstrahlung USA: 30. Oktober 1993
Deutsche Erstausstrahlung: 5. September 1994 (SAT1)
Drehbuch: Evan Carlos Somers, Steven Baum, Michael Piller,
James Crocker, nach einer Geschichte von Evan Carlos Somers
Regie: Winrich Kolbe
Darsteller: Daphne Ashbrook, Peter Crombie, Don Stark,
Ron Taylor

Fähnrich Melora Pazlar kommt nach DS9. Da sie eine Elaysianerin ist, wird sie durch die für Menschen normale Gravitation zum Krüppel. Als Bashir sie näher kennenlernt, bietet er ihr die Chance, ein »normales« Leben zu führen, was aber bedeutet, daß sie auf ihrer Heimatwelt zum Invaliden würde. Die Behandlungen beginnen und scheinen erfolgreich zu sein, aber Melora kommt zu dem Entschluß, daß der Preis zu hoch ist. Sie bittet Julian, die Behandlungen zu beenden.

Sternzeit: 47229,1

Fremde neue Welten: Auf der Oberfläche von Pazlars Planeten herrscht eine sehr geringe Gravitation.
Als Julian zehn Jahre alt war, war sein Vater Diplomat auf Averaia 2.

Neue Lebensformen: Melora ist das erste elaysianische Mitglied der Sternenflotte.
Dax kannte einen wasserstoffatmenden Lowthra, der sich in eine Sauerstoffatmerin verliebte.
Delvak ist ein vulkanischer Komponist (mit Philip Glass vergleichbar, denken wir).

Technologie: Sowohl Melora Pazlars Antigrav-Einheiten als auch die Förderationsfrachtheber sind mit der cardassianischen Architektur nicht kompatibel.

Technoblabla: »Es ist ein Computermodell für eine erhöhte neurale Leistung des großen motorischen Kortex' des Gehirns. Es hat eine stimulierende Acetylcholinabsorption, um die Dehnungskraft zu erhöhen.« (Präzise, aber es klingt wie Technoblabla!)

Bashirs (mißlungene?) Eroberungen: Ernstes Interesse an Melora.

Ferengi-Erwerbsregeln: Sechzehnte Regel: Ein Geschäft ist ein Geschäft.

Quarks Bar: Hat durch das klingonische Restaurant, das gerade auf der Promenade eröffnet hat, Konkurrenz bekommen. (Julian bestellt »Racht«, eine doppelte Portion von »Glacht« (ohne Sauce) und eine Portion »Zim'kagh«; Melora, die klingonisch spricht, beschwert sich darüber, daß die »Racht« halbtot seien, und der dicke klingonische Wirt holt ihr sofort einige lebende.)
Quark serviert Fallit Kot, den er betrogen hat, eine selbstgekochte Mahlzeit, angefangen mit »Baklovasuppe«, gefolgt von vulkanischen »Jumbo-Mollusken«, sautiert in rumbolianischer Butter.

Notizen: Diese Folge erinnert an eine Neufassung von Hans Christian Andersens Geschichte der kleinen Meerjungfrau, die Themen über Behinderung auf raffinierte Weise verständlich macht und dabei doch zeigt, daß Melora (von ihrer Behinderung einmal abgesehen) genauso stark und manchmal auch schwach wie jede »normale« Frau ist. Wie die kleine Meerjungfrau ist sie nur außerhalb ihrer natürlichen Umgebung »hilflos«. Es wäre mehr als gut gewesen, einen Elaysianer an Bord der *Voyager* zu haben.
Melora Pazlar kommt mit der *Yellowstone* an. Sie besitzt einen Stock, der aus dem Holz eines Garlannskbaumes gemacht ist. Nur eine »Handvoll« Elaysianer haben jemals ihre Heimat verlassen. Dax hat seit 300 Jahren keinen Rollstuhl mehr gesehen. Nathanial Terros hat sich vor über dreißig Jahren mit Spezies aus einer Umwelt mit geringer Gravitation auseinandergesetzt. Obwohl seine Arbeit auf dem Gebiet der neuromuskulären Anpassung prinzipiell sehr gut war, schien es keine praktischen Anwendungsmöglichkeiten zu geben, aber Bashir kann seine Arbeit mit großem Erfolg »aktualisieren«.
Vor 150 Jahren hatte Dax eine feste Beziehung mit jemandem von der Sternenflotte, aber nur wenige »Subraumbeziehungen« scheinen von Dauer zu sein.
Quark besitzt 42 der 80 Ringe von Bulgis. Kot wurde gerade aus einem Gefängnis entlassen, in dem er wegen Diebstahls einer Ladung romulanischen Ales saß. Bevor Julian Arzt wurde, dachte

er, daß er vielleicht eine Karriere als Tennisspieler machen könnte (siehe »Rivals« [»Rivalen«]).

27: Profit oder Partner (»Rules of Acquisition«)
Ausstrahlung USA: 6.November 1993
Deutsche Erstausstrahlung: 6. September 1994 (SAT1)
Drehbuch: Ira Steven Behr,
nach einer Geschichte von Hilary Bader
Regie: David Livingston
Darsteller: Helène Udy, Brian Thompson, Emilia Crow,
Tiny Ron, Wallace Shawn

Der Grand Nagus kehrt nach *DS9* zurück. Er unterbreitet Quark ein Angebot, im Gamma-Quadranten Geschäfte zu machen. Unterdessen erweist sich ein von Quark neu eingestellter Kellner namens Pel als große Hilfe. Aber Pel ist eigentlich eine getarnte weibliche Ferengi, und trotz ihres außerordentlichen Geschäftssinns macht das für Quark nach der Entdeckung ihres wahren Geschlechtes eine weitere Zusammenarbeit unmöglich.

Sternzeit: Nicht genannt.

Neue Lebensformen: Die Dozie aus dem Gamma-Quadranten: rothäutige Aliens mit schwarz-weißen Pigmentierungen. »Sehr ernst, wenn es um den Profit geht.« Das »Dominion«, das im Gamma-Quadranten große Macht besitzt, wird zum ersten Mal erwähnt.

Ferengi-Erwerbsregeln: Es gibt 285 Ferengi-Erwerbsregeln.
Einundzwanzigste Regel: Niemals Freundschaft über Profit stellen.
Zweiundzwanzigste Regel: Ein weiser Mann hört den Profit im Wind.
Dreiunddreißigste Regel: Es ist nie verkehrt, sich bei seinem Boß einzuschmeicheln.
Achtundvierzigste Regel: Je breiter jemand lacht, desto schärfer ist sein Messer.
Neunundfünfzigste Regel: Freier Ratschlag ist selten wirklich billig.
Zweiundsechzigste Regel: Je riskanter der Weg, desto größer der Profit.

Herausragende Dialoge: Dax: »Wollen Sie Ihre Frauen wirklich so? Nackt und unterwürfig?« Quark: »Finden Sie einen solchen Lebensstil nicht anziehend?«

Kira über Ferengi: »Sie sind gierige, frauenfeindliche, unzuverlässige kleine Trolle.«

Notizen: »Wenn Sie sich als Mann ausgeben, dann handeln Sie auch wie einer. Machen Sie Profit!« Eine gute Comedy-Folge mit einer unbezahlbaren stummen Sequenz, die Quark, Rom und Pel in einer Ferengiversion der »Drei Stooges« zeigt.

Eine von Odos Regeln lautet, daß auf der Promenade nicht geschlafen wird. Curzon war ein guter Taango-Spieler (ein Ferengi-Glücksspiel). Jadzia hat die Gabe geerbt und noch verbessert.

Ferengifrauen haben kleinere Ohren als die Männer. Brizenenitrat ist ein Dünger, der auf Bajor dringend gebraucht wird. Tullabeerenwein ist ein Getränk der Dozie. Quark hat einmal aufgeschnappt, wie Dax ihr Kinderschlafzimmer Kira beschrieb und hat es für sie in der Holosuite generiert. Es war keine sehr genaue Reproduktion, aber Dax meinte, daß der Gedanke zählte.

Der Nagus hält Kira zweimal zum Narren.

28: Die Ermittlung (»Necessary Evil«)
Ausstrahlung USA: 13. November 1993
Deutsche Erstausstrahlung: 7. September 1994 (SAT1)
Drehbuch: Peter Allan Fields
Regie: James L. Conway
Darsteller: Katherine Moffat, Robert MacKenzie

Quark wird von einer Frau angeheuert, um einen Kasten zu suchen, der seit der cardassianischen Besetzung auf *DS9* versteckt sein soll. Quark findet eine Liste von Namen darin, wird dann aber von einem Komplizen der Frau angeschossen. Odo fühlt sich bei der Untersuchung des Falles an ein Verbrechen erinnert, das damals seine Ernennung zum Sicherheitsoffizier zur Folge hatte. Der Mord an dem Apotheker Vetrick wurde nie aufgelöst, obwohl Odo immer die Ehefrau des Mannes verdächtigte. Kira erinnert sich auch noch an die Ereignisse, sie war damals ebenfalls auf der Station und arbeitete für den Widerstand. Damals rettete Odo sie vor Gul Dukat, der auf sie aufmerksam geworden war. Als er das Interesse von Vetricks Witwe an der Liste feststellt (es geht um Erpressung – die Liste enthält die Namen der bekannten Kollaborateure), erzählt Odo Kira von einem in ihm aufkeimenden Verdacht. Kira gibt den Mord an Vetrick zu, allerdings handelte es sich um Notwehr.

Sternzeit: 47282,5 (fünf Jahre nach Vetricks Mord).

Ferengi-Erwerbsregeln: Einhundertneununddreißigste Regel: Frauen dienen, Brüder erben.

Herausragende Dialoge: Odo: »Sie sind nicht so blöd, wie Sie aussehen.« Rom: »Bin ich *doch*!«
»*Jeder* muß sich für eine Seite entscheiden, Constable.«
»Die Gerechtigkeit ist blind, wie die Menschen so gerne sagen. Ich habe das immer geglaubt.«

Notizen: »Ich habe nicht die Absicht, ein cardassianischer Agent zu werden.« Ein dramatischer, beklemmender ›Film Noir‹ (sogar mit einem Erzähler in bester Raymond Chandler-Tradition). Ohne Zweifel die bisher beste Episode von *DS9*, und eine Folge, die zeigt, wie weit *Star Trek* gekommen ist, da eine der Hauptpersonen als Mörder entlarvt wird. Das Ende ist sehr rätselhaft.
Magnasittropfen sind ätzend genug, um sich durch Duranium fressen zu können. Quark wird von einer Waffe mit einem »komprimierten Tetrionstrahl« angeschossen. In dem sich auf einem Mond befindenden Gefängnis auf Maldra 1 herrscht eine Temperatur von fast hundert Grad Celsius im Schatten. Das Kaufhaus der Station war einmal die Apotheke, die Vetrick gehörte.
Gul Dukat lernte Odo zwei Jahre vor dem Mord an Vetrick im bajoranischen Wissenschaftszentrum kennen. Das cardassianische Oberkommando wurde eingeladen, um den Formwandler zu »besichtigen«, und die Cardassianer waren von seinem »cardassianischen Halstrick« sehr beeindruckt, zu dem er seitdem ständig gezwungen wurde. Odo verließ das Zentrum und kam nach DS9, um mehr über das Leben zu lernen; er wurde dann zu einer Art wandelndem Schiedsrichter: Da er von den Bajoranern und Cardassianern als neutral betrachtet wurde, sollte er kleinere Dispute schlichten. Dukats Absichten, ihn zu einem Ermittler zu machen, sind natürlich weder aufrichtig, noch liegt ihnen das wahre Interesse an Gerechtigkeit zugrunde.

»Der erste Drink geht auf das Haus« ist eine alte (»schreckliche«) Tradition der Cardassianer. Kira erwähnt, daß sie pirellianischen Ingwertee mag. Vor fünf Jahren gestand sie Odo, daß sie für den Untergrund arbeite und auf die Station kam, um einen Sabotageakt zu verwirklichen, aber ihr wirkliches Ziel war Vetrick und die Liste der Mitwirkenden. Sie bestach Quark für ein Alibi und tötete Vetick in Notwehr (sagt sie...).

29: Rätselhafte Fenna (»Second Sight«)

Ausstrahlung USA: 20. November 1993
Deutsche Erstausstrahlung: 8. September 1994 (SAT1)
Drehbuch: Mark Gehred-O'Connell, Ira Steven Behr, Robert Hewitt Wolfe, nach einer Geschichte von Mark Gehred-O'Connell
Regie: Alexander Singer

Darsteller: Salli Elise Richardson, Richard Kiley, Mark Erickson

Am vierten Jahrestag des Todes seiner Frau lernt Sisko die mysteriöse Fenna kennen, eine Frau, die ihn fasziniert. Sie verschwindet jedoch plötzlich, bevor Sisko ihr näher kommen kann. *DS9* beherbergt gerade den egoistischen Terraformer Gideon Seyetik, der dabei ist, sein Lebenswerk zu vollenden: eine tote Sonne wieder zum Leben zu erwecken. Während die Crew von *DS9* mit Seyetik zu Abend ißt, ist Sisko irritiert, als er Seyetiks Ehefrau als Fenna wiedererkennt, obwohl sie scheinbar den Commander nicht erkennt. Die Frau wird als Angehörige einer telepathischen Rasse entlarvt, wobei Fenna unbewußt die Projektion von Siskos Erinnerung an seine Frau darstellt. Tragischerweise wird Seyetik während des erfolgreichen Höhepunktes seiner Karriere getötet.

Sternzeit: 47329,4 (vier Jahre und ein Tag nach dem Massaker bei Wolf 359).

Fremde neue Welten: Terosa Prime wird erwähnt. Blue Horizon war einer der Planeten, auf denen Gideon Seyetik Terraforming durchführte. Sisko und Jake haben ihn besucht. Epsilon 119 (ein toter Stern) ist Seyetiks derzeitiges Projekt.

Neue Lebensformen: Die Alaananer, eine Rasse von »psycho-projizierenden Telepathen«, die sich lebenslang binden.

Picard-Manöver: Sisko zupft an seiner Uniform.

Herausragende Dialoge: »Es ist schwer, mit einer Frau von Mann zu Mann zu sprechen!«
»Nichts Wertvolles wurde jemals von einem Pessimisten geschaffen.«

Notizen: »Das ist einer der Vorteile dieser Station: Man weiß nie, was als nächstes passiert.« Ein Versuch, Siskos harten Charakter etwas menschlicher zu gestalten, der wegen der weitgehend fehlenden Handlung jedoch wenig bringt.

Sisko trinkt normalerweise »Raktajino« (siehe »The Passenger« [»Der Parasit«]), aber nachdem er Fenna gesehen hat, versucht er zur Abwechslung lieber taroltanischen Tee mit etwas Zitrone. Dax meint, »andorianischer Tutaau« sei köstlich.

Laut Nog sind die drei Anzeichen verliebt zu sein: a) Appetitlosigkeit, b) mangelnde Konzentration und c) permanentes leicht dümmliches Dauerlächeln. Seyetiks Schiff ist die *Prometheus*. Julian hat Seyetiks Malereien einmal in der Central Gallery auf Logobis 10 gesehen. Seyetiks Autobiographie umfaßt neun Bände.

G'traak war ein klingonischer Poet; sein »Der Fall von Kaang« ist Pflichtlektüre an der Akademie.

30: Auge des Universums (»Sanctuary«)

Ausstrahlung USA: 27. November 1993
Deutsche Erstausstrahlung: 12. Juni 1994 (SAT1)
Drehbuch: Frederick Rappaport,
nach einer Geschichte von Gabe Essoe, Kelley Miles
Regie: Les Landau
Darsteller: William Schallert, Andrew Koenig, Michael Durrell,
Betty McGuire, Robert Curtis-Brown, Kitty Swink,
Deborah May, Leland Orser, Nicholas Shaffer

DS9 wird zur vorläufigen Heimat der *Saner*, einer außerirdischen Rasse von der anderen Seite des Wurmlochs, die auf der Suche nach ihrer mythischen Welt »Kentana« sind. Die Skrreeaner haben eine Geschichte, die der der Bajoraner ähnelt, und sie vermuten, daß »Bajor« sogar »Kentana« sein könnte. Sie bitten um die Erlaubnis, sich dort niederzulassen. Kira präsentiert ihren Fall vor der provisorischen Regierung, diese lehnt jedoch ab. Die Skrreeaner reisen ab, um ihre Suche nach einem neuen Heimatplaneten fortzusetzen.

Sternzeit: 47391,2

Fremde neue Welten: Draylon 2, in der Nähe von Sophela Prime. Ein Planet mit gemäßigten Temperaturen und guten landwirtschaftlichen Möglichkeiten. Sisko denkt, er sei als Heimat für die Skrreeaner gut geeignet.

Neue Lebensformen: Die Skrreeaner, deren Sprache und Syntax für den Universalübersetzer unbekannt ist. Eine von Frauen dominierte Gesellschaft, es liegt im Bereich des Möglichen, daß sie eine Splittergruppe der Bajoraner sind. Drei Millionen Skrreeaner befinden sich auf der anderen Seite des Wurmlochs und wurden durch die Terrogerander über 800 Jahre lang versklavt (bis die letzteren von Mitgliedern des Dominion besiegt wurden). Die Skrreeaner haben eine schuppige Haut. Ihre legendäre Heimat »Kentana« ist »ein Planet der Trauer«.

Herausragende Dialoge: »Es ist schlimm genug, auf der Station herumzuhängen, ohne etwas zu kaufen, aber jetzt muß man auch noch kämpfen.«

Notizen: »50 Jahre unter der Herrschaft der Cardassianer haben euch ängstlich und mißtrauisch gemacht. Ihr tut mir leid.« Recht geschwätzig und langweilig, obwohl die Parabel über die Unterdrückten, die ihr eigenes Leiden verdrängen und jetzt andere Leidende unterdrücken, schon etwas für sich hat.
    Varani ist ein berühmter bajoranischer Musiker. Kira verschafft ihm einen Job, er darf in Quarks Bar spielen (zum großen Verdruß von Quark, da Varanis Musik so schön ist, daß die Leute aufhören zu trinken und zu spielen, um zuzuhören). Die Skrreeaner nennen das Wurmloch das »Auge des Universums«. *Deep Space 9* hat Platz für 7000 Bewohner.
    Plix Tixtaplick ist ein regrunianischer Krimineller, der in sieben Sternensystemen wegen illegalen Waffenhandels gesucht wird.

31: Rivalen (»Rivals«)

Ausstrahlung USA: 1. Januar 1994
Deutsche Erstausstrahlung: 19. Juni 1994 (SAT1)
Drehbuch: Joe Menosky, nach einer Geschichte von
Jim Trombetta, Michael Piller
Regie: David Livingston
Darsteller: Chris Sarandon, Barbara Bosson, K Callan,
Albert Henderson

Während O'Brien sich mehr und mehr in einen Wettbewerb im Squashspiel mit Bashir hineinsteigert, wird Quark mit der Konkurrenz des einschmeichelnden Gauners Martus konfrontiert, der auf ein Spielgerät setzte, das der Renner geworden ist. Um mithalten zu können, organisiert Quark mit viel Werbung ein Spiel zwischen O'Brien und Bashir. Das Spiel gewinnt O'Brien – und zwar dermaßen haushoch, daß den Zuschauer auffällt, daß O'Brien geradezu unglaubliches Glück hatte. In der Tat hat sich die Balance des Glücks auf der gesamten Station verändert, was sehr verheerende Folgen hat. Erst als die Spiele von Martus abgeschaltet werden, kehrt alles wieder zu seinem ursprünglichen Zustand zurück.

Sternzeit: Nicht genannt.

Fremde neue Welten: Der Flota-Asteroidengürtel ist für den Bergbau geeignet. Das Elorian-System und Pythro 5 werden erwähnt.

Neue Lebensformen: Wir hören von den Pythronen und treffen einen Elorianer, wobei wir erfahren, daß diese humanoid und einfühlsame, gute Zuhörer sind. Plygorianische Mammuts sind sehr groß.

Ferengi-Erwerbsregeln: Siebenundvierzigste Regel: Vertraue keinem, der einen besseren Anzug als du selbst trägt.
Einhundertneunte Regel: Stolz und Armut sind soviel wert wie Armut.

Notizen: Eine durchschnittliche Folge, abgesehen von Chris Sarandons phänomenalem Auftritt als Martus und Bahirs recht verdächtigem Fingersignal an O'Brien, als dieser den Court betritt.
10 000 Iziks sind viel Geld. 2000 kostet eine Passage auf einem Schiff, das einen von *DS9* wegbringt, 500 kostet es, wenn man als

Fracht transportiert wird. Der bajoranische Waisenfond wird von Mönchen verwaltet (siehe »Cardassians« [»Die Konspiration«]). Quarks Bruder wurde immer wegen seiner kleinen Ohrläppchen gehänselt. Am Tag seiner Taufe ersetzte Quark seine Geschenke durch Gemüse. Quark bestach die Cardassianer für die alleinigen Rechte am Glückspiel auf *DS9*.

O'Brien baute den Squashcourt von *DS9*. Vor 15 Jahren spielte er das Spiel fünf Stunden täglich. Er ist wahrscheinlich nicht älter als 38. Im Abschlußjahr war Bashir Captain der Squashmannschaft der medizinischen Fakultät der Sternenflotte. Als sie um die Meisterschaft des Sektors spielten, gewann Bashir im Endspiel gegen einen Vulkanier.

32: Metamorphosen (The Alternate)
Ausstrahlung USA: 8. Januar 1994
Deutsche Erstausstrahlung: 13. September 1994 (SAT1)
Drehbuch: Bill Dial,
nach einer Geschichte von Jim Trombetta, Bill Dial
Regie: David Carson
Darsteller: James Sloyan, Matt McKenzie

Auf einem Planeten, der vielleicht die Heimat eines Volkes gewesen sein könnte, das Ähnlichkeiten mit dem Volk der Formwandler hatte, nimmt Odo eine biologische Probe sowie ein Stück eines religiösen Bauwerks an sich. Bei der Rückkehr nach *DS9* versagt der Sicherungsverschluß der Probe, und nun durchstreift eine gefährliche Kreatur die Station. Odos Mentor, Dr. Mora Pol, der Bajoraner, der ihn fand, ist gerade zu Besuch. Als die Überreste des ursprünglichen Wesens gefunden werden, wird klar, daß Odo selbst die nächtlichen Verwüstungen verursachte, da er durch die Probe kontaminiert und nun in eine wilde formwandelnde Masse verwandelt wurde. Dr. Mora Pol hilft Odo, wieder gesund zu werden.

Sternzeit: 47391,7

Fremde neue Welten: Wir erfahren von Kosla 2, wo Plegg lebt, aber der Planet der Formwandler, sechs Lichtjahre vom Wurmloch im Gamma-Quadranten entfernt, wird nicht genannt.

Neue Lebensformen: Eine multizellulare Lebensform, die mehr CO_2 benötigt, als sich in der Erdatmosphäre befindet.
Ortas singen.

Quarks Bar: Aracteanischer Gin ist ein Getränk!

Notizen: Die Folge ist sehenswert, aber das Budget wurde eindeutig eher für die Animation, als für den eindeutig gemalten Planetenhintergrund verwendet.
Dr. Mora Pol wurde Odo zugeteilt, nachdem dieser gefunden wurde. Odos erste Transformation bestand darin, sein Zuhause – also seinen Eimer – zu kopieren. Pol brauchte einige Zeit, um festzustellen, daß Odo ein Bewußtsein hat. Odos Ruhezeit beträgt sechzehn Stunden. Siskos Vater starb an einer Krankheit.
Die Reise von Bajor nach *DS9* dauert fünf Stunden. Der verstorbene Plegg war ein bekannter Ferengi-Geschäftsmann.

33: Das Harvester-Disaster (»Armageddon Game«)

Ausstrahlung USA: 29. Januar 1994
Deutsche Erstausstrahlung: 14. September 1994 (SAT1)
Drehbuch: Morgan Gendel
Regie: Winrich Kolbe
Darsteller: Darleen Carr, Peter White, Larry Cedar, Bill Mondy

Bashir und O'Brien helfen zwei außerirdischen Völkern, die nach einem langen Krieg ein Übereinkommen über den Abbau der tödlichen Harvester (biologische Waffen mit großer Zerstörungskraft) getroffen haben. Plötzlich verüben Unbekannte einen Mordanschlag, nur Bashir und O'Brien können sich retten und landen in einer abgelegenen, kargen Landschaft mit nur wenig Proviant. O'Brien wird von den Harvestern infiziert. Ihre Gastgeber informieren aber die Crew von *DS9*, daß die beiden von einer Sicherheitseinrichtung getötet wurden, und zeigen ihnen angebliche Aufzeichnungen ihres Todes. Nur Keiko glaubt nicht daran, da sie die »Kaffeetrinkgewohnheiten« ihres Mannes genau kennt. Die Crew von *DS9* rettet Bashir und O'Brien, kurz bevor ihre »Gastgeber«, die jedes Wissen über die Harvester vernichten wollen, bei ihnen eintreffen, um sie zu töten.

Sternzeit: Nicht genannt.

Fremde neue Welten: T'Lani Prime. Die Bewohner von T'Lani 3 wurden durch die Harvester vernichtet.

Neue Lebensformen: Die T'Lani und die Kelleruner sind Rassen, die sich früher bekämpften. Beide haben spitze Ohren.

Technologie: Harvester sind biomechanische Waffen. Ein Inversionsfeld blockiert die Subraumkommunikation.

Ferengi-Erwerbsregeln: Siebenundfünfzigste Regel: Gute Konsumenten sind fast so rar wie Latinum – ehre sie.

Notizen: Die Handlung dieser Folge zeigt uns Siskos Reaktionen auf Keikos bloße Vermutung bezüglich des Todes ihres Ehemannes und den krampfhaften Versuch, alles durch eine routinemäßige spektroskopische Analyse einer Kaffeetasse ein wenig glaubwürdiger zu machen... Geschieht das immer, wenn jemand zufällig nachfragt? Oder wird jedes Getränk automatisch analysiert, sobald es getrunken wurde? Tut uns leid, aber wir glauben kein Wort davon.
Altoreanischer Chowder und Tullabeeren-Crêpes sind Lebensmittel. Die Cardassianer versahen die zurückgelassenen Vorräte mit Druckminen. Bashir verliebte sich in die Ballerina Paris Delon, deren Vater der Verwalter eines medizinischen Zentrums in Paris war, aber er lehnte das Angebot ab, dort Karriere zu machen, und die Beziehung brach auseinander.

34: O'Briens Identität (»Whispers«)

Ausstrahlung USA: 5. Februar 1994
Deutsche Erstausstrahlung: 15. September 1994 (SAT1)
Drehbuch: Paul Robert Coyle
Regie: Les Landau
Darsteller: Todd Waring, Susan Bay, Philip LeStrange, Majel Barrett

O'Brien verläßt *DS9* in rasendem Tempo mit einem Shuttle und protokolliert dabei seine Version der eigenartigen Umstände, die ihn dazu gebracht haben, von der Station zu fliehen. Seit seiner

Rückkehr von einer Konferenz haben seine Frau und seine Freunde ihn sehr eigenartig behandelt, ihm nicht vertraut und ihre Ablehnung kaum verborgen. Ihm wurde der Zugangscode für Sicherheitsabfragen verwehrt, und er wurde nur für die einfachsten Aufgaben eingeteilt. Nur Odo, der ebenfalls gerade erst zurückgekehrt ist, scheint eine Ausnahme zu bilden, doch als sich herausstellt, daß er ebenfalls in die Verschwörung verwickelt ist, flüchtet O'Brien in der Überzeugung, daß das Ganze mit den finsteren Plänen der paradanischen Regierung zu tun haben muß. Er findet die paradanischen Agenten, ist aber sehr erstaunt, dabei auch sich selbst, dem »echten« O'Brien zu begegnen. Der O'Brien, mit dem wir gelitten haben, stellt sich als ein Klon heraus. Er wurde programmiert, um eine Rebellendelegation auf einer Konferenz auf DS9 zu ermorden. Die Besatzung von DS9 rettet den echten O'Brien, und der Klon stirbt wie ein Held, als er sie rettet.

Sternzeit: 47581,2

Fremde neue Welten: Das Paradas-System befindet sich auf der anderen Seite des Wurmlochs. Parada 2 ist der Ort der Friedensgespräche. Parada 4 ist mit 7 Monden der größte Planet des Systems.

Neue Lebensformen: Die Paradas sind ein graufarbenes Volk mit einem Grat auf dem Kopf und einem kleinen Mund, die seit zwölf Jahren einen Bürgerkrieg führen. Ihr Geruch ändert sich mit ihrer Laune.

Ferengi-Erwerbsregeln: Einhundertvierundneunzigste Regel: Es ist immer gut fürs Geschäft, wenn man über den Kunden schon Bescheid weiß, bevor er den Raum betritt.

Notizen: Eine wirklich großartige Umkehr des gewohnten Paranoia-Plots.

Das Shuttle *Mekong* wird zum ersten Mal gezeigt. Gupta und Roman sind Admiräle der Sternenflotte. O'Brien mag jamaikanischen Kaffee, doppelt stark, doppelt gesüßt. Sein Geburtstag liegt im September. Seine Mutter starb vor zwei Jahren, und sein Vater hat im vergangenen Frühling wieder geheiratet. Als kleiner Junge baute er Subraumfunkgeräte. Er mag Frikandoeintopf, Endiviensalat und als Nachspeise Weizenfladen.

35: Das Paradies-Experiment (»Paradise«)

Ausstrahlung USA: 12. Februar 1994
Deutsche Erstausstrahlung: 16. September 1994 (SAT1)
Drehbuch: Jeff King, Richard Manning, Hans Beimler,
nach einer Geschichte von Jim Trombetta, James Crocker
Regie: Corey Allen
Darsteller: Julia Nickson, Steve Vinovich, Michael Buchman
Silver, Erick Weiss, Gail Strickland, Majel Barrett

Da ihr Shuttle einen Energieverlust erleidet, beamen Sisko und O'Brien auf einen Planeten, auf dem eine Gruppe Föderationszivilisten unter der Führung einer Frau namens Alixus ein einfaches, natürliches Leben führen. Anfangs werden sie willkommen geheißen, aber ihren Versuchen, mit DS9 Kontakt aufzunehmen, begegnet man mit Feindseligkeit. Währenddessen suchen Kira und Dax nach ihren Freunden. Da er nicht bereit ist, sich den Regeln von Alixus zu beugen, wird Sisko bestraft, indem er in einer Metallkiste in der Sonne schmoren muß. Unterdessen findet O'Brien heraus, daß die Energieverluste nicht auf natürliche Ursachen zurückzuführen sind, sondern von einem technischen Instrument verursacht werden. Als Kira und Dax eintreffen, um ihre Freunde zu retten, reagiert die Gemeinschaft entsetzt auf die Nachricht, daß Alixus das Schiff sabotierte und dann den Energieverlust hervorrief, um sie dort festzuhalten. Obwohl Alixus von den Besuchern nach DS9 mitgenommen wird, entscheidet sich die Gemeinschaft dafür, ihr Leben wie bisher weiterzuführen.

Sternzeit: 47573,1

Fremde neue Welten: Ein namenloser Planet im Aurelius-System. Gamelan 5 (siehe »Final Mission« [»Die letzte Mission«]) wird erwähnt.

Technologie: Wir hören von Thorium-Schmierfett. Ein duonetisches Feld hemmt den Energiefluß.

Zukunftsgeschichte: Gulinka war ein berühmter Football-Spieler.

Notizen: Diese Story ist ziemlich verstörend, eine Alptraumvorstellung, aber Sisko wird leider öfter mit Dingen konfrontiert, die unterhalb Picards oder Kirks Würde wären, und das auch noch, ohne angemessen als Held gefeiert zu werden.

Die Shuttles wurden vor zwei Jahren in Dienst gestellt. Die *Gazo* ist ein romulanisches Schiff. Die USS *Crocker* wird erwähnt. Die *Santa Maria* war ein M1-Transportschiff.

O'Brien lernte seine technischen Finessen an der cardassianischen Front. Mit Pflanzen hat er keine glückliche Hand. Er kann jemanden außer Gefecht setzen, ohne ihm weh zu tun. Auf der Erde lernte Dax einen Hopi kennen, der Tricks mit einem Seil beherrscht. Sisko und seine Brüder arbeiteten im Gemüsegarten ihres Vaters. Sisko ist ein schlechter Pokerspieler (Bluffen ist für ihn sehr schwierig), und Admiral Mitsuya besiegt ihn jedesmal, wenn sie zusammen spielen.

36: Die Illusion (»Shadowplay«)

Ausstrahlung USA: 19. Februar 1994
Deutsche Erstausstrahlung: 19. September 1994 (SAT1)
Drehbuch: Robert Hewitt Wolfe
Regie: Robert Scheerer
Darsteller: Philip Anglim, Kenneth Mars, Kenneth Tobey, Noley Thornton, Trula M. Marcus, Martin Cassidy

Dax und Odo entdecken ein bewohntes Tal auf dem zweiten Planeten eines Systems, das im Gamma-Quadranten liegt. Odo untersucht das mysteriöse Verschwinden der meisten Dorfbewohner und entdeckt, daß die Menschen alle Hologramme sind, die glauben, am Leben zu sein. Das Verschwinden wird durch defekte Maschinen verursacht. Es gibt nur einen realen Menschen in diesem Gebiet, der Dax bittet, die notwendigen Reparaturen vorzunehmen. Dax und Odo verlassen daraufhin das Dorf in Frieden, mit dem Wissen, daß es die letzte Erinnerung an eine Welt darstellt, wie diese war, bevor das Dominion sie eroberte.

Sternzeit: 47603,3

Fremde neue Welten: Die holographische Gesellschaft ist eine Simulation des Lebens auf dem Planeten Yadeer Prime vor dreißig Jahren, kurz bevor das Dominion ihn übernahm.

Quarks Cousin Cono hat gerade ein Museum auf Cardassia 5 ausgeraubt.

Neue Lebensformen: Cono flüchtete auf einem tellaritischen Frachter.

Die Menschen, die Odo und Kira im Gamma-Quadranten entdecken, haben schon von den Formwandlern gehört, aber wie Croden in »Vortex« [»Der Steinwandler«] glauben sie, daß diese ein Mythos sind.

Technologie: Omicronpartikel sind sehr selten und blockieren Scanner und Tricorderfunktionen. Diese Partikel werden nur durch bestimmte Materie/Antimaterie-Reaktionen freigesetzt.

DS9 verwendet farbcodierte isolineare Stäbe: weiß für die Maschinenraumsteuerung, rot für Bücherei und Informationsspeicherung und blau (nicht spezifiziert).

Notizen: »Es ist eine Illusion – eine Illusion, die ich erschaffen habe.« *DS9* greift das Thema auf, ob Hologramme wissen, daß sie nicht echt sind, und macht auch einen Abstecher in Richtung »seltsamer Alien/junges Mädchen-Beziehung«, nie in der *TNG*-Folge »Thine Own Self« [»Radioaktiv«] zu sehen. Es ist alles wirklich bezaubernd gemacht, aber leider kaum originell.

Dax erwähnt »sieben Lebenszeiten« (siehe »Invasive Procedures« [»Der Symbiont«] und »Equilibrium« [»Das Equilibrium«]). Quark hat einen weiteren Cousin (siehe »Q-Less« [»Q-unerwünscht«]) namens Cono. Jake ist fünfzehn, Nog ist etwas älter. O'Briens Vater wollte, daß Miles Musiker wird, also übte dieser täglich das Cellospielen (siehe bei *TNG* »The Ensigns of Command« [»Die Macht der Paragraphen«]). Im Alter von siebzehn Jahren bestand er die Aufnahmeprüfung an der aldebaranischen Musikakademie, ging aber nie dorthin.

Kira und Vedek Bareil sind sich über die Interpretation der achten Prophezeiung uneinig. Bareils Vorschläge weiterer Diskussionspunkte bestehen u.a. aus folgenden Themen: die Katterpodernte der Ilverner (siehe »Progress« [»Mulliboks Mond«]), ein neues Naturschutzgebiet in der Intaspool-Provinz und die Ergebnisse der Springball-Meisterschaft. Kira spielte mit ihren Brüdern im Singa-Flüchtlingslager; Bareil war in Relika.

Zweite Staffel

37: Der Trill-Kandidat (»Playing God«)
Ausstrahlung USA: 26. Februar 1994
Deutsche Erstausstrahlung: 20. September 1994 (SAT1)
Drehbuch: Jim Trombetta, Michael Piller,
nach einer Geschichte von Jim Trombetta
Regie: David Livingston
Darsteller: Geoffrey Blake, Ron Taylor, Richard Poe

O'Brien ist mit der »Invasion« cardassianischer Ratten beschäftigt, und Dax beurteilt Arjin, einen Kandidaten für einen Trill-Gastkörper. Dax hat den Ruf, mit potentiellen Kandidaten hart umzuspringen, aber Arjin ist trotzdem über Jadzias Verhalten schockiert. Es gibt jedoch Wichtigeres – ihr Shuttle bringt eine Art Weltraumtang mit nach *DS9* zurück, der sofort damit beginnt, die Station aufzufressen. Analysen deuten daraufhin, daß es sich dabei um ein ganz eigenes Protouniversum handelt, das nach und nach das bestehende Universum ersetzen wird. Sisko kann dessen Zerstörung nicht zustimmen. Dax und Argin bringen das Ding durch das Wurmloch zurück, wo es keine direkte Gefahr mehr darstellt.

Sternzeit: Nicht genannt.

Fremde neue Welten: Dax' männlicher Sparringspartner muß am nächsten Tag auf Coladea 4 sein.

Neue Lebensformen: Cardassianische Ratten sind auf *DS9* ein Problem: Sie versteckten sich in Bereichen der Station, die man erst vor kurzer Zeit wieder zur Benutzung freigegeben hatte. Sie werden von elektromagnetischen Feldern angezogen.

Das Shuttle bringt eine sogenannte interphasische Subraum-Tasche zurück, stellaren »Seetang« mit darin erkennbaren Lebenszeichen, die ein Proto-Universum sein könnte.

Technoblabla: Offensichtlich ist das Wurmloch voller Verteron-Knoten, die das Mini-Universum beeinflussen.

Ferengi-Erwerbsregeln: Quark sagt, die einhundertzwölfte Regel würde »Schlafe niemals mit der Schwester deines Bosses« lauten, aber er wird vermutlich über seine eigenen schlechten Erfahrungen in der Vergangenheit plaudern.

Quarks Bar: Befindet sich auf Ebene sieben, Sektion fünf.

Herausragende Dialoge: Quark zu Dax: »Spielen Sie nicht mit meinen Ohren – es sei denn, Sie meinen es ernst.«

Sisko: »Phaser auf Betäubung, Mr. O'Brien. Ich will diese Ratten lebend.«

Später: »Und lassen Sie die Phaser nicht länger auf Betäubung, Chief. Jetzt wird's ernst.«

Quark beschreibt seine derzeitige Situation: »Hier draußen in ›Wurmloch Junction‹ die Bar hüten, während die großen Jungs mit Warpgeschwindigkeit an mir vorbeifliegen.«

Notizen: Die bisher beste Dax-Story. Es ist eine Schande, daß die Nebenhandlung mit den Ratten auf halbem Wege plötzlich vergessen wird, nachdem ein interessanter Kontrast hergestellt wurde: Zum einen die Ausrottung der Ratten als Ungeziefer, das Verhalten der Borg, an das sich Sisko erinnert fühlt, und schließlich das Schicksal des winzigen Universums. Vielleicht hatte das Produktionsteam keine Lust, ein *DS9*-Äquivalent zu den Tribbles zu entwickeln. Das Ende ist leider unbefriedigend: Was genau geschieht mit dem Mini-Universum, wenn sie den Gamma-Quadranten erreicht haben?

5000 Gastkörperkandidaten qualifizieren sich im Symbioseprogramm der Trill jährlich, obwohl nur durchschnittlich 300 Symbionten erhältlich sind. Dax ist berüchtigt für ihren harten Umgang mit den Gastkörper-Anwärtern. In den letzten 200 Jahren hat Dax allein 57 Leih-Kandidaten persönlich aus dem Programm geworfen. Curzon Dax war Jadzias Assessor: Er schlug vor, ihre Einführungsphase zu beenden. Zu der Zeit lebte sie sehr zurückgezogen und hatte wenig Ahnung vom Leben außerhalb des Symbiosisprogrammes: Die Ablehnung führte ironischerweise dazu, daß sie Dax' nächster Gastkörper wurde (siehe »Equilibrium« [»Das Equilibrium«]). Jadzia Dax nimmt gerne an einer »brutalen, aber spaßigen« Art des Catchens teil. Sie empfiehlt den »Zitrusblend« des Replikators, aber bevorzugt eigentlich selbst das »Schwarze Loch«. Sie »sammelt« vergessene Komponisten und bittet den Computer des Shuttles, ein Stück von Frenchat zu spielen, einem Romulaner, der sich selbst ins Exil verbannte. Sie bringt dem klingonischen Wirt ein klingonisches Lied bei, das er selbst nicht kannte. Jadzia ist ein Pilot der Ebene drei (Arjin ist auf Ebene fünf). Dax' Gastkörper vor Curzon hieß anscheinend Lila (in »Equilibrium« [»Das Equilibrium«] wird das anders dargestellt).

Als Quark noch sehr jung war, arbeitete er für den Unternagus des Distrikts. Jake erklärt, daß er in Mata, ein Dabo-Mädchen, verliebt ist (siehe »The Abandoned« [»Der Ausgesetzte«]).

Bashir und der Trill-Gastkörper Arjin sind gerade von Sternenbasis 41 eingetroffen.

38: Profit und Verlust (»Profit and Loss«)
Ausstrahlung USA: 19. März 1994
Deutsche Erstausstrahlung: 21. September 1994 (SAT1)
Drehbuch: Flip Kobler, Cindy Marcus
Regie: Robert Wiemer
Darsteller: Mary Crosby, Michael Reilly Burke

Quarks ehemalige Liebhaberin, die cardassianische Professorin Natima Lang, kehrt nach *DS9* zurück – und die Jahre haben die Leidenschaft des Ferengi nicht getrübt. Zunächst widersteht sie seinen Annäherungsversuchen, wartet ungeduldig darauf, daß ihr Schiff repariert wird, damit sie mit ihren beiden Studenten weiterfliegen kann. Die Cardassianer wollen sie jedoch wegen Subversion vor Gericht stellen und schicken ein Schlachtschiff, um klarzumachen, wie ernst sie es meinen, wobei Garak als Vermittler fungiert. Die bajoranische Regierung befiehlt Sisko, die Cardassianer zu übergeben: Als Gegenleistung sollen sechs Bajoraner von Cardassia nach Bajor zurückgeschickt werden. Lang wird bewußt, daß sie für Quark immer noch Gefühle hegt, und der Ferengi erarbeitet einen Fluchtplan. Er bettelt Odo an, Lang und die Studenten freizulassen, was der auch tut, da er weiß, was für ein schreckliches Schicksal sie erwarten würde. Auf dem Weg zu ihrem Schiff begegnen sie dem mit einem Phaser bewaffneten Garak, aber er erlaubt ihnen zu passieren, als ihm bewußt wird, daß sein Exil auf *DS9* nicht so leicht beendet werden kann. Quark verabschiedet sich traurig von Lang, und Garak bemerkt, daß der Einfluß von Lang und den anderen für Cardassia eigentlich nur gut sein kann.

Sternzeit: Nicht genannt.

Fremde neue Welten: Personentarngeräte sind auf Bajor verboten (man muß nicht erwähnen, daß Quark trotzdem eins besitzt).

Neue Lebensformen: Garak sagt, daß General Yeree beschlossen hat, seinen Bruder wegen Verrats an der trellonianischen Regierung exekutieren zu lassen.

Ferengi-Erwerbsregeln: Quark will gerade die zweihundertdreiundzwanzigste Regel zitieren, als er von Lang unterbrochen wird.

Notizen: »Ich liebe dich Quark. Ich habe dich immer geliebt, sogar als ich dich gehaßt habe.« Eine wundervolle Quark-Liebesgeschichte, die bei weitem besser ist, als sie klingt. Endlich erforscht sie seine »nicht-gierige« Seite, die vorher immer nur angedeutet wurde, und diesmal werden die Erwartungen des Zuschauers, daß an einem Punkt die kapitalistische Pointe kommt, gänzlich enttäuscht. Zusammen mit einigen exzellenten Szenen mit Odo und Garak, der zu dem Ergebnis kommt, daß er lange genug im unehrenhaften Exil gelebt hat, bildet diese Episode ein Juwel von einer Geschichte.

Cardassia scheint der Kontrolle des Militärs zu entgleiten. Professor Lang trinkt keine Samarian Sunsets mehr (siehe »Conundrum« [»Mission ohne Gedächtnis«] bei *TNG*), da sie diese an Quark erinnern. Sie glaubt, daß ihre Lehren über politische Ethik »die politische Zukunft Cardassias verändern« werden. Bevor Odo nach *DS9* kam, war sie Korrespondent des cardassianischen Informationsdienstes und rettete Quarks Leben, als er an die Bajoraner Lebensmittel verkaufte. Sie war mit ihm zusammen, als er seine erste Holosuite installierte, verließ aber die Station vor sieben Jahren (was den Informationen von »Emissary« [»Der Abgesandte«] in bezug auf die Dauer von Quarks Anwesenheit auf *DS9* widerspricht).

O'Brien hat Odo »Ich, der Richter« von Mickey Spillane geliehen (natürlich die elektronische Fassung).

39: Der Blutschwur (»Blood Oath«)
Ausstrahlung USA: 28. März 1994
Deutsche Erstausstrahlung: 22. September 1994 (SAT1)
Drehbuch: Peter Allan Fields
Regie: Winrich Kolbe
Darsteller: John Colicos, Michael Ansara, William Campbell, Bill Bolender, Christopher Collins

Zweite Staffel

Drei alte Klingonen, die nach ihrem alten Freund Dax suchen, treffen auf *DS9* ein. Vor langer Zeit schworen sie einen Eid, den Tod der erstgeborenen Kinder der Klingonen durch die Hand des Albino, einen klingonischen Schurken, zu rächen. Dax fühlt sich auch in dem neuen Körper an den Schwur gebunden, und nachdem sie das Vertrauen der Krieger gewonnen hat, schließt sie sich dem Angriff auf das Heim des Albinos an. Nach vielen Intrigen und brutaler Aktion wird der Schurke zusammen mit zwei Klingonen im Kampf getötet, und Dax hat ihren Eid erfüllt.

Sternzeit: Nicht genannt.

Fremde neue Welten: Der erdähnliche vierte Planet des Cicara-Systems, auf dem sich der Albino versteckt. Wir hören von Deus 4, wo seine Ex-Frau lebte, und von Gal Vontere, wo die Gruppe von Rächern ihm zum ersten Mal begegnete. Curzon Dax verhandelte mit Koloth über die Korvach-Kolonie.

Neue Lebensformen: Die Depradeder sind entweder ein Volk oder eine Gruppe von Personen, die vor achtzig Jahren von dem Albino angeführt wurden. Der Toohimiras ist kränklich.
 D'har ist eine Kampfdisziplin; Kor und Koloth sind darin Meister. Breshtanti Ale und Backbon sind Drinks, ein Goptu ist ein klingonischer Kelch. Ein Teil ihrer Anatomie ist das Keyvons. K'ojol Makt bedeutet, übertrieben mutig zu sein . Ein Bat'telh wiegt 5,3 Kilogramm und besteht aus einem Backenitgemisch.

Technologie: Tetryonpartikel neutralisieren Phaser. Ridimit ist ein hartes Material.

Zukunftsgeschichte: Die Schlacht von K'laak d'kel brakt war ein klingonischer Sieg über die Romulaner vor hundert Jahren, in die Kor verwickelt war.

Notizen: Dies ist ein wunderbarer, aufregender »Kung-Fu-Film«, in dem Dax viel zu tun hat, wodurch ihre Rolle tiefergehend charakterisiert wird. Die drei Klingonen sollen eindeutig dieselben drei mit den gleichen Namen aus der Originalserie sein, was zeigt, daß unser veränderter Eindruck von den Klingonen möglicherweise nur Einbildung ist. Ihre Persönlichkeit hat sich immerhin ein bißchen verändert.

Dax war der Taufpate von Kangs Sohn, der ebenfalls Dax hieß. Curzon wurde viele Male wegen seiner Diplomatie geehrt, er öffnete die Tür zum Frieden zwischen den Klingonen und den Menschen.
Die iyengeranische Strategie ist listig.

40: Der Maquis I (»The Maquis I«)

Ausstrahlung USA: 23. April 1994
Deutsche Erstausstrahlung: 23. September 1994 (SAT1)
Drehbuch: James Crocker, nach einer Geschichte von
Rick Berman, Michael Piller, Jeri Taylor, James Crocker
Regie: David Livingston
Darsteller: Bernie Casey, Tony Plana, Bertila Damas,
Richard Poe, Michael A. Krawic, Amanda Carlin, Michael Rose,
Steven John Evans

Ein cardassianischer Frachter wird von einer Bombe zerstört, während er *DS9* verläßt. Der Maquis, eine Föderationsbürgerwehr aus der entmilitarisierten Zone zwischen dem Gebiet der Föderation und dem Gebiet von Cardassia, übernimmt dafür die Verantwortung. Siskos alter Freund Cal Hudson, Verbindungsmann für die entmilitarisierte Zone, erscheint auf *DS9* und behauptet, daß die Cardassianer den Vorfall ausnutzen werden. Gul Dukat bittet Sisko, ihm bei der Unterwerfung des Maquis zu helfen. Dann wird Dukat vom Maquis entführt. Bei der Verfolgung entdeckt Sisko, daß Hudson der Anführer des Maquis ist.

Sternzeit: Nicht genannt.

Fremde neue Welten: Wir hören von dem Regulan-System und von den Volon-Kolonien in der entmilitarisierten Zone, zu denen auch Solkod 4 gehört, wo sich Ropol City befindet, genauso wie auch Galador 2 und Ferrius Prime. Die Badlands sind ein Gebiet an der cardassianischen Grenze, in dem Plasmastürme herrschen.

Neue Lebensformen: Bolianer, Bardesaner, Galadorianer, Luceptianer, Katokianer und Galaminer, deren Gehirn doppelt so groß ist, wie das eines Menschen, werden alle erwähnt.

Technologie: Kobalt-Thorium-Geräte sind Bomben. Phaser der Gala-Klasse sind eine Waffe der Föderation. Kalendin und Rhodinium sind gebräuchliche Schiffsmaterialien der Cardassianer. Mercassium ist ein synthetischer Stoff, der beim Bau von Föderationsschiffen verwendet wird.

Ferengi-Erwerbsregeln: Zweihundertvierzehnte Regel: Beginne nie ein Geschäftsgespräch mit leerem Magen.

Herausragende Dialoge: Kira: »Wenn ich einem Mann einen ›Gute-Nacht-Kuß‹ gebe, möchte ich wissen, wohin ich ihn küsse.«

Notizen: Diese Folge hat wieder einmal die besondere *DS9*-Qualität. Sie zeigt komplexe politische Intrigen, und Marc Alaimo (Dukat), die Verkörperung der zweifelhaften Ethik der Serie, spielt so wunderbar wie immer.

300 Jahre alter Vulkanischer Port ist ein Drink. Ab dem Alter von vier Jahren erhalten Cardassianer ein intensives Gehirntraining. Gul Dukat war zehn Jahre lang Commander von DS9. Er ist Commander zweiten Grades und hat sieben Kinder.

Sisko ist ein alter Freund von Commander Calvin Hudson, dem Attaché der Sternenflotte für die Kolonien innerhalb der entmilitarisierten Zone (auf cardassianischem Gebiet). In New Berlin gingen sie auf das Mazurka-Festival, und Sisko trug eine Lederhose. Den Hut hat er immer noch.

Kira lebte sechsundzwanzig Jahre lang unter cardassianischer Herrschaft (also ist sie etwa achtundzwanzig Jahre alt). Die Vulkanier haben einen Haftbefehl gegen Quark. Sie haben auch eine Verfassung.

41: Der Maquis II (»The Maquis II«)
Ausstrahlung USA: 30. April 1994
Deutsche Erstausstrahlung: 26. September 1994 (SAT1)
Drehbuch: Ira Steven Behr, nach einer Geschichte von
Rick Berman, Michael Piller, Jeri Taylor, Ira Steven Behr
Regie: Corey Allen
Darsteller: Bernie Casey, Tony Plana, John Schuck, Natalija Nogulich, Bertila Damas, Michael Bell, Amanda Carlin, Michael Rose

Hudson behauptet, daß die Cardassianer Waffen zu ihren Kolonien in der entmilitarisierten Zone schmuggeln, dann zieht er sich zurück. Nachdem er eine Vulkanierin verhört hat, die von Quark Waffen zu kaufen versucht hat, entdeckt Sisko die Basis des Maquis und Dukat, der schockiert ist, als er herausfindet, daß die Cardassianer ihn als Sündenbock für den Schmuggel verwenden wollen. Der Maquis plant die Zerstörung eines cardassianischen Waffenlagers unter einer zivilen Siedlung. Sisko und seine Besatzung fangen die Maquis-Schiffe ab und vereiteln ihren Plan, aber Hudson entkommt.

Sternzeit: Nicht genannt.

Fremde neue Welten: Bolon 3, Umeth 8 und Horken 7, sie liegen alle in der entmilitarisierten Zone, sowie der cardassianische Planet Brima.

Neue Lebensformen: Die Agreaner bauen Weizen an. Die Zeppeliter (grauer Kopf mit einem Grat und fischähnlichem Gesicht) und Lucethianer waren cardassianische Zwischenhändler, aber nur die letzteren wurden verhaftet.

Ferengi-Erwerbsregeln: Dritte Regel: Niemals mehr für einen Erwerb ausgeben, als unbedingt nötig.

Herausragende Dialoge: Quark: »Vulkanier sind eine Rasse, die gute Ohren schätzen.«
Dukat: »Würden Sie endlich aufhören zu reden und auf sie schießen?«

Zukunftsgeschichte: Auf der Erde gibt es weder Armut, Kriminalität noch Krieg.

Notizen: Das Ende ist nicht so gut wie der Anfang, aber das ist bei *Star Trek*-Zweiteilern ja immer so, und Dukat macht nach wie vor riesigen Spaß.
Hudson und Sisko schwören sich, mit dreißig Captain und mit vierzig Admiral zu sein. Die Cardassianer werden von ihrem Oberkommando geleitet. Legate ist ein cardassianischer Rang (siehe auch »Second Skin« [»Die zweite Haut«]). Dukat kann seine Gedanken bei einer vulkanischen Gedankenverschmelzung abschir-

men. Cardassianische Gerichte fällen das Urteil, bevor das öffentliche Spektakel der Gerichtsverhandlung beginnt (siehe »Tribunal« [»Das Tribunal«]).

42: Das Implantat (»The Wire«)
Ausstrahlung USA: 7. Mai 1994
Deutsche Erstausstrahlung: 27. September 1994 (SAT1)
Drehbuch: Robert Hewitt Wolfe
Regie: Kim Friedman
Darsteller: Jimmie F. Skaggs, Ann Gillespie, Paul Dooley

Garak scheint es absolut nicht gut zu gehen, aber er läßt eine Untersuchung durch Bashir nicht zu, bis er mit unglaublichen Schmerzen schließlich ohnmächtig zusammenbricht. Es stellt sich heraus, daß ihm durch seinen ehemaligen Arbeitgeber (die cardassianische Geheimpolizei, die ihn unehrenhaft entlassen hat) ein Foltergerät implantiert wurde. Bashir, der ihn heilen will, besucht Garaks alten Vorgesetzten, der Garaks diverse Aussagen über den Nutzen des Gerätes dementiert, dem Doktor aber die Wahrheit nicht sagen will. Er gibt Bashir jedoch die nötige Unterstützung, um den Cardassianer heilen zu können. Es scheint, als wäre der Tod zu gnädig für Garak...

Sternzeit: Nicht genannt.

Fremde neue Welten: Wir hören von Erowath (eine cardassianische Kolonie), Mared 2 (hier soll man über fortgeschrittene Technologien verfügen), Rigel 4 (wo Konferenzen über Hydroponiks stattfinden) und Lidonia 3 (wo man Pflanzen kaufen kann).

Neue Lebensformen: Galitogener haben keine Zeitrechnung und machen gute Pullover. Das algorianische Mammut hat eine sehr kräftige Konstitution.

Technologie: Triptecederin ist ein starkes Betäubungsmittel. Tennisschläger werden aus einer Nilimitlegierung gemacht. Schneider verwenden Größenscanner.

Quarks Bar: Saurianischer Brandy ist ein Getränk, idanianischer Gewürzpudding ist eine Speise. Kanar ist ein alkoholisches Getränk der Cardassianer.

Herausragende Dialoge: Garak über Quarks Bar: »Ich bin wirklich nicht in der Stimmung für Lärm, Gedränge und vulgäres Verhalten.«
Bashir macht auf Pille: »Ich bin Arzt, kein Botaniker.«

Notizen: Das geht eine Weile so weiter, und es wird immer deutlicher erkennbar, daß von uns erwartet wird, Garak als überzogene Alibifigur zu akzeptieren – aufgrund der Tatsache, daß er ein Schneider ist.... Nun das hilft der Sache sehr viel, zumal er genauso ein Macho ist, wie jeder andere Cardassianer auch. Was kommt als nächstes, ein vulkanischer Friseur?

Der Obsidianische Orden ist die cardassianische Geheimpolizei, dem romulanischen Tal Shi'ar sehr ähnlich (siehe auch: »Second Skin« [»Die zweite Haut«]). Garak behauptet, ein Gul beim Militär und ein Mitglied des Obsidianischen Ordens gewesen zu sein, und gibt mehrere einander widersprechende Gründe für sein Exil an. Sein Implantat schützt »bestimmte Informationen«, macht ihn gegen Folter resistent und wurde ihm von Inabran Tain, dem Leiter des Obsidianischen Ordens, verpaßt. Garaks Vorname ist Elim.

Der postzentrale Gyrus ist ein Teil des cardassianischen Gehirns. Großartige cardassianische Werke sind *Die niemals endende Opferung*, ein sich ständig wiederholendes Epos (Bashir fand es langweilig), das von sieben Generationen einer Familie handelt, und *Meditationen über einen blutroten Schatten* von Prioch, ein Science Fiction-Roman über einen klingonischen-cardassianischen Krieg.

Bashirs Mittelname ist Subatoi. Er und Garak essen einmal wöchentlich zusammen zu Mittag. Odo belauscht Quarks Subraumkommunikation mit Hilfe einer Wanze in seiner Kabine. Quark und Garak haben vorher noch nie miteinander Geschäfte abgewickelt. Dax war noch nie ein guter Gärtner: Curzon versuchte es, aber ohne Glück, wie bei seinen Beziehungen zu Frauen.

43: Die andere Seite (»Crossover«)

Ausstrahlung USA: 14. Mai 1994
Deutsche Erstausstrahlung: 28. September 1994 (SAT1)

Drehbuch: Peter Allan Fields, Michael Piller, nach einer Geschichte von Peter Allan Fields
Regie: David Livingston
Darsteller: John Cothran Jr., Stephen Gevedon, Jack R. Orend, Dennis Madalone

Ein Unfall im Wurmloch bringt Kira und Bashir in eine Parallelwelt, auf der die Bajoraner, Cardassianer und Klingonen die pazifistische Erde besiegt haben, und *DS9* von Kiras dominanter Doppelgängerin beherrscht wird. Bashir wird von einem wirklich bösartigen Odo zur Arbeit mit einem eingeschüchterten O'Brien geschickt, während Kira von ihrem anderen Selbst bewacht wird. Die Besucher schaffen es, eine unmoralische Freibeuterversion von Sisko zur Rebellion zu überreden und flüchten zurück in das Wurmloch, als ein Aufstand die Station erschüttert.

Sternzeit: 47891,1

Neue Lebensformen: Drathanische Puppyliks sind Haustiere. Samhoraner sind eine intelligente Spezies.

Bashirs (mißlungene?) Eroberungen:
Er folgt Kira (zu ihrem Grauen) in das Shuttle.

Herausragende Dialoge: Die Spiegelbild-Kira über ihr anderes Selbst: »Finden Sie für diese... attraktive junge Frau ein Quartier.«

Notizen: Dies ist mit Sicherheit die schärfste *DS9*-Episode bisher, in der die Personen einen Trip in das Land der Fan-Phantasien unternehmen, und Kira ihrem lüsternen Ebenbild begegnet, während Bashir versklavt wird. Nana Visitor genießt ihre Rolle sichtlich, eine Mischung aus Kleopatra und Mae West. Man muß zwar immer noch schlecht und unreal sein, um in *DS9* homosexuell sein zu dürfen, aber es gibt Ansätze... obwohl das Ende sehr vereinfacht wird.

Kira meditiert täglich. Bashir wurde von einem samhoranischen Lehrer unterrichtet. Tor Joran ist ein bajoranischer Komponist, nicht einer der baldarischen Meister des vergangenen Jahrhunderts. Kira hat noch nie von James Kirk gehört, aber Bashir hat über die Ereignisse in »Mirror, Mirror« [»Ein Parallel-Universum«] an der Akademie gelesen.

In dem Spiegeluniversum bekehrte vor hundert Jahren ein geläuterter Spock das irdische Imperium zum Pazifismus. Die klingonisch-cardassianische Allianz gewann den Krieg gegen die Erde. In diesem Universum ist Odo ein autoritärer Opportunist, Quark ein gutherziger Rebell, Sisko ein unmoralischer Freibeuter, O'Brien ein an seinen Löckchen zupfendes Opfer, Garak ein gnadenloser Folterer und Kira eine bisexuelle Domina. Also, ihr seht, hier hat sich nichts verändert!

44: Die Wahl des Kai (»The Collaborator«)
Ausstrahlung USA: 21. Mai 1994
Deutsche Erstausstrahlung: 29. September 1994 (SAT1)
Drehbuch: Gary Holland, Ira Steven Behr, Robert Hewitt Wolfe, nach einer Geschichte von Gary Holland
Regie: Cliff Bole
Darsteller: Louise Fletcher, Philip Anglim, Bert Remsen, Camille Saviola, Charles Parks, Tom Villard

Der neue Kai soll bald gewählt werden, und der aussichtsreichste Kandidat ist derzeit Vedek Bareil. Er wird aber durch Visionen von einem Geistlichen geplagt, der sich erhängt, nachdem er den Ort einer Rebellenbasis während der Besetzung preisgab. Dann kehrt ein verräterischer bajoranischer Minister von Cardassia zurück. Vedek Winn gewährt ihm Schutz, da er behauptet, daß Bareil der eigentliche Verräter sei. Winn bringt Kira dazu, Nachforschungen über ihren Liebhaber anzustellen. Sie entdeckt, daß es in Wirklichkeit Kai Opaka gewesen ist, die Information preisgab, die zu einem Massaker führte, aber Bareil weigert sich, zu den Vorwürfen Stellung zu nehmen, da er das Andenken an die Kai nicht beschmutzen will. Winn wird dadurch die neue Kai.

Sternzeit: Nicht genannt.

Fremde neue Welten: Das Di Kean-Kloster liegt auf Bajor.

Ferengi-Erwerbsregeln: Zweihundertfünfundachtzigste Regel: Einer guten Tat folgt die Strafe auf dem Fuße.

Notizen: Ein wunderbares Drehbuch, das aufgrund seiner realpolitischen Bezüge, für die *DS9* bekannt ist, mit den Erwartungen der

Zuschauer spielt, und uns glauben läßt, daß Kiras Liebhaber nun bald die Serie verlassen muß, zumal er ohnehin nicht zu den Hauptpersonen gehört. Komplizierte menschliche Beziehungen und Kompromisse dieser Art stellen ein Thema dar, dem sich Trek in keiner seiner bisherigen Formen genähert hat. Aber warum erwähnt keiner Odos Kollaboration? Dies ist den schrecklichen Space Opera-Auswüchsen von *TNG* bei weitem vorzuziehen.

Die Ilvianische Proklamation verurteilte alle bajoranischen Kollaborateure, ins Exil zu gehen. Kai Opakas Sohn wurde beim Massaker im Kendra-Tal getötet. Talina ist ein weiterer Vedek. Bareil war Kai Opakas Wahl, um der nächste Kai zu werden. Ein Vedek kann Schutz gewähren.

45: Das Tribunal (»Tribunal«)

Ausstrahlung USA: 30. April 1994
Deutsche Erstausstrahlung: 30. September 1994 (SAT1)
Drehbuch: Bill Dail
Regie: Avery Brooks
Darsteller: Caroline Lagerfelt, John Beck, Richard Poe, Julian Christopher, Fritz Weaver, Majel Barrett

Die O'Briens machen Urlaub, aber Miles wird von den Cardassianern gefangengenommen und erwacht auf Cardassia Prime. Er wird vor ein Gericht gestellt, weiß aber nicht, was ihm überhaupt vorgeworfen wird – und sein Verteidiger ist nur daran interessiert, daß er auf möglichst anmutige Weise seine Fehler zugibt. Odo darf dem Tribunal beiwohnen. O'Brien wird vorgeworfen, vierundzwanzig Photonensprengköpfe an den Maquis geliefert zu haben. Die bisher auf *DS9* gefundenen Beweise scheinen tatsächlich anzudeuten, daß Miles die Entfernung dieser Waffen autorisiert hat, aber er wurde in Wahrheit in eine Falle gelockt. Sisko macht gewaltigen politischen Druck, und O'Brien wird schließlich freigelassen.

Sternzeit: Nicht genannt.

Fremde neue Welten: Auf Cardassia wird die Schuld vor dem Verhandlungsbeginn festgesetzt. Die Verhandlung – bei der ein Angeklagter zum ersten Mal die gegen ihn erhobenen Vorwürfe hört –

ist deshalb nur ein öffentliches Spektakel, bei dem der Angeklagte die Fehler seiner Handlung nach bestimmten Richtlinien einsieht. Gnade wird niemals gewährt. O'Brien wird im Zentralgefängnis auf Cardassia Prime festgehalten.

Volden 3 liegt auf der cardassianischen Seite der entmilitarisierten Zone.

Technologie: Die Cardassianer benötigen Liderian für ihren Warpantrieb.

Notizen: Die *DS9*-Version von »Chain of Command« [»Geheime Mission auf Celtris Drei«], nur nicht so gut.

O'Brien und Boone dienten zusammen auf der *Rutledge* (siehe »The Wounded« [»Der Rachefeldzug«]). Miles und Keiko wollten ihre ersten Ferien seit fünf Jahren verleben und wollten Molly (jetzt fünf Jahre alt) bei den Petersons lassen (siehe »Cardassians« [»Die Konspiration«]). Kurz bevor das cardassianische Patrouillenschiff der Adeki-Klasse auftaucht, bittet O'Brien den Computer, etwas von Minizaki zu spielen. Die *Enterprise*, die *Prokofiev* und die *Valdemar* werden an die Grenze der entmilitarisierten Zone beordert.

Odo wurde vor vier Jahren zum Offizier des cardassianischen Gerichts ernannt (siehe »Necessary Evil« [»Die Ermittlung«]). O'Briens Verhandlung ist die längste in der Geschichte von Cardassia.

46: Der Plan des Dominion (»The Jem'Hadar«)
Ausstrahlung USA: 7. Mai 1994
Deutsche Erstausstrahlung: 3. Oktober 1994 (SAT1)
Drehbuch: Ira Steven Behr
Regie: Kim Friedman
Darsteller: Molly Hagan, Alan Oppenheimer, Cress Williams, Michael Jake, Sandra Grando, Majel Barrett

Während sie eine wunderschöne Welt im Gamma-Quadranten erforschen, werden Sisko und Quark von einer telekinetischen Frau namens Eris angegriffen, die auf der Flucht vor den Jem'Hadar ist, den gefürchteten Söldnertruppen des Dominion. Bald darauf werden die drei von den mächtigen Eidechsensoldaten eingefangen, die Sisko darüber informieren, daß die Gründer – die Herrscher des Dominion – keine Schiffe mehr von der anderen Seite des Wurmlochs in ihr Gebiet lassen werden. Die Kolonie New Bajor wurde von den Jem'Hadar zerstört. Dank der Talente von Quark und Eris gelingt eine Flucht, und eine riesige Befreiungsaktion wird gestartet. Dabei wird jedoch die *Odyssey*, ein Raumschiff der Galaxy-Klasse, von den Jem'Hadar zerstört.

Zurück auf *DS9*, wird Eris als Spionin des Dominion entlarvt, aber sie beamt sich in Sicherheit. Sisko denkt über die Bedrohung nach, die die Jem'Hadar darstellen.

Sternzeit: Nicht genannt.

Fremde neue Welten: Der Planet, auf dem das Team im Gamma-Quadranten landet, erscheint wie die Erde während der devonianischen Periode. Es gibt eine reichhaltige Flora, Fische und Insekten, aber keine Raubtiere oder sonstigen großen Tiere. Die Atmosphäre besteht aus siebenundsiebzig Prozent Stickstoff, einundzwanzig Prozent Sauerstoff und zwei Prozent Kohlendioxid. Das Wasser enthält Spuren von Kupfer, Nickel und ein wenig Berithium. Der Planet erinnert Jake und Benjamin an einen Campingtrip, den sie mit Jennifer auf Itamish 3 unternahmen (Jennifer brachte Jake das Wasserskifahren bei).

Karil Prime wurde die Aufnahme in das Dominion angeboten, aber die Bewohner lehnten es ab. Das Dominion schickte daraufhin die Jem'Hadar.

New Bajor im Gamma-Quadranten besaß ein beeindruckendes Bewässerungssystem.

Neue Lebensformen: Die Jem'Hadar, große Eidechsensoldaten des Dominions. Die Jem'Hadar freuen sich darauf, mal gegen einige Klingonen kämpfen zu können, und sie haben bereits von dem Bat'telh gehört. Die Ferengi versuchen seit einem Jahr mit dem Dominion Handelsgespräche zu führen. Eris erklärt: »Das Dominion entscheidet, daß Sie etwas haben, was es will. Es kommt, um dies zu holen, durch Verhandlungen oder mit Gewalt.« Eris' Leute sind Telekineten, was die Aufmerksamkeit des Dominions weckte. Die Gründer sind die mythenumwobenen Herrscher des Dominion (siehe »The Search« [»Die Suche«]).

Ein bolianischer Frachter wird in zwei Tagen auf *DS9* erwartet.

Ferengi-Erwerbsregeln: Einhundertzweite Regel: Natur ist vergänglich, Latinum hält ewig.

Herausragende Dialoge: Ein entsetzter Nog, als ein Schiff Kurs auf das Shuttle nimmt: »Computer: Ausweichmanöver! Phaser abfeuern! Torpedos abfeuern! Rettungskapseln!«
Quarks Vermutung, warum Menschen die Ferengi nicht mögen: »So wie ich es sehe, waren Menschen den Ferengi einmal sehr ähnlich: gierig, habsüchtig, nur am Profit interessiert. Wir stellen die ständige Erinnerung an einen Teil Ihrer Vergangenheit dar, die Sie vergessen möchten... Aber die Menschen waren noch schlimmer als die Ferengi. Sklaverei, Konzentrationslager, interstellare Kriege – wir haben nichts in unserer Vergangenheit, was solch einer Barberei gleicht. Sie sehen, wir sind nicht so wie Sie. Wir sind besser.«

Notizen: »Haben Sie eine Idee, was hier passiert ist?« Die Einführung der gefährlichsten Trek-Außerirdischen seit den Borg, wieder sehr gut ausgeführt, obwohl die Geschichte wegen der vorhersehbaren Entwicklungen und dem bekannten Strickmuster dann doch stark nachläßt. Die Jem'Hadar bewegen sich schnell, aber sie sehen nicht sonderlich anders aus als irgendeine andere außerirdische Rasse, und ihre Schiffe sind ähnlich konventionell, trotz ihrer gewaltigen Feuerkraft.
Jake arbeitet für die Schule an einem wissenschaftlichen Projekt über bajoranische Katterpods (siehe »Progress« [»Mulliboks Mond«]). Quark besitzt eine Salbe für seine Ohren – sie reagieren manchmal auf die »Natur«. Er versucht noch immer Sisko dazu zu überreden, einige Produkte über die Bildschirme der Station verkaufen zu dürfen: dazu gehören andoreanischer Schmuck, vulkanische Edic-Nadeln und bolianischer Kristallstahl.
Captain Keogh hat schon einmal mit Dax zusammengearbeitet. Das Dominion hoffte, Eris als Spionin gegen die Föderation benutzen zu können, obwohl sie schon viele Informationen aus verschiedensten Quellen besitzen.
»Wenn das Dominion durch das Wurmloch kommt, wird die erste Schlacht hier ausgetragen werden, und ich möchte darauf vorbereitet sein.«

Dritte Staffel

Anhang
Deep Space Nine
Dritte Staffel

26 Folgen à 45 Minuten

Created by Rick Berman, Michael Piller
Based on *Star Trek*, created by Gene Roddenberry

Executive Producers: Rick Berman, Michael Piller
Co-Executive Producer: Ira Steven Behr
Producers: René Echevarria, Peter Lauritson
Co-Producer: Steve Oster
Supervising Producers: Ronald D. Moore, David Livingston
Line Producer: Robert della Santina
Executive Story Editor: Robert Hewitt Wolfe

Hauptdarsteller: Avery Brooks (Commander Sisko), Rene Auberjonois (Odo), Siddig el Fadil (Dr. Bashir), Terry Farrell (Lt. Dax), Cirroc Lofton (Jake Sisko), Colm Meaney (Chief O'Brien), Armin Shimerman (Quark), Nana Visitor (Major Kira), Andrew Robinson (Garak, 47, 50, 52, 63-66), Rosalind Chao (Keiko O'Brien, 48, 55), Max Grodénchik (Rom, 48, 59), Marc Alaimo (Gul Dukat, 52, 54), Majel Barrett (Lwaxana Troi, 55), Aron Eisenberg (Nog, 59), Tim Russ (Tuvok, 64)

47: Die Suche (»The Search I«)
Ausstrahlung USA: 26. September 1994
Deutsche Erstausstrahlung: 15. Februar 1996 (SAT1)
Drehbuch: Ronald D. Moore, nach einer Geschichte von
Ira Steven Behr, Robert Hewitt Wolfe
Regie: Kim Friedman
Darsteller: Salome Jens, Martha Hackett, John Fleck,
Kenneth Marshall

Simulationen zeigen, daß ein Angriff der Jem'Hadar zu einem Massaker führen würde. Sisko führt sein Team in einem getarntem Schiff, der *Defiant*, in den Gamma-Quadranten, in der Hoffnung, die Gründer des Dominion zu finden. Während Odo nicht widerstehen kann, zu einem Planeten in einem nahegelegenen Nebel zu fliegen, werden Sisko und Bashir angegriffen.

Sternzeit: 48212,4 (acht Monate nach Quarks Handelsabkommen mit den Coroma).

Fremde neue Welten: Ein einzelner Planet der Klasse M im Omarion-Nebel, der auf Odo eine seltsame Faszination ausübt. Callanon 7, eine unbemannte Übermittlungsstation des Dominion.

Neue Lebensformen: Die Coroma, Quarks Geschäftspartner bei einem Handel mit Tullabeerenwein. Ihre Währung heißt Direk.
Die Vorta, über die die Coroma Kontakt mit dem Dominion halten, werden erwähnt.

Technoblabla: Getarnte Schiffe verursachen bei Warpgeschwindigkeit leichte Subraumveränderungen.

Picard-Manöver: Einer der Jem'Hadar tut es!

Notizen: »Niemand ist entbehrlich!« Eine neue Perspektive: *DS9* schweift zum ersten Mal in die Ferne, ein Versuch, aus Sisko einen »richtigen« *Star Trek*-Captain zu machen. Der Angriff der Jem'Hadar auf die *Defiant* ist atemberaubend, und es gibt einige großartige Odo/Quark-Szenen. Verschiedene Aspekte von Odos Herkunft werden auch untersucht. Eine vielversprechende neue Richtung.
Dax hat eine neue Frisur. Bajoranischer Schmuck besteht aus diamidgestreiftem Beritium. Die Schutzschilde von *DS9* reichen 300 Meter weit. Die *Defiant* wurde vor fünf Jahren als Flaggschiff einer neuen Flotte von Kriegsschiffen entwickelt, um die Borg zu bekämpfen, aber aufgrund verschiedener technischer Mängel wurde das Programm eingestellt. Sie wurde dann offiziell als Begleitschiff eingesetzt. Die *Defiant* besitzt auch eine von den Romulanern geliehene Tarnvorrichtung (einschließlich einer Romulanerin, die sie bedient, Sub-Commander T'Rul).

Siskos Faszination für alte afrikanische Stammeskunst wird angesprochen. Er verbrachte zwei Monate im Hauptquartier der Sternenflotte und nahm an Besprechungen über die Ereignisse teil, die in »The Jem'Hadar« [»Der Plan des Dominion«] stattfanden. Quark wird mit dem Zepter des Grand Nagus gezwungen, mit in den Gamma-Quadranten zu fliegen. Curzon sagte immer zu Sisko, man solle sich niemals für etwas freiwillig melden.

48: Die Suche II (»The Search II«)

Ausstrahlung USA: 3. Oktober 1994
Deutsche Erstausstrahlung: 16. Februar 1996 (SAT1)
Drehbuch: Ira Steven Behr, nach einer Geschichte von
Ira Steven Behr, Robert Hewitt Wolfe
Regie: Jonathan Frakes
Darsteller: Salome Jens, Natalija Nogulich, Martha Hackett,
Kenneth Marshall, William Frankfather, Dennis Christopher,
Christopher Doyle, Tom Morga, Diaunté, Majel Barrett

Das Shuttle kehrt nach *DS9* zurück und stellt fest, daß eine neue Allianz zwischen dem Dominion und der Föderation geschlossen wurde. Die Spannungen auf der Station nehmen zu, als die Jem'Hadar eintreffen. Unterdessen lernt Odo andere Formwandler kennen. Als sie einen Tunnel auf dem Planeten untersucht, entdeckt Kira eine Kammer, in der Sisko und seine Suchmannschaft festgehalten werden. Sie sind an einen »Projektionsverstärker« angeschlossen, der ihnen vorgaukelt, sie befänden sich auf *DS9*. Es stellt sich heraus, daß Odos Ursprungsrasse die Gründer des Dominion sind.

Sternzeit: Nicht genannt (beginnt sechs Tage nach den Ereignissen des ersten Teils).

Neue Lebensformen: Odos Rasse, die Formwandler: die Gründer des Dominions.
Ein weiteres Mitglied von Eris' Rasse aus »The Jem'Hadar« [»Der Plan des Dominion«] wird gezeigt.

Herausragende Dialoge: »Wenn man die Form eines Gegenstandes annimmt, lernt man den Gegenstand kennen.«

Odo: »Wenn Sie mich entschuldigen würden, ich muß zurück in meinen Eimer.«

Garak: »Nach jahrelangem Nähen von Damenkleidung ist ein wenig Action eine willkommene Abwechslung!«

»Es ist gar nicht so schlecht, ein Außenseiter zu sein. Es gibt einem eine einzigartige Perspektive. Es ist bedauerlich, daß du das vergessen hast.«

Notizen: »Das Leben ist voller Überraschungen, Commander.« Bedauerlicherweise ist es diese Folge nicht! Die Geschichte erinnert an drei oder vier Episoden von *TNG*, in denen der Handlungsverlauf ebenfalls mit riesigen Pfeilen markiert wurde. Die Actionszenen sind großartig, Jonathan Frakes' Regie ist fehlerfrei und der Großteil des Drehbuches ist geistreich, aber – wie bei so vielen Zweiteilern – ist die Folge insgesamt eine große Enttäuschung.

Garak zitiert ein altes cardassianisches Sprichwort: »Feinde sind gefährliche Freunde«. Quark interpretiert Martin Luther Kings »Ich habe einen Traum«-Rede so um, daß er davon träumt, die verschiedensten Rassen würden in seiner Bar zusammenkommen, um zu spielen.

49: Das Haus des Quark (»The House of Quark«)

Ausstrahlung USA: 10. Oktober 1994
Deutsche Erstausstrahlung: 17. Februar 1996 (SAT1)
Drehbuch: Ronald D. Moore, nach einer Geschichte von
Tom Benko
Regie: Les Landau
Darsteller: Mary Kay Adams, Carlos Carrasco, Robert O'Reilly,
Joseph Ruskin, John Landale Bennett

Quark wird versehentlich in einen Kampf mit einem Klingonen verwickelt, der durch einen Zufall in seine eigene Klinge fällt. Quark behauptet daraufhin, Kozak in Notwehr getötet zu haben, in der Hoffnung, daß der Skandal das Geschäft in seiner Bar beleben wird. Quark wird von Grilka, Kozaks Witwe, und DeG'or aufgesucht, der behauptet, der Bruder des toten Klingonen zu sein. Grilka nimmt Quark mit auf den klingonischen Heimatplaneten, wo er erfährt, daß das Haus von Kozak keinen männlichen Erben mehr hat. Da Quark angibt,

Kozak sei ehrenhaft gestorben, sieht sich der Hohe Rat nicht in der Lage, eine Sonderregelung in dieser Angelegenheit zu beschließen. DeG'or hofft, die Herrschaft über das Haus von Kozak zu erhalten, um einen Sitz im Rat zu bekommen. Grilka heiratet Quark, was ihn zum Oberhaupt des Hauses macht, und der Ferengi deckt DeG'ors dubiose Geschäfte auf, die den Niedergang des Hauses von Kozak beschleunigten. Als er mit den Beweisen konfrontiert wird, fordert DeG'or Quark zu einem Duell auf, entpuppt sich aber als Feigling. Grilka, für die eine Sonderregelung beschlossen wird, läßt sich von Quark scheiden und wird Oberhaupt des Hauses von Kozak.

Sternzeit: Nicht genannt.

Neue Lebensformen: O'Brien beschwert sich, daß drei korvarianische Frachterkapitäne an die gleiche Andockschleuse wollten.

Ferengi-Erwerbsregeln: Quark erfindet Regel Nr. 286, indem er sagt: »Wenn Morn geht, ist alles vorbei«.

Quarks Bar: Es ist dort sehr ruhig, bis der Klingone stirbt.

Herausragende Dialoge: Quark grübelt über seine leere Bar nach: »Ich hätte ins Versicherungsgeschäft gehen sollen. Bessere Arbeitszeiten, mehr Geld und weniger Skrupel.«

Quarks Plan, wie er sich der Familie des toten Klingonen gegenüber verhalten will: »Ich werde aufstehen, ihnen direkt in die Augen schauen...und versuchen, sie zu bestechen.«

Notizen: »Das Haus von Kozak gibt es nicht mehr. Vorübergehend heißt es...das Haus von Quark.« Obwohl der Schatten des Dominion deutlich über dieser Folge hängt, gibt es großartige komische Szenen, besonders durch den Zusammenstoß der klingonischen Kultur mit der Kultur der Ferengi. Quark verändert nicht seinen Charakter, sondern enthüllt die in ihm verborgenen Seiten, die erstmals in »Profit and Loss« [»Profit und Verlust«] in der letzten Staffel angedeutet wurden.

Der klingonische Heimatplanet wird Qo'nos genannt. Das Brek'tol-Ritual erlaubt der Witwe eines im Kampf getöteten Klingonen, seinen Bezwinger zu heiraten. Zu einer klingonischen Scheidung scheint das Schlagen des Partners, das Aussprechen eines Fluches und das Spucken zu gehören.

Keiko wendet sich wieder ihren Bonsai zu. Sie hat ihre Schule geschlossen, da die Familien ihrer Schüler nach Bajor zogen. Nur Jake und Nog sind noch übrig.

Quarks Vater heißt (oder hieß) Kaldar.

50: Das Equilibrium (»Equilibrium«)
Ausstrahlung USA: 17. Oktober 1994
Deutsche Erstausstrahlung: 19. Februar 1996 (SAT1)
Drehbuch: René Echevarria, nach einer Geschichte von Christopher Teague
Regie: Cliff Bole
Darsteller: Lisa Banes, Jeff Magnus McBride, Nicholas Cascone, Harvey Vernon

Dax wird von einem Musikstück, das sie noch nie zuvor gehört hat, förmlich besessen und verliert Sisko gegenüber die Nerven, was für sie sehr uncharakteristisch ist. Sie hat Halluzinationen über eine erschreckende maskierte Figur und kehrt deswegen zur Symbiosekommission auf Trill zurück. Sisko glaubt, daß die Halluzinationen von vermischten Erinnerungen früherer Gastkörper stammen könnten, und entdeckt, daß die Musik von einem Trill namens Joran Bellar vor sechsundachtzig Jahren geschrieben wurde. Als man Dax ein Bild des Komponisten zeigt, bricht sie zusammen. Um die Wahrheit zu tarnen, wurden Datenbänke verändert, also kontaktieren Sisko und Bashir Yullad, Jorans Bruder, der glaubt, daß Joran – ein »ungeeigneter« Kandidat – versehentlich der Symbiose unterzogen wurde. Joran Dax wurde sechs Monate später getötet, sein Symbiont wurde in Curzon transplantiert, da die Verantwortlichen besorgt waren, was aus ihrer Gesellschaft werden würde, wenn bekannt würde, daß rund fünfzig Prozent der Bevölkerung geeignet wären, »vereint« zu werden. Jetzt kehren Joran Dax' künstlich unterdrückte Erinnerungen zurück, und Jadzia muß diese akzeptieren und erforschen, wenn sie überleben will.

Sternzeit: Nicht genannt.

Fremde neue Welten: Unser erster Blick auf Trill. Dax sagt, sie hätte Sisko und Bashir auf eine Tour zu den tenaranischen Eisklippen mitnehmen können, die vermutlich eine der großen Attraktionen von Trill sind.

Dritte Staffel

Neue Lebensformen: Wir lernen etwas mehr über die Symbionten: sie vermehren sich in großen, miteinander verbundenen Bekken und kommunizieren mit Hilfe von elektrischen Entladungen. Sie werden von den Hütern, unvereinten Trill, versorgt.

Bashirs (mißlungene?) Eroberungen: Er bietet Dax eine Koje in seinem Quartier auf der *Reliant* an (na,na), doch die Trill schläft sofort ein (oooooch).

Notizen: »Wenn Sie wissen wollen, wer Sie sind, ist es wichtig, sich darüber bewußt zu werden, wer Sie waren.« Ein unterhaltsamer und surrealer Blick in die Gedanken von Dax und in die Gesellschaft der Trill.

Der Isoboromenspiegel eines Trill ist der Puls eines bestimmten Typs von Neurotransmitter, der die synaptischen Funktionen zwischen dem Gastkörper und dem Symbionten regelt. Der Symbiont wird entnommen, wenn der Spiegel auf unter vierzig Prozent des Normalwertes fällt. Die Symbiosekommission (der Symbiontenprüfungsausschuß – siehe »Invasive Procedure« [»Der Symbiont«], »Playing God« [»Der Trill-Kandidat«]) – stellt vermutlich eine Unterorganisation davon dar) erklärt, daß es zu einem gemeinsamen Tod innerhalb von wenigen Tagen kommt, wenn ein Symbiont in einen ungeeigneten Leihkörper gelangt. In Wirklichkeit ist diese strenge Auswahlprozedur unnötig (was die bisher gezeigten besorgniserregenden – Aspekte der Trillsymbiose vielleicht teilweise erklärt, besonders Rikers Rolle in »The Host« [»Odan, der Sonderbotschafter«]). Jedoch gibt es einfach nicht genügend Symbionten, und die Kommission fürchtet, daß sie nach dem Zufallsprinzip verteilt werden müßten.

Dax hatte acht Gastkörper, obwohl die offizielle Akte nur sieben aufführt (wie in »Shadowplay« [»Die Illusion«] erwähnt. Sisko vermutet in »Invasive Procedures« [»Der Symbiont«] – zu Recht, wie sich herausstellt – daß es acht waren). Die letzten vier waren Tarisus, Joran, Curzon und Jadzia (davon die ersten drei männlich). Falls Tobin, wie in »The Siege« [»Die Belagerung«] erwähnt, auch männlich war, dann bedeutet Dax' Bemerkung in »The Nagus« [»Die Nachfolge«], sie sei schon dreimal Mutter gewesen, daß ihr erster, dritter und vierter Gastkörper weiblich waren, was in etwa mit Dax' Bemerkung in »Babel« [»Babel«] übereinstimmt, sie sei seit achtzig Jahren keine Frau mehr gewesen. Lila (siehe »Playing

God« [»Der Trill-Kandidat«] war vermutlich der Gastkörper vor Tarisus. Es sind etwa vier Jahre seit Curzons Tod vergangen, was sich mit der in »Dax« [»Der Fall Dax«] angegebenen Zeit deckt. Außer Joran hatte keiner von Dax' Gastkörpern musikalische Fähigkeiten. Jadzia ist die einzige, die sich nach einer vorherigen Ablehnung ein zweites Mal erfolgreich bei der Symbiosekommission bewarb (siehe »Playing God« [»Der Trill-Kandidat«]).

Das Restaurant von Siskos Vater lag in New Orleans. Als Bashir jung war, fürchtete er sich vor Ärzten. Curzon fiel einmal von einem Baum, und deshalb ist Dax bei oberen Kojen sehr vorsichtig.

51: Die zweite Haut (»Second Skin«)
Ausstrahlung USA: 24. Oktober 1994
Deutsche Erstausstrahlung: 20.Februar 1996 (SAT1)
Drehbuch: Robert Hewitt Wolfe
Regie: Les Landau
Darsteller: Lawrence Pressman, Gregory Sierra, Tony Papenfuss, Cindy Katz, Christopher Carroll, Freyda Thomas, Billy Burke

Die bajoranischen Zentralarchive nehmen mit Kira Kontakt wegen ihres Aufenthalts im Ellenspur-Straflager während der cardassianischen Besatzungszeit auf. Kira behauptet, sie sei nicht dort gewesen, aber die cardassianischen Aufzeichnungen zeigen, daß sie dort sieben Tage lang festgehalten wurde, eine Tatsache, die von einem Mitgefangenen, der sie wiedererkennt, bestätigt wird. Als Kira nach Bajor geht, um Nachforschungen anzustellen, wird sie abgefangen und erwacht auf Cardassia Prime wieder. Sie hat ein cardassianisches Gesicht, und ihr wird gesagt, daß sie Geheimagentin des Obsidianischen Ordens ist und Eliana Ghemor heißt. Vor zehn Jahren wurde sie fortgeschickt, um den bajoranischen Widerstand zu infiltrieren, und jetzt, nach ihrer Rückkehr, würden ihre wahren Erinnerungen langsam zurückkehren. Kira kann das nicht akzeptieren und vermutet, daß alles arrangiert wurde, damit sie Geheimnisse der Föderation an die Cardassianer verrät. In Wahrheit versucht der Orden ihren »Vater«, ein Mitglied des Zentralkommandos, zu entlarven, da dieser Sympathien für cardassianische Dissidenten hegt und glaubt, daß der Obsidianische Orden zu mächtig sei. Kira und Ghemor werden von Sisko, Garak und Odo gerettet.

Dritte Staffel

Sternzeit: Nicht genannt.

Fremde neue Welten: Bashir ist gerade von Klaestron 4 (siehe »Dax« [»Der Fall Dax«]) zurückgekehrt, wo gerade eine neue Behandlungsmethode für Brandwunden entwickelt wurde.

Neue Lebensformen: Siskos Maskerade als kobheerianischer Frachterkapitän wird kurz gezeigt (siehe »Duet« [»Der undurchschaubare Marritza«]). Die nathamitische Regierung bietet Ghemor politisches »Asyl« an.
Als Kira einmal auf Bajor in den Vestriwäldern auf Langstreckenaufklärung war, hat sie eine weibliche Harrakatze erschossen, weil sie dachte, es sei ein Cardassianer.

Herausragende Dialoge: Garak über seinen lebensrettenden Zugangscode: »Oh, das ist nur etwas, das ich aufgeschnappt habe, als ich die Hose von jemandem nähte.«
Garak zu einer cardassianischen Kira: »Major, ich glaube, Sie haben noch nie zuvor so hinreißend ausgesehen.«

Notizen: »Verrat ist – ebenso wie Schönheit – Ansichtssache.« Diese Geschichte hat es gerade noch einmal geschafft, nicht zu einem plumpen Abklatsch von »Face of the Enemy« [»Das Gesicht des Feindes«] zu werden: Kira wacht nicht mit dem Aussehen irgendeiner beliebigen Außerirdischen auf, sondern als Mitglied der Rasse, gegen die sie ihr Leben lang gekämpft hat. Es ist eine (weitere) gute Garak-Story: Garak hat zwar Ghamor das Leben gerettet, letzterer warnt aber trotzdem davor, Garak zu trauen! Negativ fällt ins Gewicht, daß alles recht konstruiert wirkt, mit einer sehr leichten Flucht und einer ziemlich unglaubwürdigen emotionsgeladenen Abschiedsszene zwischen Kira und ihrem cardassianischen »Vater«.
Kira stammt aus der Dakor-Provinz. Ihre Eltern starben beide in cardassianischen Lagern auf Bajor (ihre Mutter im Singa-Flüchtlingslager an Unterernährung, als Kira drei Jahre alt war). Kiras Mutter malte Heiligenbilder. Hasperat ist eine bajoranische Speise, die warm am besten schmeckt.

Anhang: Deep Space Nine

52: Der Ausgesetzte (»The Abandoned«)

Ausstrahlung USA: 31. Oktober 1994
Deutsche Erstausstrahlung: 21. Februar 1996 (SAT1)
Drehbuch: D. Thomas Maio, Steve Warneck
Regie: Avery Brooks
Darsteller: Bumper Robinson, Jill Sayre, Leslie Bevis,
Matthew Kimbrough, Hassan Nicholas

Von einer alten Geschäftsfreundin kauft Quark für drei Barren goldgepreßtes Latinum das Wrack eines Transportschiffes, das im Gamma-Quadranten abstürzte. Es enthält nichts von Interesse, außer einen Baby in einer Tiefschlafkammer. Das Baby wächst rasch zu einem Jem'Hadar-Jugendlichen heran. Er bricht aus der medizinischen Einrichtung auf der Promenade aus und richtet Verwüstungen an, wobei er aber vor Odo Respekt zeigt, da er weiß, daß dieser einer der Gründer ist. Obwohl die Sternenflotte den Jungen untersuchen will, erlaubt Sisko, daß Odo sich mit dem Jungen beschäftigt, um zu sehen, ob sich die Anlagen des Jem'Hadar nicht verändern lassen. Der Jem'Hadar »entführt« Odo, in der Hoffnung, daß sie gemeinsam in den Gamma-Quadranten zurückkehren können, wird aber enttäuscht, als Odo nicht so reagiert, wie er es von einem Formwandler erwartet hatte. Sisko erlaubt Odo, den Jungen zurückzubringen, und der Constable kehrt mit dem Wissen zurück, daß seine Versuche fehlgeschlagen sind, den jungen Krieger »umzuerziehen«.

Sternzeit: Nicht genannt.

Neue Lebensformen: Quarks Geschäftsfreundin ist ein boslischer Captain: es wird gesagt, daß sie in Richtung Riza weiterfliegt.

Ferengi-Erwerbsregeln: Es gibt eine Erwerbsregel, die besagt, daß man die Ware vor dem Kauf prüfen solle, obwohl Quark sie nicht zitiert. Mata und Jake behaupten, die »Erste Regel des Dabo« würde »Beobachte das Rad, nicht das Mädchen« lauten.

Notizen: Das *DS9*-Äquivalent zu »I, Borg« [»Ich bin Hugh«] bringt einen sehr mächtigen Feind in einer weniger bedrohlichen Form zurück, nur kann diesmal wenig Menschlichkeit in dem »Monster« erkannt werden. Die Geschichte wurde gut geschrieben und auch die Regie ist gut. Sie schafft einen interessanten Kontrast zwischen Odo und dem Jem'Hadar, die beide Fremde in einer fremden Welt sind. Odos Motivation ist sehr stark, denn er weiß genau, wie es ist, ein »Versuchstier« zu sein, und er hofft, daß der Jem'Hadar-Junge sich, genau wie er, entscheidet, gegen die Gründer zu handeln. Ansonsten ist das Ende eher schwach, und der ganzen Geschichte fehlt eine gewisse Finesse.

Der Jem'Hadar-Junge wächst sehr schnell heran (nach zwei Wochen sieht er wie ein Achtjähriger aus), in seine DNS wurde Grundwissen implantiert. Eine genetisch erzeugte Abhängigkeit von einem bestimmten Enzym, das nicht kopiert werden kann, stellt sicher, daß der Jem'Hadar den Gründern treu bleibt. Die »Tarnvorrichtung« scheint eine biologische Fähigkeit zu sein.

Jakes vollbusige Dabo Freundin Mata (siehe »Playing God« [»Der Trill-Kandidat«]), die zwanzig Jahre alt ist, wird näher vorgestellt. Sie ist eine Bajoranerin, deren Eltern während der Besatzungszeit getötet wurden. Voller Stolz erzählt sie Sisko, daß Jake Gedichte schreibt und höllisch gut Dom-Jot spielt (siehe »Tapestry« [»Willkommen im Leben nach dem Tode«]).

Odo besitzt jetzt ein neues Quartier voller abstrakter Statuen. Er hofft darauf, auf diese Weise neue Formen und Strukturen erforschen zu können (siehe »The Search« [»Die Suche«]). Er benutzt seinen Eimer nicht mehr, sondern kehrt einfach in seinem Zimmer in seinen flüssigen Zustand zurück, dennoch behält er seinen Eimer, um sich daran zu erinnern, wie er einmal gelebt hat.

Die Sternenflotte schickt die USS *Constellation*, um den Jem'Hadar-Krieger zur Sternenbasis 201 zu bringen.

53: In der Falle (»Civil Defence«)
Ausstrahlung USA: 7. November 1994
Deutsche Erstausstrahlung: 22. Februar 1996 (SAT1)
Drehbuch: Mike Krohn
Regie: Riva Badiyi

O'Brien und Jake lösen eine cardassianische Giftgasfalle aus.

54: Meridian (»Meridian«)
Ausstrahlung USA: 14. November 1994
Deutsche Erstausstrahlung: 23. Februar 1996 (SAT1)
Drehbuch: Hilary Bader
Regie: Jonathan Frakes

Die Crew entdeckt einen Planeten im Gamma-Quadranten, der in verschiedene Dimensionen wechselt, und Dax verliebt sich.

55: Defiant (»Defiant«)
Ausstrahlung USA: 21. November 1994
Deutsche Erstausstrahlung: 24. Februar 1996 (SAT1)
Drehbuch: Ronald J. Moore
Regie: Jonathan Frakes

Thomas Riker, der heimlich für den Maquis arbeitet, besucht *DS9* und gibt sich für seinen Doppelgänger aus.

56: Das Festival (»Fascination«)
Ausstrahlung USA: 28. November 1994
Deutsche Erstausstrahlung: 26. Februar 1996 (SAT1)
Drehbuch: Ira Steven Behr, James Crocker
Regie: Avery Brooks
Darsteller: Philip Anglim

Eine Liebesepidemie befällt die Station.

57: Gefangen in der Vergangenheit I (»Past Tense I«)
Ausstrahlung USA: 2. Januar 1995
Deutsche Erstausstrahlung: 27. Februar 1996 (SAT1)
Drehbuch: Robert Hewitt Wolfe
Regie: Reza Badiyi
Darsteller: Jim Metzler, Frank Military, Dick Miller, Bernardo, Tina Lafford, Bill Smitrovich

Sisko, Dax und Bashir reisen mit der *Defiant* nach San Francisco, werden aber durch einen Unfall ins Jahr 2024 verschlagen.

Dritte Staffel

58: Gefangen in der Vergangenheit II (»Past Tense II«)

Ausstrahlung USA: 9. Januar 1995
Deutsche Erstausstrahlung: 28. Februar 1996 (SAT1)
Regie: Jonathan Frakes
Darsteller: Jim Metzler, Frank Military, Dick Miller, Bernardo, Tina Lafford, Bill Smitrovich, Deborah Van Valkenburgh, Clint Howard, Richard Lee Jackson

Odo und Kira bemühen sich, ihre Freunde zu retten.

59: Der Funke des Lebens (»Life Support«)

Ausstrahlung USA: 30. Januar 1995
Deutsche Erstausstrahlung: 29. Februar 1996 (SAT1)
Drehbuch: Ronald D. Moore
Regie: Reza Badiyi
Darsteller: Philip Anglim, Lark Voorhies, Ann Gillespie, Andrew Prine, Louise Fletcher

Als er an einer wichtigen Konferenz mit den Cardassianern teilnehmen will, wird Vedek Bareil lebensgefährlich verletzt.

60: Herz aus Stein (»Heart of Stone«)

Ausstrahlung USA: 6. Februar 1995
Deutsche Erstausstrahlung: 1. März 1996 (SAT1)
Drehbuch: Ira Steven Behr, Robert Hewitt Wolfe
Regie: Alexander Singer

Während Kira Mitglieder des Maquis jagt, wird sie in einer wachsenden kristallinen Formation gefangen.

61: Trekors Prophezeiung (»Destiny«)

Ausstrahlung USA: 13. Februar 1995
Deutsche Erstausstrahlung: 2. März 1996 (SAT1)
Drehbuch: David S. Cohen, Martin A. Winder
Regie: Les Landau
Darsteller: Tracy Scoggins, Wendy Robie, Erick Avari, Jessica Handra

Anhang: Deep Space Nine

Sisko ist nach einer erfolgreichen Friedenskonferenz mit den Cardassianern über eine bajoranische Prophezeiung beunruhigt, die die Zerstörung des Wurmlochs vorhersagt.

62: Das Motiv der Propheten (»Profit Motive«)
Ausstrahlung USA: 20. Februar 1995
Deutsche Erstausstrahlung: 4. März 1996 (SAT1)
Regie: René Auberjonois
Darsteller: Wallace Sham

Der Grand Nagus kehrt nach *DS9* zurück.

63: Der Visionär (»Visionary«)
Ausstrahlung USA: 27. Februar 1995
Deutsche Erstausstrahlung: 5. März 1996 (SAT1)
Regie: Reza Badiyi
Darsteller: Annette Helde, Jack Shearer

O'Brien, der an einer Strahlungsvergiftung leidet, wird Zeuge seines eigenen Todes und entlarvt ein romulanisches Komplott.

64: Ferne Stimmen (»Distant Voices«)
Ausstrahlung USA: 10. April 1995
Deutsche Erstausstrahlung: 6. März 1996 (SAT1)
Regie: Alexander Singer
Darsteller: Victor Rivers, Ann Gillespie

Bashir, der sich in einem telepathisch erzeugten Koma befindet, hat nur noch drei Stunden zu leben.

65: Durch den Spiegel (»Through the Looking Glass«)
Ausstrahlung USA: 17. April 1995
Deutsche Erstausstrahlung: 7. März 1996 (SAT1)
Regie: Winrich Kolbe
Darsteller: Felecia M. Bell

Sisko wird von dem O'Brien des Spiegeluniversums entführt und trifft dort die Ebenbilder seiner toten Frau Jennifer und des Vulkaniers Tuvok.

Dritte Staffel

66: Der geheimnisvolle Garak I (»Improbable Cause«)

Ausstrahlung USA: 24. April 1995
Deutsche Erstausstrahlung: 8. März 1996 (SAT1)
Drehbuch: René Echevarria, nach einer Geschichte von
Robert Lederman, David R. Long
Regie: Avery Brooks
Darsteller: Carlos La Camara, Joseph Ruskin, Darwyn Carson,
Juliana McCarthy, Paul Dooley

Das Geschäft von Garak explodiert. Als Odo die Sache untersucht, werden er und der Cardassianer von den Romulanern gefangengenommen.

67: Der geheimnisvolle Garak II (»The Die is Cast«)

Ausstrahlung USA: 1. Mai 1995
Deutsche Erstausstrahlung: 9. März 1996 (SAT1)
Drehbuch: Ronald D. Moore
Regie: David Livingston
Darsteller: Leland Orser, Kenneth Marshall, Leon Russom,
Paul Dooley

Nach den Ereignissen der vorhergehenden Folge wird Garak gezwungen, Odo zu foltern, während die Cardassianer sich zusammen mit den Romulanern auf eine Invasion des Gamma-Quadranten vorbereiten.

68: Die Erforscher (»Explorers«)

Ausstrahlung USA: 8. Mai 1995
Deutsche Erstausstrahlung: 11. März 1996 (SAT1)

69: Familienangelegenheiten (»Familiy Business«)

Ausstrahlung USA: 15. Mai 1995
Deutsche Erstausstrahlung: 12. März 1996 (SAT1)

Anhang: Deep Space Nine

Star Trek: Voyager

Erste Staffel

1 Folge à 90 Minuten, voraussichtlich 18 Folgen à 45 Minuten

Created by Rick Berman, Michael Piller
Based on *Star Trek*, created by Gene Roddenberry
Executive Producers: Rick Berman, Michael Piller

Hauptdarsteller: Kate Mulgrew (Captain Kathryn Janeway), Robert Beltran (Chakotay), Tim Russ (Tuvok), Robert Picardo (Doc Zimmerman), Robert Duncan McNeil (Tom Paris), Garrett Wang (Harry Kim), Ethan Philips (Neelix), Roxann Biggs-Dawson (B'Elanna Torres); Jennifer Lien (Kes)

1 und 2: Der Fürsorger (»The Caretaker«)

90 Minuten

Ausstrahlung USA: 16. Januar 1995
Drehbuch: Michael Piller, Jeri Taylor, nach einer Geschichte von Michael Piller, Jeri Taylor, Rick Berman

Die *Voyager* und das Schiff des Maquis, dem sie folgen, werden 70000 Lichtjahre weit zu einer riesigen Raumstation im Delta-Quadranten geschleudert. Die Station beschützt eine Rasse namens »Ocampa«, die auf einem benachbarten Planeten wohnen, aber die Kazon haben vor, sie zu unterdrücken. Wenn Captain Janeway die beiden Schiffe zurück in den Alpha-Quadranten bringt, werden die Ocampa vernichtet.

3: Die Parallaxe (»Parallax«)

Ausstrahlung USA: 23. Januar 1995

4: Subraumspalten (»Time and Again«)

Ausstrahlung USA: 30. Januar 1995

Erste Staffel

5: Transplantationen (»Phage«)
Ausstrahlung USA: 6. Februar 1995

6: Der mysteriöse Nebel (»The Cloud«)
Ausstrahlung USA: 13. Februar 1995
Drehbuch: Michael Piller, nach einer Geschichte von
Brannon Braga
Regie: David Livingstone
Darsteller: Larry Hankin, Angela Dohrmann, Sandrine,
Luigi Amadeo

Die *Voyager* untersucht einen Nebel, der sich als verletzte Lebensform entpuppt.

7: Das Nadelöhr (»Eye of the Needle«)
Ausstrahlung USA: 20. Februar 1995
Drehbuch: Jeri Taylor, nach einer Geschichte von Hilary Bader
Regie: Rick Kolbe
Darsteller: Michael Cumpsty, Carolyn Seymour, Tom Virtue

Ein Wurmloch in den Alpha-Quadranten wird entdeckt, durch das die *Voyager* Kontakt zu einem romulanischen Schiff aufnimmt. Das Wurmloch ist aber leider zu klein, um es zu durchqueren.

8: Die Augen des Toten (»Ex Post Facto«)
Ausstrahlung USA: 27. Februar 1995

9: Das Unvorstellbare (»Emanations«)
Ausstrahlung USA: 6. März 1995

10: Das oberste Gesetz (»Prime Factors«)
Ausstrahlung USA: 13. März 1995

11: Der Verrat (»State of Flux«)
Ausstrahlung USA: 20. März 1995

TRANSGALAXIS
SCIENCE FICTION UND FANTASY

Spock-Ohren gefällig?

... oder soll es die Enterprise mit Licht- und Toneffekten sein? Lesen Sie gerne spannende Science Fiction und Fantasy oder blättern Sie gerne in phantastischen Bildbänden?

Unser großformatiger Katalog ist randvoll mit Büchern und Taschenbüchern, Bildbänden, Modellen, Comics, Spielen, Trading Cards, CD ROMs, Beam-Tassen, etc.

Jetzt Katalog anfordern. Kommt gratis. Sie werden staunen, was es alles gibt!

Fax: 0 61 72 - 95 50 80

Transgalaxis - Science Fiction und Fantasy
61381 Friedrichsdorf/Ts - Taunusstraße 109

Beschleunigen Sie auf Warp 9

Entern Sie unsere Raumstationen in Bremen, Martinistraße 57 und in Oldenburg, Lange Straße 32. In unseren Stützpunkten finden Sie alles aus dem Star Trek Universum.

Bei uns gibt's Video-Cassetten, Star Trek-Uniformen, Raumschiffmodelle zum Zusammenbauen, Filmplakate, Phaser, Tricorder, Communicatoren und alles andere aus Tausenden von Welten.

Wir beamen unseren Bestellkatalog für 4 Mark in Briefmarken! Cinemabilia, Postfach 106551, D - 28065 Bremen.

ALLES ÜBER FILM & KINO

ANDERE WELTEN

Die STAR TREK & STAR WARS Spezialisten

Modelle in riesiger Auswahl aus verschiedenen Materialien, englische und deutsche Kaufvideos, Soundtracks, Bücher, Magazine, Hologramme, Blueprints, Poster, Postkarten, Aufkleber, Aufnäher, Anstecker, Uniform - Shirts und Zubehör, Schnittmuster, Masken mit Schminkzubehör, spitze Ohren zum Anstecken und vieles mehr!

... und vieles davon finden Sie natürlich auch bei uns zu:

Abyss · Alien · Avengers · Babylon 5 · Batman · Battle Tech · Battlestar Galactica · Beauty and the Beast · Blade Runner · Dracula · Dune · Godzilla · Hellraiser · Indiana Jones · Jurassic Park · Predator · Prisoner · Raumpatroille Orion · Seaquest · Shadowrun · Space 1999 · Star Trek Classic · Star Trek The Next Generation · Star Trek Deep Space Nine · Star Trek Voyager · Star Trek 1-6 · Star Trek Generations · Star Wars · Terminator · Thunderbirds · X-Files · 2001.. Odyssee im Weltraum.....

Besuchen Sie uns in Hamburg oder bestellen Sie direkt aus unserem Katalog. Katalog anfordern für 5,00 DM (in Briefmarken) bei:

Andere Welten Medienvertriebs-GmbH
Grindelallee 77, 20146 Hamburg
Tel.: 040/44 3118, 040/450 59 49
Fax: 040/44 95 48

Alles aus dem All. Alles bei uns. Alles bei ANDERE WELTEN!